Per modo di dire

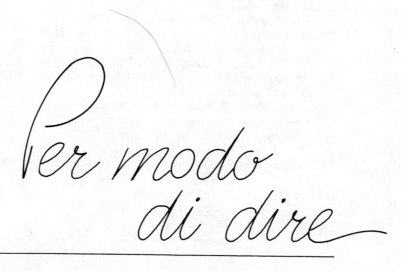

Per modo di dire

A FIRST COURSE IN ITALIAN

Pietro Frassica
Princeton University

Antonio Carrara
University of Massachusetts at Boston

D. C. HEATH AND COMPANY
Lexington, Massachusetts   Toronto

Photograph Credits

Andrew Brilliant: p. 215
Courtesy, Galleria Uffizi: p. 408 left
Madeline Grimaldi: p. 47
Courtesy, Italian Cultural Institute: p. 355
H. Armstrong Jones: p. 398
Peter Menzel: pp. 8, 22, 34, 46, 50, 67, 71, 74, 86, 88, 101, 104, 116, 119, 135, 140, 152,
    160, 178, 194, 205, 208, 226, 227, 230, 239, 240, 244, 247, 255, 260, 262, 272, 282, 285,
    293, 296, 299, 309, 314, 323, 328, 338, 346, 358, 361, 368, 369, 372, 381, 383, 386, 389,
    403, 405, 410, 412
Courtesy, Museo di Fisica e Storia Naturale: p. 407
Courtesy, Museo Nazionale: p. 414
Carol Palmer: pp. 122, 133, 157, 278

Illustrations by Walter Fournier

Cover Photograph by Peter Menzel

Published simultaneously in Canada.

Printed in the United States of America.

International Standard Book Number: 0-669-02068-0

Library of Congress Catalog Card Number: 79-89553

Per modo di dire is an integrated program for teaching Italian at the elementary college level. It consists of a text, a workbook/laboratory manual, an instructor's guide, and tapes—all the components necessary to ensure success in language learning.

The program emphasizes the active, practical use of the language for communication without neglecting the other language skills. At the same time, a variety of learning activities and strategies provides a flexible framework that may be adapted to different classroom situations as well as to the individual instructor's techniques and teaching method.

In preparing *Per modo di dire* the authors have tried to present Italian in culturally relevant situations that will help students become acquainted with the civilization, life-style, and customs of the Italian people, starting with situations stressing cultural similarities between Italy and the United States and proceeding gradually to less similar and then different cultural aspects. For this purpose, and to allow the student to acquire the spirit of the language through practice, Italian has been used as early and as extensively as possible. However, the grammatical notions are explained in English in order to provide a clear reference and immediate understanding of the language.

The *Per modo di dire* textbook consists of:

1. One preliminary lesson introducing the alphabet, syllabification, stress, elision and syntactic doubling, cognates, and some useful abbreviations

2. Twenty-four regular lessons, each containing:
   a. a dialogue
   b. vocabulary
   c. pronunciation drills (Lessons 1–9)
   d. grammatical concepts and explanations—each grammatical point is immediately followed by reinforcement exercises (*Applicazioni pratiche*)
   e. grammar exercises (*Tirando le somme*) at the end of every lesson
   f. reading selections (Lessons 3–23) stressing Italian life and culture

3. Proverbs, sayings, idiomatic expressions, and cultural notes

4. Six review lessons (*Ricapitolazione*), one after each fourth chapter

5. A reading section, *Itinerario culturale*, consisting of six cultural reading selections appearing at the end of the twenty-four chapters. These optional readings further inform the student on such aspects of Italian culture and civilization as the political structure, educational system, scientific contributions, and the arts. Each reading in the *Itinerario culturale* section constitutes a unit in itself, and the grammatical structures used in each selection have been carefully chosen to reinforce the grammatical principles covered in certain groups of lessons. These readings could therefore be used independently or soon after the student has reached a certain learning plateau, in the following manner:
   a. Lessons 1–5: *Itinerario 1*
   b. Lessons 6–8: *Itinerario 2*
   c. Lessons 9–12: *Itinerario 3*
   d. Lessons 13–16: *Itinerario 4*
   e. Lessons 17–20: *Itinerario 5*
   f. Lessons 21–24: *Itinerario 6*

6. Appendixes containing the following:
   a. introduction to the Italian sound system; rules governing linking and syntactic doubling
   b. verb paradigms
   c. Italian-English vocabulary
   d. English-Italian vocabulary
   e. Index

DIALOGUES

Each lesson begins with at least two brief dialogues that illustrate the basic grammatical structures of the lesson and present the vocabulary in context. Every effort has been made to develop realistic, practical dialogues emphasizing everyday communication. Thus, although most of the speakers are young men and women, the authors have also attempted to portray people of various age levels and socio-economic backgrounds, dealing with common problems and situations. An attempt has also been made to avoid all kinds of stereotyped humor and situations; we have tried to present an objective and truthful view of Italian life.

GRAMMAR

Grammatical structures have been grouped and presented in a logical sequence, based primarily on frequency of usage. Basic elements of the language are introduced early in the course in order to facilitate communication from the very beginning. Examples, many of them derived from the dialogue, illustrate every structure point.

EXERCISES

Exercises and drills immediately reinforce specific points of structure, thus providing practice where it is needed most. The *Tirando le somme* section at the end of every lesson serves as a recapitulation of the lesson and as a review of previously learned material. It contains numerous activities and a wide variety of situational-type exercises calling for active student participation in the learning process.

READING SELECTIONS

Each lesson (starting with Lesson 3) contains a reading selection (*lettura*) dealing with a topic related to the dialogue. Its function is to reinforce the reading skill, expose students to narrative form, and introduce some vocabulary related to that used in the dialogue. To facilitate reading, the *letturas* contain only those grammatical constructions presented in the preceding lessons, and passive vocabulary is glossed in marginal notes. These readings appear in different formats (letters, newspaper articles, radio broadcasts) and stress current cultural aspects of Italian life. Each *lettura* is followed by comprehension questions and suggested research topics to encourage the students to investigate further related issues.

ADDITIONAL MATERIALS

Instructor's Guide
The Instructor's Guide contains lesson-by-lesson guidelines for the teacher, a syllabus for quarter and semester systems, and an answer key to all written exercises in the workbook section of the Workbook/Laboratory manual.

Workbook/Laboratory Manual
The Workbook/Laboratory Manual consists of exercises that are an extension of those found in the text. It stresses individualized learning and aims to guide the students in their study of Italian.

Tape Program
A complete tape program accompanies *Per modo di dire*. The program consists of twelve reels, thus providing considerable practice in hearing and speaking Italian as well as in listening comprehension and writing.

Each laboratory lesson contains: a dialogue for student repetition; some basic pronunciation drills (sounds and intonation); a variety of audiolingual structure drills that reinforce the material presented in the text while providing speaking and listening practice.

Per modo di dire has been written with one main objective in mind: to present the Italian language as a living, practical, working medium of communication. We sincerely believe that this program accomplishes our objectives.

ACKNOWLEDGMENTS

The authors are grateful for the reviews and constructive criticism offered by Professors Joanne Basso Funigiello, College of William and Mary; Frederick Bosco, Georgetown University; and Giuseppe Faustini, Middlebury College.

We are most indebted to Professor Richard H. Lansing, Brandeis University, for his critical comments and technical advice during the preparation of the final draft.

Special thanks to the Modern Language staff of D. C. Heath and Company, whose many valuable suggestions have substantially enhanced the quality of the manuscript.

Contents

Additional Materials

Instructor's Guide
Workbook/Laboratory Manual
Tapes
    Number of reels: 12 7″ double track
    Speed: 3¾ ips
    Running time: 12 hours
    Also available in cassettes

Per modo di dire

Lezione Preliminare[1]

Alfabeto
(The alphabet)

The Italian alphabet consists of twenty-one letters: five vowels and sixteen consonants:

Letter	Name	Letter	Name
a	a	n	enne
b	bi	o	o
c	ci	p	pi
d	di	q	cu
e	e	r	erre
f	effe	s	esse
g	gi	t	ti
h	acca	u	u
i	i	v	vu
l	elle	z	zeta
m	emme		

In addition there are five letters found in words of foreign extraction:

j	i lunga (iod)	y	ipsilon (i greco)
k	cappa	w	doppio vu
x	ics		

---

[1] Preliminary lesson

Sillabazione
(Syllabification)

A word consists of one or more syllables that represent the simplest phonetic grouping. In Italian each syllable must contain a vowel and therefore a word is composed of as many syllables as it has vowels. Diphthongs are considered as one vowel.

1.   A single consonant forms a syllable with the following vowel:

fa-ci-le   co-lo-re   ta-vo-lo   a-ce-to

2.   The consonants **l, m, n, r** followed by another consonant are separated:

al-be-ro   sem-pli-ce   an-da-re   ar-ma-to

3.   The consonant **s** followed by one or more consonants always forms a syllable with them:

fe-sta   fi-ne-stra   na-stro   a-spro   pe-sca

4.   Double consonants are always divided:

car-ro   fos-so   bot-te   sof-fit-to

5.   Diphthongs and digraphs (two or more letters that represent one sound) are never separated:

le-zio-ne   i-ta-lia-no   fa-mi-glia   o-gnu-no
la-scia-re   nuo-vo   mie-le

Accento tonico
(Stress)[1]

The majority of Italian words are stressed on the next-to-the-last syllable (*parole piane*):

cá-sa   si-gnó-re   pa-ró-la   si-gno-rí-na

Some words are stressed on the last syllable (*parole tronche*). These words always have a written accent on the last vowel:

u-ni-ver-si-tà   cit-tà   per-ché   ci-vil-tà

---

[1] There is no rule that can be applied to determine where the stress falls on a given word. Any good Italian dictionary will indicate with a stress mark (´) the accented syllable whenever this is not the next-to-the-last one.

Some words are stressed on the third from the last syllable (*parole sdruc-ciole*):

ú-ti-le   tí-mi-do   te-lé-fono   au-tomó-bi-le

and a few are stressed on the fourth from the last syllable (*parole bisdruc-ciole*):

á-bi-ta-no   il-lú-mi-na-no   par-té-ci-pa-no

Elisione
(Elision)

When two logically and grammatically linked words follow each other in a sentence, and one ends in a vowel and the other begins with a vowel, the first vowel is usually elided (dropped). The sign used to indicate the elision is the apostrophe:

1. The articles **lo, la, una** always elide with their nouns:

   l'amico   l'automobile   un'ancora   l'amaca
   un'azione   l'oroscopo

2. Words such as **bello, santo, questo** and **quello** are elided:

   un bell'albergo   quest'anno   quell'azione   sant'Agostino

3. The preposition **di** is usually elided:

   le città d'Italia   la carta d'Europa

Raddoppiamento sintattico
(Syntactic doubling)

Most speakers of standard Italian (except for some cases in the northern regions) in speaking tend to double the intensity of the initial consonant after certain vocalic sounds. This doubling is sometimes indicated in the writing system:

già mai = giammai   cosí detto = cosiddetto
sì signore = sissignore   qua su = quassù

In most cases, however, the doubling is not orthographic (written) but appears only in the pronunciation of the word group:

a cavallo = /akkavallo/   perché mai = /perkemmai/
ma pure = /mappure/   è così = /ɛkkosi/

Some general rules can be established to indicate cases where syntactic doubling normally takes place:

1. All words ending with an *accented vowel* require doubling of the initial consonant in the following word:

   è vero = /ɛvvero/   caffè freddo = /kaffɛffreddo/
   andò via = /andɔvvia/   poiché sono = /pɔikessono/

2. All names, adjectives and tonic pronouns containing only one vowel produce a syntactic doubling:

   a me = /amme/   tre cani = /trɛkkani/
   che fa = /keffa/   a me lo disse = /ammellodisse/

3. The following monosyllabic expressions produce syntactic doubling: **a, che, chi, ciò, da, dà, e, è, fa, ha, ho, là, ma, ne, nè, qui, se, sa, tra, va, vo.**

Maiuscole
(Capital letters)

Many words capitalized in English are not capitalized in Italian, such as the days of the week, the months of year, and names of languages. Italian capitalizes:

1. The formal address forms:

   Lei   Loro   Le   La

2. The first word of each sentence. However a small letter can be used after a question mark or an exclamation point when the logical period follows:

   Eccolo! è finalmente arrivato.   *Here he is! He has finally*
                                         arrived.
   Dove sarà? non ha chiamato.   *Where could he be? He has not*
                                         called.

3. Nouns indicating the nationality of a people. However, the small letter is used with adjectives:

   i Francesi   gli Italiani   gli Americani

BUT

i vini francesi   l'arte italiana   l'industria americana

4. Proper names:

Carlo   Leonardo da Vinci   Dante Alighieri

Titles are usually not capitalized in Italian:

Ecco il signor Bianchi.
Dov'è il professor Rossi?

Parole affini per origine
(Cognates)

Many English and Italian words derive from the same source and, except for minor regular variations in spelling, are easily recognizable:

1. Many adjectives ending in *-ble* in English have **-bile** in Italian:

   able / àbile
   impossible / impossìbile
   accessible / accessibile
   terrible / terrìbile
   viable / viabile
   visible / visibile

2. Most nouns ending in *-tion* in English end in **-zione** in Italian:

   action / azione
   solution / soluzione
   operation / operazione
   fraction / frazione
   station / stazione
   nation / nazione

3. Most words of Greek origin ending in *-em* or *-am* in English end in **-ema** in Italian:

   theorem / teorema
   program / programma
   diagram / diagramma
   diaphragm / diaframma
   problem / problema
   telegram / telegramma

   [handwritten note: all masculine singular because they are rooted in Greek]

4. English words ending in *-ty* in English end in **-tà** in Italian:

    university / università
    city / città
    calamity / calamità   *ca-lcuità*   *Fluiure
    honesty / onestà   Girgular*
    abnormality / anormalità
    plurality / pluralità

5. Adjectives ending in *-ous* in English end in **-oso** in Italian:

    famous / famoso
    numerous / numeroso
    ambitious / ambizioso
    contagious / contagioso
    amorous / amoroso
    malicious / malizioso

6. Many words ending in *-ct* in English have **-tto** in Italian:

    act / atto
    direct / diretto
    object / oggetto
    fact / fatto
    correct / corretto
    neglect / negletto
    intellect / intelletto
    effect / effetto
    architect / architetto

7. Many adverbs ending in *-ly* in English have **-mente** in Italian:

    finally / finalmente
    generally / generalmente
    naturally / naturalmente
    justly / giustamente   *giu=ghe*
    cordially / cordialmente
    partially / parzialmente

Abbreviazioni comuni
(Some common abbreviations)

Some frequently used expressions are abbreviated in the written form but pronounced in their entirety:

pag. *or* p. = pagina (*page*)
pagg. *or* pp. = pagine (*pages*)
vol. = volume (*volume*)
voll. = volumi (*volumes*)
u.s. = ultimo scorso (*last, when referring to a day*)
p.v. = prossimo venturo (*next, in dates*)
prof. = professore (*professor*)
dott. = dottore (*doctor*)
avv. = avvocato (*lawyer*)
sig. = signore (*Mr.*)
sig.ra = signora (*Mrs.*)
sig.na = signorina (*Miss*)

Lezione 1ª

A scuola

Professore	—Buon giorno, ragazzi!
Studenti	—Buon giorno, professore!
Professore	—Io sono il professore Riganti. Lei è la signorina . . . ?
Studentessa	—Io sono Cristina Poggi.
Professore	—Lei è il signor . . . ?
Studente	—Io sono Bruno Lanzara.
Professore	—Di dov'è Lei, signorina?
Studentessa	—Sono di Austin. E Lei professore, di dov'è?
Professore	—Sono di Genova.

. . .

Renzo	—Dov'è la scuola?
Carlo	—Ecco è lì, a destra.
Renzo	—Siamo in orario?
Carlo	—No, siamo in anticipo.
Renzo	—Di solito sei in anticipo?
Carlo	—Generalmente sì. E tu sei sempre in orario?
Renzo	—Non sempre, spesso sono in ritardo.
Carlo	—Oh Franco! Sei già qui?
Franco	—Sì, oggi sono in anticipo.

. . .

Professor Valci	—Buona sera, signora Bianchi!
Segretaria	—Buona sera, professor Valci! Come sta?
Professor Valci	—Non c'è male, grazie! E Lei?
Segretaria	—Abbastanza bene, grazie!
Professor Valci	—ArrivederLa!
Segretaria	—ArrivederLa!

Vocabolario

NOMI (*nouns*)
il **professore**   the professor
il **ragazzo**   the boy
la **scuola**   the school
la **segretaria**   the secretary
il **signore**   the gentleman
la **signorina**   the young lady
lo **studente**   the student (*masc.*)
la **studentessa**   the student (*fem.*)

VERBI (*verbs*)
essere   to be

ALTRE PAROLE (*other words*)
a   at
abbastanza   enough, sufficiently
anche   also, too
ancora   yet
c'è[1]   there is
come   how
di   of, from
dove   where
dov'è   where is
e, ed   and
ecco   here is
generalmente   generally
già   already
in   in
Lei   you (*formal sing.*)
lì   there, over there

ma   but
no   no (*reply*)
non   no (*negative used with verbs*)
oggi   today
qui   here
sempre   always
sì   yes
spesso   often

ESPRESSIONI (*expressions*)
a casa   at home
a destra   on the right, to the right
come sta?   how are you (*formal*)
di dov'è Lei?   Where do you come from?
di solito   usually
essere a casa   to be home, *or* at home
essere di . . .   to be from . . .
essere in anticipo   to be early
essere in orario   to be on time
essere in ritardo   to be late
essere in vacanza   to be on vacation
senz'altro   of course, naturally

CONVENEVOLI (*greetings*)
buon giorno!   good day! hello!
buona sera!   good evening!
bene, grazie!   well, thank you!
non c'è male!   not bad!
arrivederLa!   good-bye!

Pronuncia

A. The Italian **a**
The vowel **a** is the most open of the five Italian vowels. The English sound that comes closest to it is that of *a* in the word *father*. The Italian sound, however, is much shorter than its English equivalent.

male	pipa	rada	sala	ala	alba	papa
rasa	panca	la	ella	dado	zia	Anna

---

[1] **ci è = c'è**: there is; **ci sono**: there are

Sono

B. The Italian **e** (/e/)

This vowel is pronounced somewhat like the *ey* in the English word *they*. Once again, the Italian sound is shorter and does not have the final /yi/ glide of the English word.

sete	pepe	vene	cene	mente	fede	vede
mene	penne	reni	mentre	tene	pene	nero

C. The Italian **e** (/ɛ/)

This vowel is slightly more open than the preceding, and has a sound that falls between that of English /e/ in *Ben* and English /a/ in *ban*.

bene	cento	meta	iene	momento	mensa	leggere
lento	lene	verbo	mensola	rendere	rene	renna

Grammatica

sci   sta   qui

1 Pronomi personali usati come soggetto
(Subject pronouns)

Singular	Plural
io I *eo*	**noi** we
tu you (*familiar*)	**voi,** you (*familiar*)
~~**egli**~~ ⎫ he[1]	
lui ⎭	**loro** they
lei she	
Lei you (*formal*)	**Loro** you (*formal*)

▶ In Italian there are two forms of address: the intimate (*familiar*) **tu** and **voi,** and the polite (*formal*) **Lei** and **Loro.**

▶ The **tu** and **voi** are used when addressing relatives, close friends, and children:

Carlo, **tu** sei in orario!	*Charles, you are on time!*
Bambini, **voi** siete molto gentili.	*Children, you are very kind.*
Ciao zio, come stai (**tu**)?	*Hello Uncle, how are you?*

---

[1] While both **egli** and **lui** are used for *he,* the form **lui** is becoming more frequent in the spoken language.

▶ The polite forms **Lei** and **Loro** are used when speaking to persons one does not know well, to older persons, and to superiors. Except when addressing children, it is more polite to use these forms whenever one speaks to someone for the first time and until one is invited to use the more familiar **tu**. Notice that **Lei** is used for both men and women:

Buon giorno professor Zanni, come sta **Lei**?	*Good day Professor Zanni, how are you?*
Seusi Signora, **Lei** è di Roma?	*Excuse me madam, are you from Rome?*
Scusi, (**Lei**) è a casa oggi?	*Excuse me, are you at home today?*
Scusino, **Loro** sono di Parigi?	*Excuse me, are you from Paris?*

▶ Since, in Italian, verb endings vary according to person and number, subject pronouns are generally omitted:

(**tu**) Sei italiano.	*You are Italian.*
(**voi**) Siete già stanchi?	*Are you already tired?*
(**noi**) Siamo studenti.	*We are students.*

▶ The pronouns can be used, however, for emphasis, clarification, or to convey politeness:

Lui è in ritardo!	*He is late!*
Noi siamo a casa, ma **loro** sono in vacanza!	*We are at home, but **they** are on vacation!*
Io sono Marta, **lei** è Gina!	*I am Martha, **she** is Jenny!*

NOTA: The forms **essa** (*she, it*), **esso** (*he, it*), **esse, essi** are seldom used in spoken Italian. They can be found in the written or literary language and are generally used to refer to things or animals.

Nota culturale

Although **Lei** is feminine and means *she*, it is used when speaking to either a man or a woman, as a mark of deference. This form became popular in Italy in the 15th century, through Spanish influence (*Vuestra Merced*) and it referred to the address form **Vostra Eccellenza, Vostra Signoria** (similar to the English *Your Honor*).

APPLICAZIONI PRATICHE

A. Tradurre in italiano. (*Translate into Italian.*)

1. she
2. we
3. I
4. you (*formal sing.*)
5. you (*familiar pl.*)

6. they
7. you (*familiar sing.*)
8. you (*formal pl.*)
9. he

B. Volgere i pronomi singolari al plurale e viceversa. (*Change the singular form of the pronoun to the plural and vice versa.*)

1. noi
2. Loro
3. tu
4. lei
5. voi

6. Lei
7. io
8. loro
9. egli
10. lui

C. Qual'è il pronome? (*Which pronoun would you use?*)

1. A classmate
2. A group of people you have never met
3. A group of children
4. A lady you have just met
5. Your professor

2 Presente indicativo del verbo *essere*
(Present indicative of the verb *essere*)

essere, *to be*		
io	**sono**	Io **sono** italiano.
tu	**sei**	Tu **sei** americano.
lui lei Lei	**è**	Lui Lei Lei } **è** francese.
noi	**siamo**	Noi **siamo** studenti.
voi	**siete**	Voi **siete** ragazze.
loro Loro	**sono**	Loro Loro } **sono** professori.

The verb **essere** is irregular and does not follow the pattern of any of the regular verbs that you will be studying.

APPLICAZIONI PRATICHE

D. Tradurre in italiano. (*Say in Italian.*)

1. you are (*familiar pl.*)
2. he is
3. they are
4. you are (*formal sing.*)
5. I am
6. she is
7. Carlo and Renzo are
8. you are (*familiar sing.*)
9. we are
10. you are (*formal pl.*)

3 Formazione dell'interrogativo e del negativo
(How to form the interrogative and the negative)

The interrogative in Italian can be formed:

1. By placing the subject at the end of the question:

È italiano **lo studente?**   *Is the student Italian?*
È in orario **il treno?**   *Is the train on time?*

2. By using the same word order of the affirmative sentence while inflecting the voice and pausing slightly after the subject:

Lo studente è italiano?   *Is the student Italian?*

Il treno è in orario?   *Is the train on time?*

The negative in Italian is formed by placing **non** before the verb:

Non siamo studenti.   *We are **not** students.*
Non sono in orario.   *I am **not** on time.*

APPLICAZIONI PRATICHE

E. Porre le seguenti domande servendosi dei due modi. (*Ask the following questions in two ways.*)

1. Lei è italiano?   4. Tu sei Carlo?
2. Voi siete studenti?   5. Lei è il professore?
3. Loro sono amici?   6. Noi siamo compagni?

F. Mettere le frasi precedenti al negativo. (*Change the preceding sentences to the negative.*)

La⁵ - pⱼ-3
I - IV

rordey la5 dac

4   Genere dei nomi
(Gender of nouns)

___

In Italian, all nouns, including those indicating things and animals, are either masculine or feminine. The noun and its article always have the same gender.

Masculine		*Feminine*	
(il) ragazzo	(*the*) boy	(la) penna	(*the*) pen
(il) libro	(*the*) book	(la) libreria	(*the*) bookstore
(il) banco	(*the*) desk	(la) finestra	(*the*) window
(il) vestito	(*the*) suit, dress	(la) porta	(*the*) door
(il) quaderno	(*the*) notebook	(la) lavagna	(*the*) blackboard

A singular noun that ends in **-o** is generally masculine:

il corso   *the course*   **il** gatto   *the cat*
il tavolo   *the table*   **il** bambino   *the child (masc.)*

A singular noun that ends in **-a** is generally feminine:

la ragazza   *the girl*   **la** scuola   *the school*
la donna   *the woman*   **la** signora   *the lady, Mrs.*

Some nouns ending in **-e** are masculine while others are feminine. While the gender of these nouns must be memorized, the article will usually help to determine it:

il professore (*masc.*)   *the professor*   **la** classe (*fem.*)   *the class*
il ponte (*masc.*)   *the bridge*   **il** nome (*masc.*)   *the name*
la stazione (*fem.*)   *the station*   **il** sole (*masc.*)   *the sun*

ssione   zione, sione

Nouns ending in **-ione** are generally feminine:

la televis**ione**   *the television*   **la** decis**ione**   *the decision*
la staz**ione**   *the station*   **la** sez**ione**   *the section*

Nouns ending in **-ore** are generally masculine:

il dot**tore**   *the doctor*   **il** ret**tore**   *the university president*
il condut**tore**   *the conductor*   **il** mo**tore**   *the motor, engine*

Nouns ending in **-rice** are generally feminine:

la diret**trice**   *the director* (fem.)
la pit**trice**   *the woman painter*
la scrit**trice**   *the woman writer*
la cuci**trice**   *the seamstress*

Nouns ending in **-ista** can be either masculine or feminine. The accompanying article or the context of the sentence will help determine the gender:

il, la farmac**ista**   *the pharmacist* (man or woman)
il, la violin**ista**   *the violinist* (man or woman)
il, la giornal**ista**   *the journalist* (man or woman)
il, la protagon**ista**   *the protagonist* (man or woman)

APPLICAZIONI PRATICHE

G. Indicare il genere delle seguenti parole. (*Indicate the gender of the following words.*)

1. mela
2. figlia
3. miglio
4. fama

5. porto
6. dottore
7. uomo
8. amica

H. Tradurre in italiano. (*Translate into Italian.*)

1. television
2. notebook
3. name
4. blackboard

5. motor
6. child
7. desk
8. girl

5   Forme plurali
(Plural forms)

	Singular	Plural
Masculine	**-o** (quaderno) **-e** (ponte)	**-i** (quaderni) **-i** (ponti)
Feminine	**-a** (libreria) **-e** (stazione)	**-e** (librerie) **-i** (stazioni)

ESEMPI:

Look at And Mo

Singular			Plural	
la casa	*the house*		le case	*the houses*
la sedia	*the chair*		le sedie	*the chairs*
la porta	*the door*		le porte	*the doors*
la donna	*the woman*		le donne	*the women*
il tavolo	*the table*		i tavoli	*the tables*
il professore	*the professor (masc.)*		i professori	*the professors*
la lezione	*the lesson (fem.)*		le lezioni	*the lessons*

▶ Words ending in an accented vowel do not change in the plural. The article will indicate the number:

la città	*the city (fem.)*		le città	*the cities*
il caffé	*the coffee (masc.)*		i caffé	*the coffee*
il tassí	*the taxi (masc.)*		i tassí	*the taxis*
l'università	*the university (fem.)*		le università	*the universities*

→ ▶ Some nouns ending in **-a** are masculine in gender and form the plural regularly in **-i**:

il programma	*the program*	i programmi	*the programs*
il telegramma	*the telegram*	i telegrammi	*the telegrams*
il tema	*the theme, composition*	i temi	*the themes, compositions*
il problema	*the problem*	i problemi	*the problems*

▶ Masculine words that end in **-io** change to **-ii** in the plural if the **i** is stressed; they end in **-i** if the **i** is unstressed:

lo zio	*the uncle*	gli zii	*the uncles*
l'addio	*(the) farewell*	gli addii	*(the) farewells*
lo studio	*the study*	gli studi	*the studies*
lo stadio	*the stadium*	gli stadi	*the stadiums*

APPLICAZIONI PRATICHE

> I. Volgere al plurale. (*Change to the plural.*)

1. signora	7. classe
2. tassí	8. gatto
3. ragazzo	9. penna
4. motore	10. decisione
5. ponte	11. tavolo
6. segretaria	12. caffé

6 Articoli determinativi e indeterminativi
(Definite and indefinite articles)

The forms of the definite article, *the*, are as follows:

	Masculine		Feminine	
	Singular	*Plural*	*Singular*	*Plural*
Before a consonant	il	i	la	le
Before a vowel	l'	gli[1]	l'	le
Before z or s + cons.	lo		la	

In Italian the definite article and the noun must agree in number and gender:

il gatto	*the cat*
il libro	*the book*
la penna	*the pen*
i bambini	*the children*
le sedie	*the chairs*

The forms of the indefinite article, *a, an* are as follows:

	Masculine	Feminine
Before a consonant	un	una
Before a vowel	un	un'
Before z or s + cons.	uno	una

▶ Like the definite article, the indefinite article must be of the same gender as the noun it modifies.

---

[1] The definite article **gli** can become **gl'** when followed by a noun beginning with **i**:

gl'impiegati	*the employees*
gl'italiani	*Italians*

▶ The indefinite article does not have a plural form:

un ragazzo	*a boy*
un italiano	*an Italian*
uno studente	*a student*
una signorina	*a young lady*
un'amica	*a friend*

ESEMPI:

Indefinite Article (Singular only)		*Definite Article* Singular	Plural
un giornale	(*newspaper*)	**il** giornale	**i** giornali
un ufficio	(*office*)	**l'**ufficio	**gli** uffici
uno specchio	(*mirror*)	**lo** specchio	**gli** specchi
uno zio	(*uncle*)	**lo** zio	**gli** zii
una ragazza	(*girl*)	**la** ragazza	**le** ragazze
un'amica	(*girl friend*)	**l'**amica	**le** amiche
un attore	(*actor*)	**l'**attore	**gli** attori

APPLICAZIONI PRATICHE

J. Indicare l'articolo determinativo e indeterminativo adatto. (*Supply the appropriate definite and indefinite articles.*)

1. penna *la*
2. studente *lo*
3. libro *il*
4. zebra *lo*
5. signora *la*
6. professore *il*
7. studentessa *la*
8. specchio *lo*
9. giorno *il*
10. libreria *la*

K. Volgere al plurale i verbi delle seguenti frasi. (*Give the plural form of the verbs in the following sentences.*)

1. Tu sei a casa.
2. Io sono in classe.
3. Generalmente lo zio è a scuola.
4. La signora è in ritardo.
5. Ci sei anche tu.

Tirando le somme

A. Rispondere alle seguenti domande. (*Answer the following questions.*)

1. È di Genova Lei?
2. Dove sono gli studenti?
3. Di solito è in ritardo Lei?
4. Dov'è la scuola?
5. Siete in anticipo?
6. Di solito Renzo è in ritardo?
7. Franco è a casa?
8. Generalmente è in orario Carlo?

B. Qual è la domanda? (*What is the question?*)

1. ——— Io sono di Genova.
2. ——— La scuola è a destra.
3. ——— La signorina è di Austin.
4. ——— No, siamo in orario.
5. ——— Carlo è in anticipo.
6. ——— Generalmente io sono in orario.
7. ——— Non c'è male, grazie!
8. ——— No, oggi siamo a casa.
9. ——— Il treno è in orario.
10. ——— La segretaria è in ufficio.

C. Ripetere le frasi seguenti sostituendo le parole indicate. (*Repeat the following sentences substituting the words indicated.*)

1. Il *professore* è in ritardo.
   a) signora   b) studente   c) ragazzo   d) dottore
   e) zio   f) bambino

2. In classe c'è un *libro*.
   a) ragazza   b) banco   c) specchio   d) finestra
   e) amica   f) italiano

3. *Loro* sono di Venezia.
   a) artisti   b) cucitrici   c) donne   d) ragazze
   e) attrici   f) farmacisti   g) studenti   h) specchi

D. Tradurre in italiano. (*Translate into Italian.*)

1. Good day, sir.
2. We come from New York.
3. Where is the house? It's there.
4. The doctor is at home.

5. Good-bye, Mrs. Sforza.
6. Hi, Charles! You are early. It's the first time!
7. Where is the office? It's on the right.
8. Sir, you are without doubt Italian.
9. They are usually late.

E. Completare con le espressioni appropriate. (*Complete with the appropriate expressions.*)

1. Buon giorno _____.
2. Come sta? _____.
3. Di dov'è Lei? _____.
4. Buona sera! _____.
5. Ci sono quaderni in libreria? _____.
6. C'è la lavagna in classe? _____.
7. Ci sono giornali italiani in città? _____.

F. Completare con l'articolo appropriato. (*Complete with the appropriate article.*)

1. Robert Redford è _____ attore o _____ violinista? 2. Chicago è _____ città. 3. _____ professore è di Genova. 4. È _____ americano. 5. _____ studenti sono a scuola. 6. È in ritardo _____ autista? 7. Ci sono _____ segretarie e _____ professore. 8. Virginia Woolf è _____ attrice o _____ scrittrice? 9. In città c'è _____ libreria. 10. Dov'è _____ signorina?

G. Tradurre in italiano. (*Translate into Italian.*)

1. An uncle
   The uncle
   The uncles

2. A lesson
   The lesson
   The lessons

3. A blackboard
   The blackboard
   The blackboards

4. A taxi
   The taxi
   The taxis

5. A mirror
   The mirror
   The mirrors

6. A course
   The course
   The courses

7. A station
   The station
   The stations

Lezione 2ª

secunda

Conversazioni occasionali

Per le strade di Napoli

Lucia e Rosella sono studentesse di lingue a Napoli. Oggi non ci sono lezioni e le ragazze sono in giro per la città.

Lucia	—Che bella giornata!
Rosella	—È già ottobre ma il sole è caldo come in luglio.
Lucia	—Qui a Napoli fino a novembre il tempo è splendido; è quasi come in estate.
Rosella	—E d'inverno com'è il tempo?
Lucia	—D'inverno il clima è mite e c'è quasi sempre il sole.
Rosella	—E già, Napoli è famosa in tutto il mondo per il sole, per il mare e per la musica.
Lucia	—A Vicenza com'è il clima in autunno?
Rosella	—È un clima diverso: è umido, e qualche volta c'è nebbia. A novembre di solito gli alberi sono senza foglie.

. . .

Oggi: vacanza inaspettata!

Filippo	—Ho una fame da lupo.
Mauro	—Anch'io ho un po' di appetito.
Filippo	—Hai voglia di un panino?
Mauro	—Sì, è una buona idea!
Filippo	—Lì, in Via Mercatanti c'è una grande rosticceria.
Mauro	—Di solito non ho mai fame prima di mezzogiorno, ma oggi è una giornata un po' speciale!
Filippo	—Sì, hai ragione! Oggi è quasi una vacanza: c'è sciopero, e quindi tutti fuori.

Vocabolario

NOMI
l'albero tree
l'appetito appetite
l'autunno autumn
il **clima** climate
la **facoltà** faculty, school
la **fame** hunger
la **foglia** leaf
la **giornata** day
l'**idea** idea
la **lingua** language
il **lupo** wolf
luglio July
il **mare** sea
il **mezzogiorno** noon
il **mondo** world
la **nebbia** fog
novembre November
ottobre October
il **panino** sandwich
la **rosticceria** rotisserie,
  delicatessen
lo **sciopero** strike
il **sole** sun
il **tempo** weather
la **vacanza** vacation, holiday
la **via** street

AGGETTIVI
bello nice, beautiful
caldo warm
diverso different
famoso famous
grande great, large
inaspettato unexpected
mite mild
speciale special
splendido splendid, wonderful,
  fantastic
tutto all; **tutti**, everyone
umido humid, damp

ALTRE PAROLE ED ESPRESSIONI
avere voglia di . . . to feel like (having)
essere in giro per . . . to walk around[1]
fame da lupo hungry as a bear[2]
fino a metà half way
fuori out
mai never
per for, by
prima before
qualche volta sometimes
quasi almost
quindi therefore
senza without
un po' a little

Pronuncia

A. The Italian **i**
Italian **i** is pronounced similarly to the English *ee* sound in the word *fee*.
The main difference is that the Italian sound is much shorter and it does
not have the off-glide of its English counterpart.

| fili | giri | ghiri | tiri | papiri | lini | vini |
| vinicoli | violini | primitivi | simili | divisi | destini | misi |

---

[1] **essere in giro per:** It is difficult to give an equivalent concept in English. The expression is used
to refer to a relaxing walk without any particular aim or destination.
[2] **fame da lupo** is equivalent to the English, *hungry as a bear;* **lupo**, however, means *wolf.*

B. The Italian **o** (/ o /)

The sound that most closely approximates Italian **o** in English is the *o* sound in the word *boat*. Once again, the Italian sound is shorter and somewhat more rounded than the English counterpart and it is without the glide sound that follows the English *o*.

rodo	solo	tondo	mondo	compito	compra	ogni
conto	dodici	folgore	rotto	tomba	scorrere	ronzo

C. The Italian **o** (/ ɔ /)

Similar to the preceding, but more open.

poco	foco	posta	costa	aiola	brocca	prologo
doge	dogma	folle	foglio	oggi	prole	sonico

Grammatica

1 Presente indicativo del verbo *avere*
(Present indicative of the verb *avere*)

avere, *to have*		
io	**ho**	Io **ho** un libro.
tu	**hai**	Tu **hai** i panini.
lui lei Lei	**ha**	Lui **ha** fame. Lei **ha** il libro d'italiano. Lei **ha** freddo.
noi	**abbiamo**	Noi **abbiamo** il caffè.
voi	**avete**	Voi **avete** l'esame.
loro Loro	**hanno**	Loro **hanno** un gatto. Loro **hanno** il giornale.

The verb **avere** is irregular and its endings differ from those of the regular second conjugation (**-ere**) verbs.

Gli studenti **hanno** i libri e le penne.	*The students have (their) books and pens.*
Carlo, **hai** un libro interessante?	*Charles, do you have an interesting book?*
Io **ho** tre fratelli e due sorelle.	*I have three brothers and two sisters.*
Maria non **ha** un'automobile?	*Doesn't Mary have a car?*

2

Alcune espressioni con il verbo *avere*
(Idiomatic expressions with the verb *avere*)

---

avere appetito   *to be hungry*
avere fame   *to be hungry*
avere sete   *to be thirsty*
avere caldo   *to be warm*
avere freddo   *to be cold*
avere ragione   *to be right*
avere torto   *to be wrong*

avere i nervi   *to be nervous*
avere mal di testa   *to have a headache*
avere sonno   *to be sleepy*
avere fretta   *to be in a hurry*
avere voglia di   *to feel like*
avere paura   *to be afraid*

APPLICAZIONI PRATICHE

A. Tradurre in italiano. (*Translate into Italian.*)

1. You (*familiar sing.*) have an exam.
2. We have a driver.
3. I have a pen.
4. Do they have a desk?
5. She does not have an office.
6. You (*formal sing.*) have an idea.
7. Does he have a rotisserie?
8. You (*familiar pl.*) have a house.
9. Do you (*familiar sing.*) have a newspaper?
10. You (*formal pl.*) don't have a book.

B. Tradurre in inglese. (*Translate into English.*)

1. Carlo e Mauro non hanno un orologio.
2. Tu hai un vestito.
3. Abbiamo uno specchio?
4. Hanno una sedia?
5. Voi non avete un ufficio.

C. Volgere le seguenti espressioni al singolare o al plurale. (*Change the following expressions to the singular or to the plural.*)

1. Ho sete.
2. Hanno sonno.
3. Avete mal di testa.
4. Hanno caldo.
5. Avete fame.

6. Abbiamo fretta.
7. Hai torto.
8. Ha i nervi.
9. Abbiamo freddo.
10. Hai mal di denti (*toothache*).

D. Tradurre in italiano. (*Translate into Italian.*)

1. You (*formal sing.*) are right.
2. We are hungry.
3. They are in a hurry.
4. She is wrong.
5. I am sleepy.
6. You (*familiar pl.*) are afraid.
7. Are you (*formal sing.*) cold?
8. He is not thirsty.
9. Do you feel like having a coffee?
10. They are not nervous.

3 Aggettivi qualificativi: genere e numero
(Gender and number of qualifying adjectives)

In Italian there are two classes of adjectives, those ending in **-o** and those ending in **-e**:

ross**o** *red*	grand**e** *great*
biond**o** *blond*	verd**e** *green*
alt**o** *high, tall*	intelligent**e** *intelligent*

Adjectives always agree in gender and number with the noun they modify:

il libro rosso	*the red book*
i libri rossi	*the red books*
La ragazza è bionda.	*The girl is blond.*
Le ragazze sono bionde.	*The girls are blond.*

Adjectives ending in **-o** have the same endings as the nouns:

	Singular	*Plural*
Masculine	**-o**	**-i**
Feminine	**-a**	**-e**

Il ragazzo è alto.	*The boy is tall.*
La ragazza è alta.	*The girl is tall.*
i quaderni rossi	*the red notebooks*
le penne rosse	*the red pens*

Adjectives ending in **-e** have the same form for the masculine and the feminine. They form the plural in **-i**:

	Singular	Plural
Masculine Feminine	-e	-i

il prato verd**e**   *the green lawn*
la sedia verd**e**   *the green chair*
il ragazzo intelligent**e**   *the intelligent boy*
la ragazza intelligent**e**   *the intelligent girl*

i prati verd**i**   *the green lawns*
le sedie verd**i**   *the green chairs*
i ragazzi intelligent**i**   *the intelligent boys*
le ragazze intelligent**i**   *the intelligent girls*

▶ Adjectives modifying two or more nouns of different genders use the masculine plural form:

Le ragazze e i ragazzi sono **spagnoli**.
The boys and girls are Spanish.

Maria e Mario sono **italiani**.
Mary and Mark are Italian.

Gli studenti sono **texani**.
The students are Texans.

▶ Notice that adjectives denoting nationality and place of origin are not capitalized in Italian.

▶ Adjectives generally follow the noun they modify:

lo studente **bravo**   *the good student*
il tempo **umido**   *the damp weather*
una persona **simpatica**   *a charming person*

▶ When two adjectives modify the same noun, they usually follow it and are connected by **e** (*and*):

Carlo è uno studente **bravo e intelligente**.
Charles is a good, intelligent student.

Hanno una casa **grande e costosa**.
They have a big, expensive house.

Here is a list of some common adjectives ending in **-e**:

breve   *brief, short*
dolce   *sweet*
facile   *easy*
forte   *strong*
gentile   *gentle, kind*
giovane   *young*
grande   *great, large*

inutile   *useless*
piacevole   *pleasant*
semplice   *simple*
triste   *sad*
utile   *useful*
verde   *green*

The following adjectives ending in **-e** have a corresponding English cognate:

brillante	*brilliant*	gentile	*gentle*
difficile	*difficult*	importante	*important*
elegante	*elegant*	incredibile	*incredible*
fragile	*fragile*	terribile	*terrible*

APPLICAZIONI PRATICHE

E. Ripetere le seguenti frasi sostituendo le parole in corsivo. (*Repeat the following sentences substituting the words in italics.*)

1. Franco è una persona *gentile*.
   a) terribile   b) famoso   c) contento   d) bello

2. I vestiti *verdi*.
   a) utile   b) elegante   c) caldo   d) rosso (*red*)

3. Le ragazze sono *giovani*.
   a) dolce   b) triste   c) alto   d) italiano

4. I giornali *grandi*.
   a) importante   b) inutile   c) umido   d) incredibile

5. Sono notizie *brevi*.
   a) inaspettata   b) utile   c) triste   d) piacevole

4 I mesi dell'anno
(The months of the year)

gennaio	*January*	maggio	*May*	settembre	*September*
febbraio	*February*	giugno	*June*	ottobre	*October*
marzo	*March*	luglio	*July*	novembre	*November*
aprile	*April*	agosto	*August*	dicembre	*December*

The months of the year are not capitalized in Italian.

APPLICAZIONI PRATICHE

F. Qual'è il mese che segue? (*Which is the month that follows?*)

1. agosto
2. dicembre
3. marzo
4. giugno
5. settembre
6. aprile
7. maggio
8. ottobre
9. gennaio
10. novembre

GENNAIO

L		7	14	21	28
M	1	8	15	22	29
M	2	9	16	23	30
G	3	10	17	24	31
V	4	11	18	25
S	5	12	19	26
D	6	13	20	27

FEBBRAIO

L		4	11	18	25
M		5	12	19	26
M		6	13	20	27
G		7	14	21	28
V	1	8	15	22	29
S	2	9	16	23
D	3	10	17	24

MARZO

L		3	10	17	24	31
M		4	11	18	25
M		5	12	19	26
G		6	13	20	27
V		7	14	21	28
S	1	8	15	22	29
D	2	9	16	23	30

APRILE

L		7	14	21	28
M	1	8	15	22	29
M	2	9	16	23	30
G	3	10	17	24
V	4	11	18	25
S	5	12	19	26
D	6	13	20	27

MAGGIO

L		5	12	19	26
M		6	13	20	27
M		7	14	21	28
G	1	8	15	22	29
V	2	9	16	23	30
S	3	10	17	24	31
D	4	11	18	25

GIUGNO

L		2	9	16	23	30
M		3	10	17	24
M		4	11	18	25
G		5	12	19	26
V		6	13	20	27
S		7	14	21	28
D	1	8	15	22	29

LUGLIO

L		7	14	21	28
M	1	8	15	22	29
M	2	9	16	23	30
G	3	10	17	24	31
V	4	11	18	25
S	5	12	19	26
D	6	13	20	27

AGOSTO

L		4	11	18	25
M		5	12	19	26
M		6	13	20	27
G		7	14	21	28
V	1	8	15	22	29
S	2	9	16	23	30
D	3	10	17	24	31

SETTEMBRE

L	1	8	15	22	29
M	2	9	16	23	30
M	3	10	17	24
G	4	11	18	25
V	5	12	19	26
S	6	13	20	27
D	7	14	21	28

OTTOBRE

L		6	13	20	27
M		7	14	21	28
M	1	8	15	22	29
G	2	9	16	23	30
V	3	10	17	24	31
S	4	11	18	25
D	5	12	19	26

NOVEMBRE

L		3	10	17	24
M		4	11	18	25
M		5	12	19	26
G		6	13	20	27
V		7	14	21	28
S	1	8	15	22	29
D	2	9	16	23	30

DICEMBRE

L	1	8	15	22	29
M	2	9	16	23	30
M	3	10	17	24	31
G	4	11	18	25
V	5	12	19	26
S	6	13	20	27
D	7	14	21	28

G. Qual'è il mese che precede? (*Which is the preceding month?*)

1. ottobre
2. febbraio
3. luglio
4. dicembre
5. settembre
6. maggio
7. gennaio
8. marzo
9. agosto
10. giugno

5 Le stagioni
(The seasons)

La primavera: una scena primaverile

l'estate (*fem.*): una scena estiva

l'autunno: una scena autunnale

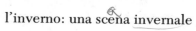

l'inverno: una scena invernale

APPLICAZIONI PRATICHE

H. In quale stagione sono i seguenti mesi? (*In which season do the following months fall?*)

1. novembre	6. gennaio
2. giugno	7. luglio
3. marzo	8. ottobre
4. settembre	9. maggio
5. aprile	10. febbraio

I. Completare la frase con la stagione adatta. (*Complete the sentence with the correct season.*)

1. Ottobre è in _____.
2. L' _____ è una stagione calda.
3. La _____ ha un clima mite.
4. In _____ e in _____ gli alberi sono senza foglie.
5. Gennaio è in _____.

J. Rispondere alle seguenti domande secondo l'esempio. (*Answer the following questions according to the model.*)

ESEMPIO: Com'è il tempo in novembre?   *Autunnale.*

1. Com'è il clima in luglio?
2. Com'è il tempo in aprile?
3. Com'è il clima in ottobre?
4. Com'è una giornata di maggio?
5. Com'è il tempo in dicembre?
6. Com'è una giornata d'agosto?

Tirando le somme

A. Domande sul dialogo. (*Questions on the dialogue.*)

1. Dove sono Lucia e Rosella?
2. In ottobre è caldo il sole a Napoli?
3. Fino a quando il tempo è splendido?
4. Com'è d'inverno il clima?
5. C'è sempre sole?
6. Perchè Napoli è famosa in tutto il mondo?
7. In autunno il clima è caldo a Vicenza?
8. Come sono gli alberi?
9. Ha fame Filippo? e Mauro?
10. Che idea ha Filippo?

11. Dov'è la rosticceria?
12. Di solito Mauro ha fame prima di mezzogiorno?
13. Perchè oggi è quasi una vacanza?

B) Completare le frasi della colonna A con una delle espressioni della colonna B. (*Match the items in column A with those in column B.*)

A	**B**
1. Abbiamo una fame da	a) è mite.
2. Lucia e Rosella sono studentesse di	b) il clima è umido.
3. Oggi è una giornata	c) giornata!
4. Sei contento di essere a	d) per il sole e per il mare.
5. Che bella	e) lupo.
6. Il sole è caldo come	f) in via Mercatanti.
7. In autunno a Vicenza	g) un po' speciale.
8. D'inverno il clima	h) lingue.
9. C'è una grande rosticceria	i) Napoli.
10. Napoli è famosa	j) in luglio.

C. Cambiare il singolare in plurale e viceversa. (*Change from the singular to the plural or vice versa.*)

1. Spesso ho fame a mezzogiorno.
2. La rosticceria è grande.
3. Qualche volta c'è sciopero.
4. Avete ragione.
5. Tu non hai il giornale.
6. Noi abbiamo gli esami.
7. Il caffè è caldo.
8. Le vie sono umide.
9. Dov'è il gatto?
10. Tu sei a Napoli, noi siamo a Roma.

D. Completare con le domande appropriate. (*Complete with the appropriate questions.*)

1. _____? Il tempo è splendido.
2. _____? Lucia e Rosella sono a Napoli.
3. _____? In autunno il clima è umido.
4. _____? Sì, sono contenta di essere a Napoli.
5. _____? Sì, luglio è un mese caldo.
6. _____? No, febbraio è freddo.
7. _____? Rosella è di Vicenza.
8. _____? No, non ho mai fame prima di mezzogiorno.

Lezione 3ᵃ

In farmacia

La farmacia di Piazza Statuto è aperta tutti i giorni feriali, ma la domenica è sempre chiusa. La farmacista, dottoressa Conti, è gentile e comprensiva con tutti. La signora Marini è una cliente fissa di questa farmacia.

Signora Marini	—Dottoressa, ho bisogno di comprare le medicine: ecco la ricetta.
Dottoressa Conti	—Signora, non vedo la data!
Signora Marini	—Il timbro con la data di oggi, 11 novembre 1980, è in alto a sinistra.
Dottoressa Conti	—Ah si! Vedo . . . Ecco: queste sono le pillole contro i disturbi di stomaco e quelle sono le iniezioni[1] per il fegato.
Signora Marini	—E queste?
Dottoressa Conti	—Quelle sono le vitamine per il bambino.
Signora Marini	—Cos'è questo?
Dottoressa Conti	—In quel flacone bianco ci sono le gocce per la digestione.
Signora Marini	—Dottoressa, grazie per l'aiuto e buon giorno!

. . .

Quando i clienti non hanno un disturbo grave, la farmacista è sempre pronta a consigliare il rimedio giusto. Oggi è Marco, un ragazzo di tredici anni, a chiedere aiuto . . .

Marco	—Dottoressa! Dottoressa! La mamma ha una tosse terribile! Cosa consiglia Lei per curare questi mali invernali? E necessario chiamare un medico?

---

[1] In Italy, vials for injections are generally bought in pharmacies and are administered by visiting nurses at home.

Dottoressa Conti	—No, non è necessạrio chiamare un mẹdico per adesso . . . . Ma è a letto la mamma?
Marco	—Sì, è a letto, ma non ha febbre.
Dottoressa Conti	—Bene. Ecco: queste compresse di aspirina sono contro il raffreddore, e lo sciroppo è contro la tosse.
Marco	—Quanto pago?
Dottoressa Conti	—Sono tremilasettecento lire. Ma non è necessạrio pagare adesso, la mamma ha un conto aperto con noi.
Marco	—Allora, grazie e arrivederLa!
Dottoressa Conti	—Ciao Marco, e tanti saluti a casa!

Allora = in that case

Vocabolario

NOMI

l'**aiuto** help
l'**aspirina** aspirin
il **bambino** child
il **cliente** customer, client
la **compressa** tablet, pill
il **conto** bill, account
la **data** date
la **digestione** digestion
il **disturbo** ailment
la **dottoressa** doctor (*fem.*)
la (il) **farmacista** pharmacist
la **febbre** fever
il **fegato** liver
il **flacone** bottle
la **goccia** drop (*pl.* **gocce**)
l'**iniezione** injection
il **male** illness
la **mamma** mother, mom
la **medicina** medicine
la **piazza** square
la **pịllola** pill
il **raffreddore** cold
la **ricetta** prescription *pl. ricette*
il **rimedio** remedy
lo **sciroppo** syrup
lo **stọmaco** stomach
il **timbro** stamp
la **tosse** cough
le **vitamine** vitamins

AGGETTIVI

aperto open
bianco white
chiuso closed
comprensivo understanding
feriạle weekday, working (day)
fisso steady
gentile kind
giusto right, exact
grave serious
invernale of winter
necessạrio necessary
primo first
pronto ready
quanto how much, many (*pl.*)
terrịbile terrible

VERBI

aiutare to help
chiamare to call
chiẹdere to ask for
comprare to buy
consigliare to advise, to suggest
curare to cure
pagare to pay
vedere to see

ALTRE PAROLE

adesso now
a sinistra on the left

ALTRE PAROLE
che è? What is it?
domani tomorrow
con with
ecco here is
entro within

a letto in bed
in alto on top
qual' è? Which is it?
quando when
tanti saluti a casa best regards to the
  family

Pronuncia

A. The Italian **u**

Italian **u** has a sound similar to the English *oo* in the word *shoot* or the *u* in *dune*. The lips are more rounded in the pronunciation of the Italian sound.

pupo	rude	lupo	crudo	muro	tamburo	uno
oscuro	futuro	legume	cumulo	cultura	luce	puro

B. Semivowels

In addition to the seven vowels practiced until now, Italian has two other sounds which are halfway between a vowel and a consonant. These are called semivowels and are represented in Italian by the letters **i** and **u**. Semivowels will always occur in combination with one of the other vowels.

1. The semivowel **-i** / y /

This sound is similar to the one represented by *y* in English, as in the word *yet*. The semivowel **i** is never stressed in Italian.

chiesa	fiasco
chiesto	fiordo
fiume	più
ieri	gioia
chiodo	chiama
chiuso	orario

2. The semivowel **u** / w /

This sound is similar to that of *w* in English, as in *was, win*. The semivowel **u** is never stressed.

quasi	quale	acqua	guasto	fuori	tuono	buono
quello	innocue	acque	qui	guido	guida	cuore

Grammatica

1 Aggettivi dimostrativi
(Demonstrative adjectives)

Singular		Plural	
Masculine	*Feminine*	*Masculine*	*Feminine*
questo *this* quest'	questa quest'	questi *here*	queste
quel *that* quello *s + c* quell' *vowel*	quella quell'	quei *f word* quegli *s/c* quegli *vow*	quelle

ESEMPI:

Questo

Questo libro è di Franco.	*This book belongs to Frank.*
Quest'orologio è di Carlo.	*This watch belongs to Charles.*
Questa dottoressa è brava.	*This doctor is good.*
Quest'automobile è nuova.	*This car is new.*

Quello

Maria chiama **quel** dottore.	*Mary calls that doctor.*
Quello sciroppo è dolce.	*That syrup is sweet.*
Quell'albero è alto.	*That tree is tall.*
Quella medicina è necessaria.	*That medicine is necessary.*
Quell' amica è gentile.	*That friend (fem.) is kind.*
Quei giornali sono interessanti.	*Those newspapers are interesting.*
Quegli studenti hanno caldo.	*Those students are warm.*
Quegli uffici sono chiusi.	*Those offices are closed.*
Quelle piazze sono grandi.	*Those squares are big.*

▶ **Questo** and **quello** agree in gender and number with the nouns they modify.

▶ The form **quest'** is generally used with either masculine or feminine singular nouns beginning with a vowel.

NOTA: **Quello** is formed in a pattern similar to that of the definite article. Before masculine nouns beginning with s + *consonant* the form **quello** is used for the singular and **quegli** for the plural.

APPLICAZIONI PRATICHE

A. Indicare gli aggettivi dimostrativi **questo** e **quello** davanti ai seguenti nomi. (*Indicate the correct forms of questo and quello for each of the following nouns.*)

1. farmacia
2. piazza
3. medicina
4. goccia
5. libro
6. raffreddore
7. compressa
8. ricetta
9. disturbo
10. rimedio

B. Ripetere l'esercizio A al plurale. (*Repeat exercise A in the plural.*)

2 Pronomi dimostrativi
(Demonstrative pronouns)

Singular		Plural	
Masculine	*Feminine*	*Masculine*	*Feminine*
questo	questa	questi	queste
quello	quella	quelli	quelle

Demonstrative pronouns agree in gender and number with the noun they replace.

ESEMPI:

Hai quel libro? No, ho **questo.**

*Do you have that book? No, I have **this one**.*

Quella medicina non è pronta, **questa** sì.

*That medicine is not ready, **this one** is.*

Quella farmacia è chiusa, ma **queste** sono aperte.

*That pharmacy is closed, but **these** are open.*

Quegli studenti sono bravi, **questi** no.

*Those students are good, **these** are not.*

Vedi questo film? No, **quello.**

*Are you seeing this film? No, **that one**.*

Questi amici sono in vacanza, **quelli** no.

*These friends are on vacation, **those** are not.*

Paga queste vitamine? No, pago **quelle.**

*Are you paying for these vitamins? No, I am paying for **those**.*

APPLICAZIONI PRATICHE

C. Completare le frasi seguenti usando i pronomi dimostrativi adatti. *Complete the following sentences using the appropriate demonstrative pronoun.*

1. Non consiglio questo rimedio, ma _____.
2. Queste gocce sono necessarie, ma _____ no.
3. Quelle penne sono rosse, _____ sono verdi.
4. Non ho quel caffè, ho _____.
5. Non abbiamo quei giornali, abbiamo _____.
6. Quelle case sono grandi, ma _____ è piccola.
7. Questa lavagna è verde, _____ è nera.
8. Queste ragazze sono gentili, _____ sono simpatiche.
9. Questi specchi sono grandi, _____ sono piccoli.
10. Quel clima è mite, _____ è freddo.

3   Numeri cardinali
(Cardinal numbers)

0	zero	21	ventuno
1	uno	22	ventidue
2	due	23	ventitré
3	tre	24	ventiquattro
4	quattro	25	venticinque
5	cinque	26	ventisei
6	sei	27	ventisette
7	sette	28	ventotto
8	otto	29	ventinove
9	nove	30	trenta
10	dieci	40	quaranta
11	undici	50	cinquanta
12	dodici	60	sessanta
13	tredici	70	settanta
14	quattordici	80	ottanta
15	quindici	90	novanta
16	sedici	100	cento
17	diciassette	200	duecento
18	diciotto	1000	mille
19	diciannove	2000	duemila
20	venti		

mille nove cento ottanta cinque = 1985

▶ **Uno** has the form **una** when referring to feminine nouns:

Quanti libri hai? —**Uno.**   *How many books do you have?*
—One.

Quante case ha? —**Una.**   *How many houses do you have?*
—One.

▶ When **tre** is combined with other numbers, it takes an accent:

ventitré studenti   *twenty-three students*
centotré lire   *one hundred and three liras*

▶ When multiples of ten from twenty to ninety are combined with **uno** or **otto,** the final vowel is dropped:

ventuno giorni   *twenty-one days*
trentotto ragazzi   *thirty-eight boys*
quarantuno matite   *forty-one pencils*
cinquantotto libri   *fifty-eight books*

APPLICAZIONI PRATICHE

D. Leggere i seguenti numeri. (*Read the following numbers*)

1, 3, 4, 8, 10, 11, 13, 14, 19, 25, 32, 41, 49, 50, 57, 68, 77, 81, 93, 103, 126, 142, 166, 243, 328, 461, 599, 625

E. Leggere i seguenti gruppi di numeri. (*Read the following pairs of numbers.*)

1/11   2/12   3/13   4/14   5/15
15/25   16/36   17/47   18/58   19/69

F. Scrivere i seguenti numeri in italiano. (*Write the following numbers in Italian.*)

17	10
11	19
73	22
232	28
416	35
727	54

G. Tradurre in italiano. (*Translate into Italian.*)

1. Seven pills 2. Twelve drops 3. Eight tablets 4. Two aspirins 5. Nine hundred lire 6. One thousand five hundred lire 7. Six thousand eight hundred fifty lire 8. Eleven thousand three hundred lire

4 I giorni della settimana
(The days of the week)

[handwritten: # all masc. except domenica]

lunedì	*Monday*	venerdì	*Friday*
martedì	*Tuesday*	sabato	*Saturday*
mercoledì	*Wednesday*	domenica	*Sunday*
giovedì	*Thursday*		

▶ The days of the week are all masculine except for **la domenica**, *Sunday*.

▶ In Italian the days of the week are not capitalized.

▶ **Lunedì** (not **domenica**) is the first day of the week.

▶ The definite article (**il, la**) is used with the days of the week to express *on* (i.e. *on Mondays, on Tuesdays*). Also note that the singular form is always used:

La farmacia è chiusa **la domenica**.
On Sundays the pharmacy is closed.

Il professore è in ufficio **il martedì**.
The professor is in the office on Tuesdays.

[handwritten: No article refers to next day in ques. Article refers to this day in ques.]

5 La data
(The date)

In Italian there are various expressions used to ask for the date, depending on the exact information being requested:

a. Quanti ne abbiamo oggi?
  Oggi ne abbiamo cinque.
  What's today's date?
  Today is the fifth.

  OR:

  Oggi è il cinque.
  Today is the fifth.

b. Che giorno è oggi?
  Oggi è martedì.
  What day is today?
  Today is Tuesday.

c. Qual'è la data di oggi?
  Oggi è il sette giugno.
  What is today's date?
  Today is June seventh.

▶ In Italian a complete date is expressed in the following order: *day, month, year:*

Oggi è martedì, cinque maggio millenovecentottanta.
Today is Tuesday, May 5th, 1980.

▶ All days of the month are expressed by cardinal numbers, except for the first day, which is always **primo**:

il **primo** febbraio　　　　　　　　　*February first*
il **sette** aprile　　　　　　　　　　*April seventh*

▶ When used alone, the year is preceded by the masculine definite article:

Questo è **il** millenovecentottanta.　*This is (the year) 1980.*

BUT:

Quindici giugno, millenovecen-　　　*June 15, 1970.*
　tosettanta.

APPLICAZIONI PRATICHE

H. Mettere la data in italiano. (*Give the date in Italian.*)

1. June 13
2. February 14
3. December 25
4. July 4
5. January 1
6. March 18
7. September 9
8. April 3
9. October 19
10. May 16

I. Rispondere alle seguenti domande. (*Answer the following questions.*)

1. Qual'è la data di oggi?
2. Che giorno è oggi?
3. Quanti ne abbiamo oggi?
4. In quale anno siamo?
5. Quanti giorni ci sono in ottobre?
6. Oggi è giovedì o sabato?

J. Tradurre in italiano. (*Translate into Italian.*)

1. Tuesday
2. Sunday
3. Wednesday
4. Friday
5. Monday
6. Saturday

6 Presente indicativo dei verbi in -*are* and -*ere*
(Present indicative of regular -*are* and -*ere* verbs)

---

1. The infinitive of Italian verbs consists of two parts: an invariable part called **radice** (*stem*) and a variable part called **desinenza** (*ending*), which varies according to conjugations, tenses, and persons.

2. Italian verbs fall into three classes or conjugations, and are classified according to the ending of the infinitive. The three endings are **-are, -ere,** and **-ire.**

3. The Italian present tense is the equivalent of three English forms:

Io **chiamo** il ragazzo.
$$\begin{cases} \textit{I call the boy.} \\ \textit{I am calling the boy.} \\ \textit{I do call the boy.} \end{cases}$$

Verbi in -*are*

chiamare, *to call*	
io chiamo	Io **chiamo** il ragazzo.
tu chiami	Tu **chiami** il dottore.
lui ⎫	Lui **chiama** la signorina.
lei ⎬ chiama	La signorina **chiama** Carlo.
Lei ⎭	Lei **chiama** il professore.
noi chiam**iamo**	Noi **chiamiamo** la dottoressa.
voi chiam**ate**	Voi **chiamate** Marco.
loro ⎫ chiam**ano**	Loro **chiamano** la mamma.
Loro ⎭	Loro **chiamano** la segretaria.

▶ Verbs like **pagare** (*to pay*) and **cercare** (*to look for*), which have a hard **g** or **c** in the stem, require an **-h-** in front of **-i** and **-e:**

Io **pago** il conto.	*I pay the bill.*
Tu **cerchi** il giornale.	*You are looking for the newspaper.*
Noi **paghiamo** le medicine.	*We pay for the medicines.*

▶ Verbs like **consigliare,** which have an **-i-** in the stem, have only one **-i-** in the second person singular and in the first person plural:

| Tu **consigli** Marco. | *You advise Mark.* |
| Noi **consigliamo** questo sciroppo. | *We suggest this syrup.* |

Verbi in -*ere*

vedere, *to see*	
io **ved**o	Io **vedo** Paolo.
tu **ved**i	Tu **vedi** Maria.
lui ⎫	Lui **vede** il professore.
lei ⎬ **ved**e	Lei **vede** la scuola.
Lei ⎭	Lei **vede** i bambini.
noi **ved**iamo	Noi **vediamo** la casa.
voi **ved**ete	Voi **vedete** gli studenti.
loro ⎫ **ved**ono	Loro **vedono** l'automobile.
Loro ⎭	Loro **vedono** la farmacia.

APPLICAZIONI PRATICHE

K. Esercizio di sostituzione. (*Substitution drill.*)

1. *Io* pago il quaderno.
   (Marco / Noi / Maria e Carlo / La signorina)

2. *Noi* consigliamo questo libro.
   (I professori / Il signor Bianchi / Voi / Io / Tu)

3. *Loro* aiutano lo studente.
   (La signorina / Voi / Marco / Noi / Tu)

4. *Voi* chiamate il medico.
   (Laura, / Loro / Io / Il farmacista / Tu / Io e la mamma)

5. *Tu* vedi l'automobile nuova.
   (Io / Loro / Carla e Roberto / Lei / Tu e Giorgio / Noi)

L. Ripetere usando il pronome soggetto. (*Repeat using the subject pronoun [for emphasis].*)

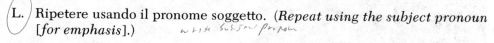

1. Vediamo l'automobile.
2. Consigliamo questo rimedio.
3. Non paghi la dottoressa?
4. Chiedete la data?
5. Chiamo il dottore?
6. Non aiuta gli studenti.
7. Pagate le medicine.
8. Aiuto la signora.
9. Vede la piazza?
10. Non consigli le vitamine?

M. Tradurre in italiano. (*Translate into Italian.*)

1. How much do we pay?
2. I don't see the prescription.
3. The pharmacist suggests the right remedy.
4. They are paying now.
5. These drops aid digestion.

Lettura

Se = i°

La farmacia italiana

La farmacia italiana è differente da quella
americana. Il farmacista è un dottore e porta° un   wears
càmice° bianco. Se il cliente non è grave, il far-   smock
macista consiglia medicine e pillole. In farmacia gli
italiani comprano di solito le medicine per i
raffreddori, per la tosse e anche iniezioni, ma ci sono
anche prodotti° per bambini, prodotti dietetici, faz-   products
zolettini di carta° e spesso anche crema da barba° (e   tissues / shaving cream
dopo-barba°).   after shave

   In Italia per° comprare le sigarette è necessario   in order to
andare° in tabaccheria;° per le bibite° e per il caffè è   to go / tobacco shop / soft drinks
necessario andare in un bar, per i profumi° in pro-   perfumes
fumeria,° e per le cartoline,° i quaderni, le penne e le   cosmetics shop / greeting cards
matite, in cartoleria.°   stationery shop

Un'antica farmacia.

Il farmacista porta un camice bianco.

N. Domande sulla lettura. (*Questions on the reading.*)

1. Com'è la farmacia italiana?
2. Il farmacista americano è un dottore?
3. Che cosa comprano gl'italiani in farmacia?
4. Che cosa c'è nella farmacia italiana e non c'è in quella americana?
5. Che cosa c'è in una cartoleria?
6. Gli italiani comprano profumi in farmacia?
7. In America è necessario andare in tabaccheria per comprare le sigarette?

Tirando le somme

A. Completare le frasi seguenti con le forme corrette di **questo.** (*Complete the following sentences with the correct form of* **questo.**)

1. _____ sono le ricette per la farmacista.
2. Per _____ male non c'è rimedio.
3. Andrea è sempre in _____ ufficio.
4. _____ è la piazza!
5. Cos'è _____? È uno sciroppo.
6. Cosa sono _____? Sono vitamine.
7. _____ signori sono tutti professori.
8. Che cosa sono _____? Sono quaderni.
9. _____ timbro è necessario per la data.
10. _____ è un terribile problema.

B. Completare le frasi seguenti con le forme corrette di **quello.** (*Complete the following sentences with the correct form of* **quello.**)

1. _____ è il medico.
2. Che cos'è _____? È la scuola.
3. _____ ragazzi sono romani.
4. Sono _____ gli studenti bravi?
5. _____ compresse sono contro tutti i mali.
6. _____ signore è gentile con tutti.
7. _____ non è una lavagna.
8. È _____ la via giusta!
9. _____ casa ha un grande prato (*lawn*) verde.
10. Ho bisogno di _____ sedie.

C. Rispondere alle seguenti domande. (*Answer the following questions.*)

1. Qual'è la data di oggi?
2. Quanti giorni ci sono in ottobre?
3. Oggi è giovedì o venerdì?
4. Quanti mesi ci sono in un anno?
5. Quanti giorni ci sono in una settimana?
6. Quanti ne abbiamo oggi?

D. Completare il seguente dialogo. (*Complete the following dialogue.*)

—Buon giorno signorina.
—Buon giorno _____.
—Cosa desidera?
—Ho un raffredore e mal di _____.

—Per il raffreddore abbiamo _____ e per il mal di _____ consiglio _____.

—Bene, desidero anche crema per barba e fazzolettini di _____.

—Bene, desidera altro?

—No grazie, quanto _____.

—700, 500, 650, 300 lire, _____ più IVA[1] sono 2270.

—Ecco 3000 lire.

—E _____ lire di resto. Grazie, e arrivederLa.

—Buon giorno

E. Completare le seguenti frasi con la forma corretta del verbo fra parentesi. (*Complete the following sentences with the appropriate form of the verb in parenthesis.*)

1. I farmacisti (aiutare) _____ i clienti.
2. (Vedere) _____ tu la farmacia, lì a destra?
3. Che cosa (consigliare) _____ Lei, professore?
4. Quando siamo malati (chiamare) _____ il dottore.
5. Noi (pagare) _____ il giornale.
6. Voi (chiedere) _____ un rimedio per il raffreddore.
7. Gli amici (consigliare) _____ questo libro.
8. Bruno e Carlo (pagare) _____ il conto.
9. Io non (vedere) _____ Maria. Dov'è?
10. Egli (lavare) _____ l'automobile.
11. Noi (comparare) _____ le sigarette americane.
12. (Desiderare) _____ Loro una bevanda?
13. I farmacisti americani non (portare) _____ un camice.
14. Voi (entrare) _____ in tabaccheria per comprare le sigarette.

[1] **IVA (Imposta Valore Aggiunto):** Sales Tax.

Lezione 4ª

Al mercato

I mercati rionali sono una caratteristica delle città piuttosto grandi; generalmente aprono alle 8 e chiudono alle 13 di tutti i giorni feriali. Di solito sono all'aperto in una piazza o lungo una strada, oppure al coperto in un grande edificio. Sulle bancarelle c'è sempre una grande varietà di generi alimentari: verdura, frutta, latticini ecc. Venditori e massaie discutono sulla qualità delle merci e sui prezzi.

Massaia	—Quanto costano quelle pere?
Venditore	—Duemila lire al chilo.
Massaia	—Sono un po' care! E le mele?
Venditore	—Millequattrocento al chilo.
Massaia	—Preferisco comprare due chili di mele.
Venditore	—Desidera altro, Signora?
Massaia	—Sì, una lattuga fresca per l'insalata.
Venditore	—Ecco . . . sono tremilacinquecento esatte. Grazie.

La massaia continua a girare per le bancarelle e sente le voci del salumiere e del pescivendolo.

Salumiere	—Prosciutto cotto e crudo, pancetta e salame nostrano!
Pescivendolo	—Calamari, acciughe, gamberi freschi!
Massaia	—Ha sogliole?
Pescivendolo	—Sì, sono lí in quel cestino.
Massaia	—Sono fresche?
Pescivendolo	—Certo! Sono quasi vive, Signora!
Massaia	—E invece queste sogliole sembrano surgelate!
Pescivendolo	—Ma cosa dice, Signora? Su questa bancarella c'è tutta roba fresca!
Massaia	—Non è vero! Le sogliole sono surgelate, perciò oggi non compro pesce. ArrivederLa!

• • •

La signora Sperani e la signora Caminiti sono al mercato insieme.

Signora S. —Oggi ho bisogno di tante cose: uva, pomodori, carne di vitello, spinaci, patate, latte e parmigiano.

Signora C. —Ma perché ha bisogno di tanta roba?

Signora S. —Perché domani è domenica ed ho l'intenzione d'invitare a
pranzo una collega d'ufficio con il marito e i bambini.

Signora C. —Bella idea! Io invece ho tanta roba in casa. Ho bisogno soltanto di limoni, di prezzemolo, di fagiolini e di uova.

Signora S. —In questo mercato gli ortaggi sono sempre freschi; per esempio per il sedano e il prezzemolo io vado sempre da quella
vecchietta all'angolo.

Signora C. —Sì, da Gloria! Tutte le mattine porta dalla campagna erbe
fresche ed aromatiche.

Signora S. —Ma perché non va da lei a comprare il prezzemolo?

Signora C. —Sì, certo! Ma che ore sono?

Signora S. —Sono le 12,10.

Signora C. —Peccato! Gloria va via verso le 11 e un quarto. Al mattino
arriva presto, alle 7 e mezza è già al mercato, poi verso le 11
pulisce il suo angolo e ritorna in campagna.

Vocabolario

NOMI	
l'**acciuga** anchovy	il **gambero** shrimp
l'**angolo** corner	il **latte** milk
la **bancarella** stall, booth	la **lattuga** lettuce
il **calamaro** squid	il **limone** lemon
la **campagna** fields, country	la **lira** lira[1]
la **caratteristica** characteristic	il **marito** husband
il **cestino** basket	la **massaia** housewife
il **chilo** (kg.) kilogram	la **mela** apple
i **fagiolini** string beans	la **merce** merchandise, products
l'**edificio** building	gli **ortaggi** vegetables
le **erbe** herbs	la **pancetta** bacon
la **frutta** fruit	il **parmigiano** parmesan cheese
	la **patata** potato

---

[1] **lira:** basic Italian currency. In the past years, due to fluctuations of the market one dollar has
been worth from 600 to 900 lire.

la **pera** pear
il **pesce** fish
il **pescivendolo** fishmonger
il **pomodoro** tomato
il **pranzo** price ~~price~~ *lunch*
il **prezzemolo** parsley
la **qualità** quality
la **roba** things, stuff
il **salumiere** delicatessen seller
il **sedano** celery
la **sogliola** sole
gli **spinaci** spinach
la **strada** street
→ le **uova** eggs *singular: uovo + pl. singolare podeva*
l'**uva** grapes
la **varietà** variety
la **vecchietta** old lady
il **venditore** seller
la **verdura** vegetables, greens

AGGETTIVI
aromatico aromatic
caro expensive
coltivato grown
cotto cooked
crudo uncooked
fresco fresh
surgelato frozen
vero true
vivo alive

VERBI
aprire to open
costare to cost
chiudere to close
discutere to discuss, to argue
girare (per) to wander, to go around
invitare to invite
portare to bring, to carry
preferire (-isc-) to prefer
pulire (-isc-) to clean
sembrare to seem
sentire l'odore di . . . to smell (lit., to
  sense the smell of) *perché*
  smell = perché

ALTRE PAROLE ED ESPRESSIONI
all'aperto in the open, outdoors
al coperto indoors
avere l'intenzione di . . . to intend to
la carne di vitello veal
generi alimentari food
i latticini dairy products
il mercato rionale local market
il prosciutto cotto ham
il prosciutto crudo prosciutto
il salame nostrano local salami
invece instead
lungo along
peccato too bad
per + *infinitive* in order to
perciò therefore

Avere bisogno = have need for
il la collega
i colleghi
le colleghe

Pronuncia

A. The soft **c** and **g** sounds: **ce, ci, ge, gi**
These Italian sounds are similar to English *ch* (as in the word *chess*) and *j*,
g (as in the words *Joe, gem*). Pronounce the following:

cenare	trecento	cestino	pece	brace	cena
acido	cine	città	Cile	venticinque	macinare

Ginevra	giro	agi	girare	gita	agire
gennaio	gelato	gesto	genio	generale	Gemma

When a vowel follows the **i** of **ci** and **gi**, the **-i-** is not pronounced; rather it is used to represent the soft **g** or **c**. The word **Giava** is pronounced like the English word *Java*. Practice the following:

ciao	incrociare	lancia	bacio	ciò
giallo	Giano	agiato	lancio	Giove
giugno	giunto	giusto	grigio	giovane

B. The hard **c** and **g** sounds: **che, chi, ghi, ghe**
Italian **che** is pronounced like English *c* in *cake* and Italian **chi**, like English *k* in *key*. Similarly, Italian **ghi** sounds like English *g* in give and Italian **ghe**, like English *g* in *guess*. Practice the following:

anche	perché	tasche	amiche	biblioteche
maniche	che	chetare	pache	bocche

chiesa	chiave	chiodo	chiaro	chiedere	chiamare
chiudere	chiasso	chiostro	china	chiesa

laghi	righi	ghirlanda	ghiro
paghi	ghiaccio	ghibellino	

targhe	larghe	traghetto	nuraghe
daghe	ghetto	leghe	

Grammatica

1

Preposizioni articolate
(Prepositions contracted with the definite article)

In Italian, most one-syllable prepositions contract with the definite articles and are written as one word.

	il	lo	la	l'	i	gli	le
a *to, at*	al	allo	alla	all'	ai	agli	alle
di *of*	del	dello	della	dell'	dei	degli	delle
in *in*	nel	nello	nella	nell'	nei	negli	nelle
da *by, from*	dal	dallo	dalla	dall'	dai	dagli	dalle
su *on*	sul	sullo	sulla	sull'	sui	sugli	sulle

When the noun that follows begins with **z-, s +** *consonant*, or a vowel, the contracted forms of the preposition follow the same rules as the definite articles.

In the case of the prepositions **con** and **per,** modern Italian usage prefers to keep the preposition separate from the article:

con *with* **per** *for, by, through*	con il per il	con lo per lo	con la per la	con l' per l'	con i (coi) per i	con gli per gli	con le per le

ESEMPI:

il numero	**i numeri**	**lo specchio**	**gli specchi**
al numero	ai numeri	allo specchio	agli specchi
del numero	dei numeri	dello specchio	degli specchi
nel numero	nei numeri	nello specchio	negli specchi
dal numero	dai numeri	dallo specchio	dagli specchi
sul numero	sui numeri	sullo specchio	sugli specchi
col numero	coi numeri	con lo specchio	con gli specchi

l'albero	**gli alberi**	**la strada**	**le strade**
all'albero	agli alberi	alla strada	alle strade
dell'albero	degli alberi	della strada	delle strade
nell'albero	negli alberi	nella strada	nelle strade
dall'albero	dagli alberi	dalla strada	dalle strade
sull'albero	sugli alberi	sulla strada	sulle strade
con l'albero	con gli alberi	con la strada	con le strade

l'agenzia	**le agenzie**
all'agenzia	alle agenzie
dell'agenzia	delle agenzie
nell'agenzia	nelle agenzie
dall'agenzia	dalle agenzie
sull'agenzia	sulle agenzie
con l'agenzia	con le agenzie

APPLICAZIONI PRATICHE

A. Ripetere i nomi seguenti e sostituire le preposizioni indicate. (*Repeat the following nouns and substitute the prepositions indicated.*)

1. *al* mercato
   (in / per / di / da)

2. *con la* bancarella
   (da / su / per / in / a)

3. *per il* marito
   (con / da / di / a)

4. *per gli* spinaci
(con / di / su / in / a)

5. *sull'*angolo
(a / di / per / da / di)

6. *con i* fagiolini
(per / da / a / di / in)

7. *dalle* ricette
(a / per / di / con / su)

B. Completare le seguenti frasi e tradurre l'espressione fra parentesi. (*Complete the following sentences and translate the expression in parenthesis.*)

1. La signora Bianchi gira (*through the*) _____ mercato.
2. Il pescivendolo discute (*with the*) _____ massaia.
3. Le massaie discutono (*on the*) _____ qualità (*of the*) _____ frutta.
4. Il venditore porta la verdura (*to the*) _____ bancarella.
5. Roberto è (*in the*) _____ ufficio (*of the*) _____ dottore.

C. Ripetere le frasi scrivendo le combinazioni delle preposizioni e degli articoli. (*Repeat the sentences using the appropriate form of the preposition and the article.*)

1. Emilio ha bisogno **di** +

(il) ____ dottore	(la) ____ signora	(gli)____ zii
(lo) ____ studente	(l') ____ amica	(gli)____ attori
(lo) ____ zio	(i) ____ dottori	(le) ____ signore
(l') ____ attore	(gli) ____ studenti	(le) ____ amiche

2. La vecchietta porta il latte **a** +

(il) ____ dottore	(la) ____ signora	(gli) ____ zii
(lo) ____ studente	(l') ____ amica	(gli) ____ attori
(lo) ____ zio	(i) ____ dottori	(le) ____ signore
(l') ____ attore	(gli) ____ studenti	(le) ____ amiche

3. L'ufficio non è lontano **da** +

(il) ____ mercato	(la) ____ piazza	(gli) ____ zoo
(lo) ____ stadio	(l') ____ automobile	(gli) ____ edifici
(lo) ____ zoo	(i) ____ mercati	(le) ____ piazze
(l') ____ edificio	(gli) ____ stadi	(le) ____ automobili

4. I limoni sono **su** +

(il) ____ tavolo	(l') ____ automobile	(gli) ____ alberi
(lo) ____ specchio	(i) ____ tavoli	(le) ____ bancarelle
(l') ____ albero	(gli) ____ specchi	(le) ____ automobili
(la) ____ bancarella		

5. I ragazzi discutono **in +**

(il) _____ bar	(l') _Nell'_ automobile	(gli) _negli_ uffici
(lo) _____ stadio	(i) _Nei_ bar	(le) _nelle_ stazioni
(l') _____ ufficio	(gli) _negli_ stadi	(le) _nelle_ automóbili
(la) _____ stazione		

2

Preposizione *di* con valore di possessivo
(Preposition *di* indicating possession)

The preposition **di** in Italian is also used to denote possession. In this case it is often rendered in English by *'s*:

l'automobile **della** signora	*the lady's car*
il libro **dello** studente	*the student's book*
il cappello **del** ragazzo	*the boy's hat*

When **di** is followed by a proper name, the definite article is omitted:

il libro **di** Carlo	*Charles' book*
il collega **di** Maria	*Mary's colleague*

BUT:

la casa **del** professor Zanni	*Professor Zanni's house*
l'ufficio **del** dottor Carli	*Doctor Carli's office*

APPLICAZIONI PRATICHE

D. Completare le seguenti frasi con la forma adatta della preposizione **di**. (*Complete the following sentences with the correct form of the preposition di.*)

1. La casa _____ Mario.
2. Il marito _____ signora Giacinti.
3. Il negozio _____ salumiere.
4. La bancarella _____ vecchietta.
5. Il cibo _____ gatto.
6. Il camice _____ dottoressa.
7. Il profumo _____ Giulia.
8. La sigaretta _____ Carlo.
9. La cartolina _____ amici.
10. Le medicine _____ cliente.
11. Lo studio _____ zio.
12. La segretaria _____ professor Torchi.
13. Il quaderno _____ studenti.
14. L'idea _____ Mario.

3

Presente indicativo dei verbi in -*ire*
(Present indicative of verbs in -*ire*)

Verbs ending in **-ire** are divided into two categories: those which follow the pattern of **sentire** and those which follow the pattern of **preferire**. While the endings are the same, those verbs which belong to the second category insert **-isc-** between the stem and the ending in all singular forms and in the third person plural.

sentire, *to hear*		
io	sento	Io **sento** Maria.
tu	senti	Tu **senti** la radio.
lui		Lui **sente** il venditore.
lei	sente	La massaia **sente** il salumiere.
Lei		Signora, **sente** il ragazzo?
noi	sent**iamo**	Noi **sentiamo** le massaie.
voi	sent**ite**	Ragazzi, **sentite** il professore?
loro	sent**ono**	Loro **sentono** la vecchietta.
Loro		Signore, **sentono** il pescivendolo?

Some common verbs conjugated like **sentire:**
partire   *to leave, to depart*
aprire   *to open*
dormire   *to sleep*
seguire   *to follow*
servire   *to serve, to be used for*

preferire, *to prefer*		
io	preferisco	Io **preferisco** il pesce.
tu	preferisci	Tu **preferisci** l'italiano.
lui		Lui **preferisce** il giornale.
lei	preferisce	La massaia **preferisce** la qualità.
Lei		Lei **preferisce** il prosciutto crudo.
noi	preferiamo	Noi **preferiamo** il salame nostrano.
voi	preferite	Voi **preferite** il caffè.
loro	preferiscono	Loro **preferiscono** una bibita.
Loro		Loro **preferiscono** la campagna?

While there is no simple way of determining which **-ire** verbs fall into the **-isc-**
group, many Italian dictionaries will identify verbs belonging to this category
by giving the first person present indicative form after the infinitive: **preferire**
(**preferisco**).

Some common verbs conjugated like **preferire**:

finire *to finish*
capire *to understand*
pulire *to clean*
suggerire *to suggest*
restituire *to return something, to give back*

APPLICAZIONI PRATICHE

E. Formare una frase mettendo il verbo alla forma corretta. (*Form a sentence
by putting the verb in the correct form.*)

1. *finire*
   (Marco / il giornale.)
   (Gli studenti / la lezione.)
   (Noi / il libro.)
   (Carlo, non / la carne?)
   (Voi / le medicine.)

2. *pulire*
   (Bruno e Maria / la casa.)
   (Noi / l'ufficio)
   (La massaia / la verdura.)
   (Tu / l'automobile.)
   (Io / i gamberi.)

F. Completare le seguenti frasi mettendo il verbo alla forma corretta. (*Complete the following sentences putting the verbs in the correct form.*)

1. Oggi a pranzo la signora Caminiti (servire) _____ pesce e verdura.
2. Noi (suggerire) _____ questo libro.
3. Gli studenti (capire) _____ l'italiano molto bene.
4. La farmacista (suggerire) _____ quel remedio.
5. Voi (restituire) _____ il libro allo studente.
6. La signora Sperani (preferire) _____ il pesce alla carne.
7. Loro (sentire) _____ il pescivendolo.
8. Tu (pulire) _____ il prezzemolo.
9. Noi (suggerire) _____ il pesce fresco.
10. Marco, (preferire) _____ gli spinaci o la lattuga?
11. La massaia (aprire) _____ la borsa e paga il venditore.

4   L'ora
(Telling time)

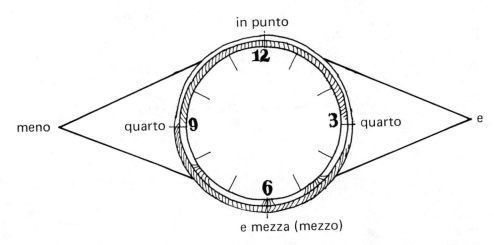

The following points should be remembered when telling time in Italian:

1. The expressions **Che ora è?** and **Che ore sono?** can be used interchangeably to ask the question, *What time is it?*

2. In the reply, **è** is used for singular expressions:

    Che ore sono?

È l'una.	*It's one o'clock.*
È mezzogiorno.	*It's noon.*
È mezzanotte.	*It's midnight.*

    Plural expressions take **sono:**

    Che ora è?

Sono le due.	*It's two o'clock.*
Sono le cinque.	*It's five o'clock.*
Sono le nove.	*It's nine o'clock.*

3. The equivalent of *past* is **e**; and the fraction *always* follows the hour:

Sono le quattro **e** venti.	*It's twenty **past** four.*
È l'una **e** dieci.	*It's ten **past** one.*

4. The equivalent of *to* is **meno:**

Sono le sette **meno** cinque.	*It's five minutes to seven.*
È mezzanotte **meno** venti.	*It's twenty to midnight.*

5. The definite article is always used before the hour except for **mezzanotte** and **mezzogiorno**:

È l'una.   *It's one o'clock.*
Sono **le** dieci   *It's ten o'clock.*

6. The expressions **un quarto, mezza, tre quarti** can be used to indicate *a quarter, half,* and *three quarters.*

Sono le undici e **un quarto**.   *It's a quarter past eleven.*
Sono le sei e **mezza**.   *It's half past six.*
Sono le otto meno **un quarto**.   *It's a quarter to eight.*
Sono le sette e **tre quarti**.   *It's seven forty-five.*
Sono le due **in punto**.   *It's two o'clock sharp.*

7. The expressions **di mattina** (in the *morning*), **del pomeriggio** (*in the afternoon*), **di sera** (*in the evening*) can be used to clarify whether one is referring to A.M. or P.M. However, for public institutions (transport schedules, radio or TV times, etc.) and very formal situations, the 24 hour form is used. In this case, the expressions **quarto** and **mezzo** are not used:

Il treno parte alle diciassette e trenta.   *The train is leaving at five-thirty P.M.*

Maria arriva alle ventuno e quindici.   *Maria arrives at nine-fifteen P.M.*

Il cocktail è alle diciotto e trenta di sabato.   *The cocktail party is Saturday at six-thirty.*

	Forma colloquiale (Colloquial form)	*Ora ufficiale* (Official time)
6:10 A.M.	Sono le sei e dieci (di mattina).	Sono le sei e dieci.
8:25 P.M.	Sono le otto e venticinque (di sera).	Sono le venti e venticinque.
11:07 A.M.	Sono le undici e sette (di mattina).	Sono le undici e sette.
10:15 P.M.	Sono le dieci e un quarto (di sera).	Sono le ventidue e quindici.
9:32 A.M.	Sono le nove e trentadue (di mattina).	Sono le nove e trentadue.
2:45 P.M.	Sono le tre meno un quarto (del pomeriggio).	Sono le quattordici e quarantacinque.
noon	È mezzogiorno.	Sono le dodici.
7:05 A.M.	Sono le sette e cinque (di mattina).	Sono le sette e cinque.
midnight	È mezzanotte.	Sono le ventiquattro.

APPLICAZIONI PRATICHE

G. Leggere le seguenti ore. (*Read the following hours.*)

1. 12:35 P.M.
2. 7:15 P.M.
3. 1:38 A.M.
4. 6:18 P.M.
5. 9:45 A.M.
6. 2:28 P.M.
7. 11:20 A.M.
8. 9:55 P.M.
9. 3:37 A.M.
10. 5:06 P.M.

H. Ripetere le stesse ore secondo l'ora ufficiale. (*Repeat the same hours according to official time.*)

I. Rispondere alle seguenti domande. (*Answer the following questions.*)

1. Che ora è?
2. A che ora arriva a scuola la mattina?
3. A che ora finisce le lezioni?
4. A che ora partono i ragazzi?
5. A che ora ritorna a casa Lei?

J. Ripetere le frasi sostituendo all'ora di Boston quella di Roma. (*Repeat the sentences substituting the hour in Rome for that of Boston.* NOTE: *There is a six hour difference between Italy and Eastern Standard Time in the U.S.*)

ESEMPIO: Boston: Sono le quattro e dieci.
             Roma: Sono le dieci e dieci.

1. Sono le sette e un quarto di sera.
2. Sono le dieci del mattino.
3. Sono le undici e mezza di sera.
4. Sono le otto meno dieci del mattino.
5. Sono le sei meno un quarto di sera.
6. È l'una del pomeriggio.
7. Sono le tre in punto.
8. È mezzogiorno e un quarto.
9. Sono le quattro e venticinque del mattino.
10. È l'una e tre quarti del mattino.

5 Presente indicativo di *stare*
(Present tense of the irregular verb *stare*)

stare, *to be*			
io	**sto**	Io **sto** bene.	*I am well.*
tu	**stai**	Tu **stai** male.	*You are ill.*
lui		Lui **sta** bene.	*He is well.*
lei	**sta**	Lei **sta** male.	*She is ill.*
Lei		Lei **sta** bene.	*You are well.*
noi	**stiamo**	Noi **stiamo** così così.	*We are so-so.*
voi	**state**	Voi **state** benino.	*You are fairly well.*
loro	**stanno**	Loro **stanno** abbastanza bene.	*They are fairly well.*
Loro		Loro **stanno** molto bene.	*You are very well.*

The verb **stare** is used to indicate physical state or condition:

Come stai?   *How are you?*
(Sto) Molto bene, grazie.   *(I am) Quite well, thank you.*

Colloquially, **stare** can also be used to indicate location:

Dov'è Giorgio?   *Where is George?*
Sta a casa.   *He is at home.*

Contrasto di *essere* e *stare* (Comparison of **essere** and **stare**)

essere	*stare*
Profession:	*State of being:*
Carlo è studente.	Come **state**? **Stiamo** bene.
Nationality:	*Location:*
Mario è italiano.	La mamma **sta** al mercato.
Possession:	
Il libro è di Bruno.	
Basic characteristic:	
Come è il prosciutto? È molto buono.	

APPLICAZIONI PRATICHE

K. Ripetere le frasi sostituendo il soggetto indicato e cambiando la forma del verbo. (*Repeat the sentences substituting the subject and changing the verb accordingly.*)

   1. *La signora* sta bene.
      (le amiche / voi / io / noi)

   2. *Carlo* sta al mercato.
      (le signore / lui / tu / Maria)

   3. *Loro,* stanno male?
      (Giulia / ragazzi / professore / voi)

L. Completare le frasi seguenti con **essere** o **stare**. (*Complete the following sentences with essere or stare.*)

   1. Come _____ Lei?
   2. Dove _____ la carne?
   3. I gamberi _____ buoni.
   4. Noi _____ a casa.

   5. Il mercato _____ lì, a destra.
   6. Il pesce _____ caro.
   7. Tu _____ a casa di Mario?
   8. Noi _____ americani.

6   Presente indicativo dei verbi *andare, dare* e *fare*
(Present indicative of the verbs *andare, dare,* and *fare*)

These three common verbs do not follow the pattern of the first conjugation verbs in the present indicative.

	andare, *to go*	**dare,** *to give*	**fare,** *to do, to make*
io	vado	do	faccio
tu	vai	dai	fai
lui lei } Lei	va	dà	fa
noi	andiamo	diamo	facciamo
voi	andate	date	fate
loro Loro }	vanno	danno	fanno

The verb **andare** is always followed by the preposition **a** and usually the article whenever a noun denoting place follows:

Oggi andiamo **al** mercato   *Today we are going to the market.*
Stasera vado **al** cinema.   *Tonight I am going to the movies.*

When followed by a verb, the word **casa,** or the name of a city, the preposition **a** is used without the article:

Andiamo a casa.   *We are going home.*
Vado a comprare i biglietti.   *I am going to buy the tickets.*
Vanno a Firenze.   *They are going to Florence.*

Espressioni con il verbo *fare*

In Italian the verb **fare** is used in several common expressions. The following weather expressions use **fare:**

Fa caldo.   *It is warm.*
Fa freddo.   *It is cold.*
Fa fresco.   *It is cool.*
Fa bel tempo.   *It is clear.*
Fa cattivo tempo.   *It is stormy, bad.*

Some other idiomatic expressions that take **fare** are:

fare una passeggiata   *to take a walk*
fare un viaggio   *to take a trip*
fare una gita   *to go on an excursion*
fare un giro[1]   *to take a walk, to go around*

APPLICAZIONI PRATICHE

M. Completare con la forma corretta del verbo **andare, dare** o **fare** a seconda del caso. (*Complete with the correct form of the verb andare, dare, or fare.*)

1. Paola, dove _____?
2. I ragazzi _____ a scuola.
3. Noi _____ il libro a Maria.
4. Le signore _____ al mercato.
5. Per comprare le sigarette io _____ dal tabaccaio.
6. Noi _____ all'agenzia di viaggio.
7. Io, Luciano e Margherita _____ al cinema.
8. Ogni inverno loro _____ a Cortina.
9. Oggi _____ fresco.
10. Marco _____ al mercato.
11. Gli amici _____ un giro per il mercato.
12. Il pescivendolo _____ i gamberi alla signora

---

[1] Similar to **essere in giro per** (see p. 24). This expression is used to refer to a leisurely walk or ride.

N. Rispondere alle seguenti domande. (*Answer the following questions.*)

1. Che tempo fa oggi?
2. Fa caldo d'inverno?
3. Dopo cena fa una passeggiata Lei?
4. Dove va a fare una gita?
5. Va fuori quando fa freddo?
6. Quando fa gli esercizi Lei?

Lettura

Piazza Vittorio

Piazza Vittorio è una grande piazza di Roma, non lontano° dalla Stazione Termini.° In questa piazza c'è un grande mercato rionale all'aperto, dove c'è sempre molta gente° e di ogni tipo:° massaie, signore eleganti, studenti, operai° e professionisti.° Nel mercato ci sono circa° duecento bancarelle dove c'è una grande scelta° di prodotti alimentari, vestiti, scarpe,° articoli di cucina° e per la casa, stoffe° ecc . . . Sotto i portici della piazza ci sono negozi° di abbigliamento,° di elettrodomestici,° di mobili,° un bar, una profumeria, una cartoleria, tre rosticcerie ed una farmacia. All'angolo di Via Conte Verde, sul marciapiede, c'è un fioraio° e anche d'inverno vende fiori° freschi. Generalmente a Piazza Vittorio i fumatori° comprano anche le sigarette straniere° vendute alla borsa nera,° perché in Italia le sigarette sono monopolio dello Stato.

far / Rome's central railroad station

people / every type
workers / professionals
about, around
choice
shoes / kitchen utensils / cloth, fabric
stores
clothing / household appliances / furniture

florist
sells flowers
smokers / foreign
black market

O. Domande sulla lettura. (*Questions on the reading.*)

1. Dov'è Piazza Vittorio?
2. Dove vendono i fiori?
3. Che cosa comprano i fumatori?
4. Che cosa c'è sotto i portici?
5. Nel mercato, dove vendono i prodotti?
6. Che tipo di gente c'è nel mercato?
7. Dove compra le sigarette Lei?

Un negozio di abbigliamento a Milano.

Tirando le somme

A. Domande sul dialogo. (*Questions on the dialogue*.)

1. Quanto costa un chilo di mele?
2. Che cosa c'è sulle bancarelle di un mercato?
3. Sono care le pere?
4. La massaia preferisce le mele o le pere?
5. È fresca la verdura del venditore?
6. Cosa sente la massaia?
7. Preferite il prosciutto cotto o il prosciutto crudo?
8. Cosa vende il pescivendolo?
9. La massaia compra le sogliole?
10. La signora Sperani invita la signora Caminiti a pranzo?
11. Ha bisogno di molte cose la signora Caminiti?
12. Da dove porta gli ortaggi freschi Gloria?

B. *Situazioni* (Situations): *Al mercato*

Mary is shopping at the market. Using numbers and the following words, ask the vendor for the following items and quantities.

ESEMPIO: (2 kg.[1] di) pere
              Maria: Quanto costano queste pere?
              Venditore: 1500 lire il chilo.
              Maria: Due chili, per piacere.
              Venditore: Ecco, sono 3000 lire.

1. (2 kg. di) uva
2. (1 kg. di) mele
3. (2 kg. di) pomodori
4. (300 gr. di) limoni
5. (500 gr. di) patate
6. (200 gr. di) prezzemolo

C. *Variazioni* (Variations)

1. Dal salumiere.

   a) pancetta
   b) parmigiano
   c) prosciutto cotto
   d) salame

2. Dal pescivendolo.

   a) calamari
   b) sogliole
   c) acciughe
   d) gamberi

D. Tradurre le seguenti frasi. (*Translate the following sentences.*)

1. Italian housewives prefer to wander through the local market.
2. The sellers bring fresh fruit and meat everyday to the market.
3. At the open market people discuss the quality and price of things.
4. Good day! I would like one kilogram of apples, two of pears, and a half of grapes.
5. We intend to go to the station.
6. There are many stores in the arcade.
7. The gentleman goes into the clothing store in order to buy cloth.
8. In Italy housewives buy dairy products from the delicatessen seller.
9. At the market, fish vendors sell shrimp, squid, and sole in the stalls.
10. One buys string beans, celery, spinach, and lettuce at the vegetable stand.

---

[1] Kg. = chilogrammo; gr. = grammo.

Ricapitolazione

LEZIONI 1-4

A. Indicare gli articoli determinativi e indeterminativi per le seguenti parole. (*Give the definite and the indefinite articles for the following words.*)

1. composizione
2. pittore
3. problema
4. scrittrice
5. zio
6. tassí
7. impiegato
8. stanza
9. amico
10. donna
11. esame
12. clima

B. Volgere al plurale le seguenti parole. (*Give the plural of the following words.*)

1. città
2. sciopero
3. professore
4. albero
5. panino
6. dottoressa
7. pillola
8. giornale
9. matita
10. studente
11. specchio
12. attrice

C. Ripetere le frasi seguenti facendo le sostituzioni indicate. (*Repeat the following sentences making the indicated changes*).

1. *Noi siamo* in Italia.
   (Io / Lei / tu / voi / lei / Loro / Giulio e Federico)

2. *Il farmacista è* gentile con i clienti.
   (Tu / Lei / voi / io / noi / Loro / Giorgio / Luisa e Giulia)

D. Formare dieci frasi usando per ognuna due degli aggettivi elencati di seguito. (*Form ten sentences using two of the following adjectives together.*)

umido	fresco	comprensivo	contento	bravo
terribile	diverso	giusto	famoso	gentile
caldo	speciale	bello	rosso	simpatico
mite	grande	caro	bianco	brillante

E. Mettere le seguenti frasi al negativo secondo l'esempio. (*Give the negative of the following sentences according to the example.*)

ESEMPIO: Oggi è una bella giornata.
            Oggi non è una bella giornata.

1. A Napoli il clima è mite.
2. Questa è una buona idea.
3. Lo studente è bravo.
4. La sedia è bianca.
5. Le ragazze sono giovani.
6. Franco è simpatico.
7. Il caffè è caldo.
8. Io sono contento di essere in città.
9. Oggi è un giorno feriale.
10. Questa medicina è necessaria.

F. Tradurre in italiano le frasi seguenti. (*Translate the following sentences into Italian.*)

1. Are you afraid?   2. He is nervous. 3. She has a useful book.
4. Are they in a hurry? 5. Paolo and Marta are wrong.   6. I feel like having a coffee.   7. Mario has a good teacher.   8. Are you (*formal, sing.*) thirsty? 9. Does he have fresh vegetables?   10. Is she cold?

G. Volgere il singolare in plurale e viceversa, mettendo gli articoli secondo l'esempio. (*Give the plural or singular, as necessary, and provide the appropriate definite article.*)

ESEMPIO: professore italiano   *i professori italiani*

1. segretaria giovane
2. studente bravo
3. vestiti nuovi
4. esame difficile
5. giornale importante
6. ragazzi tristi
7. casa verde
8. città famose
9. donna elegante
10. idea brillante
11. vacanza piacevole
12. climi dolci
13. dolore incredibile
14. lingua facile

H. Ripetere le frasi secondo l'esempio. (*Repeat the sentences according to the example.*)

ESEMPIO: Questo signore è americano.
            Anche questa signora è americana.

1. Questo farmacista è americano.
2. Questo ragazzo è americano.
3. Questo bambino è americano.
4. Questo cliente è americano.
5. Questo violinista è americano.

I. Ripetere le frasi seguenti facendo i cambiamenti indicati. (*Repeat the following sentences substituting the indicated words and making the necessary changes.*)

   1. Io compro sempre *questa medicina*.
      (sciroppo / giornale / prodotto / profumo / tè)

   2. Preferiamo *quell'orologio*.
      (carta / scuola / automobile / carne / matita)

Una bancarella in un mercato rionale di Napoli.

J. Ripetere le frasi seguenti secondo l'esempio. (*Repeat the following sentences according to the example.*)

ESEMPIO: Questo negozio è chiuso!
            Sì, ma quelli sono aperti!

1. Questo libro è chiuso!
2. Questo ufficio è chiuso!
3. Questo flacone è chiuso!
4. Questo mercato è chiuso!
5. Questo edificio è chiuso!

K. Sostituire all'infinito in parentesi la forma corretta del presente indicativo. (*Substitute the correct form of the present indicative for the infinitive.*)

1. Oggi io e Carlo (pagare) _paghiamo_ per tutti!
2. Il dottore (consigliare) _consiglia_ le vitamine.
3. Tu e Luigi (aiutare) _aiutate_ lo studente.
4. Voi (chiamare) _chiamate_ il medico.
5. Anche lui (desiderare) _desidera_ una sigaretta?
6. Io non (vedere) _vedo_ la piazza!
7. Il salumiere (discutere) _discute_ con la massaia.
8. Una lattuga (costare) _costa_ trecento lire.
9. Giulio non (pagare) _paga_ il conto.
10. Quando Roberto ha la tosse (comprare) _compra_ le pastiglie.

L. Ripetere le espressioni sostituendo le preposizioni indicate. (*Repeat the expressions substituting the prepositions indicated.*)

1. *per la* città   (in / su / da / di / a)
2. *con le* ragazze   (a / di / da / per)
3. *al* cliente   (di / da / per / su / con)

M. Tradurre in italiano. (*Translate into Italian.*)

1. It's a quarter to four.
2. It's twenty past seven.
3. It's five minutes to nine.
4. It's ten to midnight.
5. The train arrives at ten thirty A.M.
6. It is two thirty already?
7. They are in school at 8 o'clock sharp!
8. Are you ready? It's five o'clock!
9. The plane leaves at 9:30 P.M.
10. The train arrives at 7:48 A.M.

N. Sostituire all'infinito in parentesi la forma corretta del presente indicativo. (*Replace the infinitive with the correct form of the present indicative.*)

    1. Signor Gigliotti, Lei (preferire) _preferisce_ il tè con o senza limone?
    2. Maria Luisa non (capire) _capisce_ l'inglese.
    3. Il dottore (suggerire) _suggerisce_ questa medicina.
    4. Il professore (restituire) _restituisce_ i quaderni agli studenti.
    5. Noi non (capire) _capiamo_ le parole difficili.
    6. La lezione (finire) _finisce_ sempre all'una.
    7. I ragazzi (pulire) _puliscono_ l'automobile dello zio.
    8. Alle due gli studenti (finire) _finiscono_ l'esame.
    9. Noi (preferire) _preferiamo_ la pizza quando è calda.

O. Rispondere alle seguenti domande in italiano. (*Answer the following questions in Italian.*)

    1. Sono in orario i treni in Italia?
    2. Hai fame a mezzogiorno?
    3. Quanto costa quel giornale?
    4. Quanti studenti ci sono in questa classe?
    5. È aperta la farmacia la domenica?
    6. Quanti ne abbiamo oggi?
    7. Qual'è la data di oggi?
    8. Oggi è martedì o mercoledì?
    9. Quanti giorni ha il mese di settembre?
  10. Preferisci il prosciutto o il pesce?
  11. Quanto costa un chilo di pere?
  12. Sono utili gli esempi del professore?
  13. Vittorio, senti la voce di Renato?
  14. Che ore sono, per favore?
  15. A che ora parte il treno per Siena?
  16. A che ora arriva l'aereo da New York?
  17. Come stai?
  18. Piazza Vittorio è a Roma o a Napoli?

Lezione 5ª

All'agenzia di viaggi

I signori Pennati pensano di trascorrere le feste di Natale con i parenti a Reggio Calabria. Adesso il signor Pennati sta telefonando ad un'agenzia di viaggi per chiedere informazioni sui treni diretti al Sud.

Impiegata	—Pronto!? Agenzia di viaggi *Zodiaco*. Chi parla?
Signor P.	—Buongiorno. Parla Pennati. Signorina, ha due posti liberi in vagone-letto sul treno Milano-Reggio Calabria del 18 dicembre?
Impiegata	—No. Purtroppo per tutto il mese di dicembre e fino al 3 gennaio è tutto completo.
Signor P.	—Anche i posti di prima e di seconda classe?
Impiegata	—Sì, tutto esaurito! Non accettiamo prenotazioni già dalla metà di ottobre. Ma abbiamo due posti sull'aereo Milano-Reggio Calabria.
Signor P.	—Questa è una buona idea!
Impiegata	—Quanti posti desidera?
Signor P.	—Due.
Impiegata	—Come si chiama?[1]
Signor P.	—Marco Pennati. A che ora parte l'aereo, signorina?
Impiegata	—Alle 20,15 dall'aeroporto di Milano-Linate, e arriva alle 22,12 all'aeroporto Tito Minniti di Reggio Calabria.
Signor P.	—Bene signorina, prendo i due posti in aereo!

Un'ora dopo il signor Pennati è all'agenzia di viaggi:

Signor P.	—Signorina, quant'è il prezzo dei due biglietti?

---

[1] The forms, **mi chiamo, ti chiami, (lui, lei, Lei) si chiama, ci chiamiamo, vi chiamate, si chiamano,** are the reflexive forms of the verb **chiamare,** *to call*. They are equivalent to the English, *My name is* _____, *Your name is* _____, and so forth. For a more detailed explanation, see *Pronomi e verbi riflessivi* in Lesson 11.

Impiegata —127.000 lire, solo l'andata per due persone. Quando pensano
di ritornare?

Signor P. —Pensiamo di ritornare in treno il 9 gennaio. È possibile viaggiare in vagone-letto?

Impiegata —Sì, certamente! Quale preferisce, quello turistico o quello di prima classe?

Signor P. —Quello turistico. Quando posso ritirare i biglietti per l'aereo e quelli ferroviari?

Impiegata —Può venire domattina verso le dieci?

Signor P. —Sì. Allora grazie, e a domani!

• • •

La signorina Luciana Baruzzi sta pensando di andare in Grecia. Chiede perciò informazioni ad un agente di viaggio.

Impiegato —Buongiorno signorina! Cosa desidera?

L. Baruzzi —Desidero andare in Grecia.

Impiegato —Per quanto tempo?

L. Baruzzi —Per una settimana.

Impiegato —Preferisce viaggiare in aereo o in nave?

L. Baruzzi —In nave! È una buona occasione per un viaggio comodo e riposante, poichè sto attraversando un periodo di tensione. Da dove parte la nave?

Impiegato —Parte da Brindisi tutte le sere alle 18 e arriva in Grecia il giorno seguente verso le 16. Quando intende partire?

L. Baruzzi —Venerdì prossimo, e intendo ritornare in nave la settimana seguente, possibilmente sabato o domenica.

Impiegato —Bene. Allora prenoto il posto per l'andata e per il ritorno. Preferisce la classe turistica o la prima classe?

L. Baruzzi —La classe turistica. Posso ritirare il biglietto ora e pagare con la carta di credito?

Impiegato —Ma certo! Come si chiama?

L. Baruzzi —Mi chiamo Luciana Baruzzi.

Impiegato —Ecco il biglietto e buon viaggio!

Vocabolario

NOMI

l'**aereo** plane

l'**aeroporto** airport

l'**agente** agent (*masc.*)

l'**agenzia** agency

l'**andata** going (one-way trip)

la **carta di credito** credit card

la **classe** class

la **festa**   feast, holiday
il **Natale**   Christmas
la **nave**   ship, boat
l'**occasione**   occasion, opportunity,
   chance (*fem.*)
il **parente**   relative
la **partenza**   departure
il **periodo**   period
il **posto**   place, seat
la **prenotazione**   reservation
il **ritorno**   return
il **Sud**   south
la **tensione**   tension
il **vagone-letto**   sleeping-car
il **viaggio**   trip
lo **zodiaco**   zodiac

AGGETTIVI
completo   complete
diretto   direct
esaurito   sold out
ferroviario   railroad
libero   free, unoccupied
prossimo   next
riposante   restful
seguente   following
turistico   tourist

VERBI
accettare   to accept

attraversare   to cross
credere   to believe
intendere   to mean to, to intend
partire   to leave, to depart
pensare   to think
pensare a   think of (have in mind)
pensare di   to think about (have an
   opinion)
potere   to be able (*irr.*)
prenotare   to reserve
ritirare   to withdraw, to pick up
telefonare   to call, to telephone
trascorrere   to spend (time)
venire   to come (*irr.*)
viaggiare   to travel
volere   to want (*irr.*)

ALTRE PAROLE
biglietto ferroviario   railroad ticket
certo, certamente   certainly
chi   who
cosa, che cosa   what
così   so
fino a . . .   until
linea aerea   airline
possibilmente   possibly
Pronto!   Hello! (on the telephone)
purtroppo   unfortunately
quale   which
solo   only

Pronuncia

The Italian **gl** and **gn** sounds are almost totally lacking in English. Frequent practice and correction will therefore be necessary, in order to avoid erroneous habits.

A. The Italian **gl** sound

a**gl**io	sco**gl**io	so**gl**ia	ra**gl**io	**gigl**io
me**gl**io	de**gl**i	ma**gl**ia	sve**gl**ia	racco**gl**iere
disto**gl**ie	sba**gl**iare	pi**gl**io	venta**gl**io	tri**gl**ie

B. The Italian **gn** sound

lagna	ragno	magna	vigna	lasagna
segno	legni	regni	pegno	bagno
cagne	stagni	Agnese	compagno	pigna

Even when found at the beginning of a word, **gn** represents the same sound as above:

gnomo   gnu   gnocco   gnau   gnorri

Opposizioni fonologiche (*Phonetic contrasts*)

A. Italian /lj/ vs. /λ/
Practice the pronunciation of the following groups of words, distinguishing between the /lj/ vs. /λ/:

olio / so**gli**o	voliamo / vo**gli**amo	biliardo / bi**gli**a
dalia / ra**gli**a	balia / sba**gli**a	Attilio / ti**gli**o
milione / mi**gli**ore	Celio / ve**gli**o	Lia / fi**gli**a

B. Italian /nj/ vs. /ñ/

Particular care should be taken in distinguishing between these two sounds. Pronounce the following words noticing the difference in each pair:

uranio / ra**gn**o	Campania / campa**gn**a	genio / inge**gn**o
conio / so**gn**o	smania / ma**gn**a	smaniare / re**gn**are
Lavinia / la vi**gn**a	Tania / sta**gn**a	venia / re**gn**a

Grammatica

1 Gerundio
(The gerund)

The gerund is formed by adding the ending **-ando** to the stem of verbs of the first conjugation and **-endo** to those of the second and third conjugation:

Infinitive	*Stem*	*Ending*	*Gerund*
comprare	compr-	ando	compr**ando**
vendere	vend-	endo	vend**endo**
sentire	sent-	endo	sent**endo**

▶ The gerund is used to indicate an action in progress. It is equivalent to the English *ing* form:

Camminando per il mercato Marco sente le voci dei venditori.

Walking through the market Mark hears the voices of the vendors.

Entrando nell'agenzia di viaggi il signor Bianchi vede molti clienti.

Entering the travel agency Mr. Bianchi sees many clients.

▶ The Italian gerund is used to render the English gerund preceded by the prepositions *by, while, etc.* These prepositions are not translated in Italian.

Camminando parlano.
Comprando molto, spendono troppo.

They speak while walking.
By buying a lot, they spend too much.

2   Presente progressivo
(The present progressive)

The present progressive tense is used to express an action in progress. It is formed with the present indicative of the verb **stare** (see p. 63) plus the gerund: **stiamo pensando** (*we are thinking*).

The present progressive is used to emphasize that an action is *taking place at the present moment:*

Che cosa **stai facendo?**

What are you doing?

Sto telefonando ad un'agenzia di viaggi.

I am calling a travel agency.

L'impiegata dell'agenzia **sta parlando** con un cliente.

The agency employee is speaking with a client.

Note that the gerund is invariable.

APPLICAZIONI PRATICHE

A. Ripetere le frasi seguenti sostituendo le parole in corsivo. (*Repeat the following sentences replacing the words in italics.*)

1. *Loro stanno* trascorrendo le vacanze in Italia.
   (Io / voi / Lei / tu / noi / lui)

2. *Maria sta* telefonando all'agenzia.
   (voi / lui / loro / noi / tu / io)

3. *Noi stiamo* chiedendo informazioni all'impiegato.
   (tu / loro / io / noi / Lei)

4. *Stai* consigliando il cliente?
   (Maria / voi / lui / loro)

5. Non *sto* parlando dei professori.
   (lui / loro / noi / tu / Lei / Giulia)

B. Rispondere alle seguenti domande secondo l'esempio. (*Answer the following questions following the example.*)

ESEMPIO 1:   Stai parlando con Francesca?
             Sì, sto parlando con Francesca.

1. Stai mangiando con Francesca?
2. Stai partendo con Francesca?
3. Stai andando in campagna con Francesca?
4. Stai preparando il pranzo con Francesca?
5. Stai discutendo con Francesca?

ESEMPIO 2:   State chiedendo informazioni al cliente?
             No, stiamo chiedendo informazioni alla segretaria.

1. State telefonando alla dottoressa?
2. State pagando il conto all'impiegato?
3. State pensando al professore?
4. State portando le medicine al cliente?
5. State credendo al ragazzo?

C. Mettere le seguenti frasi in forma progressiva. (*Change the following sentences to the progressive form.*)

ESEMPIO: Il signore *parla* con l'agente di viaggio.
           Il signore sta parlando con l'agente di viaggio.

1. Noi *partiamo* per Creta.
2. Carlo, *telefoni* all'agenzia di viaggi?
3. Tu e Maria *viaggiate* insieme.
4. L'impiegata *prenota* due biglietti per Parigi.
5. Loro *trascorrono* una bella vacanza a Capri.
6. *Penso* alle vacanze sulle Alpi.
7. L'aereo *parte* ora!
8. I ragazzi *attraversano* la strada.
9. Il treno *arriva* dal sud.
10. Il signor Bonelli *ritira* i biglietti all'agenzia.

3 Aggettivi interrogativi
(Interrogative adjectives)

quale?	which?
quanto?	how much?[1]
che?	what?

Quanto and **quale** follow the rule for regular adjective endings, that is, they agree in gender and number with the nouns they modify. However, **che** is invariable:

Che città è?	*What city is it?*
Che libro è?	*What (kind of a) book is it?*
Quale giornale compri?	*Which newspaper are you buying?*
Quali città desidera visitare?	*Which cities do you wish to visit?*
Quante mele desidera?	*How many apples do you wish?*
Quanti studenti ci sono oggi?	*How many students are here today?*

APPLICAZIONE PRATICHE

D. *Situazione: All'agenzia di viaggi*

Mr. Salvatori wants to go on vacation and seeks the advice of a travel agent. The agent asks for precise details concerning Mr. Salvatori's trip. Taking the agent's role and using **che**, **quale**, and **quanto**, complete the following brief conversation.

ESEMPIO: Buon giorno.   *Che* cosa desidera?

Desidero fare un viaggio in aereo. —_____ classe?
In prima. Desidero visitare gli Stati Uniti. —_____ città?
New Orleans, New York, e Boston. —_____ giorni desidera trascorrere?
Quindici. —_____ persone viaggiano con Lei?
La moglie e i figli. —_____ bambini?
Due. —Con _____ linea aerea desidera viaggiare?
L'Alitalia. —_____ posti preferisce?
Davanti. —Benissimo, grazie.

E. Completare le seguenti frasi usando **che**, **quale**, o **quanto** a seconda del caso. (*Complete the following sentences using che, quale or quanto.*)

1. A _____ agenzia di viaggi è andato Luigi?
2. A _____ ora parte l'aereo?

---

[1] The plural form is translated in English as *how many*.

3. _____ posti ci sono sul vagone-letto?
4. _____ parenti hai a Firenze?
5. Oggi è venerdì, _____ ne abbiamo oggi?
6. _____ nave parte per New York?
7. _____ mesi ci sono in un anno?
8. In Italia _____ festa c'è in agosto?
9. _____ carte di credito ha Lei?
10. Scusi, _____ classe è questa?

4   Pronomi interrogativi
(Interrogative pronouns)

chi	who	**che cosa**	
quale	which, which one	**cosa**	what
quanto	how much, how many	**che**	

▶ **Chi** means both *who* and *whom*. When used with the preposition **di**, it denotes possession, and is translated as *whose*:

Chi arriva oggi?	*Who is arriving today?*
A chi telefoni?	*Whom are you calling?*
Con chi viaggi?	*With whom are you traveling?*
Di chi parlate?	*Of whom are you speaking?*

BUT:

Di chi è questa prenotazione?	*Whose reservation is this?*
Di chi sono questi biglietti?	*Whose tickets are these?*

▶ **Quale** also has a plural form: **quali**:

Ecco i posti, **quale** desidera?	*Here are the seats, **which** one do you want?*
Quali sono i voli per Milano?	*Which are the flights for Milan?*

▶ **Quanto** agrees in gender and number with the noun to which it refers. It has four forms: **quanto, quanta, quanti, quante**:

Quanto è il biglietto Roma-Napoli?	*How much is the ticket for Rome to Naples?*
Desidero prenotare alcuni biglietti per Genova. —**Quanti?**	*I would like to reserve some tickets for Genoa. —How many?*

▶ **Che cosa, cosa** and **che** are the equivalents of *what*:

Che cosa è questo?
Cosa è questo? } *What is this?*
Che è questo?

APPLICAZIONI PRATICHE

F. Completare ogni domanda con il pronome interrogativo adatto. (*Complete each question with the appropriate interrogative pronoun.*)

1. _____ parla? Parla il signor Roselli.
2. _____ parlate? Parliamo italiano.
3. _____ prenota? Prenoto tre posti sull'aereo.
4. Di _____ è il posto? Questo posto è della signora.
5. _____ è di Maria? Questo è il libro di Maria.

G. Rispondere alle seguenti domande con frasi complete. (*Answer the following questions with complete sentences.*)

1. Qual'è il numero di telefono di Giovanni?
2. Che lingua parlano quei signori?
3. A che ora partono Enzo e Antonella?
4. Qual'è il padre di Filippo?
5. Di chi parlate?
6. Che giorno è oggi?
7. Per chi sono questi libri?
8. Con chi sta parlando Nicola?
9. Che cosa sta comprando quell'uomo?
10. A che pensi?
11. Quante sedie stanno comprando?
12. Di quale città stai parlando?
13. Quanti studenti ci sono in classe?
14. Quanto costa un biglietto ferroviario di prima classe Roma-Venezia?

H. Formare una domanda usando il pronome interrogativo. (*Formulate a question using the interrogative pronoun.*)

ESEMPIO: Desidero un libro.   *Quale desidera?*

1. Prenotiamo i posti.
2. Trascorrono le vacanze a Portofino.
3. Viaggi molto.
4. Penso a Giovanni.
5. Intendete questo.
6. Attraversiamo la strada.
7. Accetta la carta di credito.
8. Crediamo questo.
9. Ritiri i biglietti.

5 Le preposizioni *a* ed *in* con i nomi di luogo
(The prepositions *a* and *in* with names of places)

Italian uses the prepositions **a** and **in** with the names of geographical places, much in the same way English uses the preposition *in*:

1. The preposition **a** is used before the names of cities and small islands:

Abitiamo **a** Roma.	*We live in Rome.*
Vivono **a** Parigi da cinque anni.	*They have been living in Paris for five years.*
Restiamo **a** Capri un mese.	*We are staying in Capri for a month.*

2. The preposition **in** is used before the names of regions, countries and large islands:

Sono **in** Francia da dicembre.	*They have been in France since December.*
Hanno una casa **in** Sicilia.	*They have a house in Sicily.*

NOTE: When the name of the country, region or island is masculine, the article is used with the preposition **in**:

Roma è **nel** Lazio.	*Rome is in Latium.*
Studia medicina **negli** Stati Uniti.	*She is studying medicine in the United States.*
Lima è **nel** Perù.	*Lima is in Peru.*

6 Presente indicativo dei verbi irregolari *volere* e *potere*
(Irregular present indicative of the verbs *volere* and *potere*)

volere, *to want*	**potere,** *to be able to*
io voglio	io posso
tu vuoi	tu puoi
lui ⎫	lui ⎫
lei ⎬ vuole	lei ⎬ può
Lei ⎭	Lei ⎭
noi vogliamo	noi possiamo
voi volete	voi potete
loro ⎫ vogliono	loro ⎫ possono
Loro ⎭	Loro ⎭

APPLICAZIONI PRATICHE

I. Completare con la forma corretta di **potere** o **volere**. (*Complete using the correct form of the verbs potere or volere.*)

1. La sera io (volere) _____ andare a letto alle 11.
2. Noi non (volere) _____ telefonare al dottore.
3. Io non (potere) _____ pagare il conto, perchè non ho soldi.
4. (Volere) _____ venire anch'io a casa di Luigi.
5. Margherita e Alberto non (potere) _____ trascorrere le vacanze in Grecia.
6. Cosa (volere) _____ quel signore?
7. Renato non (volere) _____ andare a scuola oggi.
8. (Potere) _____ venire anche tu?
9. Se (voi) non (volere) _____ partire oggi, noi (potere) _____ partire domani mattina.
10. Scusi signorina, (potere) _____ prenotare un posto sull'aereo delle diciannove?

Lettura

Gli ostelli per la gioventù

In Italia gli ostelli per la gioventù° danno ospitalità ai titolari di tessere° A.I.G. (Associazione Italiana Alberghi per la Gioventù) e della I.Y.H.F. (Federazione Internazionale degli Ostelli per la Gioventù).

    I servizi° comprendono° il noleggio° del sacco a pelo,° l'uso della cucina,° colazione,° pranzo o cena.° Spendendo° non più di tremila lire al giorno, un giovane° può trascorrere delle belle vacanze in ostelli comodi e spesso anche caratteristici. Infatti spesso questi ostelli per la gioventù sono in vecchi° edifici restaurati,° e qualche volta anche in castelli° medievali, ricchi di storia.°

youth hostels
cardholders

services / include / rental
sleeping bag / kitchen / breakfast,
   lunch / supper   spending
young man, woman

old / restored
castles / rich in history

J. Domande sulla lettura. (*Questions on the reading.*)

1. A chi offrono ospitalità gli ostelli per la gioventú?
2. Che cos'è l'A.I.G.?

Gli ostelli della gioventù danno ospitalità a molti giovani.

3. Che cosa comprendono i servizi di un ostello?
4. Quanto spende al giorno un giovane in un ostello?
5. Come sono gli ostelli italiani?
6. Quali costruzioni utilizzano in molti casi gli ostelli per la gioventú?

Tirando le somme

A. Domande sul dialogo. (*Questions on the dialogue.*)

1. A quale agenzia decide di telefonare il signor Pennati?
2. Con chi parla al telefono il signor Pennati?
3. Che giorno vuole partire il signor Pennati?

4. Ci sono posti liberi in treno per quella data?
5. E in aereo ci sono posti liberi?
6. A che ora parte l'aereo da Milano-Linate?
7. Quanto costano i due biglietti solo andata in aereo?
8. Come pensano di ritornare a Milano i signori Pennati?
9. I signori Pennati prenotano un vagone-letto turistico o di prima classe?
10. Chi ritira i biglietti per l'aereo e quelli ferroviari?
11. Dove sta pensando di andare in vacanze la signorina Baruzzi?
12. Come preferisce viaggiare la signorina Baruzzi?
13. Com'è il viaggio in nave?
14. Quando paga il biglietto la signorina Baruzzi?

B. Tradurre in italiano. (*Translate into Italian.*)

1. How many seats do you want?
2. What is the cost of two tickets?
3. Can I pick up the tickets now?
4. The employee is speaking with a client.
5. I am calling a travel agency.
6. In which room is the Italian class?
7. Whose car is it?
8. With whom are you speaking?
9. Whose sleeping bag is this?
10. In Italy there are many youth hostels.

C. Rispondere alle seguenti domande. (*Answer the following questions.*)

1. Quanti posti desidera prenotare?
2. A chi stanno chiedendo informazioni i turisti?
3. Con quale volo arrivano i parenti di Paolo?
4. Di chi state parlando?
5. Cosa desidera, signorina?
6. Che voli ci sono al mattino per Milano?
7. Quante lingue parli?
8. Di quale libro state parlando?
9. Chi va a prendere Lucia alla stazione?
10. Con chi vai in vacanza?
11. Che sigarette compri di solito?
12. Che cosa vuoi?

6ª

Parliamo di sport ...

Quasi tutti oggi praticano qualche sport per sviluppare i muscoli e per mantenere il corpo sano e forte. Vittorio, oltre che sportivo, è anche tifoso e gli piace assistere soprattutto agli incontri di calcio.

Angela	—Dove vai?
Vittorio	—Vado alla partita di calcio al campo sportivo.
Angela	—Chi gioca oggi?
Vittorio	—C'è l'incontro Bologna-Juventus. Ci vieni anche tu?
Angela	—No, grazie. Il calcio non mi piace, lo sai. Io preferisco il tennis, ed ogni tanto mi piace giocare a pallacanestro.
Vittorio	—Anch'io gioco spesso a tennis, invece la pallacanestro non mi piace affatto. Con chi giochi di solito a tennis?
Angela	—Con la cugina di Maria Luisa, la conosci?
Vittorio	—Sì, la conosco, ma non le vado molto a genio!
Angela	—Perché?
Vittorio	—Perché mi considera un fanatico del calcio.

• • •

D'inverno Maria e Graziella vanno a nuotare in piscina, ciò evidentemente non le soddisfa molto.

Maria	—Non mi piace questa piscina, è troppo piccola!
Graziella	—Sì, hai ragione. Certo l'ideale è nuotare in mare. Ma l'estate è ancora lontana.
Maria	—D'estate quando sei al mare, pratichi solo il nuoto?
Graziella	—No, ogni tanto faccio un po' di vela con degli amici. E tu?
Maria	—Io faccio lo sci nautico. Lo trovo eccitante! Provo delle sensazioni meravigliose mentre scivolo sull'acqua, trascinata dal motoscafo.
Graziella	—E gli sport invernali ti piacciono?

Maria   —Sì, quando ci sono buone piste e buone attrezzature. Io di solito
            vado a sciare per una settimana alla fine di gennaio a Livigno in
            provincia di Sondrio.
Graziella —Anch'io almeno una settimana all'anno vado ad Aprica, dove
            vivono dei parenti. Ma in genere non scio molto.
Maria   —Ma allora cosa fai?
Graziella —Di giorno sto al sole oppure vado in cima alla pista e poi ridi-
            scendo in seggiovia.
Maria   —E la sera cosa fai?
Graziella —Alla sera io e la zia stiamo fino a tardi accanto al caminetto, ed io
            le parlo della vita in città. E tu come passi le sere quando sei in
            montagna?
Maria   —Se in albergo c'è una festa da ballo, vado a ballare con gli amici,
            altrimenti racconto loro barzellette, stando accanto al caminetto.

Vocabolario

NOMI
l'**acqua** water
l'**albergo** hotel
l'**attrezzatura** equipment, services
la **barzelletta** joke
il **calcio** soccer
il **caminetto** fireplace
il **campo sportivo** sports field, stadium
la **cima** peak, mountain top
il **corpo** body
la **cugina** cousin (*fem.*)
la **festa da ballo** dancing
l'**ideale** ideal
l'**incontro** meeting, encounter, match
la **montagna** mountain
il **motoscafo** motorboat
il **muscolo** muscle
il **nuoto** swimming
la **pallacanestro** basketball (*fem.*)
la **partita** game
la **piscina** swimming pool
la **pista** track, course, slope
la **provincia** province
lo **sci nautico** water ski
la **seggiovia** lift

la **sensazione** sensation
la **vela** sail
la **vita** life

AGGETTIVI
divertente fun, enjoyable
eccitante exciting
fanatico fan, fanatic
forte strong
lontano far
meraviglioso marvelous
piccolo small
sano healthy
sportivo sporty
tifoso fan

VERBI
assistere to watch
ballare to dance
conoscere to know (a person)
considerare to consider
fare lo sci to ski
fare la vela to sail
giocare to play
mantenere to keep (*irr.*)

nuotare to swim	**ALTRE PAROLE E ESPRESSIONI**
piacere to enjoy	**accanto** beside
praticare to play, to practice	**affatto** at all
provare to experience, to feel	**alla fine di** at the end of
raccontare to tell	**altrimenti** otherwise
ridiscendere to come down again	**andare a genio** to care for
sciare to ski	**oltre che** beside, in addition to
scivolare to slide, to skim	**oppure** or
soddisfare to satisfy	**praticare il nuoto** to swim
trascinare to drag	**tardi** late
sviluppare to develop	

Pronuncia

A. The Italian **r**

The letter **r** in Italian represents a trill consonant which has no exact equivalent in English. Particular care should be taken in pronouncing this unfamiliar sound. Practice by vibrating rapidly the tip of the tongue against the inner part of the upper front gums.

treno	tram	trucco	trina	trio	trema	trama
otre	atrio	vetro	cedro	quadro	quattro	litro
aratro	orto	corte	agro	acre	sacro	apri
arare	parare	mare	nero	vero	ara	zero

B. The Italian **rr**

This sound is produced by prolonging the sound of the simple consonant while at the same time shortening the pronunciation of the preceding vowel.

arrivo	corridore	terrore	opporre	arringa
marrano	terreno	verremo	ferriera	guerriero

Pronounce the following pairs. Pay particular attention in shortening the vowel preceding the prolonged **rr** sound.

caro / carro	poro / porro
mora / morra	coro / corro
bara / barra	mira / mirra
baro / sbarro	moro / morrò
attore / torre	sera / serra
Ciro / cirro	ero / ferro
oro / orrore	era / erra

Grammatica

1 Pronomi di complemento diretto e indiretto
(Direct and indirect object pronouns)

Subject	Direct Object		Indirect Object	
io	mi	*me*	mi	*to me*
tu	ti	*you*	ti	*to you*
lui	lo	*him, it*	gli	*to him, to it*
lei	la	*her, it*	le	*to her, to it*
noi	ci	*us*	ci	*to us*
voi	vi	*you*	vi	*to you*
loro	li	*them* (m.)	loro	*to them*
	le	*them* (f.)		

Carlo vede **Maria.**   → Carlo **la** vede.
Giulio scrive **al professore.** → Giulio **gli** scrive.

Object pronouns generally precede the conjugated verb, except for **loro,** which follows it:

Maria **mi** vede.	*Mary sees me.*
Bruno **li** vede.	*Bruno sees them.*
Io **gli** parlo.	*I speak to him.*
Loro **vi** scrivono.	*They write to you.*

BUT:

Maria scrive **loro.**	*Mary writes to them.*
Noi parliamo **loro.**	*We are speaking to them.*

With infinitives the pronouns are generally attached to the verb after the final vowel of the verb form is dropped:

Desidero veder**lo.**	*I wish to see him.*
Desidera parlar**ci.**	*He wishes to speak to us.*

BUT:

Desidero parlare **loro.**	*I wish to speak to them.*
Desideriamo scrivere **loro.**	*We wish to write to them.*

All direct object pronouns are attached directly to the expression **ecco** (*here is, here are*):

Dov'è il libro? **Eccolo!**	*Where is the book?* **Here it is!**

Dove sono gli sci? **Eccoli!**	*Where are the skis? **Here they are!***
Carlo, dove sei? **Eccomi!**	*Karl, where are you? **Here I am!***

In negative sentences the pronoun comes between **non** and the verb:

Maria non **mi** vede.	*Mary doesn't see me.*
Graziella non **ci** scrive.	*Grace doesn't write to us.*

For the polite form of address (**Lei**) the feminine forms **La** or **Le**, capitalized, are used whether one is addressing a man or a woman:

Signorina, **L'**accompagno a casa?	*Miss, may I take you home?*
Signor Rapacci, **Le** scrivo questa lettera . . .	*Mr. Rapacci, I am writing this letter to you . . .*
Dottore, **La** vedo questa sera.	*Doctor, I will see you tonight.*

The capitalized form is retained even when the pronoun is attached to an infinitive:

Caro signore, desidero incontrar**La** domani.	*Dear sir, I would like to meet with you tomorrow.*

2a Verbi che richiedono un complemento oggetto diretto
(Verbs that take direct object pronouns)

accettare   to accept
Accetti **il regalo?** **Lo** accetto.

chiedere   to ask for
Chiedi **le informazioni.** **Le** chiedo.   *to prep with direct object following*

comprendere   to understand
Comprendi **il francese?** Non **lo** comprendo.

invitare   to invite
Lo invito a cena.

guardare   to look at
Guardi **la TV?** Sì, **la** guardo ogni sera.

preferire   to prefer
Preferisci **il caffè?** Sì, **lo** preferisco.

raccomandare   to recommend
Raccomanda **questo ristorante?** No, non **lo** raccomando.

scrivere   to write
Scriviamo **una lettera** a Carlo. **La** scriviamo a Carlo.

2b

Verbi che richiedono un complemento oggetto indiretto
(Verbs that take indirect object pronouns)

chiedere (a una persona)   to ask (someone)
Gli chiedo le informazioni.

mandare (a una persona)   to send (someone)
Le mando una cartolina da Roma.

parlare (a una persona)   to speak (to someone)
Il professore **gli** parla sempre in italiano.

pensare (a una persona)   to think (of someone)
Pensi **a Giovanni?** Sì, lo penso spesso.

raccomandare (a una persona)   to recommend (someone)
Raccomanda **loro** un buon ristorante.

scrivere (a una persona)   to write (to someone)
Scrivete **ai cugini?** Sì scriviamo **loro.**

telefonare (a una persona)   to call (someone)
Oggi telefoni **a Maria?** No, **le** telefono domani.

APPLICAZIONI PRATICHE

A. Sostituire alle parole in corsivo il pronome adatto.

ESEMPIO: Chiudo *la porta*.   *La chiudo.*

1. Pratichiamo *lo sport*.
2. Preferite *il tennis*.
3. Conosciamo *la cugina di Maria Luisa*.
4. Trovo *lo sci nautico* eccitante.
5. Passo *le sere* accanto al caminetto.
6. Raccontiamo *barzellette*.

B. Completare con il pronome indiretto.

1. (*him*) _____ apriamo la porta.
2. (*you, familiar sing.*) _____ dicono la verità.
3. (*me*) _____ telefona ogni settimana.
4. (*us*) _____ parlano della malattia.
5. (*you, formal pl.*) Chiedo _____ il numero di telefono.
6. (*her*) _____ vado a genio.
7. (*them*) Consigliamo _____ di partire domani.
8. (*him*) _____ racconto una barzelletta.
9. (*you, familiar pl.*) _____ parla della vita in montagna.
10. (*us*) _____ comprano un motoscafo.

C. Completare con il pronome diretto.

1. (*you, familiar sing.*) _____ credo.
2. (*them, fem.*) _____ vedi spesso?
3. (*her*) _____ invitiamo a pranzo ogni settimana.
4. (*us*) _____ vedono dalla finestra.
5. (*him*) _____ guardiamo perché è elegante.
6. (*you, formal pl. masc.*) _____ capiamo quando parlano in italiano.
7. (*them, masc.*) _____ chiamo prima di partire.
8. (*me*) _____ vedete?
9. (*you, formal sing.*) _____ ospitano in questo albergo.
10. (*you, formal pl. fem.*) _____ ringrazio molto.

D. Sostituire le parole in corsivo con il pronome adatto.

1. Io pratico *il nuoto.*
2. Luisa racconta *la barzelletta.*
3. Non conosciamo *l'albergo.*
4. Vedo *la cima della montagna.*
5. Ballano *il tango* molto bene.
6. Giulio desidera praticare *gli sport.*
7. Avete *il motoscafo?*
8. Lo sport rinforza *il corpo.*
9. Io preferisco *la pista settentrionale.*
10. Loro parlano *italiano.*
11. Maria sta comprando *il biglietto.*
12. Carlo e Giovanni stanno guardando *la partita.*
13. Graziella vuole prendere *la nave.*
14. Sergio desidera scrivere *alla cugina.*
15. Vuoi dire qualche cosa *agli amici?*

3

Uso idiomatico del verbo *piacere*
(Idiomatic use of the verb *piacere*)

The verb **piacere** (*to like, to be pleasing to*) is commonly used in two forms: the third person singular **piace** and the third person plural **piacciono**, equivalent to the English expressions: *it is pleasing* and *they are pleasing*. The concept of "liking something" is foreign to Italian; rather, "something pleases a person".

I like tennis. = *Tennis pleases me.*
I like sports. = *Sports please (are pleasing to) me.*
I like this suit. = *This suit pleases me.*

Soccer is pleasing to me.   **Mi** piace il **calcio.**
(Subject) └────────────┘ (Subject)
(Indirect Object)

Do sports please you?   **Ti** piacciono **gli sport?**
(Subject) └────────────┘ (Subject)
(Indirect Object)

This dress pleases her.   **Le** piace **questo vestito.**
(Subject) └────────────┘ (Subject)
(Indirect Object)

Skiing pleases Karl and Mary.   **A Carlo e a Maria** piace **sciare.**
(Subject) └──────────────┘ (Subject)
(Indirect Objects)

▶ Notice that the word order is inverted in the Italian sentences.
▶ In the Italian, the verb is preceded by the appropriate indirect object pronoun (with the exception of **loro**). If a noun object is used, the noun is preceded by the preposition **a** (last example above).

APPLICAZIONI PRATICHE

E. Secondo l'esempio rispondere alle seguenti domande.

ESEMPIO 1:   Ti piace giocare a pallacanestro?
Sì, mi piace giocare a pallacanestro.

1. Vi piace nuotare?
2. Le piace giocare a tennis?
3. Ti piace fare lo sci nautico?
4. Piace loro andare in montagna?
5. Vi piace assistere agli incontri di calcio?
6. Le piace questo ristorante?
7. Ti piace questa montagna?
8. Vi piace questo motoscafo?
9. Piace loro questa città?
10. Le piace questo libro?

ESEMPIO 2:   Vi piace lo sci?
No, non ci piace lo sci.

1. Vi piace il nuoto?
2. Ti piace il calcio?
3. Gli piace viaggiare in aereo?
4. Questo giornale piace a Mario?
5. Vi piace l'italiano?
6. Le piace la medicina?

ESEMPIO 3:   Gli piacciono gli sport?
Sì, gli piacciono gli sport.

1. Gli piacciono i balli?
2. Ti piacciono le sigarette?
3. Piacciono loro le cartoline?
4. Vi piacciono le automobili?
5. Le piacciono i viaggi?

F. Formulare la domanda (esempio 1) e la risposta (esempio 2).

ESEMPIO 1: Non desidero viaggiare.
Perché, non Le piace viaggiare?

1. Non desideriamo nuotare.
2. Non desideriamo sciare.
3. Non desidero fare la vela.
4. Maria non desidera nuotare in piscina.
5. Non desideriamo raccontare barzellette.
6. Non desidera viaggiare in nave.

ESEMPIO 2: Perché non balla Carlo?
Perché non gli piace ballare.

1. Perché non gioca Maria?
2. Perché non viaggiate in aereo?
3. Perché non visitano il museo?
4. Perché non trascorri le vacanze in montagna?
5. Perché non balliamo?
6. Perché Giulio non fa la vela?
7. Perché Marco non è a scuola?
8. Perché Ada non ha l'automobile?

4 Altri usi del presente
(Idiomatic uses of the present indicative)

The present indicative in Italian is also used to express an action which began in the past and continues into the present. In English, this situation is expressed by the present perfect.

In this type of sentence, the time expression, preceded in English by *for* or *since* (*for three years, for two months, for an hour, since Monday*) is always preceded in Italian by the preposition **da**:

Sono a scuola **da** tre anni.	*I have been in school for three years.*
Come sta Mario? Non lo **vedo da** due mesi.	*How is Mario doing? I have not seen him for two months.*
Eccoti finalmente! È **da** un'ora che ti **chiamo.**	*Here you are finally! I have been calling you for an hour.*
Non la **vedo da** lunedì.	*I have not seen her since Monday.*

In the spoken language, one frequently finds the present indicative used in Italian to express an action that will take place in the immediate future. This use of the present conveys a greater sense of decisiveness and certainty on the part of the speaker:

Questa sera **andiamo** al cinema.	*This evening we are going to the movies.* *This evening we are definitely going to the movies.* *This evening we will go to the movies.*
Domani **parto** per Roma.	*Tomorrow I leave (am leaving) for Rome.* *Tomorrow I am definitely leaving for Rome.* *Tomorrow I will leave for Rome.*
Questo inverno **vado** a sciare.	*This winter I am going skiing.* *This winter I am definitely going skiing.* *This winter I will be going skiing.*

APPLICAZIONI PRATICHE

G. Ripetere la frase facendo i cambiamenti necessari.

1. Non vado al teatro *da una settimana.*
   (un mese / martedì / molto tempo / un anno)

2. Non parlo con Mario *da lunedì.*
   (un anno / ieri / tre settimane / mese scorso)

H. Tradurre in italiano.

1. I have not been to the market for a week.
2. We have been traveling for two months.
3. He has been playing soccer for five years.
4. Tomorrow we will definitely go to the pool.
5. We have been studying Italian for three years.
6. Tonight I will study.
7. You are tired. You have been swimming for two hours.
8. Today I can't, but next week I will definitely go to the soccer game.
9. I am hungry as a bear; I haven't eaten for two days.
10. He will definitely call me next week.

I. Rispondere con una frase completa alle seguenti domande.

1. Da quanto tempo studia l'italiano?
2. Da quando pratica lo sport?
3. Da quando non viaggia Lei?
4. Da quanto tempo balla Lei?
5. Da quanto tempo non mangia Lei?
6. Mangi molto da quando sei in Italia?

5 Presente indicativo dei verbi *conoscere* e *sapere*
(Present indicative of the verbs *conoscere* and *sapere*)

	conoscere, *to know*	sapere, *to know*
Io	**conosco** Franco.	**So** nuotare.
Tu	**conosci** l'italiano.	**Sai** dove abita.
Lui } Lei } Lei	**conosce** la città.	**Sa** dove è Genova.
Noi	**conosciamo** il professore.	**Sappiamo** perché non è a casa.
Voi	**conoscete** la strada.	**Sapete** se e il treno è in orario?
Loro } Loro	**conoscono** queste montagne.	**Sanno** che ora è.

The verbs **conoscere** and **sapere** both correspond to the English *to know,* but they cannot be used interchangeably:

▶ **Conoscere** conveys acquaintance or familiarity with people, places, or facts. It always takes a direct object and is never followed by an infinitive:

—Conosce quella signora?   *"Do you know that lady?"*
—Sì, la conosco da molto tempo.   *"Yes, I have known her for a long time."*

Conosciamo un buon ristorante a Capri.   *We know of a good restaurant in Capri.*

▶ **Sapere** conveys knowledge of a fact or awareness of something. It indicates knowledge of something that has been learned:

No so quando parte il treno.   *I don't know when the train is leaving.*

Sai dov'è via Roma?   *Do you know where via Roma is?*

When followed by an infinitive, **sapere** corresponds to the English *to know how to (do something):*

Non sappiamo sciare.   *We don't know how to ski.*
Sapete ballare?   *Do you know how to dance?*

Study the following groups of sentences contrasting the uses of **conoscere** and **sapere:**

—Conosci l'italiano?   *"Do you know Italian?"*
—Lo so scrivere ma non lo so parlare.   *"I know how to write it but I do not know how to speak it."*
—Conoscete Taormina?   *"Do you know Taormina?"*

—Non la conosciamo ma sappiamo che è una bella città.

So che abita a Milano ma non conosco la città e non so arrivarci.

"We are not familiar with it, but we know that it is a beautiful city."
I know that he is living in Milan but I am not familiar with the city and I don't know how to get there.

APPLICAZIONI PRATICHE

J. Usando il verbo **conoscere**, formare una nuova frase secondo l'esempio.

ESEMPIO: Dov'è Mario?   *Conosco Mario ma non so dov'è.*

1. Dove abita Carlo?
2. Dove gioca Vittorio?
3. Quando fa la vela Angela?
4. Quando parte Bruno?
5. Quando va in montagna Maria?
6. Come viaggia Sergio?

K. Formare delle frasi con **conoscere** o **sapere** usando le seguenti espressioni.

ESEMPIO: dove abita   *Sai dove abita?*
              Ivana   *Conosce Ivana?*

1. l'indirizzo (*address*)
2. gli amici di Ivana
3. che cosa studia
4. quando parte
5. quale lingua parla
6. la cugina di Ivana

L. Completare con la forma corretta di **conoscere** o **sapere**.

1. Noi non _____ quando partono.
2. Noi _____ un buon ristorante a Napoli?
3. Lui _____ parlare molto bene il francese.
4. Loro _____ molto bene l'italiano e l'inglese.
5. Tu _____ il professore d'italiano?
6. Io _____ questa strada ma non _____ l'indirizzo di Carlo.
7. (Tu) _____ che Mario parte per la Svizzera questa sera?
8. (Lei) _____ l'inglese ma non lo _____ scrivere ancora.

Lettura

Notizie sportive

Alla radio la voce° dell'annunciatore° . . .   voice / newscaster

"Ed ora le notizie sportive:

Calcio: Questo pomeriggio ci sono le due semifinali di quest'anno per la coppa Davis: Francia-Argentina e U.S.A.-Sud Africa. Quest'ultimo° incontro è in programma a Nashville.   last (in a series)

Ippica:° Oggi a San Siro il cavallo Sirland torna° in pista dopo nove mesi. Sirland, dopo l'infortunio° del luglio scorso° vuole avere una nuova vittoria.   horseracing / to return / accident / last (preceding)

Pugilato:° Questa sera, alle venti, al Palalido di Milano abbiamo un campionato° italiano: quello dei pesi *welters*° fra il detentore° Gianni Molesini e il giovane Paolo Zanusso di Venezia.   boxing / championship / welterweights / titleholder

Ciclismo: È in corso° l'eccitante gara° Milano-Sanremo; sulle strade della riviera ligure i tifosi aspettano° l'arrivo dei ciclisti per le prime ore di questo pomeriggio. Parigi: gli organizzatori° del giro° di Francia discutono oggi il nuovo itinerario della famosa gara ciclistica."   in progress / match / wait for / organizers / tour

È in corso la gara ciclista Milano-Sanremo.

M. Domande sulla lettura.

1. Chi parla alla radio?
2. Quali notizie dà l'annunciatore?
3. Che cosa c'è al Palalido di Milano?
4. Dov'è l'incontro di calcio fra gli Stati Uniti ed il Sud Africa?
5. Quando arrivano i ciclisti sulla riviera ligure?

N. Using the additional vocabulary provided take the role of a sports announcer and create your own sports news.

ALCUNI TERMINI SPORTIVI

CALCIO

il **calcio** kick
il **campo** field
il **pallone** ball
la **porta** goal
il **portiere** goalkeeper

PUGILATO

l'**arbitro** referee
le **corde** ropes
il **guanto** glove
al **tappeto** knockout
la **ripresa** round

IPPICA

il **fantino** jockey
la **briglia** bridle
l'**ippodromo** race track
la **sella** saddle
il **traguardo** finishing line

CICLISMO

la **bicicletta** bicycle
la **bicicletta da corsa** racing bicycle
il **casco** helmet
i **freni** brakes
la **marcia** gear
il **sellino** seat

Tirando le somme

A. Domande sul dialogo.

1. Dove sta andando Vittorio?
2. Chi gioca oggi?
3. Perché Angela non va al campo sportivo con Vittorio?
4. Con chi gioca di solito Angela?
5. Perché Vittorio non va a genio alla cugina di Maria Luisa?
6. Dove vanno a nuotare d'inverno Maria e Graziella?
7. È grande la piscina?
8. Maria pratica solo il nuoto d'estate?
9. Cosa prova Maria mentre scivola sull'acqua?
10. Quando va a sciare Maria?
11. Dove va Graziella una settimana all'anno?
12. Scia molto Graziella?
13. Cosa fa di giorno Graziella quando è in montagna?
14. Cosa fa Maria se in albergo c'è una festa da ballo?

B. Ripetere la frase in tutte le persone.

1. Giorgio *mi* guarda.
2. Giulio *mi* pensa.
3. Maria *mi* telefona spesso.
4. Graziella *mi* scrive ogni settimana.
5. Il professore *mi* conosce bene.

C. Ripetere la frase sostituendo il pronome personale che si riferisce alla persona indicata.

ESEMPIO: Io chiedo un consiglio *a Giuseppe.*
           Io gli chiedo un consiglio.

1. a Giovanna
2. alla cugina
3. alla farmacista
4. agli amici
5. al dottore
6. a Franco e a Maria
7. al professore
8. alla segretaria
9. alle signore
10. agli studenti

D. *Situazione: Gli sport*
   Dire che Carlo pratica i seguenti sport usando un pronome.

ESEMPIO: il rugby   *Carlo lo pratica.*

1. il nuoto
2. la pallacanestro
3. il calcio
4. la vela
5. lo sci nautico
6. il tennis
7. il calcio e il baseball
8. la vela e lo sci nautico

E. Indicare le seguenti cose usando un pronome.
   Janet e Alberto sono in albergo. Lei domanda ad Alberto dove sono alcuni posti. Alberto indica questi posti.

ESEMPIO: l'albergo   *Janet: Dov'è l'albergo? Alberto: Eccolo!*

1. il campo di tennis
2. la pista
3. il ristorante
4. il bar
5. l'ascensore (*elevator*)
6. la piscina

F. *Guida al comporre*
   Basandosi sul vocabolario della lezione, riscrivere il seguente brano completandolo. (Using this lesson's vocabulary, complete the following paragraph rewriting it.)

Roberto ascolta le _____ alla _____; oggi ci sono due semi _____ della coppa Davis, giocano Francia-Brasile e Germania-U.S.A. L'_____ Germania-U.S.A. è in programma a Montreal. Mentre la _____ ciclistica Milano-Sanremo è in corso di svolgimento, sulle _____ della riviera i _____ stanno aspettando l'arrivo dei _____. Invece a Parigi gli organizzatori del _____ di Francia stabiliscono oggi il nuovo _____ dell'annuale gara ciclistica.

7ª

All'università

Bologna è una città ricca di storia, di palazzi, di chiese e di monumenti. Nella parte vecchia, come molte città italiane, Bologna conserva ancora un aspetto medievale. Anche l'Università, fondata nel 1158, è parte delle antiche tradizioni della città. In questi ultimi anni, come del resto in tutte le università italiane, anche a Bologna c'è un enorme numero di studenti e un clima di continue tensioni. Ci sono però molti studenti americani. Per esempio Robert è arrivato dagli Stati Uniti da poco.

Robert —Sai dove vendono libri usati?

Giovanni —C'è un posto sotto i portici accanto all'ingresso principale dell'Università. Cosa studi?

Robert —Medicina, ed ho bisogno dei libri di anatomia.

Giovanni —Di dove sei?

Robert —Sono americano, sono arrivato in Italia da poche settimane.

Giovanni —Allora sei una matricola! Dove hai imparato l'italiano?

Robert —Ho seguito due corsi in America.

Giovanni —Perché hai deciso di studiare medicina in Italia?

Robert —Perché negli Stati Uniti le facoltà di medicina accettano un numero limitato di studenti. E tu cosa studi?

Giovanni —Studio ingegneria.

· · ·

Gabriella e Pina[1] sono laureande in Lettere classiche, e stanno sostenendo gli ultimi due esami prima di discutere la tesi di laurea. Ora sono nell'atrio dell'Università in attesa di entrare nell'aula dove il professore sta interrogando.

---

[1] **Pina**: abbreviation of **Giuseppina**

Gabriella —Ciao Pina! Come va?

Pina —Abbastanza bene. Come al solito sei in ritardo! Il professore ha già interrogato due studenti.

Gabriella —Come sono andati?

Pina —Il professore ha bocciato Santoro con quindici, e invece ha promosso una ragazza con ventiquattro.

Gabriella —Questi esami di latino sono sempre un'incognita!

Pina —Ho deciso di dare l'esame di Storia romana, l'ultimo prima della laurea, il 21 giugno. Ho ancora una settimana, dopo l'esame di oggi, per fare il ripasso del programma di Storia romana.

Gabriella —Anch'io devo fare il ripasso prima dell'esame. Forse possiamo ripetere insieme le parti fondamentali del programma!

Pina —Sì, hai ragione! Abbiamo fatto già questo esperimento, ricordi? L'anno scorso abbiamo fatto il ripasso insieme per l'esame di filologia classica.

Gabriella —. . . E l'esame è andato bene! Perciò dobbiamo ripetere l'esperimento.

Vocabolario

NOMI

l'**anatomia**   anatomy
l'**aspetto**   appearance
l'**atrio**   entrance hall, hallway
l'**aula**   classroom
la **chiesa**   church
l'**esperimento**   experiment
la **facoltà di medicina**   school of medicine
la **filologia**   philology
l'**incognita**   uncertainty, mystery
l'**ingegneria**   engineering
l'**ingresso**   entrance
il **latino**   latin
la **laurea**   degree
il **laureando**   senior
le **lettere**   literature
la **matricola**   freshman
il **monumento**   monument
il **palazzo**   palace
la **parte**   part

il **ripasso**   review
la **storia**   history
la **tesi (di laurea)**   thesis

AGGETTIVI

classico   classical
continuo   continuous
culturale   cultural
enorme   enormous
fondamentale   basic
fondata   founded
limitato   limited
medievale   medieval
romano   Roman
usato   used
vecchio   old

VERBI

bocciare   to fail
conservare   to keep
dare (un esame)   to take (an exam)

decidere   to decide
discutere la tesi   to defend a thesis
imparare   to learn
interrogare   to examine, to question
promuovere   to promote, to pass
ricordare   to remember
ripetere   to repeat
seguire   to follow, to take (a course)
sostenere   to take (an exam)
vendere   to sell

ALTRE PAROLE ED ESPRESSIONI
da poco   shortly
del resto   after all
forse   maybe
per esempio   for example
essere parte di   to be part of
invece   instead
però   but, however

Pronuncia

The consonant s in Italian represents two different sounds: a voiceless sibilant, similar to English *s*, and a voiced sibilant somewhat similar to English *z* as in *zero* or *s* as in *rose*.

A. The (voiceless) Italian s
Italian s is generally voiceless before the consonants **c, f, p, q, t,** and in initial position before a vowel:

| sala | scala | sfida | spacco | squadra | stono |
| sole | scafo | sfamare | spigolo | squalo | stima |

B. The (voiceless) Italian ss
Double s is produced by prolonging the sound of s. As a result, the preceding vowel is shortened:

| rosso | posso | lasso | nesso | masso | passaggio |
| possibile | basso | messo | ossequi | permesso | ammesso |

Pronounce the following pairs, paying particular attention to the shortening of the vowel before the ss sound:

casa / cassa	poso / posso	base / basse	osi / ossi
cose / cosse	roso / rosso	resa / ressa	mese / messe
steso / stesso	leso / lesso	Masi / massi	dosi / Dossi

C. The (voiced) Italian s
Voiced s is produced in the same way as the voiceless s, except that the sound is accompanied by a vibration of the vocal chords. Note that Italian

retains the voiced **s** before *all* voiced consonants, that is, before **b, d, g, l, m, n, r, v:**

sboccare	sbafo	sbiancare	sdegno	disdire
sdoganare	sgambettare	sganciare	sgelo	slittare
slip	slogan	smacco	smalto	smezzare
snellire	snidare	snob	sradicare	srotolare
sregolare	svago	svariato	svegliare	svelto

Opposizioni fonologiche

Pronounce the following pairs of words. Note that the first word in each pair begins with a voiced **s** (pronounced like English *z*) while the second word in each pair begins with a voiceless **s** (pronounced like English *s*):

sbarra / spara	sbirro / spiro	sbocco / spacco
sdegno / stagno	sdoppiare / storpiare	svita / sfida
sgabello / scalpello	sgorgo / scorgo	sdraio / strano
svendo / sfondo	sbarra / squadra	sgrido / scritto

Grammatica

1 Participio passato
(The past participle)

Infinitive	Stem	Ending	Past participle	
parlare	parl	-ato	parlato	*spoken*
vendere	vend	-uto	venduto	*sold*
finire	fin	-ito	finito	*finished*

▶ The past participle of all regular verbs is formed by dropping the infinitive endings and adding to the stems the endings **-ato, -uto, -ito.**

Some common verbs you have encountered in the preceding lessons have an irregular past participle:

dire	**detto**	risolvere	**risolto**
decidere	**deciso**	scegliere	**scelto**
essere	**stato**	scrivere	**scritto**
fare	**fatto**	stringere	**stretto**
leggere	**letto**	venire	**venuto**

▶ The past participle in Italian can be used as an adjective. In this case, it always follows the noun it modifies, and agrees with it in gender and number:

L'inglese **scritto** è molto difficile.	*Written English is very difficult.*
Il caffè **riscaldato** non è buono.	*Reheated coffee doesn't taste good.*
Spesso i dialetti sono lingue **parlate** e non **scritte**.	*Dialects are often spoken, not written languages.*

▶ The past participle is generally used with the auxiliary verbs **avere** and **essere** to form the compound tenses.

▶ The past participle can also be used as an equivalent to the English construction: *having + verb in the past (perfect gerund)*. This is called an *absolute construction*.

▶ With verbs that take **essere,** the past participle agrees in gender and number with the subject of the sentence:

Arrivati in città, Paolo e Maria cercano un albergo.	*Having arrived in town, Paul and Mary look for a hotel.*

In all other cases, the past participle agrees in gender and number with the object:

Superato l'esame di latino, studio per l'esame di storia.	*Having passed the Latin exam, I'm studying for the history exam.*
Discussa la tesi, Franco invita gli amici al caffè.	*Having defended his thesis, Frank invites his friends to the cafè.*

APPLICAZIONI PRATICHE

A. Mettere i seguenti verbi al participio passato.

1. avere	11. finire
2. vedere	12. vendere
3. portare	13. partire
4. imparare	14. volere
5. sostenere	15. chiamare
6. dare	16. ricordare
7. seguire	17. chiedere *chiesto (pp)*
8. telefonare	18. entrare
9. potere	19. credere
10. pensare	20. pagare

B.   Tradurre le espressioni fra parentesi.

1.   Un lavoro ben (*done*) _____.
2.   Il nome (*remembered*) _____.
3.   Una frase (*repeated*) _____.
4.   L'esame (*finished*) _____.
5.   Una cosa (*wanted*) _____.
6.   Un film già (*seen*) _____.
7.   Le promesse (*made*) _____.
8.   Le lezioni (*learned*) _____.
9.   La tesi (*written*) _____.
10. Gli esami (*taken*) _____.
11. (*Having read*) _____ il libro, lo discuto con gli amici.
12. (*Having left*) _____ presto, Maria e Tina sperano di arrivare nel pomeriggio.

2   Passato Prossimo
(Present perfect tense)

Passato prossimo con il verbo *avere*

	imparare, *to learn*	ripetere, *to repeat*	seguire, *to follow*
io	ho imparato	ho ripetuto	ho seguito
tu	hai imparato	hai ripetuto	hai seguito
lui lei Lei	ha imparato	ha ripetuto	ha seguito
noi	abbiamo imparato	abbiamo ripetuto	abbiamo seguito
voi	avete imparato	avete ripetuto	avete seguito
loro Loro	hanno imparato	hanno ripetuto	hanno seguito

▶ The present perfect tense is formed with the present tense of the verb **avere** and the past participle of the verb indicating the action. It is used to express an action that has already taken place:

Questa mattina **ho pagato** il biglietto per l'aereo.
Ieri **abbiamo telefonato** a Giovanni.
Ieri **ha dato** l'esame di latino, oggi dà quello d'italiano.
Abbiamo prenotato due posti sulla nave, la settimana scorsa.

▶ The present perfect has several English equivalents:

Abbiamo venduto l'automobile. $\begin{cases} \textit{We sold the car.} \\ \textit{We have sold the car.} \\ \textit{We did sell the car.} \end{cases}$

▶ The present perfect of **avere** is formed with the present tense of **avere + avuto.** The present perfect of **essere** is formed with the present tense of **essere + stato:**

Ieri **ho avuto** molta paura.
Questa mattina **siamo stati** in biblioteca.

Notice, however, that with the verb **essere,** the past participle agrees in gender and number with the subject:

Marco è stato al negozio.
Maria è stata in biblioteca.
Noi siamo state a casa di Lucia.
Marco e Giulio sono stati a scuola.

C. Ripetere le seguenti frasi sostituendo i pronomi fra parentesi.

1. *Pina* ha deciso di dare l'esame di storia.
   (noi / tu / loro / lui / voi / io)

2. *Gabriella* ha studiato per una settimana con Pina.
   (Paolo / tu / voi / io / noi / loro)

3. *Loro* hanno fatto il ripasso insieme.
   (lui / noi / lei / io / voi / tu)

4. *Noi* siamo stati studenti all'Università di Bologna.
   (Robert / tu / voi / Pina / loro / io)

5. *Mario ha letto* tutto il libro.
   (noi / Gina / loro / voi / tu / io)

D. Volgere le seguenti frasi al passato prossimo.

1. Bologna è una città ricca di storia.
2. Robert è in Italia.
3. Cosa studi?
4. Robert è matricola.
5. Io seguo due corsi d'italiano.
6. Decidiamo di studiare medicina a Bologna.
7. Le facoltà di medicina accettano un numero limitato di studenti.
8. Cosa studiate?
9. Vittorio studia ingegneria.

10. Chi interroga gli studenti?
11. Voi ripetete le parti fondamentali del programma.
12. Gabriella ha un esame di latino.

3 Passato prossimo con il verbo *essere*
(Present perfect conjugated with *essere*)

andare, *to go*	scendere, *to go down*	uscire, *to go out*
io sono andato (a)	sono sceso (a)	sono uscito (a)
tu sei andato (a)	sei sceso (a)	sei uscito (a)
lui è andato	è sceso	è uscito
lei è andata	è scesa	è uscita
Lei è andato (a)	e sceso (a)	è uscito (a)
noi siamo andati (e)	siamo scesi (e)	siamo usciti (e)
voi siete andati (e)	siete scesi (e)	siete usciti (e)
loro sono andati (e)	sono scesi (e)	sono usciti (e)
Loro sono andati (e)	sono scesi (e)	sono usciti (e)

▶ The present perfect of certain verbs is formed with the auxiliary verb **essere**. The past participle of these verbs agrees in gender and number with the subject:

Io sono **andato (andata)** a Milano.
Voi siete **andati (andate)** a Firenze.
Maria è **arrivata** questa mattina.
Paolo è **arrivato** ieri sera.
Tu **sei entrato (entrata)** nel ristorante.
Loro **sono entrati (entrate)** nel negozio.

▶ The present perfect of **essere** is formed with the present tense of **essere +
stato:**

Questa mattina **siamo stati** in biblioteca.

As with all verbs that form the present perfect with the verb **essere**, the past participle agrees in gender and number with the subject:

Marco è stato al negozio.
Maria è stata in biblioteca.
Noi siamo state a casa di Lucia.
Marco e Giulio sono stati a scuola.

VERBS CONJUGATED WITH *ESSERE*

andare	(*to go*)	andato	**Siamo andati** al cinema.
arrivare	(*to arrive*)	arrivato	**Siete arrivate** tardi.
cadere	(*to fall*)	caduto	Maria **è caduta** dalla bicicletta.
entrare	(*to go in*)	entrato	Voi **siete entrati** in biblioteca.
morire	(*to die*)	morto	Dante **è morto** nel 1321.
nascere	(*to be born*)	nato	Lei **è nata** nel 1960.
partire	(*to leave*)	partito	La nave **è partita** in ritardo.
restare	(*to stay*)	restato	Gli amici **sono restati** tutta la notte.
salire	(*to go up*)	salito	Le ragazze **sono salite** sulla montagna.
scendere	(*to descend, go down*)	sceso	Carlo **è sceso** al primo piano.
stare	(*to be*)	stato	Pina **è stata** male.
uscire	(*to go out*)	uscito	Carlo e Maria **sono usciti**.[1]
venire	(*to come*)	venuto	Pina e Giulia non **sono venute**.

NOTA: Adverbs of time generally go between the auxiliary verb (**avere** or **essere**) and the past participle:

> Hai **mai** mangiato in questo ristorante?
>
> Io sono **sempre** stato in ritardo.
>
> Carlo non ha **ancora** finito l'esame.

APPLICAZIONI PRATICHE

E.   Rispondere alle seguenti domande.

1. A che ora sei tornato tu?
2. Quando è nato Lei?
3. Ha mai veduto Roma?
4. Che cosa ha studiato l'anno scorso?
5. Ha fatto un viaggio l'anno scorso? Dove è andato?
6. È stata matricola Lei?
7. A che ora ha mangiato questa mattina?
8. Come sono venuti a scuola loro?
9. Avete mai nuotato in piscina?
10. E stato mai in ritardo Lei?

F.   *Situazione: Curiosità*
Giulio is very curious about his friends' activities. Formulate a question in the past perfect about the following activities.

ESEMPIO: Pina parte. Quando . . . ?   *Quando è partita?*

1. Graziella viaggia. Dove . . . ?

---

[1] Notice that when there are two or more subjects of different genders together, the past participle will take the masculine plural ending.

2. Carlo comincia a nuotare. Quando . . . ?
3. Maria pensa. Che cosa . . . ?
4. Bruno e Sergio arrivano. Quando . . . ?
5. Pina e Lucia vanno. Dove . . . ?
6. Alberto scrive. Cosa . . . ?
7. Maria Luisa telefona. A chi . . . ?
8. Giuseppe e Franca viaggiano. Dove . . . ?

G. *Situazione: Robert arriva all'università di Bologna*
Describe Robert's arrival by putting the verbs into the present perfect.

ESEMPIO: (Partire) da New York il 10 settembre.
           È partito da New York il 15 settembre.

1. (Arrivare) a Milano il 16 settembre.
2. (Scendere) dall'aereo alle 10.
3. (Comprare) il biglietto per Bologna.
4. Il treno (partire) alle 18.
5. (Arrivare) a Bologna.
6. (Ritirare) le valige (*suitcases*).
7. (Telefonare) ad un amico.
8. L'amico (venire) con l'automobile.
9. L'amico e Robert (attraversare) la città.
10. Loro (arrivare) all'università la sera tardi.

H. Sostituire il passato prossimo all'infinito del verbo.

1. Gabriella e Pina (dare) l'esame di storia.
2. Noi (seguire) cinque corsi all'università.
3. Oggi il professore (interrogare) quattro studenti.
4. Gli esami (andare) molto bene.
5. Loro (dovere) ripetere il programma.
6. Io (comprare) due giornali italiani.
7. Ieri (essere) il compleanno di Giulia.
8. Le amiche (partire) già! Noi (arrivare) in ritardo.
9. Voi (pagare) i biglietti per la partita di calcio?
10. Loro non (potere) vedere il professore.

4   Verbi con participio passato irregolare
(Verbs having an irregular past participle)

You have already learned in this lesson that some verbs in Italian have an irregular past participle. Most of them belong to the second conjugation (**-ere** verbs). While there is no simple rule for determining the forms of all irregular past participles, the following patterns are common:

1. Verbs like **prendere**
   Some verbs of the second conjugation whose stem ends in *vowel* + **d** or *vowel* + **nd** form the past participle in **-so:**

pren**dere**	*(to take)*	**preso**	persua**dere**	*(to convince)*	**persuaso**
spen**dere**	*(to spend)*	**speso**	ri**dere**	*(to laugh)*	**riso**
deci**dere**	*(to decide)*	**deciso**	accen**dere**	*(to light)*	**acceso**
ra**dere**	*(to shave)*	**raso**			

2. Verbs like **piangere**
   Some verbs of the second conjugation whose stem ends in **ng** form the past participle in **-nto:**

pia**ngere**	*(to cry)*	**pianto**
pu**ngere**	*(to prick, to sting)*	**punto**
dipi**ngere**	*(to paint)*	**dipinto**
fi**ngere**	*(to make believe)*	**finto**
giu**ngere**	*(to arrive)*	**giunto**[1]

3. Verbs like **mettere**
   Some verbs whose stem ends in **-tt**, form the past participle in **-sso:**

me**ttere**	*(to put)*	**messo**
prome**ttere**	*(to promise)*	**promesso**
perme**ttere**	*(to allow)*	**permesso**

4. Verbs like **leggere**
   Some verbs ending in **-gg** or **-rr** form the past participle in **-tt:**

condu**rre**	*(to lead)*	**condotto**	prote**ggere**	*(to protect)*	**protetto**
fri**ggere**	*(to fry)*	**fritto**	re**ggere**	*(to hold)*	**retto**
le**ggere**	*(to read)*	**letto**			

APPLICAZIONI PRATICHE

I. Mettere i seguenti verbi al passato prossimo.

1. (Io) condurre	6. (Voi) leggere	11. (Noi) spendere
2. (Tu) mettere	7. (Loro) promettere	12. (Io) reggere
3. (Lui) decidere	8. (Voi) dipingere	13. (Lei) prendere
4. (Lei) giungere	9. (Tu) ridere	14. (Noi) fingere
5. (Noi) accendere	10. (Lei) decidere	15. (Io) proteggere

---

[1] **Giungere** forms the present perfect with **essere.**

5   Pronomi di complemento con il passato prossimo
(Object pronouns with the present perfect tense)

All direct and indirect object pronouns, except for **loro,** precede the auxiliary **avere** in the present perfect:

> Hai letto **il libro?** Sì, **l'**ho letto.
> Avete comprato **il biglietto?** No, non **lo** abbiamo comprato.
> Ha scritto **agli amici?** Sì, ha scritto **loro.**

The past participle of any verb conjugated with **avere** agrees in gender and number with the *preceding direct* object pronoun:

> Avete scritto **la lettera?** Sì, **l'**abbiamo scrit**ta.**
> Hai dato **gli esami?** Sì, li ho dati.
> Hanno preso **i biglietti?** No, non li hanno ancora pres**i.**

BUT:

> Hai telefonato **a Maria?** Sì, le ho telefona**to** stamattina.

Lezione di medicina all'Università di Bologna.

6 Presente indicativo dei verbi *dare, dovere, salire* e *scegliere*
(Present indicative of the verbs *dare, dovere, salire,* and *scegliere*)

dare, *to give, to take (an exam)*		
io	do	Io **do** il libro a Maria.
tu	dai	Tu **dai** l'esame di latino.
lui lei Lei	dà	Lui **dà** la penna a Carlo.
noi	diamo	Noi **diamo** l'esame di storia.
voi	date	Voi **date** lezioni di nuoto.
loro Loro	danno	Loro **danno** l'automobile a Bruno.

dovere, *to have to, to be obliged to; must*		
io	devo	Io **devo** preparare la lezione.
tu	devi	Tu **devi** andare a scuola.
lui lei Lei	deve	Lei **deve** partire per la Sardegna.
noi	dobbiamo	Noi **dobbiamo** imparare lo sci.
voi	dovete	Voi **dovete** rispondere alla domanda.
loro Loro	debbono (devono)	Loro **debbono** ritornare presto.

While the verbs **salire** and **scegliere** have present indicative endings that follow the regular pattern, changes occur in the **io** and **loro** stem.

salire, *to climb, to go up* *to come up*		**scegliere,** *to choose*
io	salgo	scelgo
tu	sali	scegli
lui lei Lei	sale	sceglie
noi	saliamo	scegliamo
voi	salite	scegliete
loro Loro	salgono	scelgono

APPLICAZIONI PRATICHE

J. Rispondere alle seguenti domande, prima con il verbo al presente e dopo al passato prossimo.

1. Dai gli esami di italiano?
2. Date il libro all'amico?
3. Dà lezioni di tennis?
4. Dai la tesi al professore?
5. Dà il giornale a Bruno?
6. Devi andare al ristorante?
7. Dovete studiare insieme?
8. Devi preparare la lezione?
9. Devi partire?
10. Devi andare in farmacia?

K. Completare con la forma adatta del verbo **salire** o **scegliere**.

1. Carlo, quali corsi (scegliere) _____ per l'anno prossimo?
2. Pina, Gabriella, perché non (salire) _____?
3. Io (scegliere) _____ un albergo mentre voi prendete le valige.
4. Mario (salire) _____ fra dieci minuti.
5. (salire) _____ un momento in camera e poi riscendo.
6. Se voi (scegliere) _____ un posto per le vacanze, noi (scegliere) _____ il giorno della partenza.
7. Gli studenti (scegliere) _____ un giorno per il ripasso.
8. Loro (salire) _____ in cima con il lift e ridiscendono con gli sci.
9. Se (salire) _____ a casa vi offro un caffè.
10. Che cosa (scegliere) _____ per il regalo di Giovanna? (use *noi*)

Lettura

La contestazione studentesca°

student protest

La contestazione studentesca in Italia è nata negli anni Sessanta quando gli studenti hanno occupato per la prima volta le università per protestare contro il sistema tradizionale dell'Università. Quella protesta con il passare degli anni è ora un vero movimento politico: gli studenti sensibili ai problemi della società hanno deciso di non potere accettare l'educazione e i sistemi dell'Università italiana, perché questa è il frutto° di una società conservatrice. Perciò gli studenti hanno poi spesso dato e ricevuto aiuto dal proletariato.

fruit

Da questa unione del proletariato e degli studenti è nato all'Università Statale di Milano il Movimento Studentesco. L'ideologia del Movimento Studentesco italiano invita alla lotta° contro

struggle

Proteste degli studenti sui muri dell'Università di Roma.

la cultura borghese° attraverso scioperi e manifesta- middle-class culture
zioni° di protesta. Tutto ciò provoca disagi° nelle demonstrations / causes uneasiness
università e lunghe interruzioni° delle lezioni; interruptions
molti studenti non possono studiare ed i professori non possono insegnare. Fuori delle univer-
sità, nei violenti scontri° tra studenti e polizia° ci clashes, confrontations / police (force)
sono spesso feriti,° e talvolta anche morti.° Il wounded (persons) / dead (persons)
Movimento Studentesco continua le proteste ma
fino ad oggi non ha ancora risolto i problemi
dell'Università italiana.

L. Domande sulla lettura.

1. Che cosa è il Movimento Studentesco?
2. Quando è cominciata la protesta degli studenti italiani?
3. Perché il movimento studentesco ha assunto il ruolo di movimento politico?
4. Perché gli studenti hanno dato e ricevuto aiuto dal proletariato?
5. In che cosa consiste l'ideologia del M.S.?
6. Gli studenti hanno risolto i problemi dell'Università italiana?

M. Argomenti di discussione e di ricerca.

1. Trovare qualche articolo sul movimento studentesco degli anni '60 o dei prima del '70 negli Stati Uniti. Discutere la differenza fra questo e il movimento in Italia per quanto riguarda i problemi, le preoccupazioni, la tecnica, i motivi, ecc.
2. Perché il movimento studentesco in Italia ha assunto il ruolo di movimento politico e sociale?

Tirando le somme

A. Domande sul dialogo.

1. Che aspetto ha la parte vecchia di Bologna?
2. Ci sono studenti stranieri all'Università di Bologna?
3. Dove vendono i libri usati?
4. Cosa studia Roberto?
5. Perché Robert ha deciso di studiare medicina in Italia?
6. Cosa studia Giovanni?
7. Cosa studiano Pina e Gabriella?
8. Quanti esami devono sostenere Pina e Gabriella prima di discutere la tesi di laurea?
9. Chi è in ritardo come al solito?
10. Quanti studenti ha già interrogato il professore?
11. Quanti studenti ha bocciato il professore?
12. Come sono gli esami di latino?
13. Quando ha deciso di dare l'esame di Storia romana Pina?
14. Quanto tempo ha Pina per fare il ripasso del programma di Storia romana?
15. Cosa decidono di fare Pina e Gabriella?
16. Per quale esame Pina e Gabriella hanno già fatto il ripasso insieme?

B. Mettere il verbo al passato prossimo.

1. Io e Carlo (ritornare) _____ presto.
2. Maria (arrivare) _____ da Palermo.
3. Noi li (vedere) _____ questa mattina.
4. Carlo, lo (comprare) _____?
5. Voi non le (scrivere) _____ ancora?
6. Io li (prendere) _____ ieri.
7. Loro non le (invitare) _____ ancora.
8. Tu le (mangiare) _____ mai?
9. Voi (telefonare) _____ loro.
10. Mario, dove li (mettere) _____.

C. Rispondere alle seguenti domande usando il passato prossimo ed il pronome adatto.

ESEMPIO: Mangi la pizza?   *Non la ho mai mangiata.*

1. Telefoni agli amici?
2. Prendi l'aereo?
3. Compri i giornali italiani?
4. Cominci il libro?
5. Vendi le automobili?

6. Prenoti i biglietti?
7. Ricordi le lezioni?
8. Scrivi le cartoline?
9. Interroghi la studentessa?
10. Impari le lingue?

D. *Guida al comporre: Gli amici di Robert*

Completare con le parole adatte.

Robert è uno _____ americano, e _____ medicina all' _____ di Bologna. Ha deciso di venire in _____ perché negli Stati Uniti le facoltà di _____ accettano ogni anno un numero _____ di studenti. Robert è felice di _____ in Italia, è simpatico a tutti ed ha già molti _____. Quando non deve studiare, _____ a tennis con Giovanni. D'inverno, quando c'è _____ neve va a _____ in montagna con gli amici. Conosce anche una _____ americana, ma Robert preferisce stare con gli _____ italiani, perché vuole imparare l'italiano bene.

Lezione 8ª

Pronto, chi parla?

Caterina è un'abile organizzatrice. Di solito al venerdì gli amici le telefonano per sapere cosa sta organizzando per il sabato sera.

Avv. Magistro	—Pronto, chi parla?
Luigi	—Buonasera avvocato, sono Luigi Scarselli.
Avv. Magistro	—Come va, Luigi? Vuoi parlare con Caterina?
Luigi	—Sì, grazie.
Avv. Magistro	—Te la passo subito.
Caterina	—Pronto, Luigi? Come stai?
Luigi	—Bene! E tu? Cosa c'è di nuovo?
Caterina	—Domani sera c'è una festa a casa di Lucia De Blasi. Ho appena ricevuto una telefonata da Lucia. Mi ha detto anche di portare un po' di gente. Vuoi venire?
Luigi	—Sì, senz'altro! Posso dirlo anche a Rosaria e a Sergio?
Caterina	—Sì. Ma di' loro di essere puntuali! Lo diciamo anche ad Anna?
Luigi	—Sì. Se vuoi, le telefono dopo e glielo dico.
Caterina	—Dillo anche a Vittorio, per piacere!
Luigi	—No, Vittorio non è in casa in questo momento, gli ho telefonato poco fa. Devo portare i dischi alla festa?
Caterina	—Sì, ma non portarli tutti, porta solo quelli nuovi! Venite tutti qui da me alle 8 domani sera, così andiamo alla festa tutti insieme.

• • •

Carol, una studentessa americana, trascorre le vacanze in Italia. Oggi è domenica e vuole telefonare a degli amici ed anche ai genitori negli Stati Uniti.

Carol	—Pronto? Centralino?
Centralinista	—Dica! Cosa desidera?

Carol   —Senta, sono in una cabina telefonica e devo fare una chiamata locale, un'interurbana e un'intercontinentale per gli Stati Uniti.

Centralinista   —Compri all'edicola dei giornali un gettone telefonico per la chiamata locale, e almeno cinque per quella interurbana.

Carol   —. . . e per telefonare negli Stati Uniti?

Centralinista   —Per telefonare negli Stati Uniti vada all'ufficio dei telefoni di stato e faccia una richiesta.

Carol   —Ah, ho capito! Intanto la ringrazio per le informazioni!

• • •

Il dottore commercialista Tullio Ferreri ha avuto un incontro di lavoro, è stanco ed ha bisogno di un buon caffè, perciò telefona al bar:

Dott. Ferreri   —Buon giorno signora, parla il dottor Ferreri. Può mandarmi un caffè e una pasta alla crema?

La cassiera   —Certo. Glieli mando subito, dottore! (*Poi chiamando il ragazzo del bar*) Alberto, fammi un piacere, porta un caffè e una pasta alla crema al dottor Ferreri.

Vocabolario

NOMI
l'**avvocato**   lawyer
la **cabina telefonica**   telephone booth
la **cassiera**   cashier
il, la **centralinista** }
il **centralino** }   telephone operator
la **chiamata**   (telephone) call
il **disco**   record, disc
l'**edicola dei giornali**   newspaper stand
il **gettone telefonico**   telephone token
l'**invito**   invitation
il **lavoro**   work
l'**organizzatrice**   organizer
la **pasta alla crema**   cream pastry
la **richiesta**   request
il **telefono**   telephone
la **telefonata**   telephone call

AGGETTIVI
abile   able
commercialista   graduate in commerce
intercontinentale   overseas (lit. *intercontinental*)
interurbana   long-distance (lit. *between cities*)
locale   local
puntuale   punctual, on time
stanco   tired

VERBI
fare un piacere a   to do someone a favor
mandare   to send
ricevere   to receive
passare   to pass, to give
sentire   to listen

ALTRE PAROLE ED ESPRESSIONI
almeno at least
appena as soon as
di nuovo again

intanto anyway
per piacere please
sùbito immediately

Note culturali

1. As you will notice in the dialogue, titles are frequently used in Italian without any proper name. While this practice is somewhat rare in English (for example, *doctor* or *judge*), in Italy it is quite proper and a form of good manners to address someone by the title of his or her profession. In greeting or calling someone it will therefore be necessary to say:

   Buona sera, avvocato.
   Buon giorno, ingegnere.
   Pronto, professore.

   In Italy, anyone who has earned a doctorate from a university is entitled to use the title **dottor** (abbreviated **dott.** or **dr.**) before his or her name and should be addressed as such, as a form of courtesy.

2. A bar in Italy is not an establishment limited to the sale of alcoholic beverages; it also serves coffee, ice cream, pastries, and sometimes small sandwiches for snacks. Bars also deliver to patrons in nearby offices, stores, and even homes.

Pronuncia

Consonanti scempie e doppie (Single and double consonants)

The difference between a single and a double consonant in Italian is mainly one of intensity. The double consonant is produced by reinforcing the single consonant sound while at the same time shortening the vowel that precedes it.

A. **b vs. bb**
   Repeat the following pairs of words:

lobo / gobbo	tubi / dubbi	ebete / ebbe
ebano / ebbene	abaco / abbaco	abadia / abbazia
abate / abbatte	Fabiano / abbiamo	fiaba / rabbia
Libia / nebbia	abito / abbi	calabro / labbro

B. Hard **c** vs. **cc**
   Repeat the following pairs. Remember to shorten the vowel preceding
   the double consonant:

eco / ecco	baco / Bacco	roco / Rocco
coca / cocca	ceco / ecco	placare / placcare
cica / cicca	acade / accade	canto / accanto
braca / bracco	paco / pacco	meco / Mecca

C. Soft **c** vs. **cc**
   Repeat the following pairs:

lancia / caccia	Bice / ricce	pece / lecce
baciare / bacciare	acacia / cacciare	cacio / caccio

D. Soft **g** vs. **gg**
   Repeat the following pairs:

agio / raggio	grigio / poggio	disagio / raggio
agenzia / aggeggio	ragione / faggio	regio / maggio
pagina / paggio		

Grammatica

1 L'imperativo
(The imperative)

Formation of the imperative

		chiamare	vedere	sentire	preferire
	tu	chiama	vedi	senti	preferisci
lui, lei, Lei		chiami	veda	senta	preferisca
	noi	chiamiamo	vediamo	sentiamo	preferiamo
	voi	chiamate	vedete	sentite	preferite
loro, Loro		chiamino	vedano	sentano	preferiscano

▶ Notice that the imperative forms of verbs like **preferire, finire,** etc. follow
the same pattern as the present indicative forms, that is, they insert an **-isc-**
between the stem and the ending in the second and third person singular
and the third person plural.

▶ The imperative, being a command form, does not have an **io** form.
▶ Subject pronouns are not used with the imperative.

Use of the imperative

1. The imperative is the form of the verb used to give commands, or to make strong requests.

Luigi, **telefona** a Marco!	*Louis, call Mark.*
Signorina, **mandi** un caffè al mio ufficio.	*Miss, (please) send a coffee to my office.*
Venite da me alle cinque.	*Come by my house at five.*
Guarda questo libro!	*Look at this book!*

2. The imperative is also used as the equivalent of the English *Let's* + verb:

Andiamo a cinema stasera!	*Let's go to the movies tonight!*
Organizziamo una festa per sabato prossimo.	*Let's organize a party for next Saturday!*

3. Negative commands are formed by placing **non** before the verb form:

Scriva una lettera.	$\longrightarrow$	**Non scriva** una lettera.
Andiamo a casa.	$\longrightarrow$	**Non andiamo** a casa.

    However, **tu** uses **non** + the infinitive form of the verb:

Parla con Mario.	$\longrightarrow$	**Non parlare** con Mario.
Chiama il centralino.	$\longrightarrow$	**Non chiamare** il centralino.

APPLICAZIONI PRATICHE

A. *Situazione: Spirito di contraddizione* (Spirit of contradiction)
    Catherine likes to contradict people in what they are doing. Here she tells Louis not to do what he is doing.

    ESEMPI: Luigi dorme.   *Non dormire!*
            Luigi non legge il giornale.   *Leggi il giornale!*

1. Guarda la partita.	6. Telefona a Giorgio.
2. Fuma una sigaretta.	7. Cammina lentamente (*slowly*).
3. Non prende il caffè.	8. Non prepara la colazione.
4. Non studia la lezione.	9. Non scrive una lettera.
5. Compra il giornale.	10. Finisce di leggere il libro adesso.

B. *Variazione*
    Catherine suggests to Louis that they should both do the preceding things.

C. *Situazione: Organizziamo una festa*
You are organizing a party. Suggest to various friends the following things to do and to bring.

ESEMPIO: Organizzare una festa per il week-end.
            Organizziamo una festa per il week-end.

1. Carlo: telefonare a Pina e Sandra.
2. Maria e Marco: chiamare i compagni di classe (*classmates*).
3. Noi: preparare i rinfreschi (*refreshments*).
4. Giulio: portare i dischi.
5. Franco: non arrivare in ritardo.
6. Tutti: ballare o nuotare in piscina.

2   Imperativo di alcuni verbi irregolari
(Irregular imperatives)

	essere	avere	dire	fare
tu	sii	abbi	di'	fa'
lui, lei, Lei	sia	abbia	dica	faccia
noi	siamo	abbiamo	diciamo	facciamo
voi	siate	abbiate	dite	fate
loro, Loro	siano	abbiano	dicano	facciano

	andare	stare	dare
tu	va'	sta'	da'
lui, lei, Lei	vada	stia	dia
noi	andiamo	stiamo	diamo
voi	andate	state	date
loro, Loro	vadano	stiano	diano

Remember that the negative **tu** form uses the infinitive:

AFFIRMATIVE		NEGATIVE
Sii buono.	*Be good.*	Non **essere** buono.
Abbi pazienza.	*Be patient.*	Non **avere** pazienza.
Di' qualche cosa.	*Say something.*	Non **dire** niente.
Fa' il compito.	*Do the homework.*	Non **fare** il compito.
Da' l'indirizzo.	*Give the address.*	Non **dare** l'indirizzo.
Va' a casa.	*Go home.*	Non **andare** a casa.

APPLICAZIONI PRATICHE

D. Dare i seguenti ordini nella persona indicata.

ESEMPIO: (tu) essere in ritardo. *Sii in ritardo.*

1. (noi) andare a lezione.
2. (tu) fare l'esercizio.
3. (voi) dare l'esame.
4. (Lei) avere pazienza.
5. (Loro) dire questo.
6. (Loro) essere puntuali.
7. (tu) andare a nuotare.
8. (Lei) fare un viaggio.
9. (voi) avere paura.
10. (noi) dire nulla.

E. Ripetere gli ordini dell'esercizio precedente al negativo.

3 Posizione dei pronomi diretti e indiretti con l'imperativo
(Position of direct and indirect object pronouns with the imperative)

1. Object pronouns are attached to the verb in the **tu, voi** and **noi** forms of the imperative, except for the indirect object pronoun **loro**, which is never attached to the verb. Compare the position of the object pronouns in the following examples:

Carlo, **gli** telefoni?	Carlo, telefona**gli**!
Maria, non **le** parli?	Maria, non parlar**le**!
Noi **la** studiamo.	Studiamo**la**!
Noi **gli** portiamo il caffè.	Portiamo**gli** il caffè!
Voi, **mi** scrivete spesso.	Scrivete**mi** spesso!
Voi **li** comprate ogni giorno.	Comprate**li** ogni giorno!

BUT:

Bruno, telefoni **loro** stasera?	Bruno, telefona **loro** stasera!
Voi parlate **loro** spesso?	Parlate **loro** spesso!

2. All object pronouns precede the **lui, lei, loro** forms of the imperative, except for the indirect object pronoun **loro**, which always follows the verb.

Il dott. Ferreri **lo** chiama.	Dottor Ferreri, **lo** chiami!
La signorina **lo** compra.	Signorina, **lo** compri!
Loro **gli** mandano l'invito.	**Gli** mandino un invito!
Il signor Venturi **mi** porta il giornale.	Signor Venturi, **mi** porti il giornale!

BUT:

La signorina scrive **loro**.	Signorina, scriva **loro**!
Gli amici portano **loro** un regalo.	Portino **loro** un regalo!

3. Monosyllabic forms of the imperative, **di'**, **sta'**, **fa'**, **da'**, **va'**, require a doubling of the initial consonant of the object pronoun (except **gli** and its variants) when attached to the verb:

Fa' la telefonata.	⟶	**Falla!**
Mi dà il libro.	⟶	**Dammi** il libro!

BUT:

Gli dà il libro.	⟶	**Dagli** il libro!

APPLICAZIONI PRATICHE

F.   Pattern Drill.

ESEMPIO 1:   Telefono a Rosaria?   *Sì, telefonale, per favore.*

1. Invito anche Antonio?
2. Preparo le paste alla crema?
3. Compro i piatti?

4. Faccio una telefonata?
5. Mando un caffè?

ESEMPIO 2:   Chiamo la centralinista.   *Non chiamarla.*

1. Dimentico la lezione.
2. Perdo il treno.
3. Compro i gettoni.

4. Invito le amiche.
5. Telefono a Carla.

ESEMPIO 3:   Ripeto le domande?   *Sì, le ripeta.*

1. Compro il biglietto?
2. Pago il conto?
3. Chiamo la polizia?
4. Prendo la strada principale?
5. Seguo i signori?

4   Posizione del pronome diretto e indiretto nella stessa frase
(Position of double object pronouns in the same sentence)

When both indirect and direct object pronouns depend on the same verb, the indirect precedes the direct object.

Note also the following concerning the position of double object pronouns in the same sentence:

1. The indirect object pronouns **mi**, **ti**, **ci**, **vi** become **me**, **te**, **ce**, **ve** when followed by **lo**, **li**, **la**, **le**:

Mi porta **un disco.**	⟶	**Me lo** porta.
Ti prepara **il caffè.**	⟶	**Te lo** prepara.

Ci scrivono **una lettera.** $\longrightarrow$ **Ce la** scrivono.

Vi mandano **le cartoline.** $\longrightarrow$ **Ve le** mandano.

2. The indirect object pronouns **gli** and **le** become **glie** before **lo, li, la, le** and are combined in one word:

Le vende **il giornale.** $\longrightarrow$ **Glielo** vende.

Gli dico **di venire.** $\longrightarrow$ **Glielo** dico.

Gli porti **i biglietti.** $-\longrightarrow$ **Glieli** porti.

Le fa **le prenotazioni.** $\longrightarrow$ **Gliele** fa.

3. The indirect object pronoun **loro** always follows the verb and does not combine with any direct object pronoun:

Portate **loro un caffè?** $\longrightarrow$ **Lo** portate **loro?**

4. With the imperative, the combined indirect and direct object pronoun is attached to the end of the **tu, noi,** and **voi** commands and precedes the **Lei** and **Loro** command forms:

Tu porti i libri a Vittorio. $\longrightarrow$ **Portaglieli!**[1]

Mi raccontate la storia. $\longrightarrow$ **Raccontatemela!**

Le prenotiamo il posto. $\longrightarrow$ **Prenotiamoglielo!**

Legge la notizia a Tullio. $\longrightarrow$ **Gliela** legga!

Mi chiama la signorina. $\longrightarrow$ **Me la** chiami!

Gli portino un caffè. $\longrightarrow$ **Glielo** portino!

5 Presente indicativo dei verbi *dire, venire* e *uscire*
(Present indicative of the verbs *dire, venire* and *uscire*)

	dire, *to say*	**venire,** *to come*	**uscire,** *to go out, to leave a place*
io	dico	vengo	esco
tu	dici	vieni	esci
lui lei } Lei	dice	viene	esce
noi	diciamo	veniamo	usciamo
voi	dite	venite	uscite
loro } Loro	dicono	vengono	escono

---

[1] The imperative form with attached object pronouns always retains its normal accent stress (e.g., **pòrtaglieli**).

APPLICAZIONI PRATICHE

G. Sostituire i nomi con i pronomi.

ESEMPIO: Porta la lettera al dottore!   *Portagliela!*

1. Manda i saluti a Sergio!
2. Offrite le sigarette all'ospite!
3. Da' le paste a Luisa!
4. Racconta la barzelletta a noi!
5. Compriamo il gettone a Tullio!

H. Carol domanda a Victor di fare le seguenti cose. Fare la parte di Victor.

ESEMPIO: Chiedi al centralino il numero di Mario.
            Sì, adesso glielo chiedo.

1. Porta i libri a Maria!   5. Ordinami il caffè!
2. Compra i gettoni a me!   6. Manda i fiori a Maria!
3. Scrivi le lettere agli amici!   7. Trovale il biglietto!
4. Prestagli il giornale!   8. Paga il pedaggio ad Aldo!

I. *Situazione: Una gita*
    Avete deciso di fare una gita con gli amici. Dite loro quello che devono
    fare. Secondo l'esempio, sostituire le parole in corsivo con il pronome
    adatto. (*You have decided to go for a ride with your friends. You tell
    them what they should do. Substitute the proper pronoun for the words
    in italics.*)

ESEMPIO: Facciamo *una gita*.   *Facciamola!*

1. Maria, chiama *Carlo e Marcella!*
2. Carlo, dammi *le sigarette!*
3. Prendiamo *l'autostrada!*
4. Maria, paga *il pedaggio!*
5. Carlo, leggi *la carta* (geografica)!
6. Cerca *una buona trattoria!*
7. Fermiamoci qui a fare *colazione!*

J. Completare le frasi seguenti con le forme adatte del presente indicativo.

1. Stasera noi (uscire) _____ con Carlo.
2. Voi (venire) _____ dalla Svizzera?
3. Paolo (uscire) _____ ogni mattina alle 8.
4. I ragazzi (dire) _____: "Buon giorno!"
5. Gina e Piero (venire) _____ spesso.
6. Oggi io non (uscire) _____ perché non sto bene.
7. Il professore mi (dire) _____ di studiare.

Lettura

Una gita° inaspettata

trip, excursion

Oggi è sabato, c'è il sole, e all'ultimo momento Claudio decide di organizzare una gita. Telefona agli amici, e dice "Andiamo a fare una gita in macchina!" Marcella è subito pronta, ed anche Aldo vuole fare parte del gruppo.° Enzo dice di non potere uscire, perché ha un impegno° nel pomeriggio, però dice: "Non andate verso° le montagne, perché il bollettino metereologico prevede° un temporale° da quelle parti."

group
engagement
toward
the weather forecast is / thunderstorm

 Così Claudio, Marcella e Aldo partono. L'autostrada° è piena° di traffico, ma dopo due ore di guida° Claudio è già all'uscita.° Al casello° paga il pedaggio° e chiede all'impiegato alcune informazioni sulla strada da seguire: degli amici gli hanno detto di andare verso la collina,° perché lì c'è una trattoria° dove preparano piatti° locali. Così Claudio riparte,° imbocca° una strada di campagna e poco dopo° i tre amici sono sotto il pergolato° della trattoria, ansiosi di gustare° i piatti della cucina locale.

highway / full
driving / exit / toll booth
toll

hill
inn, restaurant / dishes
leaves again / enters
shortly after / pergola, arbor
anxious to enjoy

Una trattoria tra le verdi colline della Toscana.

K. Domande sulla lettura.

1. Cosa decide di fare Claudio?
2. A chi telefona Claudio?
3. Che cosa dice Claudio agli amici?
4. Chi va in gita con Claudio?
5. Perché Enzo non può uscire?
6. Che cosa prevede il bollettino meteorologico?
7. C'è traffico sull'autostrada?
8. All'uscita del casello cosa chiede Claudio all'impiegato?
9. Cosa c'è verso la collina?
10. Cosa preparano nella trattoria?
11. Quale strada imbocca Claudio?
12. Dove sono poco dopo i tre amici?
13. Che giorno è?
14. Dove mangiano i tre amici?
15. Che cosa desiderano gustare gli amici?

Tirando le somme

A. Domande sul dialogo.

1. Perché al venerdì gli amici telefonano a Caterina?
2. Chi è l'avvocato Magistro?
3. Cosa c'è domani sera a casa di Lucia De Blasi?
4. Cosa ha detto Lucia a Caterina?
5. Chi telefona a Rosaria e Sergio per invitarli alla festa?
6. Dov'è Vittorio?
7. Quali dischi deve portare Luigi?
8. A che ora vanno alla festa gli amici?
9. A chi vuole telefonare Carol?
10. Quante telefonate vuole fare Carol?
11. Di quanti gettoni ha bisogno Carol per la telefonata interurbana?
12. Dove deve andare Carol per telefonare negli Stati Uniti?
13. Di cosa ha bisogno il dottor Ferreri dopo l'incontro di lavoro?
14. Che cosa ha ordinato al bar il dottor Ferreri?
15. Che cosa ha portato Alberto al dottor Ferreri?

B. Completare le frasi seguenti con le forme adatte dell'imperativo.

1. (Andare, noi) _____ a casa di Lucia.
2. (Venire, voi) _____ da me alle 8.

3. (Portare, tu) _____ i dischi alla festa.
4. (Telefonare, voi) _____ a Vittorio.
5. (Dire, Lei) _____ cosa desidera.
6. (Comprare, noi) _____ i gettoni all'edicola.

C. Sostituire all'infinito in parentesi le forme corrette dell'imperativo.

1. (Parlare) _____ con Caterina, signora.
2. (Telefonare) _____ anche ad Anna, Luigi.
3. Non (portare) _____ i dischi vecchi, voi.
4. (Andare) _____ alla festa, ragazzi.
5. (Fare) _____ la richiesta all'ufficio dei telefoni, signorina.
6. Non (portare) _____ il caffè al dottor Ferreri, Alberto.

D. *Guida al comporre: Una telefonata di Claudio*
Trascrivere il brano seguente completandolo con le parole adatte.

Stamattina alle otto ha telefonato Claudio, ho _____ subito, e Claudio _____ dice: "Perché restare a _____ in una bella giornata d'autunno? Vuoi venire a fare una _____ in campagna? Ho già telefonato a Mirella, a Carla, a Riccardo, a _____ e a _____!" Alle nove siamo partiti. Dopo _____ di guida Claudio è arrivato all'_____. Al casello Claudio ha _____ il pedaggio, e poi è andato verso la _____. Ora siamo _____ sotto il pergolato, mentre gustiamo le delizie della _____ locale. Il tempo è bello, ed anche se è _____, in questi giorni è come essere in _____: l'estate di San Martino (*Indian summer*).

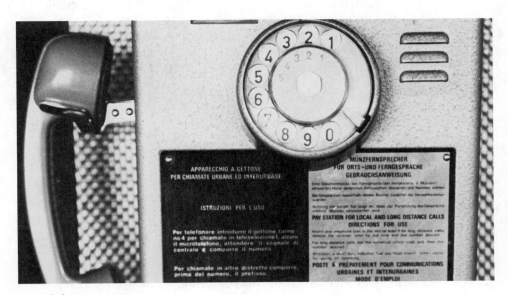

Un telefono a gettoni.

Ricapitolazione

LEZIONI 5-8

A. Inserire la forma corretta del verbo **stare**.

1. Silvia _____ aspettando il tassí.
2. Tu _____ ascoltando la musica.
3. Lucia e Federico _____ venendo dall'Italia.
4. Dove _____ andando quei ragazzi?
5. Mauro e Valerio _____ venendo dall'università.
6. Gli studenti _____ parlando della festa.
7. Tu e Luigi _____ spendendo molti soldi.
8. Io non _____ parlando di sport.

B. Volgere la forma del presente in forma progressiva.

1. Vado a scuola.
2. Attraversiamo la strada.
3. Partite per un mese?
4. Leggo il giornale.
5. Enzo prepara l'esame.
6. Che cosa scrivi?
7. Non parlo.
8. Vai al cinema?
9. Quali biglietti prenoti?
10. Che cosa mangiamo?

C. Tradurre in italiano.

1. Which city do you prefer?
2. What are you eating?
3. How many tickets did you reserve?
4. What did they buy?
5. In which hotel are they?
6. How much does it cost?
7. I can't leave today.
8. Which exam are you preparing?
9. How many lemons do you want?
10. How much is it?
11. How many records did you bring?
12. With whom are you studying?

13. Whose sleeping bag is this?
14. How many hostels are there in Italy?
15. Which seat do you prefer?
16. Can you (*formal sing.*) do me a favor?

D. Cambiare le frasi seguenti secondo l'esempio:

ESEMPIO: Io apro la porta   . . . *e tu la chiudi!*

1. Io apro le finestre.
2. Io apro la borsa.
3. Io apro il libro.
4. Io apro i giornali.
5. Io apro la scatola.
6. Io apro il negozio.

E. Rispondere alle seguenti domande usando i pronomi secondo l'esempio.

ESEMPIO: Conosci *la cugina* di Angela?   *Sì, la conosco.*

1. Pratichi *gli sport*?
2. Vedi spesso *Enzo e Carla*?
3. Racconti barzellette *agli amici*?
4. Trovi eccitante *lo sci nautico*?
5. Inviti *le ragazze* a pranzo?
6. Anche tu studi *l'italiano*?
7. Porti *i dischi nuovi*?
8. Stai scrivendo *a Silvia*?

F. Completare le seguenti frasi con la forma corretta del verbo **piacere**.

1. Mi _____ molto gli amici di Carlo.
2. A Luciana _____ andare al cinema spesso.
3. Signor Pignatelli, Le _____ il pesce?
4. La frutta non le _____.
5. Queste cose ci _____ molto.
6. Alberto _____ a tutti.
7. Non vi _____ le barzellette?
8. Non le _____ stare in casa.

G. Tradurre in italiano.

1. Do you know these students?
2. They know Marco's cousin.
3. I wish to meet him.
4. We know the referee.
5. Don't you like boxing?
6. Doesn't he like the party?
7. Do you wish to meet them (*fem.*)?
8. I meet her every Monday in the office.
9. Mirella is going to buy the tickets.
10. We have not seen him since Saturday.
11. How long have you been in this city?
12. I don't know how to swim.

H. Sostituire all'infinito in parentesi la forma corretta del passato prossimo.

1. Io e Giulia (incontrare) _____ Aldo al mercato.
2. Gli studenti (imparare) _____ i verbi irregolari.
3. Dove (andare) _____ tu e Roberto?
4. Il professore di latino (bocciare) _____ cinque studenti.
5. Ragazzi, (ripetere) _____ la lezione di storia?
6. La contestazione studentesca (incominciare) _____ negli anni Sessanta.
7. Gli studenti (stringere) _____ i rapporti con il proletariato.
8. La zia (decidere) _____ di partire domani.
9. Io (spendere) _____ molto durante le vacanze.
10. Noi (studiare) _____ per tre ore.

I. Tradurre in italiano usando il passato prossimo.

1. Why did you sleep all day?
2. This year he helped me a lot.
3. Why did you call me?
4. She has been well this week.
5. We saw Angela and Emilio this morning.
6. Did you speak with him yesterday?
7. When did you arrive?
8. Have you been to Italy?
9. They bought two Italian newspapers.
10. Did Christina invite the American student (*f.*) too?

J. Mettere il verbo al passato prossimo.

1. Marisa decide di partire in treno.
2. I venditori mettono la verdura sulle bancarelle.
3. La segretaria promette di arrivare in orario.
4. Gli studenti comprano molti libri.
5. In una settimana leggo un libro.
6. Franco parte con l'aereo delle 21.
7. Tutti ridevano per la barzelletta.

K. Completare le seguenti frasi con le forme dell'imperativo affermativo e negativo, secondo l'esempio:

ESEMPIO: Se dovete studiare, *studiate*!
            Se non dovete studiare, non studiate!

1. Se dovete parlare, _____!   3. Se devi studiare, _____!
    Se non dovete parlare, _____!   Se non devi studiare, _____!

2. Se deve partire, _____!   4. Se devono telefonare, _____!
    Se non deve partire, _____!   Se non devono telefonare, _____!

5. Se dobbiamo lavorare, _____!
   Se non dobbiamo lavorare, _____!

L. Cambiare le frasi seguenti prima nella forma familiare affermativa e poi in quella negativa, secondo l'esempio:

ESEMPIO: Mi racconti la storia.   *Raccontami la storia.*
                                      Non raccontarmi la storia.

1. Gli porti i dischi.
2. Bevano il caffè.
3. Le mandi i fiori.
4. Apra quella porta.

5. Vadano con Aldo.
6. Lo ascolti, per favore.
7. Glielo mandi, per favore.

M. Tradurre in italiano.

1. Tell them the truth.
2. Buy me a newspaper, please.
3. Don't open the window.

4. Let's go to the movies.
5. Ask him if the plane is late.
6. Let him go where he wants.

N. Rispondere in italiano alle seguenti domande.

1. Con chi stanno parlando?
2. Chi sta arrivando?
3. Quale albergo preferisci, questo o quello in piazza?
4. Quanti anni hai?
5. Quanti giorni vuole trascorrere in vacanza?
6. Può parlarLe?
7. Dove state andando?
8. Ti piacciono le automobili veloci?
9. Oggi volete visitare il museo?
10. Conosci il Signor Doriani?
11. Sapete dove abita Marcella?
12. Anche Mirella sa giocare a tennis?
13. Vi telefona tutti i giorni?
14. Hai capito le parole del professore?
15. Avete chiuso le valige?
16. Signorina, ha già parlato col dottore?
17. Dove sei andato?
18. A chi avete scritto?
19. Chi ha telefonato?
20. L'hai salutato?
21. Li hai imparati?
22. Te li ha portati?
23. Vuoi portargliele?
24. Me lo dai?
25. Potete mandarcelo?

9ª

Invito a colazione

In casa Pacini ci sono spesso degli ospiti inattesi, ma graditi. Oggi Mauro dopo la lezione delle 12 ha invitato a colazione Fabio, amico e collega d'università.

Mauro —Mamma, ho invitato Fabio a colazione!

Mamma —Bene! Come va, Fabio? I tuoi stanno bene?

Fabio —Bene, grazie. E Lei?

Mamma —Come vedi, sono un po' indaffarata in cucina. Il giovedì non insegno, quindi passo la mattina in cucina e preparo un pranzo un po' speciale.

Mauro —Cos'hai preparato per oggi?

Mamma —La mia specialità: il caciucco, e poi delle fette di manzo in umido con contorno di carciofi.

Mauro —Che felicità! Fabio, mangi spesso il caciucco alla livornese?

Fabio —No. I miei sono abruzzesi e non conoscono bene la cucina toscana. Infatti io ho mangiato il caciucco per la prima volta a Viareggio tre anni fa, quando visitai Pisa e Livorno[1] con i miei genitori e con mia nonna.

Mamma —Ecco papà! Andiamo a tavola!

Papà —Buongiorno a tutti! Mi state aspettando? Cominciate pure a mangiare! Io devo prima prendere la mia medicina. E tu Mauro, hai preso la tua?

Mauro —No. Il dottore ha detto di sospendere la cura dopo la terza settimana.

Papà —Allora, buon appetito!

Tutti —Grazie, altrettanto!

. . .

[1] **Livorno:** Leghorn, a seaport in Tuscany.

141

Anna è appena tornata dalle vacanze in Sardegna.[1] Oggi domenica ha invitato a pranzo suo fratello Giovanni, sua cognata Mirella e i suoi due nipoti Remo e Martina, per raccontare loro i particolari del suo viaggio. Ora sono tutti a tavola.

Giovanni	—Hai visitato anche l'interno dell'isola?
Anna	—No. L'interno della Sardegna non mi attira; ho preferito visitare la costa. Le spiagge sono splendide, la sabbia sottile e il mare di colore verde-azzurro.
Mirella	—Anch'io ho un bel ricordo delle spiagge della Sardegna. Nell'estate del '61 una mia collega d'università d'origine sarda m'invitò a trascorrere una settimana in casa dei suoi a Bosa Marina sulla costa occidentale dell'isola. Fu un soggiorno indimenticabile!
Anna	—Questo in realtà è stato il mio secondo viaggio in Sardegna; il mio primo viaggio lo feci nel '63.
Mirella	—E questa volta dove sei andata?
Anna	—Questa volta ho preferito spiagge isolate ed inoltre ho avuto modo di apprezzare l'ospitalità della gente e la cucina locale autentica.
Giovanni	—A proposito, queste tue scaloppine al marsala sono deliziose!
Mirella	—Anche la parmigiana di melanzane è eccellente!
Anna	—Grazie, siete gentili. Ancora un po' di vino?
Remo	—Zia, mi piace molto questo formaggio!
Anna	—Davvero? L'ho portato dalla Sardegna.
Martina	—Zia, quando mangiamo il dolce?
Anna	—Ho preparato il dolce diplomatico: il tuo preferito. Ma ancora non è il momento di passare al dolce.

Vocabolario

NOMI

il **caciucco**   sea food stew
il **carciofo**   artichoke
la **cognata**   sister-in-law
la **colazione**   lunch, luncheon
la **cucina**   kitchen; cuisine
la **cura**   cure
il **dolce**   dessert

la **felicità**   happiness
la **fetta**   slice
l'**interno**   interior, inside
il **manzo**   beef
il **marsala**   Marsala wine
la **melanzana**   eggplant
il **momento**   moment
il **nipote**   nephew

---

[1] **Sardegna:** Sardinia, a large island in the Mediterranean that is part of Italy.

la **nonna**   grandmother
l'**origine**   origin
l'**ospitalità**   hospitality
l'**ospite**   guest, host
il **papà**   dad
il **particolare**   detail
il **ricordo**   memory, remembrance
la **sabbia**   sand
il **soggiorno**   sojourn
la **specialità**   specialty
la **spiaggia**   beach
la **tavola**   table
il **vino**   wine

AGGETTIVI
abruzzese   from Abruzzi (a region in Italy)
autentico   genuine, authentic
delizioso   delicious
eccellente   excellent
gradito   welcome
inatteso   unexpected
indaffarato   busy
indimenticabile   unforgettable
isolato   isolated
livornese   from Leghorn
sardo   Sardinian
secondo   second

sottile   fine
toscano   from Toscany (a region in Italy)
terzo   third

VERBI
apprezzare   to appreciate
attirare   to attract
insegnare   to teach
sospendere   to suspend (*p.p.* **sospeso**)

ALTRE PAROLE ED ESPRESSIONI
altrettanto   same to you
a proposito   by the way, speaking of . . .
buon appetito!   enjoy your meal!
che felicità!   how nice!
contorno di   side dish of
davvero   really
dolce diplomatico   a dessert similar to a custard
inoltre   moreover
il manzo in umido   beef stew
in realtà   actually
la parmigiana di melanzane   eggplant parmesan
pure   also
le scaloppine al marsala   veal Marsala

Pronuncia

A. Raddopiamento sintattico (*Syntactic doubling*)
The doubling of initial consonants is an oral phenomenon common to most speakers of the language in central and southern Italy. This doubling is evident in the written system where, in some instances, two forms of spelling can be used:

e come / eccome   *and how*
da che / dacchè   *since*
da capo / daccapo   *once again*

In some cases the separate form has fallen into disuse and only the doubled form survives:

soprannome   *nickname*   accanto   *beside*
sopravvivere   *survive*   eppure   *and yet*

Another example of this can be seen in the case of *preposition + article*, where only the combined form survives:

a + lo = allo   a + le = alle
da + la = dalla   da + le = dalle

B. Casi di raddopiamento

Since most words in Italian begin with a consonant and end with a vowel, Italians tend to pronounce successive words as if they were one word. In this case, the initial consonant of the second word is pronounced as if it were doubled rather than skipped over. For example, **A trenta metri da qua** is pronounced **A ttrenta metri da qqua**. Here are two more examples:

A me lo disse = A mme llo disse.
E lo so bene = E llo so bbene.

The doubling of the initial consonant in the spoken language takes place:

1. With all consonants that can be doubled within a word (**b, c, d, f, g, l, m, n, p, r, s, t, v**).

2. After words such as **a, che, chi, da, e, fra, o, se, su**:

   È andato a mangiare. (/ ammangiare /)
   E dove vai? (/ eddove /)
   Da dove vieni? (/ daddove /)

3. After all words ending with a written accent (**è, può**):

   Il compito è fatto. (/ effatto /)
   Può farmi un piacere. (/ puoffarmi /)
   È vero. (/ èvvero /)

4. With all nouns, adjectives, and pronouns of one syllable (**tu, blu, lo**):

   Tu vai a scuola? (/ tuvvai /)   Questo lo sai. (/ lossai /)

5. With words such as **come, dove, qualche, sopra**:

   Dove sei andato? (/ dovessei /)
   Devo dirti qualche cosa. (/ qualcheccosa /)
   Come sai . . . (/ comessai /)

Read the following proverbs, doubling the consonant when necessary. Where appropriate the English equivalent, rather than the literal meaning (in parentheses), has been provided.

Chi fa da sè fa per trè.   (*He who does things by himself
                                            produces the work of three
                                            people.*)

Chi la dura, la vince.	*He who endures, overcomes.*
Dimmi chi pratichi, e ti dirò chi sei.	*A man is judged by the company he keeps.*
È meglio tardi che mai.	*Better late than never.*
Impara l'arte e mettila da parte.	*(Learn an art and put it aside [for when it is needed].)*
Oggi a me, domani a te.	*Today me, tomorrow thee.*
Chi fa trenta, può far trentuno.	*(Having gone this far, let's finish the job.)*
Chi presta, tempesta.	*He who goes borrowing, goes sorrowing.*

Grammatica

1 Numeri ordinali
(Ordinal numbers)

Ordinal numbers are used as adjectives and therefore agree in gender and number with the noun they modify. As in English, the numbers precede the noun:

Sono andato in Sardegna per la **prima** volta.	*I went to Sardinia for the **first** time.*
Lunedì è il **primo** giorno della settimana.	*Monday is the **first** day of the week.*
Prendiamo i **primi** posti.	*Let's take the **first** (row of) seats.*
Queste sono le **prime** pesche della stagione.	*These are the **first** peaches of the season.*

Ordinal numbers 1–10 have the following forms:

primo, -a, -i, -e	terzo	quinto	settimo	nono
secondo	quarto	sesto	ottavo	decimo

From 11 on, ordinal numbers are formed by dropping the last letter of the cardinal numbers and adding **-esimo**.

undic**esimo**	11th	ventiquattr**esimo**	24th
dodic**esimo**	12th	trentasett**esimo**	37th
quindic**esimo**	15th	cinquantott**esimo**	58th
vent**esimo**	20th	cent**esimo**	100th

Numbers ending in accented **-e** (multiples of *three*, that is, **ventitré, trentatré,** etc.) retain the final **-e** before **-esimo** but drop the accent mark:

ventitr**e**esimo	23rd	cinquantatr**e**esimo	53rd
trentatr**e**esimo	33rd	centotr**e**esimo	103rd

Italian often uses roman numerals to indicate ordinal numbers:

XX secolo   *20th century*
V capitolo   *5th chapter*

Ordinal numbers can be abbreviated by placing the last letter, **o** or **a**, above and to the right of the number:

3° =	3d	il secondo volume	= il 2° volume
5° =	5th	la terza serie	= la 3ª serie
10° =	10th		

In names of rulers, popes, etc. Italian does *not* use the definite article after the name:

Enrico Ottavo	*Henry the Eighth*
Luigi Quattordicesimo	*Louis the Fourteenth*
Papa Paolo Sesto	*Pope Paul the Sixth*

APPLICAZIONI PRATICHE

A. Completare la serie con i numeri ordinali mancanti in multipli di cinque. (*Fill in the missing ordinal numbers in multiples of five.*)

1° _____ 10° _____ _____ 25° _____ _____ 40° _____ 50°
_____ _____ 65° _____ 75° _____ _____ 90° _____ 100°

B. Ripetere i numeri ordinali da *uno* a *trentatré* in multipli di *tre*. (*Recite the ordinal numbers 1–33 in multiples of three.*)

C. Completare le seguenti frasi con il numero ordinale adatto.

1. Marzo è il _____ mese dell'anno.
2. Dicembre è il _____ mese dell'anno.
3. Martedì è il _____ giorno della settimana.
4. Giovedì è il _____ giorno della settimana.
5. Luglio è il _____ mese dell'anno.

D. Dire in italiano.

1. Giovanni XXIII
2. Enrico VIII
3. Francesco I
4. Vittorio Emanuele III
5. Piazza Umberto I
6. Corso Vittorio Emanuele II
7. Papa Paolo VI
8. Luigi IX

E. *Situazione: A scuola*
Mauro is making a list of all the things he does when he arrives at school. Take Mauro's role and list in order the indicated activities.

ESEMPIO: Arrivo a scuola.   *Primo: arrivo a scuola.*

1. Entro nell'aula.
2. Saluto il professore.
3. Siedo al banco.
4. Apro il libro.
5. Prendo la penna.
6. Apro il quaderno.
7. Ascolto il professore.
8. Scrivo.

F. *Situazione: In coda* (In line)
Mirella and her friends are waiting for the box office to open. Each one states his or her position in line.

ESEMPI: Sergio (3°)   *Io sono il terzo.*
          Yolanda (15ª)   *Io sono la quindicesima.*

1. Bruno (8°)
2. Marta (6ª)
3. Silvia (21ª)
4. Pietro (13°)
5. Mariella (1ª)
6. Filippo (23°)
7. Antonio (11°)
8. Piera (7ª)
9. Mario (32°)
10. Marcella (15ª)
11. Guido (17°)
12. Franco (41°)
13. Luisa (20ª)
14. Anna (9ª)

2 Aggettivi e pronomi possessivi
(Possessive adjectives and prounouns)

		Masculine		Feminine	
		Singular	Plural	Singular	Plural
my	*mine*	il mio	i miei	la mia	le mie
your	*yours*	il tuo	i tuoi	la tua	le tue
his, her	*his, hers*	il suo	i suoi	la sua	le sue
its, your	*yours*				
our	*ours*	il nostro	i nostri	la nostra	le nostre
your	*yours*	il vostro	i vostri	la vostra	le vostre
their	*theirs*	il loro	i loro	la loro	le loro

▶ Possessive adjectives and pronouns have the same form in Italian. Note that **loro,** as always, is invariable.

Normally the possessive is inserted between the article and the noun:

Di chi è la medicina?	*Whose medicine is it?*
È la **mia** medicina.	*It's my medicine.*
Di chi è la casa?	*Whose house is it?*
È la **loro** casa.	*It's their house.*
Di chi è il libro?	*Whose book is it?*
È il **mio** libro.	*It's my book.*

▶ Possessive adjectives agree in gender and number with the *object possessed*:

Queste sono le **sue** specialità.	Dov'è il **tuo** vino?
I **miei** dolci sono deliziosi.	Dov'è la **tua** automobile?
Ecco il **mio** dolce.	Le **tue** matite sono rosse.
La **mia** amica Carla è intelligente.	I **tuoi** libri sono interessanti.
Le **mie** amiche Carla e Maria sono gentili.	La **loro** casa è grande.

▶ The form **suo** is used for *his, her, its, yours.* It agrees with the *noun* it modifies:

l'automobile di Bruno ⟶ la **sua** automobile
l'automobile di Lucia ⟶ la **sua** automobile

To avoid ambiguity, **di lui** (*his*) and **di lei** (*her, hers*) is used in place of **suo** when the context is not clear:

Bruno e Lucia hanno due biciclette: quella **di lui** è una Raleigh, quella **di lei** è una Peugeot.

▶ Possessive adjectives in Italian are always repeated:

Ho venduto **la mia** casa e **la mia** automobile.	*I sold my house and car.*
I **nostri** zii e **le nostre** zie sono arrivati oggi.	*Our uncles and aunts arrived today.*

▶ The English expressions *of mine, of yours,* and so forth are rendered in Italian by **un** + *possessive.* Notice that the possessive always precedes the noun:

Sono andato al cinema con **un mio** amico.	*I went to the movies with a friend of mine.*
Un tuo parente è venuto a cercarti.	*A relative of yours came looking for you.*

▶ Possessive pronouns, like possessive adjectives, agree in gender and number with the object to which they refer:

La mia automobile è una Fiat, **la tua** è una Lancia.	*My car is a Fiat, **yours** is a Lancia.*
È questa **la tua** casa?	*Is this **your** house?*
No, quella è **la mia.**	*No, that one is **mine**.*

APPLICAZIONI PRATICHE

G. Completare secondo l'esempio.

ESEMPIO: Giovanni ha la macchina. _____ macchina è rossa.
La sua macchina è rossa.

1. Noi abbiamo un esame. _____ esame è difficile.
2. Michele ha una ragazza. _____ ragazza è bella.
3. Mario e Cristina hanno due amici. _____ amici sono Cesare e Sergio.
4. Voi avete una casa con due stanze. _____ casa è piccola.
5. Maria e Anna hanno un amico. _____ amico è Emilio.
6. Io ho una borsa grande. _____ borsa è comoda.
7. Paolo ha tre cugini. _____ cugini sono Roberto, Giacomo e Stefano.
8. Tu hai un bel vestito. _____ vestito è nuovo.

H. *Situazione: Bisticci fra amici o, fra i due litiganti il terzo gode* (Friendly arguments)
While Sergio claims that certain objects are his, Lisa tells him that they are not, and that they belong to Bruno. Take both roles.

ESEMPIO: l'automobile   *Sergio: Questa è la mia automobile.*
Lisa: No, non è la tua, è la sua.

1. il motoscafo	6. le scarpe (*shoes*)
2. gli sci	7. il vestito
3. la barca	8. le amiche
4. il posto	9. le chiavi
5. i fiori	10. il dolce

I. *Situazione: Distrazione* (Absent-mindedness)
Paula and Gilda are putting their room in order. Paula is looking for her things but keeps finding her sister's. Take Paula's role.

ESEMPIO: le penne   *Queste sono le tue penne!*
Dove sono le mie?

1. il vestito   2. il libro

3. le scarpe (*shoes*)   7. l'orologio
4. i quaderni   8. i dischi
5. la camicetta (*blouse*)   9. gli sci
6. il cappello   10. le chiavi

J. Volgere le seguenti espressioni al plurale.

1. la mia automobile   6. il vostro disco
2. la nostra casa   7. la sua penna
3. il tuo libro   8. il nostro giardino
4. il suo caffè   9. la tua bicicletta
5. la loro camera   10. il mio amico

K. Volgere le seguenti espressioni al singolare.

1. le nostre specialità   6. le mie colazioni
2. i tuoi vini   7. i vostri indirizzi
3. le sue scaloppine   8. i miei biglietti
4. i loro ricordi   9. le tue prenotazioni
5. i vostri dolci   10. le loro cartoline

3 Aggettivi possessivi con nomi di famiglia
(Possessive adjectives with names of relatives)

In general, possessive adjectives are *not* preceded by the definite article when they refer to members of the family:

Mio padre e **mia madre** sono in Europa.
Mio zio e **mia zia** vanno in vacanza.

Note, however, that possessive adjectives require the definite article in the following instances:

1. With diminutives (*mom, dad*) and modified nouns:

Ecco **il tuo papà.**
La tua mamma è uscita.
Il mio caro zio è arrivato.

Contrast the following usages:

Mio padre è arrivato.   **Il mio papà** è arrivato.
Tuo cugino vive a Roma.   **Il tuo caro cugino** vive a Roma.
Nostra zia è in viaggio.   **La nostra vecchia zia** è in viaggio.
Vostro fratello è giovane.   **Il vostro fratellino** è giovane.

2. With plural nouns. Contrast the following usages:

Mia cugina è partita.	**Le mie cugine** sono partite.
Suo figlio è all'università.	**I suoi figli** sono all'università.
Tuo cognato è ingegnere.	**I tuoi cognati** sono ingegneri.

3. With the possessive adjective **loro**:

Il loro padre è avvocato.	**La loro vecchia zia** è vivace.
I loro zii hanno una Ferrari.	**Le loro care zie** ci hanno scritto.

Here is a list of the members of the family. Most of these words have been presented in preceding lessons. We include them here for the purpose of review:

il padre (papà)	*father (dad)*	la moglie	*wife*
la madre (mamma)	*mother (mom)*	i genitori	*parents*
il fratello	*brother*	i parenti	*relatives*
la sorella	*sister*	il genero	*son-in-law*
il marito	*husband*	la nuora	*daughter-in-law*

Remember that the following nouns are used for both masculine and feminine relatives:

il (la) nonno,-a	*grandfather, grandmother*	il (la) cognato,-a	*brother-in-law, sister-in-law*
il (la) figlio,-a	*son, daughter*	il (la) suocero,-a	*father-in-law, mother-in-law*
lo (la) zio,-a	*uncle, aunt*		
il (la) nipote	*nephew, grandson, niece, granddaughter*	il (la) cugino,-a	*cousin*

APPLICAZIONI PRATICHE

L. Completare le seguenti frasi con il possessivo e il nome del parente.

ESEMPIO: Il figlio di mio zio è _____.
Il figlio di mio zio è mio cugino.

1. Il figlio di mio padre è _____.
2. Il fratello di mia madre è _____.
3. I genitori dei miei genitori sono _____.
4. La moglie di mio padre è _____.
5. La figlia dei miei zii è _____.
6. Il fratello di mia moglie è _____.
7. Il genero di mio suocero è _____.
8. Le figlie di mia madre sono _____.
9. La figlia di mio suocero è _____.
10. Il figlio i mia nonna è _____.

M. *Situazione: Una gita*

August 15 (*il Ferragosto*)[1] in Italy is a day for trips to the country with friends and family. Say that the following people are going for a ride with the relatives indicated in parentheses.

ESEMPIO: Io (cugino)   *Io vado a fare una gita con i miei cugini.*

1. Tu (genitori)
2. Marco (zii)
3. Giulia e Bruno (suoceri)
4. Sergio (vecchio zio)
5. Tina (madre e padre)
6. Pietro e Anna (cognati)
7. Grazia e Gino (fratelli e cugine)
8. Renzo (mamma e papà)
9. Gilda (nonni)
10. Franca (marito e i figli)

4   Presente indicativo del verbo *bere*
(Present indicative of the verb *bere*)

bere, *to drink*			
io	bevo	noi	beviamo
tu	bevi	voi	bevete
lui lei } Lei }	beve	loro } Loro }	bevono

---

[1] An Italian holiday dating back to Roman times. Banks, offices and most stores are closed on this day.

più ti piace il caffè
più ami Bristot

bristot

buon caffè, grande esperienza

Al mattino beviamo sempre un buon caffè!

5 Passato remoto: forma e uso
(Past absolute: formation and uses)

The past absolute is a simple past tense, that is, it does not use any auxiliary verb. It is generally used, as the name indicates, to express an action which took place in a remote or distant past. As can be seen from the following table, the past absolute is formed by adding the following endings to the verb stem:

		attirare	perdere	finire
io		attirai	perdei (-etti)[1]	finii
tu		attirasti	perdesti	finisti
lui lei Lei	}	attirò	perdè (-ette)	finì
noi		attirammo	perdemmo	finimmo
voi		attiraste	perdeste	finiste
loro Loro	}	attirarono	perderono (-ettero)	finirono

▶ The past absolute is generally used for actions that took place in a period of time entirely completed:

Ieri **mangiai** con i miei amici.
La settimana scorsa **finimmo** tutti gli esami.
Il mese scorso **parlò** con sua cugina.
L'estate scorsa **andarono** in Sardegna.

▶ The past absolute is also used as an "historical past." That is, it can be used to refer to historical events and by writers to refer to events that took place a long time ago:

La rivoluzione americana **iniziò** nel 1775.
Dante Alighieri **morì** nel 1335.

▶ Style often determines whether a writer uses the present perfect or the past absolute in a given instance. In the spoken language, however, each region has its preferences. Northern Italy seems to prefer the present perfect, while in southern Italy the past absolute appears to prevail.

---

[1] The **io, lui, loro** forms of some **-ere** verbs have alternate endings in **-etti, -ette, -ettero.** These are older forms that can be found in readings but are seldom used in conversation.

APPLICAZIONI PRATICHE

N. Completare con il passato remoto.

  1. I Pellegrini (arrivare) _____ a Plymouth nel 1620.
  2. La guerra fra gli stati americani (incominciare) _____ nel 1861.
  3. Cristoforo Colombo (partire) _____ dalla Spagna nel 1492.
  4. La regina Isabella (comprare) _____ le navi per Cristoforo Colombo.
  5. Napoleone (ritornare) _____ in Francia nel 1815.

O. Completare con il passato remoto.

  1. L'anno scorso io e Giorgio (andare) _____ in Sicilia.
  2. La settimana scorsa tu (mangiare) _____ a casa di Mauro.
  3. L'inverno scorso lei (preferire) _____ andare a sciare.
  4. Voi (cominciare) _____ a studiare dieci anni fà (*ago*).
  5. Tre anni fà loro (preparare) _____ gli esami.
  6. L'estate scorsa io (insegnare) _____ latino.
  7. Loro (apprezzare) _____ molto la sua cortesia quando lo (incontrare) _____ .
  8. Il mese scorso noi (ricevere) _____ una lettera da Luigi.

6 Passato remoto di verbi irregolari
(Irregular past absolute forms)

In Italian, there are numerous verbs having irregular past absolute forms, especially in the second conjugation. Study the irregular past absolute forms of the verb **leggere:**

leggere, *to read*			
io	lessi	noi	leggemmo
tu	leggesti	voi	leggeste
lui lei Lei	lesse	loro Loro	lessero

▶ The irregularity always appears in the stem and not in the endings.
▶ For most verbs, only the first singular, third singular, and third person plural forms have irregular stems, while the second singular, first plural, and second person plural forms retain the regular stems.
▶ Also conjugated like **leggere** in the past absolute: **correggere** (*to correct*), **reggere** (*to hold*), and **proteggere** (*to protect*).

Other common patterns include:

1. Many verbs whose infinitive ends in **-dere** change the **d** of the stem to **s** in the first singular, third singular, and third person plural forms of the past absolute. All other persons retain the regular stem:

    persua**dere**, *to convince*   io persua**si**, tu persua**desti**, etc.
    chie**dere**, *to ask*   io chie**si**, tu chie**desti**, etc.
    chiu**dere**, *to close*   io chiu**si**, tu chiu**desti**, etc.
    deci**dere**, *to decide*   io deci**si**, tu deci**desti**, etc.
    ri**dere**, *to laugh*   io ri**si**, tu ri**desti**, etc.
    divi**dere**, *to divide*   io divi**si**, tu divi**desti**, etc.

2. Many verbs whose stems end in **nd, rd, ng, rg** and **gl**, change to **s, rs, ns,** and **ls**, in the first singular, third singular and third person plural of the past absolute. All other persons retain the regular stem.

    Stem **nd** becomes **s**:

    accendere, *to light*   io acce**si**, tu acce**ndesti**, etc.
    appendere, *to hang up something* io appe**si**, tu appe**ndesti**, etc.
    prendere, *to take*   io pre**si**, tu pre**ndesti**, etc.
    scendere, *to descend*   io sce**si**, tu sce**ndesti**, etc.

    Stem **rd** becomes **rs**:

    perdere, *to lose*   io per**si**, tu per**desti**, etc.
    ardere, *to burn*   io ar**si**, tu ar**desti**, etc.

    Stem **rg** becomes **rs**:

    porgere, *to extend*   io por**si**, tu por**gesti**, etc.

    Stem **ng** becomes **ns**:

    piangere, *to cry*   io pia**nsi**, tu pia**ngesti**, etc.
    dipingere, *to paint*   io dipi**nsi**, tu dipi**ngesti**, etc.
    spingere, *to push*   io spi**nsi**, tu spi**ngesti**, etc.

    Stem **gl** becomes **ls**:

    scegliere, *to choose*   io sce**lsi**, tu sce**gliesti**, etc.
    togliere, *to take away*   io to**lsi**, tu to**gliesti**, etc.

7 Passato remoto di *avere, essere, dire, dare, fare, stare*
(Past absolute of *avere, essere, dire, dare, fare, stare*)

	avere	essere	dire	dare	fare	stare
io	ebbi	fui	dissi	diedi	feci	stetti
tu	avesti	fosti	dicesti	desti	facesti	stesti
lui lei } Lei	ebbe	fu	disse	diede	fece	stette
noi	avemmo	fummo	dicemmo	demmo	facemmo	stemmo
voi	aveste	foste	diceste	deste	faceste	steste
loro } Loro	ebbero	furono	dissero	diedero	fecero	stettero

Lettura

Come mangiano gli italiani

A differenza delle nazioni anglo-sassoni in Italia la colazione del mattino è leggera.° Generalmente l'italiano comincia la sua giornata prendendo un caffè o un cappuccino° e mangiando una brioscia.° Di solito verso le undici o le undici e mezza molti fanno uno spuntino:° un panino o una pasta, e bevono un succo di frutta,° un aperitivo° o un caffè. D'estate invece preferiscono un caffè freddo, una granita° con o senza panna, o succhi di frutta.

All'una gli italiani vanno a casa a pranzare.° Il pranzo o seconda colazione è piuttosto abbondante: un primo piatto° di pasta o di riso,° un secondo di carne o di pesce con contorno d'insalata verde, ed infine frutta e caffè. Il vino e l'acqua minerale accompagnano e completano di solito il pranzo o la colazione. Nelle grandi città molta gente ha poco tempo e quindi preferisce rimanere vicino al posto di lavoro e andare a mangiare al ristorante, alla tavola calda° o alla mensa.[1]

light

coffee with frothy milk / sweet roll

snack
fruit juice / aperitif, before dinner drink

grated ice drink
to dine

dish, course / rice

snack bar

[1] **Mensa:** here, the restaurant or cafeteria found in a university, factory, office building, etc.

Una cena piuttosto leggera di una famiglia di Vicenza.

Tra le cinque e le sei del pomeriggio gli italiani bẹvono un tè,° un succo di frutta, una cioccolata,° o anche un caffè, e mạngiano biscotti° e paste.[1]   tea / hot chocolate

cookie

La cena° di sọlito è leggera e vạria: un brodo° caldo d'inverno, un'abbondante insalata fresca d'estate (pomodori, lattughe), e poi uova, formaggi, prosciutto e mellone, o anche verdura cotta (spinaci, aspạragi), ed infine frutta.   supper / broth

P. Domande sulla lettura.

1. Com'è la colazione del mattino in Italia?
2. Cosa prende al mattino l'italiano medio?
3. Cosa fanno gli italiani verso le undici del mattino?
4. Dove vanno all'una gli italiani?
5. Che cosa accompagna e completa il pranzo?
6. Dove preferisce mangiare la gente nelle grandi città?
7. Cosa bevono gli italiani tra le cinque e le sei?
8. Com'è di solito la cena?

[1] **Pasta:** literally, *dough.* It is used to refer to sweet pastries and to the various types of "pastas" (macaroni, spaghetti, etc.) that make up the first course of an Italian dinner.

Tirando le somme

A. Domande sul dialogo.

1. Chi c'è spesso in casa Pacini?
2. Chi è Fabio?
3. Cosa fa la mamma di Mauro il giovedì quando non insegna?
4. Che cosa ha preparato per colazione la mamma di Mauro?
5. Perché Fabio non mangia spesso il caciucco?
6. Cosa deve prendere il padre di Mauro prima di mangiare?
7. Cosa dicono a tavola prima di mangiare?
8. Perché Anna è andata in Sardegna?
9. Chi ha invitato a pranzo Anna?
10. Quale parte della Sardegna ha visitato Anna?
11. Chi invitò Mirella ad andare in Sardegna?
12. Cosa ricorda Anna del suo primo viaggio in Sardegna?
13. Dove è andata Anna questa volta?
14. Che cosa stanno mangiando?
15. Che cosa ha portato Anna dalla Sardegna?

B. Ripetere le frasi mettendo il verbo al passato remoto.

1. Noi leggiamo la *Divina Commedia*.
2. Loro decidono di partire.
3. Tu chiudi la porta prima di uscire?
4. Voi perdete il cane?
5. Lei prende l'aereo.
6. Giulio ride del professore.
7. Loro hanno paura.
8. Maria sceglie il latino e l'italiano.
9. Voi siete in anticipo per la festa.
10. Loro gli dicono: "Buon viaggio."
11. Noi decidiamo di andare al mare.
12. La mamma divide il dolce.
13. Mario accende la luce prima di entrare.
14. Quando lui scende dall'aereo ci porge la mano.
15. Carlo perde l'orologio e chiede all'amico: "che ora è?."

C. Rispondere alle seguenti domande.

1. Qual è il primo mese dell'anno?
2. Qual è il terzo giorno della settimana?
3. Quale giorno del mese segue il sedicesimo?
4. Quale lezione studiate adesso?
5. Quali sono i canali (*channels*) televisivi nella vostra città?
6. Quale dito della mano è l'indice (*index*)?

D. Sostituire la forma corrispondente dell'aggettivo possessivo.

1. La *mia* specialità è il dolce.
   (tu / lui / Lei / noi / voi / loro)

2. Fabio ha fatto un viaggio con i *suoi* genitori.
   (io / voi / tu / Lei / noi / Loro / lei)

E. Sostituire il pronome personale e il corrispondente pronome possessivo.

1. Io parlo con mio fratello, e *tu* con il *tuo*.
   (voi / Lei / lui / loro / lei)

2. Tu studi con le tue colleghe, e *lui* con le *sue*.
   (io / voi / noi / Lei / loro / lei)

F. Cambiare il singolare in plurale e viceversa.

1. Tu prendi *la tua medicina*.
2. Anna parla *del suo viaggio*.
3. *La sua amica* è sarda.
4. La mamma prepara *il mio piatto preferito*.
5. *Mio fratello* è arrivato ieri.
6. *Tuo zio* apprezza *il mio pranzo*.
7. *Le vostre cognate* sono in vacanza.

G. Usare la forma corretta del passato remoto.

1. Mauro (invitare) _____ un amico a colazione.
2. La mamma (preparare) _____ un pranzo un pò speciale.
3. Fabio (mangiare) _____ il caciucco a Calafuria.
4. La famiglia (visitare) _____ Pisa e Livorno.
5. Anna (raccontare) _____ i particolari del viaggio.
6. La zia (preferire) _____ il formaggio Sardo.
7. La signora (ricevere) _____ gli amici.
8. Lo studente non (capire) _____ i verbi irregolari.

H. *Guida al comporre: La giornata d'Alfredo*
   Trascrivere il brano seguente completandolo con le parole adatte.

Tutte le mattine Alfredo fa _____ al bar, prende un cappuccino e _____ una brioscia. Poi va all'università per seguire le _____. Verso le undici beve un succo di _____. All'una Alfredo ha molta _____ e con i colleghi va a _____ alla mensa dell'Università. Di solito prende degli spaghetti e poi della carne con un po'd' _____ verde, poi mangia la frutta.

Al bar prende il _____. Dopo le lezioni del pomeriggio Alfredo va a mangiare di nuovo alla _____. La cena è di solito semplice: brodo _____, frittata, insalata e frutta. La _____ della mensa non è buona, ma costa _____.

Radio e televisione

Le conversazioni col nonno sono i momenti preferiti da Marco. Da parte sua l'anziano signore cerca di soddisfare in qualche modo la curiosità del nipote.

Nonno	—Come ti ho detto, quando ero ragazzo la televisione non esisteva ancora.
Marco	—Ma c'era la radio! Vero?
Nonno	—Sì, ma solo pochi l'avevano. Alcuni vicini ne avevano una grande e bella. Mio padre ne comprò una quando io avevo già quindici anni.
Marco	—C'erano delle trasmissioni interessanti?
Nonno	—Sì, ce n'erano alcune piuttosto interessanti.
Marco	—Quali trasmissioni preferivi?
Nonno	—Le trasmissioni musicali. Ogni domenica ne ascoltavamo una a puntate, intitolata *I quattro moschettieri*. Era una trasmissione popolare e ne parlavano tutti.
Marco	—C'è qualche relazione con *I tre moschettieri* del romanzo di A. Dumas?[1]
Nonno	—Certo! La trasmissione era una parodia musicale del famoso romanzo.

• • •

Cristina ed Anna sono vicine di casa; al mattino vanno in centro a lavorare, e qualche volta fanno insieme un tratto in metropolitana e chiacchierano un po' del più e del meno. Per esempio ieri sera la tivvú ha trasmesso una

---

[1] **Alexander Dumas (1803–1870):** A French novelist, one of the most popular writers of the Romantic period. His works have been translated into many languages.

commedia, e stamattina le due amiche ne parlano insieme mentre aspẹttano la metropolitana.

Cristina —Anna, hai visto ieri sera *I sei personaggi* di Pirandello?
Anna —Ho tentato, perché avevo tanta voglia di vedere lo spettạcolo.
Cristina —E allora. . . ?
Anna —Purtroppo quando sono rincasata ẹrano già le nove passate, ho acceso il televisore, ma, nel soggiorno dove teniamo il televisore, i miei chiạcchieravano con zio Roberto, zia Grazia e alcuni amici.
Cristina —Parlạvano a voce alta?
Anna —Sì, mio padre, come al sọlito, parlava a voce alta, anche perché delle commedie non gliene importa nulla.
Cristina —Peccato! La tivvú ha ripreso lo spettạcolo in diretta e gli attori ẹrano in gran forma.
Anna —Sono riuscita a seguire bene soltanto alcune scene verso la fine, quando gli ọspiti stạvano per andare via e la conversazione con i miei ormai languiva.
Cristina —Invece i miei hanno seguito la commedia con me, ma a metà dello spettạcolo mio padre dormiva e mia madre sbadigliava. Poi qualche minuto prima della fine dello spettạcolo mi hanno dato la buonanotte e sono andati a letto.

. . .

Enrico ha deciso di comprare un registratore portạtile, ne vuole però uno a corrente elẹttrica e a batterịe; il commesso del negọzio *Radio e televisione* gliene sta mostrando alcuni di marca tedesca.

Commesso —Anche il prezzo è piuttosto conveniente: 120.000 lire.
Enrico —No, questo non mi piace, il suono è troppo metạllico; non ha dei registratori con la radio incorporata.
Commesso —Sì, ma non per questo prezzo! Gliene posso consigliare degli altri con la radio incorporata, ma sono molto cari.
Enrico —Questo ha un bel suono, ed ha anche una bella lịnea. Come funziona la radio?
Commesso —Ecco, vede: questi sono i tasti per la radio e questi sono per il registratore, quello rosso per registrare e quello nero per cancellare il nastro.
Enrico —Questo mi piace, anche se la radio prende poche stazioni. Quanto costa?
Commesso —135.000 lire, tutto compreso, e con un anno di garanzịa. Di questo tipo ne ho venduti parecchi in questo perịodo.
Enrico —Non è caro, lo prendo sụbito.

Vocabolario

NOMI
la **batterịa** battery
la **commedia** play, comedy
il **commesso** clerk
la **conversazione** conversation
la **corrente elẹttrica** electric current
la **garanzịa** warranty
la **lịnea** line, style
la **marca** brand
la **metropolitana** subway
il **moschettiere** musketeer
il **nastro** tape
la **parodịa** parody
la **preferenza** preference
il **registratore** tape recorder
la **relazione** relation
il **romanzo** novel
la **scena** scene
il **soggiorno** living room
la **stazione (radio)** radio station
il **suono** sound
il **tasto** button, key

NOMI
la **televisione** television
il **televisore** television set
il **tipo** type, style
la **tivvú** TV
la **trasmissione** broadcast, program
il **vicino (di casa)** neighbor

AGGETTIVI
alcuni(-e) some
anziano elderly, old
conveniente convenient
incorporato built-in

intitolato entitled
metạllico metallic
musicale musical
nero black
parecchio several
popolare popular, famous
portạtile portable
qualche some
straordinạrio extraordinary
tedesco German

VERBI
accẹndere (*p.p.* **acceso**) to turn on
cancellare to erase
chiacchierare to talk, chat
esịstere to exist
funzionare to work
languire to die out

ALTRE PAROLE ED ESPRESSIONI
a puntate in episodes, serial
a voce alta aloud
come al sọlito as usual
da parte sua for his part
dare la buonanotte to say good night
ẹssere in gran forma to be in great
  form
fare un tratto to go part of the way
in qualche modo somehow
ormai now
parlare del più e del meno to talk
  about this and that
qualcuno (*pronoun*) some
riprẹndere in diretta to carry live
tutto compreso everything included

AGGIUNTE AL VOCABOLARIO

Il **giornale radio** news (broadcast by radio)
Tutte le sere alle otto trasmettono il **giornale radio.**

Il **telegiornale** television news
Ho visto il disastro all'aeroporto di Linate al **telegiornale.**

Registrare in precedenza i programmi   to prerecord programs
Generalmente la radio e la televisione **registrano in precedenza i loro programmi**.

Il canale   channel
Io preferisco seguire i programmi del secondo **canale**.

Il giradischi con gli altoparlanti   record player with speakers
Mio padre mi ha regalato un **giradischi stereofonico con** quattro **altoparlanti**.

Grammatica

1   L'imperfetto
(The imperfect tense)

The imperfect tense is formed by adding the following endings to the verb stem:

	lavorare	vedere	sentire
io	lavoravo	vedevo	sentivo
tu	lavoravi	vedevi	sentivi
lui / lei / Lei	lavorava	vedeva	sentiva
noi	lavoravamo	vedevamo	sentivamo
voi	lavoravate	vedevate	sentivate
loro / Loro	lavoravano	vedevano	sentivano

The Italian imperfect tense is equivalent to three English forms:

Io **lavoravo** in un negozio.
I used to work in a store.
I was working in a store.
I worked in a store.

In Italian, the imperfect tense is used to express the following kinds of actions or events in the past:

1. A description or state of being in the past:

La casa **era** grande e il soggiorno **occupava** quasi tutto il piano terreno.
The house was big and the living room took up almost all of the ground floor.

La ragazza **era** carina.
The girl was cute.

2.   Habitual or repeated action in the past (what "used to happen"):

Tutte le mattine **andavamo** alla   *Every morning we **used to go** to*
   spiaggia.   *the beach.*
Dopo cena **sedevano** sul terrazzo   *After supper they **used to sit** on*
   dell'albergo.   *the hotel terrace.*

3.   Two or more simultaneous actions in the past:

Mentre io **preparavo** il caffè, lui   *While I **prepared** the coffee, he*
   intratteneva gli ospiti.   *entertained the guests.*
Quando tutti **dormivano**, lui   *When everybody **was sleeping**, he*
   lavorava in camera sua.   *was working in his room.*

4.   Time in the past:

Erano le sei meno un quarto.   *It **was** quarter before six.*
Era l'una e dieci.   *It **was** 1:10 A.M.*

APPLICAZIONI PRATICHE

A.   Ripetere le frasi seguenti e sostituire le parole in parentesi.

1. *Io* non vedevo gli altri.
   (noi / Carla e Nino / tu / Lei / voi)

2. *Mirella* parlava ad alta voce.
   (io / voi / tu / Gigi ed Elio / noi)

3. *Il contadino* lavorava quattordici ore al giorno.
   (le cameriere / tu / Lei e io / voi / noi)

4. *Io* sentivo la radio dalla mattina alla sera.
   (Gli studenti / la zia / noi / lui / voi)

5. *Tutti* guardavano con attenzione la scena del disastro.
   (io / Riccardo / tu / voi / noi)

B.   Mettere l'imperfetto al posto del presente.

1. Mio nonno non sente bene.
2. Ascoltiamo la parodia dei *Quattro moschettieri.*
3. Giulia viaggia in metropolitana con Cristina.
4. Zio Roberto e zia Grazia stanno per andare a casa.
5. I miei preferiscono stare nel soggiorno.
6. Mia sorella registra sempre le canzoni straniere.
7. Gli attori della tivvú sono in gran forma.
8. Gli zii chiacchierano con i miei genitori.
9. Seguiamo tutti gli spettacoli.
10. Il nonno risponde a tutte le domande del nipote.

C. Tradurre in italiano.

1. While I was watching the show, my mother was yawning.
2. We used to work together.
3. Ann used to talk with Christine every day.
4. The TV station was broadcasting the news.
5. We used to keep the television set in the living room.

2   Verbi irregolari all'imperfetto
(The imperfect tense of some irregular verbs)

Here are the forms of the imperfect tense for the following irregular verbs: **essere,** *to be*; **bere,** *to drink*; **dire,** *to say, to tell*; **fare,** *to do, to make*; **tradurre,** *to translate.*

essere	bere	dire	fare	tradurre
ero	bevevo	dicevo	facevo	traducevo
eri	bevevi	dicevi	facevi	traducevi
era	beveva	diceva	faceva	traduceva
eravamo	bevevamo	dicevamo	facevamo	traducevamo
eravate	bevevate	dicevate	facevate	traducevate
erano	bevevano	dicevano	facevano	traducevano

APPLICAZIONI PRATICHE

D. Sostituire alle parole in corsivo le espressioni in parentesi.

1. Quando *il nonno* era ragazzo la TV non esisteva.
   (io / voi / noi / tu / Lia e Gina)

2. *I miei genitori* avevano la radio.
   (tu / voi / Marcella / io / noi)

3. *Gli zii* alla fine non dicevano nulla.
   (Andrea / tu / io / voi / noi)

4. *Anna e Cristina* facevano un tratto in metropolitana.
   (tu / Maurizio / io / noi / voi)

5. Al liceo *io* traducevo dal latino in italiano facilmente.
   (Enzo / voi / tu / Cecilia e Renata / noi)

E. Rispondere alle seguenti domande con una frase completa.

1. Qual' era la trasmissione preferita dal nonno di Marco?

2. Cosa facevano i genitori di Cristina?
3. Quando il nonno di Marco era ragazzo, possedeva un televisore? Perché?
4. Che ora era quando rincasò Anna?
5. Cosa facevano nel soggiorno il signor Roberto e la signora Grazia?

3

Uso dell'imperfetto e del passato remoto nella stessa frase
(Use of the imperfect and the past absolute in the same sentence)

When two separate actions take place in the past, the completed action is expressed in the past absolute or present perfect tense and the background or continuing action is expressed in the imperfect tense:

imperfect (*background*)

past absolute or
present perfect (*event*)

ESEMPI:

Mentre **ero** alla fermata dell'autobus, **passò** Raffaele.

While I was at the bus stop, Raphael passed by.

Dormivo quando **sentii** dei passi.

I was sleeping when I heard footsteps.

APPLICAZIONI PRATICHE

F.　Sostituire il passato remoto ai verbi in parentesi.

1. Mentre leggevo, Giorgio (bussare) _____ alla porta.
2. Ero per strada, quando (cominciare) _____ a piovere.
3. Mentre tagliavo l'erba, (vedere) _____ un serpente.
4. Quando noi (uscire) _____ dal teatro, era già notte.
5. Mentre Pina e Gabriella facevano la spesa, (trovare) _____ un portafoglio.

G.　Tradurre in italiano.

1. She was sitting in the garden when we called her.
2. We were telephoning Mary when John arrived.
3. While we were downtown we saw the protest march.
4. While Diana was in Murano, she bought a vase.
5. While I was waiting for my flight, they announced the strike.

H. Cambiare le frasi secondo l'esempio.

ESEMPIO 1:   Partirono molto presto?
              Sì, erano le sette quando partimmo.

1. Cominciarono molto presto?
2. Mangiarono molto presto?
3. Vennero molto presto?
4. Scesero molto presto?
5. Giunsero molto presto?

ESEMPIO 2:   Ieri siamo andati in campagna.
              Quando ero ragazzo andavo sempre in campagna.

1. Ieri abbiamo visto i cartoni animati.
2. Ieri siamo usciti tardi.
3. Ieri abbiamo giocato al pallone.
4. Ieri abbiamo aiutato il babbo (*papà*).
5. Ieri abbiamo letto molto.

ESEMPIO 3:   Salì un momento da noi.
              Dopo cena saliva un momento da noi.

1. Parlò dell'incidente.   4. Telefonò al Signor Loggini.
2. Interrogò il ragazzo.   5. Rimase a tavola a lungo.
3. Preparò le valige.

4   Aggettivi indefiniti
(Indefinite adjectives)

Indefinite adjectives are used to express an undetermined quantity. Quantities can be either countable (e.g., books) or non-countable (e.g., water, sugar, etc.).

qualche   *some, a few, any*
abbastanza   *enough*

poco   *few, a little*   molto   *a lot of, much*
alcuni   *some*   parecchio   *a lot, several* (pl.)
                                     troppo   *too much, too many*

Although some of the meanings appear to be interchangeable, remember the following points concerning the use of the indefinite adjectives:

1. **Qualche** is invariable and is used with countable things. It is always used with a singular noun:

Hai **qualche** disco italiano?	*Do you have **any** Italian records?*
Ogni tanto vediamo **qualche** film straniero.	*Every once in a while we see **a** foreign movie.*
Carlo vieni! Ho **qualche** cosa da dirti.	*Charles, come here! I have **something** to tell you.*
Qualche invitato è già arrivato	***A few** guests have already arrived.*

2. **Abbastanza** is invariable; however, it can be used with singular or plural nouns. It expresses both countable and non-countable quantities:

Hai comprato **abbastanza** libri per questa settimana.	*You have bought **enough** books for this week.*
Non abbiamo **abbastanza** caffè; bisogna andare al negozio.	*We don't have **enough** coffee; we must go to the store.*
Avete **abbastanza** valige per il viaggio?	*Do you have **enough** suitcases for the trip?*

3. **Poco, molto,** and **troppo** agree in gender and number with the nouns they modify. They can be used to express both countable and non-countable quantities:

Sergio prende **poco** zucchero nel caffè.	*Sergio takes **little** (a small amount of) sugar with his coffee.*
Oggi c'erano **pochi** studenti a scuola. **Molti** erano malati.	*Today there were **few** students in school. **Many** were ill.*
In Italia suonano **molte** canzoni americane.	*In Italy they play **many** American songs.*
Ogni anno **molti** turisti visitano l'Italia.	*Every year **many** tourists visit Italy.*
Gli italiani bevono **molta** acqua minerale.	*Italians drink **a lot of** mineral water.*
Nell'ora di punta ci sono **troppe** automobili per la strada.	*During the rush hour there are **too many** cars on the road.*
Pierino, non mangiare **troppo** gelato, ti fa male!	*Pete, don't eat **too much** ice cream, it's bad for you!*

4. **Alcuni,-e** is used only with plural nouns:

Quando ho viaggiato in Europa ho visto **alcune** cose interessanti.	*When I traveled in Europe I saw **some** interesting things.*
Alcuni programmi televisivi sono divertenti.	***Some** television programs are interesting.*
In questo negozio vendono **alcune** radio portatili.	*In this store they sell **some** portable radios.*

5. **Parecchi,-ie** is more commonly used with plural nouns. Although frequent in colloquial Italian, it is generally avoided in the written language or even in a more formal conversation:

Oggi ci sono **parecchie** marche di radio sul mercato.	*Today there are **several** brands of radios available (lit., on the market).*
Nevicava e **parecchi** pendolari sono rimasti bloccati sulle strade.	*It was snowing and **several** commuters were stuck on the roads.*

In some instances, **parecchio** can be used with singular nouns:

Ti ho aspettato **parecchio** tempo.	*I waited for you **a long time**.*
L'inverno scorso è caduta **parecchia** neve.	*A **lot** of snow fell last winter.*

NOTA: The preposition **di** combined with the definite article is used to express an indefinite quantity. It would be the equivalent of the English *some* or *any*:

Carlo, hai **del** caffè in casa?	*Charles, do you have (**any**) coffee in the house?*
Maria, vai a comprarmi **dello** zucchero.	*Mary, go and buy **some** sugar for me.*

In the negative, **di** (*any*) is generally not expressed in Italian:

Non abbiamo caffè americano.	*We don't have (any) American coffee.*

APPLICAZIONI PRATICHE

I. *Situazione: Progetti per un viaggio a Venezia*

Marco has never been to Venice and asks Pina whether there are many of the following things in her city. Using the nouns provided play Marco's role.

ESEMPIO: automobili — Marco: *Ci sono molte automobili a Venezia?*
Pina: *No, non ci sono molte automobili.*

1. ristoranti	6. canali
2. cinema	7. gondole
3. turisti	8. mezzi pubblici (*public transportation*)
4. chiese	9. caffè all'aperto
5. strade	10. musei

J. *Situazione: Ferragosto a Roma*

Frank has never been to Rome during the Ferragosto and does not know that most, if not all, public places are closed on that occasion. Sergio informs him of this situation. Taking Sergio's role, repeat the sentences using the appropriate form of **molto.**

ESEMPIO: I cinema sono chiusi.
Frank: Sono chiusi i cinema?
Sergio: Molti cinema sono chiusi, ma non tutti.

1. I ristoranti sono chiusi.
2. I musei sono chiusi.
3. I bar sono chiusi.
4. I supermercati sono chiusi.
5. Gli autobus sono fermi.

6. Gli uffici statali sono chiusi.
7. Gli impiegati sono in vacanza.
8. Le spiagge sono affollate.
9. Le biblioteche sono chiuse.

K. Usare **qualche, alcuni, pochi,** ecc., secondo l'esempio.

ESEMPIO: I cinema sono chiusi.
Frank: Sono chiusi i cinema?
Sergio: Sì, alcuni cinema sono chiusi.

1. I tassì funzionano.
2. I teatri sono chiusi.
3. I treni camminano.
4. I giornalai vendono i giornali.
5. Le famiglie vanno al mare.
6. Le persone rimangono in città.
7. I camerieri lavorano.
8. Le farmacie sono aperte.
9. I negozi alimentari vendono al pubblico.
10. I turisti visitano la città.

L. *Situazione: Come sono io?*

Describe yourself and your preferences by modifying each of the sentences below with an indefinite adjective.

ESEMPIO: Leggo giornali.
Io leggo molti (parecchi, alcuni, pochi, ecc.) giornali.
Io leggo qualche giornale.

1. Guardo le commedie in tivvù.
2. Bevo il caffè.
3. Ascolto i dischi di musica leggera.
4. Vedo i film italiani.
5. Ho amici.
6. Frequento i compagni di lavoro.
7. Spendo i soldi.
8. Dedico il tempo allo studio.

5   La particella *ne*
(The particle *ne*)

1. The pronoun (or particle) **ne** is used to replace a direct object introduced by a numeral or by an expression of quantity.

Leggi **molti giornali?**	Sì, **ne** leggo **molti.**
Avete **molto lavoro** oggi?	**Ne** abbiamo **troppo.**
Scusi, ha **una radio portatile?**	**Ne** ho **alcune** di marca giapponese.
Carlo, puoi prestarmi **mille lire?**	**Mi** dispiace, **ne** ho soltanto **cinquecento.**
Avete **due automobili** in famiglia?	Sì, mio padre **ne** ha **una** ed io **ne** ho **una.**

Ne corresponds to a number of expressions in English: *of it, of them, some of it, some of them, any.* While these expressions are often implied in English, **ne** must always be expressed in Italian:

Quanti fratelli hai?	*How many brothers do you have?*
Ne ho **due.**	*I have two (i.e., of them).*
Hai molto tempo?	*Do you have much time?*
Sì, **ne** ho **molto.**	*Yes, I have a lot (i.e., of it).*

2. The pronoun **ne** is also used in place of nouns introduced by the preposition **di:**

Desidera **del caffè?**	Sì, **ne** desidero.
Conoscete **degli** autori italiani?	Sì, **ne** conosciamo.
Ci sono **dei programmi** a colori alla televisione italiana?	Sì, ce **ne** sono.
Ci sono **dei tassì** a Venezia?	No, non ce **ne** sono.
Il professore parla **dell'Italia?**	Sì, **ne** parla.

The pronoun **ne** precedes or follows the verb according to the rules for direct object pronouns (see pp. 92–93):

Avete molti amici?	Sì, **ne** abbiamo molti.
Desideri vedere un film italiano?	Sì, desidero veder**ne** uno.
Posso prendere un giornale?	Prendi**ne** anche due!

When **ne** precedes a verb conjugated with **avere**, the past participle agrees in gender and number with the object replaced by **ne:**

Hai ricevuto una cartolina da Giorgio?	**Ne** ho ricevute due.

| Avete veduto delle cose interessanti in Italia? | Sì, **ne** abbiamo vedut**e** molte. |
| Quanti libri hai letto questa settimana? | **Ne** ho letti tre. |

When no quantity is involved, there is no agreement:

| Hai parlato di politica? | Sì, ne ho parlato. |
| Ieri avete parlato di Giorgio e Maria? | No, non ne abbiamo parlato. |

APPLICAZIONI PRATICHE

M. *Situazione: Al negozio*

Mario entra in un negozio e chiede al commesso se ha i seguenti articoli. Secondo l'esempio, fare la parte di Mario e del commesso.

ESEMPIO: delle radio portatili
Mario: Scusi, ha delle radio portatili?
Commesso: Sì, ne abbiamo molte.

1. dei televisori a colori
2. dei giradischi (*record players*)
3. dei registratori
4. delle batterie
5. degli altoparlanti
6. delle radio a onde corte (*short wave*)
7. dei nastri
8. dei dischi

N. Vero o no?

Dire se le frasi seguenti sono corrette o no. Se non lo sono, correggerle.

ESEMPIO: Nell'aula ci sono due finestre.
Sì, ce ne sono due.
No, non ce ne sono due. Ce ne sono cinque.

1. Nell'aula c'è una porta.
2. Ci sono quindici studenti nella classe.
3. Nell'aula ci sono poche sedie.
4. Nell'aula non c'è molta luce (*light*).
5. In questa scuola non ci sono ragazze.
6. Gli studenti seguono pochi corsi.
7. Noi diamo pochi esami.
8. Nell'aula c'è una lavagna (*blackboard*).

O. *Situazione: Dal vicino*

Franco ha invitato degli amici a casa sua, ma non ha alcune cose. Va quindi da Bruno, suo vicino e gli domanda le seguenti cose in prestito. Secondo l'esempio, fare la parte di Franco e di Bruno.

ESEMPIO: una tavola   *Franco: Scusa, hai una tavola?*
                          Bruno: Ne ho due, prendine una.

1. delle sedie (*chairs*)
2. alcuni dischi
3. una bottiglia di vino
4. un po' di caffè
5. cinque piatti (*dishes*)
6. un registratore
7. qualche candela
8. un apribottiglie (*bottle opener*)

P. *Situazione: Chi più chi meno.*

Gisella parla con una sua compagna, e descrive quello che ha. Secondo l'esempio, fare la parte di Gisella a della compagna.

ESEMPIO: Ho molte amiche.   *Gisella: Io ho molte amiche.*
                               Compagna: Io invece ne ho poche.

1. Ho molti vestiti.
2. La mia casa ha molte camere.
3. Nel mio giardino ci sono molti fiori.
4. Faccio molti viaggi.
5. Ho molti fratelli.
6. Vedo molti programmi alla T.V.

Q. *Situazione: Darsi delle arie* (To show off)

Giulio e Pieretto sono amici. Ma a Pieretto piace darsi delle arie. Ogni cosa che Giulio ha o fa, Pieretto dice di averne o di farne di più. Fare le due parti secondo il modello.

ESEMPIO: Ho comprato un vestito nuovo.
            Giulio: Ho comprato un vestito nuovo.
            Pieretto: Io ne ho comprati due.

1. Abbiamo due automobili.
2. Ho alcuni libri stranieri.
3. Ho fatto un viaggio a Parigi.
4. Ho comprato un disco di musica americana.
5. Abbiamo comprato un televisore a colori.
6. Ho bevuto due caffè.
7. Ho mangiato un gelato.
8. Ho invitato tre amici a cena.
9. Ho dipinto un quadro.
10. Ho conosciuto una cantante italiana.
11. Quest'anno ho seguito quattro corsi.

Lettura

Le stazioni libere

Fino a qualche anno fa la RAI-TV (Radio Tele-
visione Italiana), gestita e controllata,° dal governo,°   run and controlled / government
aveva il monopolio dei programmi della radio e
della televisione. La radio aveva tre programmi: il
nazionale, il secondo e il terzo programma; mentre
la televisione aveva soltanto due canali.°   channels

In questi ultimi anni, dopo una serie di dispute
legali tra gli enti privati e la RAI-TV, sono nate
numerose stazioni "libere." Accanto ai programmi
nazionali della RAI-TV, in ogni città grande e piccola, alcuni gruppi privati hanno creato delle stazioni radio e televisive locali. I programmi delle
stazioni libere trasmettono molti tipi di giochi e
quiz; gli ascoltatori° telefonano per dare le risposte   listeners
e, se le risposte sono corrette, loro possono vincere
qualche cosa. Il giornale radio° e il telegiornale°   radio newscast / television news
diffondono° le notizie nazionale e locali. Il resto   broadcast
del tempo la radio lo dedica° alle canzoni,° mentre   devote / songs
la tivvù lo dedica ai film o a qualche avvenimento°   event
registrato in precedenza.

R. Domande sulla lettura.

1. Che cos'è la RAI-TV?
2. Quanti programmi aveva la radio fino a qualche anno fa?
3. Quanti canali aveva la televisione?
4. Quando sono nate le stazioni "libere"?
5. Cosa hanno creato alcuni gruppi privati?
6. Cosa trasmettono i programmi delle stazioni libere?
7. Perché gli ascoltatori telefonano alle stazioni della radio?
8. Cosa diffondono il giornale radio e il telegiornale?
9. A che cosa dedica la radio il resto del tempo?

TV giovedì 17

RETE UNO

12,30 **Le grandi tartarughe** ● documentario
13,— **Giorno per giorno** ● rubrica del TG 1
13,30 **Telegiornale** ●
17,— **Dài racconta** ●
    Gaudenzia e la Cosamau
17.10 **Cartoni animati** ●

RETE DUE

12,30 **Come, quanto** ●
13,— **TG 2 - Ore tredici** ●
13,30 **Gli animali domestici più vezzeggiati** ● doc
17,— **Comiche degli Anni '30**
17,30 **Il seguito alla prossima puntata** ●
18,— **Scienza e progresso umano** ●

TV venerdì 18

RETE UNO

12,30 **Gli anniversari** ● Ardengo Soffici
13,— **Agenda casa** ●
13,30 **Telegiornale** ●
14,10 **Corso elementare di economia** ●
17,— **Dài racconta** ● Maggiolino fuori stagione
17,15 **Cartoni animati** ●

RETE DUE

13,— **TG 2 - Ore tredici** ●
13,30 **Copernico** ● documentario
17,— **Il dirigibile** ●
18,— **Esperimenti di biologia** ●
18,30 **Dal Parlamento - TG 2 Sportsera** ●
18,50 **Buonasera con... Franca Rame** ●

TV sabato 19

RETE UNO

12,30 **Check-up** ●
13,30 **Telegiornale** ●
14.— **Basket femminile** ● Fiat-GBC
15,30 **Rugby** ● Torneo delle Cinque Nazioni
17,— **Dài racconta** ● Bella di fronte
18,35 **Estrazioni del Lotto** ●

RETE DUE

13,— **TG 2 - Ore tredici** ●
13,30 **Di tasca nostra** ●
14,— **Scuola aperta** ●
17,— **Il giardino segreto** ● telefilm
17,40 **Piaceri** ● inchiesta
18,15 **Sereno variabile** ● settimanale di turismo

Tirando le somme

A. Domande sul dialogo.

   1. Lei ha un televisore a colori?
   2. Che tipo di trasmissioni preferisce?
   3. Ha mai seguito uno spettacolo a puntate? Quale?
   4. Conosce qualche attore della TV?
   5. Compra la guida TV?
   6. Quanti canali prende il suo televisore?
   7. C'è la metropolitana nella sua città?
   8. Il suo giradischi è stereofonico?
   9. Preferisce il telegiornale locale o quello nazionale?
  10. Ha mai visto una commedia di Pirandello?

B. Sostituire l'imperfetto al posto dell'infinito in parentesi.

   1. La TV (trasmettere) _____ il telegiornale alle otto di sera.
   2. Lora e Fulvia (abitare) _____ nello stesso palazzo.
   3. Mio padre (possedere) _____ una radio.
   4. Tutte le sere le due amiche (ascoltare) _____ il radiodramma.
   5. Noi (preferire) _____ le trasmissioni musicali.
   6. Elena (rincasare) _____ sempre verso le nove.
   7. La sera la cameriera (accendere) _____ il televisore.
   8. Tutti (sbadigliare) _____ per la noia (*boredom*).
   9. Mio fratello (chiacchierare) _____ sempre durante lo spettacolo.
  10. Le trasmissioni alla tivvù (finire) _____ sempre prima delle 11.

C. Tradurre in italiano.

   1. My grandfather didn't have a television.
   2. On the radio they used to broadcast the news at 8 P.M.
   3. My parents used to say "good night" and go to bed.
   4. My grandfather used to take us to the park.
   5. They used to give me a gift when I saw them.

D. Sostituire all'infinito in parentesi, l'imperfetto o il passato remoto secondo il caso.

   1. Mentre io (studiare) _____, il telefono (suonare) _____.
   2. Cosa (fare) _____ Luisa, quando io la (chiamare) _____?
   3. Noi (pranzare) _____ ancora, quando il cameriere (portare) _____ il conto.
   4. Mentre io (comprare) _____ il giornale, il treno (partire) _____.
   5. Mentre noi (guardare) _____ la televisione, (arrivare) _____ mio cugino.

E. Tradurre in italiano.

1. Charles, have you read any novels by (*di*) Moravia? I read only one, a long time ago.
2. The conversation was dying out and they decided to go out for a walk.
3. I wanted to buy a tape recorder but I couldn't find a portable one.
4. Mary and Anne were watching TV when their guests arrived.
5. Are there any good programs on the radio tonight?
6. In Italy there used to be only two public TV stations, but now there are many private ones.
7. The listeners called in the hope of winning some prize.
8. Do you know any radio announcers? I have never met any.
9. I used to meet Gina on the subway almost every day but then she bought a car.
10. Their TV was not working, so they went to their neighbor's house to watch the news.

F. *Guida al comporre: La televisione e i quiz*

Trascrivere il brano seguente completandolo con le parole adatte.

Non guardo spesso la tivvú, perché le trasmissioni di solito non sono _____; ma quand'ero piccolo la televisione mi _____ molto. Ogni giovedì c'era una _____ di quiz e le persone invitate alla trasmissione dovevano rispondere a molte _____ sul cinema, sulla musica, sul folklore e _____; le domande non _____ difficili e lo spettacolo _____ molto _____.

Molti italiani preferivano _____ a casa e seguire la trasmissione, e se non avevano il _____ andavano a vedere la trasmissione in casa dei _____.

Lo sapevate che ... ?

1. In Italia ci sono tre canali televisivi pubblici, ma ogni città principale ha fino a sei stazioni private.
2. La pubblicità alla tivvù non interrompe i programmi, ma è concentrata fra i programmi.
3. In Italia è necessario pagare il canone (*fee*) che è una tassa annua sulla televisione.

11ª

Stasera ci divertiamo

Marisa e Silvia si sono date appuntamento per le otto a casa di Silvia. Insieme devono andare ad una festa in casa di amici.

Silvia —Accomodati Marisa, io non sono ancora pronta.

Marisa —Sei sempre la solita. Sono già le otto e dieci e tu non ti sei ancora vestita.

Silvia —Sì, hai ragione; ma quando vado alle feste importanti mi vesto e mi trucco lentamente e accuratamente, mentre il tempo passa velocemente. Ma come sei elegante con quel vestito verde!

Marisa —Grazie. Me lo sono confezionato da me.

Silvia —Chi sono gli invitati?

Marisa —Ci sono due studenti di architettura, amici di Renzo ed anche degli spagnoli, impiegati all'ambasciata. Addirittura una di loro è una ex ballerina di flamenco.

Silvia —Splendido! Così può esibirsi per noi!

Marisa —Naturalmente! Che serata!

Silvia —Sono pronta. Mi metto il cappotto e andiamo via immediatamente!

• • •

Aldo, Giulia e Marco discutono su come vestirsi per il ballo in costume organizato nell'università.

Giulia —Indubbiamente il ballo in costume è il mio preferito. Ma c'è sempre il problema di procurarsi un costume un pò originale. Aldo, hai già il costume per stasera?

Aldo —Sì, io mi vesto da imperatore romano.

Giulia —E come ti sei procurato un costume del genere?

Aldo —L'ho preso in affitto, e ho trovato anche la mia taglia.

Marco —E tu Giulia, come hai deciso di vestirti?

Giulia —Mi vesto da contadina dell'Ottocento. Fortunatamente ho trovato un vecchio vestito in soffitta.

Aldo —Effettivamente i costumi di epoche passate ti vanno molto bene.

Marco —Certo! Perché Giulia ha un viso piuttosto classico: tondo e delicato.

Giulia —E tu Marco, hai risolto il problema del costume?

Marco —Sì, l'ho risolto facilmente. Pensavo infatti d'indossare la divisa militare di mio nonno. Ma non posso venire al ballo, perché non mi sento bene; ieri sera mi sono coricato tardi e stamattina mi sono svegliato presto.

Aldo —Ma che peccato!

Vocabolario

NOMI
l'**ambasciata** embassy
l'**architettura** architecture
la **ballerina** dancer
il **ballo** dance, ball
il **cappotto** overcoat
la **contadina** farmer
il **costume** costume, mask
la **divisa** uniform
l'**epoca** epoch, period
l'**imperatore** emperor
l'**invitato** guest
l'**Ottocento** 19th century
la **serata** evening
la **soffitta** attic
la **taglia** size

AGGETTIVI
delicato delicate
militare military
originale original
tondo round

VERBI
accomodarsi to come in, to make oneself comfortable
andare to fit (clothing)
confezionarsi to make (sew), to tailor (for oneself)

coricarsi to go to bed
donare to give
esibirsi to put on a performance
indossare to wear
mettersi to put on
prendere in affitto to rent
prepararsi to prepare oneself
procurarsi to find
sentirsi to feel
svegliarsi to wake up
truccarsi to put on make-up

ALTRE PAROLE ED ESPRESSIONI
accuratamente accurately
addirittura quite, really! (in exclamations); in fact
certo certainly (in exclamations)
effettivamente actually, really
essere il solito to be the same as ever
facilmente easily
fortunatamente fortunately
immediatamente immediately
indubbiamente certainly, undoubtedly
lentamente slowly
ma che peccato! what a shame!
stamattina this morning
velocemente swiftly, rapidly

Espressioni idiomatiche

Leccarsi i baffi.	To lick one's chops.
Non ricordarsi dal naso alla bocca.	To have a bad memory.
Fermarsi alla prima bottega.	To settle for less.
Sentirsi cascare le braccia.	To lose heart; to feel utterly frustrated.
Mordersi le dita (le mani).	To feel like kicking oneself.

Grammatica

1 Pronomi e verbi riflessivi
(Reflexive verbs and their pronouns)

---

alzarsi, *to get up*

io	**mi** alzo	noi	**ci** alziamo
tu	**ti** alzi	voi	**vi** alzate
lui ⎫		loro ⎫	
lei ⎬ **si** alza		Loro ⎭ **si** alzano	
Lei ⎭			

negative form: Io non **mi** alzo presto.
infinitive form: Io desidero alz**armi** presto.

The pronouns in the above table are called *reflexive pronouns*. The verbs conjugated with reflexive pronouns are called *reflexive verbs* because the action is reflected back to the subject. Therefore, in sentences with reflexive verbs the subject and the object are the same.

Compare the following groups of sentences.

1.	**2.**	**3.**
Luigi alza la testa. *(Louis raises his head.)*	Luigi **la** alza.	E poi **si** alza.
La mamma pettina Tina. *(The mother combs Tina's hair)*	La mamma **la** pettina.	E poi **si** pettina.

1.	**2.**	**3.**
Carlo lava la sua au-	Carlo **la** lava.	E poi **si** lava.
tomobile.		
(*Charles washes his car.*)		
Il sarto confeziona un	Il sarto **lo** con-	La settimana dopo, **si**
vestito per il signor	feziona per il	confeziona un ve-
Rossi. (*The tailor*	signor Rossi.	stito.
makes a suit for Mr.		
Rossi.)		

The pronouns in Group 2 refer to objects that are different from the subject:

| *Louis raises it* (**his head**). | *The mother combs it* (**Tina's hair**). |
| *Charles washes it* (**his car**). | *The tailor makes it* (**a suit**). |

In Group 3, the subject and the object of the verb refer to the same person:

| *Louis gets up* (lit., *raises himself*). | *The mother combs her* (*own*) *hair.* |
| *Charles washes himself.* | *The tailor makes a suit for himself.* |

Like other object pronouns, the reflexive pronouns precede the verb, except when the verb is in the infinitive or imperative form:

Mario **si** alza.
Mario non desidera alzar**si**.
Mario, alza**ti**!

In the imperative, reflexive pronouns are attached directly to the end of the verb in the **tu, noi,** and **voi** forms. The pronouns precede the verb in the **lei, lui** and **loro** forms:

Carlo non si lava prima di uscire.	Carlo, **lavati** prima di uscire!
Non ci fermiamo a mangiare un	Ragazzi, **fermiamoci** a mangiare
panino.	un panino!
La signorina si diverte alla festa	Signorina, **si diverta** alla festa da
da ballo.	ballo!
Pietro non si sbaglia questa volta.	Pietro, questa volta non **sbagliarti**!

Many verbs in Italian can be used reflexively. Sometimes the reflexive form has a different English meaning. Here is a list of the most common of these verbs:

alzare (to lift) / **alzarsi**[1]   to get up
Marco **si alza** tardi.

----

[1] Notice that these verbs are rendered in English without a reflexive structure:

| Marco **si alza** tardi. | *Mark gets up late.* |
| Io **mi chiamo** Franco. | *My name is Frank.* |

chiamare (to call) / **chiamarsi**[1]   to be named
Io **mi chiamo** Franco.

comprare (to buy) / **comprarsi**   to buy (something) for oneself
Luigi **si compra** un vestito.

domandare (to ask) / **domandarsi**[1]   to wonder
Mi domando che ora è.

fermare (to stop) / **fermarsi**[1]   to stop (oneself)
Ci fermiamo a guardare il panorama.

guardare (to look) / **guardarsi**   to look at oneself
Perché **ti guardi** allo specchio?

lavare (to wash) / **lavarsi**   to get washed
I bambini **si lavano.**

mettere (to put) / **mettersi**[1]   to put on, to wear
Fa freddo. **Mi metto** il cappotto.

preparare (to prepare) / **prepararsi**[1]   to get ready, to fix for onself
Mi preparo per uscire.
Ho fame. **Mi preparo** un panino.

radere (to shave) / **radersi**[1]   to shave (oneself)
Questa mattina non **mi rado.**

sbagliare (to make a mistake) / **sbagliarsi**[1]   to be wrong
Mi sbaglio. Questa non è la casa di Carlo.

sentire (to hear) / **sentirsi**[1]   to feel (concerning one's health)
Questa sera non **mi sento** bene.

svegliare (to awaken someone) / **svegliarsi**   to awaken
La mattina **ci svegliamo** alle sette.

trovare (to find) / **trovarsi**[1]   to be
Ci troviamo a Roma per una breve vacanza.

vestire (to dress) / **vestirsi**[1]   to get dressed, to dress oneself
La mattina **mi vesto** in fretta.

Some verbs in Italian are used only in the reflexive form. Study the following list of the more common of these verbs. Notice that frequently the English equivalent is not reflexive.

accorgersi (*p.p.* **accorto**)   to realize
Mi sono accorto che mio padre dormiva.

addormentarsi   to fall asleep
Ieri **ti sei addormentato** tardi.

annoiarsi   to be bored
Al cinema **si annoia** sempre.

affrettarsi   to hurry
Affrettiamoci perché è tardi.

coricarsi   to go to bed
Si corica presto, perché domani ha un esame.

dispiacersi   to be sorry
Mi dispiace, ho sbagliato numero.

divertirsi   to have fun, to enjoy oneself.
Ci siamo divertiti molto al mare.

lamentarsi   to complain
Bruno **si lamenta** perché ha mal di stomaco.

mettersi a   to begin
Quando **si mette** a parlare al telefono non finisce mai.

recarsi   to go
Questa estate **si sono recati** in montagna.

riposarsi   to take a rest
D'estate gli piace **riposarsi** dopo pranzo.

2   Il verbo *sedersi*
(The present tense of the verb *sedersi*)

sedersi, *to sit down*			
io	mi siedo	noi	ci sediamo
tu	ti siedi	voi	vi sedete
lui lei Lei	si siede	loro Loro	si siedono

Note that the verb **sedere** means *to sit* or *to be sitting*, while the reflexive form **sedersi** means *to sit down*.

APPLICAZIONI PRATICHE

A. *Situazione: La giornata di Marco e Bruno*
Marco e Bruno sono fratelli. Servendovi delle espressioni indicate, spiegate le loro attività.

ESEMPIO: Marco e Bruno (addormentarsi) _____ alle dieci.
Marco e Bruno si addormentano alle dieci.

1. Marco (svegliarsi) _____ alle sette.

  2. Alle sette e mezza Bruno (alzarsi) _____.
  3. Marco e Bruno (lavarsi) _____ e (radersi) _____.
  4. Marco (vestirsi) _____.
  5. Bruno (mettersi) _____ la vestaglia.
  6. Marco (domandarsi) _____ che ora è.
  7. I fratelli (prepararsi) _____ per uscire.
  8. Nel pomeriggio Bruno (annoiarsi) _____.
  9. Marco, invece (divertirsi) _____ con gli amici.
10. Allora Bruno (mettersi) _____ a leggere.
11. La sera Marco e Bruno (prepararsi) _____ la cena.
12. Dopo cena i fratelli (mettersi) _____ a guardare la tivvú.
13. Più tardi loro (sentirsi) _____ stanchi.
14. Allora Marco e Bruno (coricarsi) _____.

B. *Dialogo*
Domandate a un compagno o a dei compagni se si comprano le seguenti cose.

ESEMPIO: le scarpe
      Lei: Ti compri spesso le scarpe?
      il compagno: Sì, mi compro spesso le scarpe.
                 O:
      Lei: Vi comprate spesso le scarpe?
      i compagni: No, non ci compriamo spesso le scarpe.

  1. i libri
  2. il giornale
  3. il caffè
  4. l'aperitivo
  5. il cappuccino
  6. i dischi
  7. uno spuntino
  8. le medicine
  9. i profumi
10. le sigarette

C. *Conversazione*

Domandate al vostro compagno (alla vostra compagna) se fa le seguenti cose.

ESEMPIO: alzarsi la mattina
      Lei: A che ora ti alzi la mattina?
      il compagno: Mi alzo alle sei e un quarto.

  1. prepararsi la colazione da solo
  2. guardarsi mai allo specchio
  3. sbagliarsi mai
  4. riposarsi il pomeriggio
  5. annoiarsi a teatro
  6. mettersi a studiare
  7. fermarsi a guardare le vetrine
  8. trovarsi senza denaro
  9. recarsi in piscina
10. lamentarsi
11. affrettarsi ad andare a scuola
12. mettersi il cappello
13. comprarsi un giornale
14. sentirsi poco bene

3 Forma reciproca
(Reciprocal forms)

The plural forms of the reflexive pronouns are used to express a mutual or reciprocal relationship. The English equivalents are the expressions (*to*) *each other* or (*to*) *one another*.

Mario incontra Angela ed Angela incontra Mario. ——→
Mario e Angela **s'incontrano**. *Mario and Angela meet (**one another**).*

Carlo parla con Gina e Gina parla con Carlo. ——→
Carlo e Gina **si parlano**. *Carlo and Gina **speak to each other**.*

Bruno ama Tina e Tina ama Bruno. ——→
Bruno e Tina **si amano**. *Bruno and Tina **love each other** (are in love).*

Notice that a reciprocal action is *always* expressed with the plural form of the verb.

APPLICAZIONI PRATICHE

D. *Situazione: Andiamo in vacanza insieme!*
Paola e Marta hanno deciso di andare in vacanza insieme. Le due ragazze spiegano alle rispettive famiglie le cose che devono fare insieme.

ESEMPIO: Paola: Incontro Marta all'agenzia di viaggio.
                              Io e Marta ci incontriamo all'agenzia di viaggio.
                  Marta: Telefono a Paola prima di uscire.
                              Io e Paola ci telefoniamo prima di uscire.

Following the example, take the role of each girl and say that you and she are going to do the following things:

1. Aiuto Marta a preparare le valige.
2. Chiamo Paola prima di partire da casa.
3. Vedo Marta domani mattina alla stazione.
4. Durante il viaggio parlo con Paola in italiano.
5. A Napoli lascio Marta.
6. Ritrovo Paola a Sorrento.

E. *Situazione: Attività*

La signora Pacini spiega al marito le cose che Marta e Paola hanno deciso di fare insieme. Usando le seguenti espressioni fare la parte della signora Pacini.

ESEMPIO: incontrarsi all'agenzia di viaggio.
                  Signora P.:   Marta e Paola s'incontrano all'agenzia di viaggi.

1. aiutarsi a preparare le valige
2. chiamarsi prima di partire
3. vedersi domani alla stazione
4. parlarsi in italiano
5. lasciarsi a Napoli
6. ritrovarsi a Sorrento

F. *Domande personali.*
   Rispondere usando la forma reciproca.

   ESEMPIO: Aiuta spesso i Suoi amici?
              Sì, io e i miei amici ci aiutiamo spesso.

   1. Vede spesso i compagni?
   2. Lei e i suoi fratelli si dicono molte cose?
   3. Parla spesso con sua zia?
   4. Rivede volentieri i suoi parenti?
   5. Trova spesso gli amici al caffè?
   6. Qualche volta scrive ai nonni?

4 Passato prossimo dei verbi riflessivi
(Present perfect of reflexive verbs)

The perfect tenses of reflexive verbs and reciprocal forms are conjugated with the auxiliary verb **essere**. The past participle of the verb agrees in gender and number with the subject:

Present	*Present Perfect*
Gli amici **si fermano** al caffè.	Gli amici **si sono fermati** al caffè.
Le ragazze **si divertono** al cinema.	Le ragazze **si sono divertite** al cinema.
Io e Mario **c'incontriamo** alle tre.	Io e Mario **ci siamo incontrati** alle tre.
Marcella **si mette a** studiare alle cinque.	Marcella **si è messa a** studiare alle cinque.

NOTA: The masculine plural form may refer to the masculine gender or to both genders together:

Bruno e Tina **si ricordano** dell'invito.	Bruno e Tina **si sono ricordati** dell'invito.
Grazia e Sandro **si recano** a Ravello.	Grazia e Sandro **si sono recati** a Ravello.

APPLICAZIONE PRATICA

G. Volgere le seguenti frasi al passato prossimo.

   1. Oggi mi alzo alle sette.
   2. La signorina si prepara per la festa da ballo.
   3. Ci divertiamo molto alla spiaggia.
   4. Ci vediamo domani alle cinque!
   5. Vi scrivete spesso?
   6. Ti sbagli.
   7. Si affretta per non perdere l'autobus.
   8. Guardando la tivvù si addormentano.
   9. Come si sente oggi?
10. Andiamo al bar e ci compriamo un gelato.
11. Si lavano con l'acqua calda.
12. Maria, ti metti l'impermeabile?

5 Il pronome riflessivo con l'infinito
(Reflexive pronouns used with the infinitive)

Helping verbs such as **dovere, potere, volere** and some other verbs are frequently followed by an infinitive. When the action expressed by the infinitive is reflexive or reciprocal, the reflexive pronoun agrees with the subject and is attached to the shortened form of the infinitive.[1]

Mi rado ogni mattina.	Non mi piace **radermi** ogni mattina.
Si guarda allo specchio perché si è sporcato.	Desidera **guardarsi** allo specchio perché si è sporcato.
Ti metti a studiare ora?	Non puoi **metterti** a studiare ora.
Ci affrettiamo perché la lezione è cominciata.	Dobbiamo **affrettarci** perché la lezione è cominciata.

APPLICAZIONE PRATICA

H. Ripetere le seguenti frasi secondo l'esempio.

   ESEMPIO: Marco: Giulia, alzati immediatamente!
              Giulia: Non voglio alzarmi!

   1. Alberto non si prepara.
   2. I fratelli si fermano a guardare i cartelloni (*posters*)

---

[1] The shortened form of the infinitive is obtained by dropping the final vowel.

3. Noi ci chiamiamo spesso.
4. Gina si riposa.
5. Tu ti metti ad ascoltare la radio.
6. Vi alzate alle otto.
7. Ci laviamo le mani.

6 Formazione degli avverbi
(Formation of adverbs)

Adverbs in Italian are generally formed by adding **-mente** (equivalent to English -*ly*) to the feminine singular form of an adjective.

Adjective	*Adverb*
delicata	delicata**mente**
autentica	autentica**mente**
isolata	isolata**mente**
deliziosa	deliziosa**mente**
elegante	elegante**mente**

If the adjective ends in **-le** or **-re,** the final **e** is dropped before adding **-mente**.

facile	facil**mente**
originale	original**mente**
musicale	musical**mente**
regolare	regolar**mente**

Lettura

Un locale famoso: la "Bussola" (e la nuova "Bussoladomani")

Tra i locali notturni,° "La Bussola"° al Lido° di Camaiore a Viareggio in Toscana è ormai° da anni un'istituzione. Artisti di fama internazionale si sono alternati° negli spettacoli° del noto locale e si sono esibiti per il pubblico degli italiani-bene°, in vacanza lungo la costa della Versilia.

Nel luglio del 1976 il direttore della "Bussola" ha deciso di alzare presso il famoso locale notturno

nightclubs / the compass / shore, beach, the Lido   now, by now

succeeded each other / shows
the well-to-do Italian

una grande tenda,° chiamandola "Bussoladomani",   tent
con lo scopo° di avere in Versilia ogni anno da   purpose
giugno a settembre grandi artisti per un pubblico
numeroso, vario e di ogni età.° Il nuovo teatro-circo   age
può ospitare oltre° quattromila persone su tre ordini   more than
di posti° a prezzi anche popolari, offrendo° spet-   sections, categories / offering
tacoli di ogni genere (comici, lirici,° di musica pop,   musical
di canzoni vecchie e nuove, di jazz).

Così, mentre sotto la grande tenda del teatro-
circo i "fans" di tutte le età applaudono i divi° del   stars
momento, nella vecchia "Bussola" i clienti del locale ballano fino all'alba.°   dawn

I.   Domande sulla lettura.

1. Dove si trova la "Bussola"?
2. Che genere di artisti si sono esibiti in questo famoso locale?
3. Che cosa ha deciso di fare nel 1976 il direttore della "Bussola"?
4. Qual è lo scopo principale della "Bussoladomani"?
5. Quante persone può ospitare la grande tenda?
6. Che genere di spettacoli offre il nuovo teatro-circo?
7. Chi applaude i divi del momento?
8. Cosa fanno nella vecchia "Bussola" i clienti?

Nota culturale

When referring to a literary or a cultural period, centuries also have the following names:

il **Duecento**	the 13th century
il **Trecento**	the 14th century
il **Quattrocento**	the 15th century
il **Cinquecento**	the 16th century
il **Seicento**	the 17th century
il **Settecento**	the 18th century
l'**Ottocento**	the 19th century
il **Novecento**	the 20th century

Note that the substitute forms are generally capitalized.

Esercizi

A. Dire in un altro modo.

1. il quindicesimo secolo 2. il Settecento 3. il ventesimo secolo 4. il Novecento 5. il diciottesimo secolo 6. l'Ottocento 7. il Duecento 8. il tredicesimo secolo

B. Dire in quale secolo sono avvenute le seguenti cose.

1. Dante è nato nel _____.
2. L'America è stata scoperta nel _____.
3. La letteratura moderna è del _____.
4. La rivoluzione americana è avvenuta nel _____.
5. Il 1793 fa parte del _____.
6. L'unità d'Italia avvenne nel _____.

Tirando de somme

A. Domande sul dialogo.

1. Quando arriva Marisa, è già pronta Silvia?
2. Come si veste e si trucca Silvia quando va alle feste importanti?
3. Chi può esibirsi alla festa nella danza del flamenco?
4. Cosa si mette Silvia prima di uscire?
5. Su cosa discutono Aldo, Giulia e Marco?
6. Chi si veste da imperatore romano?
7. Come si veste Giulia?
8. Com'è il viso di Giulia?
9. Perché Marco non può andare al ballo?
10. Si è svegliato tardi Marco stamattina?

B. Completare con il passato prossimo.

1. Giovanni (svegliarsi) _____.
2. Noi (sbagliarsi) _____, ha detto il professore.
3. Lucia e Sandra (pettinarsi) _____ e (guardarsi) _____ allo specchio.
4. Claudio (alzarsi) _____ (lavarsi) _____ (vestirsi) _____ e (prepararsi) _____ la colazione.
5. Questo pomeriggio loro (riposarsi) _____ per un'ora.
6. Voi (incontrarsi) _____ per la strada, ma non (salutarsi, *to greet*) _____.

7. Tu non (sentirsi) _____ bene ieri?
8. Al mare io (divertirsi) _____ sempre e non (annoiarsi) _____ mai.

C. Completare con il presente, imperfetto o passato prossimo del verbo indicato, secondo il senso della frase.

   1. Questa mattina mentre lui (radersi) _____, (tagliarsi, *to knick
      oneself*) _____.
   2. Questo anno noi (recarsi) _____ nel Colorado.
   3. Ogni volta che Lucia e Sergio (incontrarsi) _____ (fermarsi) _____
      a parlare a lungo.
   4. L'estate scorsa voi (rivedersi) _____ ogni volta che andavate al
      mare.
   5. Quando partivi, (mettersi) _____ sempre a piangere.
   6. Mi dispiace, caro amico, ma tu (sbagliarsi) _____.

D. Sostituire all'infinito in parentesi le due forme del verbo secondo l'esempio.

   ESEMPIO: a) Giulio (lavarsi) _____ le mani.
              b) Giulio (lavare) _____ l'automobile.

              a) Giulio si lava le mani.
              b) Giulio lava l'automobile.

   1. a) Tu e Paola (alzarsi) _____ alle sei.
      b) Tu e Paola (alzare) _____ il tavolo.

   2. a) Corrado (tagliarsi) _____ la mano.
      b) Corrado (tagliare) _____ la carne.

   3. a) Io (mettersi) _____ il vestito nuovo.
      b) Io (mettere) _____ il televisore nel soggiorno.

   4. a) Luisa e Paolo (farsi) _____ la doccia con l'acqua fredda.
      b) Luisa e Paolo (fare) _____ gli esercizi.

   5. a) Tu (comprarsi) _____ il biglietto per l'aereo.
      b) Tu (comprare) _____ il vino italiano.

   6. a) Io e Cristina (portarsi) _____ il cane in vacanza.
      b) Io e Cristina (portare) _____ la nonna dal medico.

   7. a) Tu e Roberto (fermarsi) _____ davanti al bar.
      b) Tu e Roberto (fermare) _____ il taxi.

   8. a) Giorgio (prepararsi) _____ bene per l'esame.
      b) Giorgio (preparare) _____ le valige.

E. *Guida al comporre.*

Preparare un breve componimento descrivendo la Sua giornata. Usare alcuni verbi riflessivi dove è possibile.

Lo sapevate che . . . ?

1. In italiano bisogna dire "Io e lui. . ." e non "He and I. . ." come in inglese.
2. Quando una persona si presenta, dice il proprio cognome. Per esempio: "Piacere, Cagnozzi." "Molto lieto, Maffei."
3. "Ciao!" significa "Hello" e "Bye". L'espressione è usata fra amici e parenti. Quando si usa il "Lei", bisogna dire "Arrivederla."

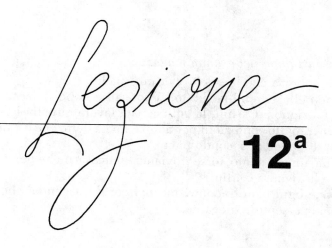

12ª

Per i negozi del centro

Carlo e Giovanna sono alla ricerca di un regalo per Tina che si sposa tra una settimana.

Carlo	—Vedi qualcosa che ti piace in questo negozio?
Giovanna	—No, è sempre difficile fare dei regali di nozze.
Carlo	—Soprattutto a una persona come Tina che ha dei gusti difficili. Perché non le prendiamo quelle posate d'acciaio inossidabile che sono in vetrina?
Giovanna	—No, perché Tina mi ha detto che le ha ricevute in argento da suo fratello.
Carlo	—Forse possiamo prenderle un vassoio di cristallo; che ne pensi?
Giovanna	—Ah sì! C'è un negozio qui vicino, in cui sono stata altre volte e il cui annuncio di svendita prometteva sconti eccezionali.
Carlo	—È quel negozio di cui parli sempre tu, e in cui lavora quella signora dalla quale ottieni sempre degli sconti favolosi?
Giovanna	—È un negozio in cui tutti i commessi sono gentili e gli articoli sono belli e costano poco, il che è certamente un vantaggio.

• • •

Siamo già a metà dicembre e in centro c'è molta gente: chi guarda le vetrine, chi entra nei negozi. Anche Laura e Silvia sono uscite per fare le spese di Natale. Ora le due amiche sono per le strade affollate e piene di traffico.

Laura	—A mia madre ho deciso di regalare una borsa di pelle che ho visto qualche giorno fa alla Rinascente.
Silvia	—Se vuoi, possiamo andarci subito; mi piace fare le spese in un grande magazzino. Così mentre siamo da quelle parti, vado anche in un negozio che è lì vicino per comprare un calcolatore per mio fratello, il quale ne desidera uno.

Pochi minuti dopo nel grande magazzino:

Laura —Quella è la borsa che ho scelto per mia madre!

Silvia —È proprio bella! Prendila subito! Vuoi salire dopo al secondo piano? La signora Carlini, la cui cognata lavora qui alla Rinascente nel reparto confezioni per donna, mi ha detto che c'è una svendita di gonne al secondo piano.

Laura —Sì, saliamo un momento, forse troviamo qualcosa anche per noi. Ma chi è la signora Carlini?

Silvia —Quella che ogni tanto incontriamo nel cortile uscendo, che è alta, bionda e sempre elegante.

Vocabolario

NOMI

l'**acciaio** steel
l'**argento** silver
l'**articolo** article
la **borsa di pelle** leather pocketbook
il **centro** center, downtown
il **calcolatore** calculator
le **confezioni per donna** women's apparel
il **cortile** courtyard
il **cristallo** crystal
la **gonna** skirt
il **grande magazzino** department store
il **gusto** taste
le **nozze** wedding
le **posate** silverware
il **regalo** gift
il **reparto** department
lo **sconto** discount
la **svendita** sale
il **vantaggio** advantage
il **vassoio** tray
la **vetrina** store window

AGGETTIVI

affollato crowded
eccezionale exceptional
favoloso fabulous
inossidabile stainless
pieno full

VERBI

essere alla ricerca di to look for
fare le spese to go shopping
guardare to look
ottenere[1] to obtain
regalare to give as a gift
sposarsi to get married

ALTRE PAROLE ED ESPRESSIONI

annuncio di svendite sale ad
da quelle parti in that area
forse maybe
il che which
ogni tanto every once in a while

---

[1] Conjugated like **tenere**, see Appendix, pages 432–433.

Proverbi e modi di dire

Can che abbaia non morde.	Barking dogs seldom bite.
Chi sa il giuoco non lo insegni.	Don't let anyone in on your secret methods.
La goccia che fa traboccare il vaso.	The straw that broke the camel's back.
Occhio che non vede, cuore che non duole.	What you don't know won't hurt you.
Non è tutt'oro quel che luccica.	All that glitters is not gold.
Paese che vai, usanza che trovi.	When in Rome, do as the Romans do.
Chi ha il pane non ha i denti.	He who has the opportunity lacks the ability.
Non sapere a che santo votarsi.	To be at one's wits' end; not to know where to turn.

Grammatica

1 Il pronome relativo: *che*
(The relative pronoun: *che*)

The relative pronoun **che**, which is invariable, is the equivalent of the English pronouns *who, whom, which* and *that*. It can refer to persons or things.

In the following examples the pronoun **che** is used to relate one clause to another thus forming a compound sentence. In Italian, the relative pronoun **che** can function as the *subject* or the *object* of the second clause, which is called the dependent clause:

Subject

Ecco un signore. **Il signore** parlava con Carlo.	Ecco il signore **che** parlava con Carlo.
Ecco i guanti. **Questi guanti** erano in vetrina.	Ecco i guanti **che** erano in vetrina.
Un amico desidera parlarti. **L'amico** è venuto a trovarci ieri.	L'amico **che** è venuto a trovarci ieri desidera parlarti.

Object

Ecco un giornale. Trovo **questo giornale** interesante. }	Ecco un giornale **che** trovo interessante.
Ecco l'amica. Preferisco **questa amica.** }	Ecco l'amica **che** preferisco.
Ecco i dischi. Maria ha comprato **questi dischi.** }	Ecco i dischi **che** Maria ha comprato.

While the relative pronoun is often omitted in English, it cannot be left out in Italian:

Il caffè **che** abbiamo preso era troppo lungo.	*The coffee we had was too weak.*

Che preceded by the definite article can replace a clause and is the equivalent of the English *which*:

Paolo non è venuto alla festa, **il che** mi dispiace molto.	*Paul did not come to the party, which I regret very much.*

APPLICAZIONI PRATICHE

A. *Situazione: Spirito di contraddizione*
Carlo e Giovanna sono buoni amici, ma spesso non sono d'accordo su molte cose. Quando a Carlo piace una cosa o una persona, Giovanna preferisce il contrario. Fare la parte di Carlo e di Giovanna servendosi delle espressioni indicate.

ESEMPIO: le persone allegre
   Carlo: Mi piacciono le persone che sono allegre.
   Giovanna: Io preferisco le persone che non sono allegre.

1. le città affollate
2. i film a lieto fine (*happy ending*)
3. le automobili veloci
4. le persone socievoli
5. le persone di gusti facili
6. i mobili moderni
7. le posate d'argento
8. i commessi gentili
9. i negozi eleganti
10. i ristoranti economici

B. *Chi sono?: Italiani famosi*
Frank sta leggendo un libro e trova alcuni nomi che non conosce. Il suo amico Sergio gli spiega che cosa hanno fatto.

ESEMPIO: Marconi (ha inventato la radio)
                Frank: Chi è Marconi?
                Sergio: È un italiano che ha inventato la radio.

1. Enrico Fermi (ha scoperto l'atomica)
2. Verrazzano (viaggiò lungo le coste dell'America)
3. Giannini (ha fondato la Banca d'America e d'Italia a San Francisco).
4. Garibaldi (ha liberato l'Italia meridionale)
5. Mazzini (combattè per l'unione d'Italia)
6. DaVinci (dipinse la Monna Lisa)
7. Lina Wertmuller (ha prodotto molti film famosi)
8. Amerigo Vespucci (ha dato il nome all'America)
9. Marco Polo (andò in Cina)

C. *Situazione: Primo giorno di scuola*
Mario è appena arrivato all'università. Non conosce quasi nessuno e allora domanda ad un suo amico chi sono varie persone che vede.

ESEMPIO: Una ragazza passa.   *Chi è la ragazza che passa?*

1. Il professore insegna fisica.
2. Il ragazzo vicino alla porta.
3. Gli studenti entrano.
4. La signorina suona la chitarra.
5. L'uomo anziano porta gli occhiali (*eyeglasses*).
6. La ragazza ti ha salutato.
7. Il giovanotto si è appena alzato.
8. I ragazzi sbadigliano.
9. L'uomo è al telefono.
10. I ragazzi entrano in biblioteca.

D. *Situazione: Curiosità*
Laura è una ragazza molto curiosa. Ogni volta che Silvia fa una cosa vuole conoscere i dettagli (*details*). Seguendo il modello, fare la parte di Laura servendosi delle espressioni indicate.

ESEMPIO: Silvia compra un profumo.
                Laura: Come si chiama il profumo che compri?

1. Compra una rivista (*magazine*).
2. Invita degli amici.
3. Ascolta un programma alla radio.
4. Va a vedere un film.
5. Fuma delle sigarette.
6. Guarda un ragazzo.
7. Legge un libro.
8. Preferisce un attore.
9. Guarda una commedia in tivvù.

2 Il pronome relativo: *cui*
(The relative pronoun: *cui*)

Like the pronoun **che,** the relative pronoun **cui** is used to connect two clauses. Notice that **cui** is always preceded by a preposition.

Ti ho parlato di **questa signora.** Ecco la signora.	Questa è la signora di **cui** ti ho parlato.
La casa è in piazza. Egli abita in **questa casa.**	La casa in **cui** abita è in piazza.
C'è un negozio qui vicino. Sono stata altre volte in **questo negozio.**	Qui vicino c'è un negozio in **cui** sono stata altre volte.
Ecco Genova. Io vengo da **questa città.**	Genova è la città da **cui** vengo.
Noi viaggiamo con **l'automobile.** Questa automobile è molto economica.	L'automobile con **cui** viaggiamo è molto economica.

Like **che,** the relative pronoun **cui** is invariable and can refer to persons or things. In conversation, when **cui** refers to a place, it is frequently replaced by **dove:**

Questo è il negozio in **cui** fanno le spese.	OR:	Questo è il negozio **dove** fanno le spese.
Ecco l'albergo in **cui** ho dormito quando ero a Bologna.	OR:	Ecco l'albergo **dove** ho dormito quando ero a Bologna.

Cui preceded by the definite article is often used to express possession in dependent clauses. In this case, the definite article agrees in number and gender with the noun following **cui.** This use of **cui** corresponds to the English *whose:*

Giulio, **la cui** sorella è mia amica, è partito per la Grecia.	*Giulio, **whose** sister is a friend of mine, left for Greece.*
Montanelli, **i cui** libri hai letto, viene a fare una conferenza.	*Montanelli, **whose** books you have read, is coming to give a lecture.*

APPLICAZIONI PRATICHE

E. Giovanni è appena tornato da un viaggio sull'Adriatico, e sta mostrando le diapositive (*slides*) del suo viaggio. Fare la parte di Giovanni secondo l'esempio.

ESEMPIO: Sono stato in questo albergo.
             Ecco l'albergo in cui sono stato.

1. Ho pranzato in questo ristorante.
2. Ho viaggiato con questi amici.
3. Sono passato per questo paesetto.
4. Siamo saliti su quella montagna.
5. Siamo partiti da questo porto.
6. Abbiamo viaggiato su questa nave.
7. Mi sono fermato in questa villa.
8. Ho dato il mio indirizzo a questa coppia.
9. Sono partito con questo aereo.
10. Ho scritto a questa ragazza.

F. Laura parla del suo nuovo amico Silvio. Fare la parte di Laura secondo l'esempio.

ESEMPIO: La madre di Silvio è dottoressa.
             Silvio è un amico la cui madre è dottoressa.

1. Il padre di Silvio è avvocato.
2. La sorella di Silvio è studentessa.
3. Le zie di Silvio hanno una casa a Ravello.
4. Il nonno di Silvio è stato in Argentina.
5. Le idee di Silvio sono interessanti.
6. L'automobile di Silvio è una Lancia.

3   Il pronome relativo: *il quale, la quale, i quali, le quali*
(The relative pronouns *il quale, la quale, i quali, le quali*)

This pronoun can be used as subject or object, to substitute for **che** and **cui** whenever particular clarity is desired. The pronoun agrees in gender and number with its antecedent and it is therefore better suited to avoid ambiguity. Study the following examples:

Ti presento Giovanni e Laura con **cui** ho seguito un corso di fisica.

Ti presento Giovanni e Laura con **la quale** ho seguito un corso di fisica.

Ecco i fratelli di Maria da **cui** siamo invitati.

Ecco i fratelli di Maria da**i quali** siamo invitati.

Aspettiamo Giulia e Franco **che** arriva dalla Svizzera.

Aspettiamo Giulia e Franco **il quale** arriva dalla Svizzera.

APPLICAZIONI PRATICHE

G. Completare le frasi con il pronome relativo **il quale, la quale, i quali, le quali.**

   1. Parliamo di Angela e Roberto dal _____ ho ricevuto la lettera.
   2. Questi sono i cugini di Carla, dai _____ aspettavamo la telefonata.
   3. Ti presento il professor Rossi e la professoressa Carini con la _____ sto facendo la tesi.
   4. Marina e Silvana, con le _____ ho viaggiato per l'Europa, parlano molte lingue.
   5. Alla festa ho incontrato Luisa e un mio amico, con il _____ ho studiato all'università.

H. Ripetere l'esercizio precedente sostituendo **che** e **cui** al posto dei pronomi relativi.

4   La negazione
(Negation)

In Italian, negative words and expressions such as **mai** (*never, ever*), **niente, nulla** (*nothing, anything*), **nemmeno** (*not even*), **nessuno** (*no one*), **né ... né** (*neither ... nor*) usually follow the verb and require the use of **non** before the verb:

In questo negozio **non** c'è **nulla** di interessante.	*There is **nothing** interesting in this store.*
Carlo e Maria **non** sono **mai** in ritardo.	*Charles and Mary are **never** late.*
Siamo andati da Giorgio, ma **non** c'era **nessuno**.	*We went to George's but there was **no one** home.*

For emphasis, the negatives usually precede the verb. In this case **non** is omitted:

Nessuno mi ascolta.	*No one listens to me.*
Nemmeno Laura ha trovato qualcosa nel negozio.	*Not even Laura found anything in the store.*
Né Mario **né** Carla vengono alla festa.	*Neither Mario nor Carla is coming to the party.*

APPLICAZIONE PRATICA

I.   Cambiare alla forma negativa, secondo l'esempio.

   ESEMPIO: Legge tutto.   *Non legge niente.*

   1. Guarda tutti.
   2. Andiamo sempre al centro.
   3. Ci regala sempre qualcosa.
   4. Avete qualcosa per un regalo di nozze?
   5. Tutti sono gentili in quel negozio.
   6 La mattina le strade sono sempre affollate.
   7. Hai comprato il vassoio e le posate?
   8. Anche questa borsa è molto cara.

5   Il pronome relativo: *chi*
   (The relative pronoun: *chi*)

The pronoun **chi**, which has already been studied in Lesson 5 as an interrogative pronoun, can also be used as a relative pronoun whose English equivalent is *he (she) who, the one who, the person who, those who,* and so forth. The relative pronoun **chi** is invariable and takes verbs only in the singular:

Chi legge il giornale è bene informato.	*He who reads the newspaper is well informed.*
Chi conosce molte lingue non ha problemi all'estero.	*Those who know many languages will not have any problems abroad.*
Do un premio a **chi** finisce prima.	*I will give a prize to the one who finishes first.*

Used repeatedly in the same sentence, **chi** can be translated as: *one . . . . another, some . . . . others,* etc.:

A scuola c'è **chi** arriva tardi, **chi** arriva presto e anche **chi** arriva in orario.	*In school there are some who arrive late, others who arrive early and even some who arrive on time.*
Nella sala di lettura c'erano molti studenti: **chi** studiava, **chi** chiacchierava e **chi** scriveva.	*In the reading room there were many students: some were studying, some were chatting and others were writing.*

6   Il pronome relativo: *quello che*, *ciò che*
(The relative pronouns *quello che*, *ciò che*)

These two pronouns are invariable and can be used interchangeably. They correspond to the English relative pronouns *what* and *that which*.

Ripetete **quello che** vi ho detto.	*Repeat what I told you.*
Ciò che tu dici è interessante.	*What you are saying is interesting.*
Quello che Lei vede in questa vetrina è in vendita.	*What you see in this window is on sale.*

APPLICAZIONI PRATICHE

J. *Situazione: Esame di geografia*
Bruno deve dare un esame di geografia ed è preoccupato. Mario lo aiuta a prepararsi e gli fa alcune domande. Fare la parte di Mario secondo l'esempio. Alternare fra **ciò che** e **quello che**.

ESEMPIO: Firenze   *Mario: Dimmi ciò che sai su Firenze.*

1. Roma
2. l'industria italiana
3. i fiumi principali italiani
4. l'economia italiana
5. i laghi italiani
6. le regioni italiane
7. i mari italiani
8. i vulcani italiani

K. *Situazione: Visita al museo*
Il maestro ha accompagnato un gruppo di studenti al museo. Il giorno dopo, in classe, vuole sapere la loro impressione della visita. Fare la parte del maestro secondo gli esempi.

ESEMPI: le cose che hai visto   *Dimmi quello che hai visto.*
le cose che avete fatto   *Ditemi ciò che avete fatto.*

1. le cose che ti sono piaciute
2. le cose che avete preferito
3. le cose che vi hanno annoiato
4. le cose che hai trovato interessanti
5. le cose che non vi sono piaciute
6. le cose che vuoi rivedere
7. le cose che vi hanno sorpreso

Lettura

Torino

Torino è nota° per la sua raffinatezza;° sotto i por-   well-known / refinement
tici del centro ci sono negozi eleganti le cui vetrine
espongono° articoli di gusto che attirano l'atten-   display, show
zione del passante.° Come in tutte le città, anche a   passer-by
Torino di giorno c'è chi va fuori città a lavorare nelle
grandi industrie (soprattutto automobilistiche) e chi
viene in centro per vari motivi.°   reasons

     Dalla periferia° e dalle ville lungo il Po e sulle   suburbs
colline che circondano° la città vengono in centro   surround
donne e uomini, i quali lavorano, fanno spese,
discutono d'affari,° di politica, di sport, e passeg-   business
giano° sotto i portici di via Roma o via Po. Invece   stroll
nelle belle giornate di primavera e in estate la
gente, soprattutto la domenica, preferisce passeggiare nel parco del Valentino.

     Nei bar eleganti del centro gli impiegati
s'incontrano per l'aperitivo durante gli intervalli° o   breaks
dopo le ore d'ufficio; mentre nel pomeriggio, le
signore, stanche di far spese, si riposano° pren-   rest
dendo il tè in comode poltrone° nei caffè° di Piazza   armchairs / coffee shops
San Carlo o di Piazza Madama, secondo una vecchia
abitudine° della buona borghesia torinese.°   habit / middle class from Turin

L'industria automobilistica Fiat di Torino.

L. Domande sulla lettura.

1. Cosa c'è sotto i portici del centro di Torino?
2. Cosa espongono le vetrine dei negozi?
3. Dove lavorano soprattutto i torinesi?
4. Dove passeggiano i torinesi?
5. Dove preferisce passeggiare in primavera e in estate la gente?
6. Dove s'incontrano gli impiegati per prendere l'aperitivo?
7. Quando s'incontrano gli impiegati?
8. Dove prendono il tè le signore della borghesia torinese?

Tirando le somme

A. Domande sul dialogo.

1. Di cosa sono alla ricerca Carlo e Giovanna?
2. Che gusti ha Tina?
3. Che cosa ha ricevuto Tina dal fratello?
4. Che cosa prometteva l'annuncio di svendita?
5. Come sono i commessi in quel negozio?
6. Perché sono uscite Laura e Silvia?
7. Cosa ha deciso di regalare Laura alla madre?
8. Che cos'è la Rinascente?
9. Cosa vuole comprare Silvia per il fratello?
10. Cosa c'è al secondo piano?
11. Chi è la signora Carlini?

B. Completare con il pronome relativo adatto.

1. Il regalo _____ ho comprato è per le nozze di Giulio e Anna.
2. In questo negozio ci sono tante cose _____ desidero comprare!
3. Il negozio _____ escono è la Rinascente.
4. Il caffè _____ si fermano è molto elegante.
5. Il bar di _____ parlate si trova in Piazza San Carlo.
6. Non capiscono quello _____ ho detto.
7. I signori _____ si fermano qui sono impiegati.
8. Ho invitato Carlo e Maria, con (Maria) _____ sono stata in Grecia questa estate.
9. Il caffè _____ il cameriere ci ha servito era troppo lungo.
10. Ecco la coppia con _____ siamo andati a teatro.

C. Tradurre le seguenti frasi.

1. Is this the store you told me about?
2. Mrs. Pacini, whose husband works in town, comes downtown very often.
3. Mr. Pacini, whom I called several times, was out all evening.
4. May I see that purse you have in your hand?
5. There is a store nearby whose owner is a friend of the family.
6. We need a gift for a friend who is getting married at the end of the month.

D. Completare con i pronomi relativi convenienti.

1. Il regalo _____ ho comprato è per Tina.
2. È un negozio in _____ tutti i commessi sono gentili.
3. Comprano le posate _____ sono in vetrina.
4. Carlo e Giovanna hanno letto l'annuncio di svendita _____ era sul giornale.
5. Questa è la borsa _____ ho comprato per mia madre.
6. Laura e Silvia vanno in un negozio _____ è vicino ai grandi magazzini.
7. È un negozio di _____ tutti parlano bene.
8. La signora Carlini, _____ cognata lavora alla Rinascente, abita vicino casa mia.
9. Non conosco la persona di _____ parli.
10. La commessa a _____ ho parlato, oggi è malata.
11. Il Natale è un periodo in _____ i negozi sono pieni di gente.

Lo sapevate che . . . ?

1. Un caffè molto leggero si chiama *lungo*; mentre un caffè molto forte si chiama *ristretto*.
2. Un caffè con poche gocce di latte si chiama *macchiato* e un caffè con cognac o anisetta si chiama *corretto*.
3. Nel bar italiano generalmente è necessario prima pagare alla cassa e poi presentare lo scontrino (*receipt*) al banco.
4. Nel bar ci sono due tariffe. Una per la consumazione in piedi al banco e una, più cara, se uno siede al tavolino.

E. Sostituire **quale** con **cui** e viceversa.

1. L'uomo *a cui* ho chiesto l'informazione era straniero.
2. Questo è un negozio *in cui* puoi trovare dei prezzi convenienti.
3. Quella è la signora *dalla quale* ricevo sempre sconti favolosi.
4. La casa *in cui* abitavamo era grande.
5. Gli amici con *i quali* ho fatto il viaggio sono vicini di casa.
6. Quella poltrona, *su cui* tutti desiderano sedersi, era dei miei nonni.
7. Il ristorante *in cui* mangio spesso è vicino alla piazza.
8. Sono delle persone *con le quali* posso parlare di tutto.

F. *Guida al comporre: Nel grande magazzino*

Scrivere un breve componimento descrivendo quello che vedete nella fotografia. Prima descrivere la scena generale; poi descrivere alcuni articoli e qualche persona. Usare dove è possibile i seguenti vocaboli:

bancone (*counter*)	cravatta (*necktie*)
gente	esporre, *p.p.* esposto, (*to display*)
commesso	comprare
scala mobile (*escalator*)	articoli
moderno	

Ricapitolazione

LEZIONI 9-12

A. Inserire l'aggettivo possessivo secondo l'esempio.

ESEMPIO: Tu parli del _____ viaggio. *Tu parli del tuo viaggio.*

1. Lui prepara la _____ colazione.
2. Noi telefoniamo ai _____ amici.
3. Gli impiegati sono nel _____ ufficio.
4. Signorina, telefoni alla _____ banca.
5. Non gli avete dato il _____ indirizzo?
6. Anna e Riccardo vogliono vendere la _____ macchina.
7. Sono andato al cinema con _____ cugino.
8. Signor Bertelli, dove ha comprato il _____ orologio?
9. Carla ha invitato le _____ colleghe.
10. Hai parlato con i _____ amici?

B. Inserire il pronome possessivo richiesto secondo l'esempio.

ESEMPIO: Quello è il suo cane; è _____.
Quello è il suo cane; è il suo.

1. Questa è la mia medicina; è _____.
2. Quelli sono i vostri dischi; sono _____.
3. Questo sono le mie sorelle; sono _____.
4. Quelli sono i loro giornali; sono _____.
5. Questo è il nostro treno; è _____.
6. Quello è il tuo cappotto; è _____.

C. Volgere le frasi al plurale mettendo il verbo al passato remoto.

1. Il treno parte alle nove.
2. Mia zia invita a pranzo tutti i parenti.
3. Mio nonno parte per l'America.
4. Suo nipote studia musica.

5. Mio fratello mangia molti dolci.
6. Il turista chiede delle informazioni all'impiegato.
7. Aspetto fino all'una e poi vado a casa.
8. L'operaio finisce di lavorare alle 17.
9. Cristina parte col primo treno.
10. Mia sorella prepara il pranzo per gli ospiti.

D. Tradurre in italiano.

1. Are these your brothers?
2. Is that address hers?
3. Whose dictionary is that?
4. They sold their house.
5. We saw a friend of yours.
6. His key is here; where is mine?
7. What is your name?
8. What color are her shoes?
9. How is your family?
10. The second day I decided to call my parents.

E. Ripetere le frasi seguenti facendo i cambiamenti indicati.

1. *Mauro* giocava a tennis ogni giorno.
   (Tu / Loro / i nostri amici / io e Laura / voi / Lei)

2. *Noi* preferivamo le trasmissioni musicali.
   (Il nonno / gli zii / tu e Michele / Lei / io)

3. *Gli studenti* leggevano ad alta voce.
   (L'annunciatore / mio fratello / l'impiegato / noi / Loro)

4. *Franco* era assente.
   (noi / io / Luigi e tu / Maria e Franco)

F. Usare la forma corretta dell'imperfetto e del passato remoto.

1. Mentre io e Paolo (guardare) _____ la televisione, la signora (telefonare) _____.
2. Quel fatto (avvenire) _____ molti anni fa, quando io (lavorare) _____ a Roma.
3. Quando mio nonno (ritornare) _____ dall'America, io (avere) _____ dieci anni.
4. Quella sera tutti (avere) _____ sonno, ma Riccardo (parlare) _____ fino a mezzanotte.
5. Mentre gli attori (recitare) _____, Carlo (sbadigliare) _____.
6. L'attrice (morire) _____, mentre (essere) _____ in vacanza.

G. Tradurre in italiano.

   1. While I was sleeping, they were playing tennis.
   2. When he used to speak to me, I used to understand everything.
   3. We saw him while we were opening the door.
   4. While we were eating, Francesco arrived.
   5. While she was writing the letter, she listened to some music.
   6. While I was waiting for the train, I saw David.
   7. When we were in Italy, we always spoke Italian.
   8. I used to study in the morning.
   9. He was tired when he arrived from Milan.
   10. The history professor used to fail a lot of students.

H. Mettere al plurale le frasi seguenti secondo l'esempio.

   ESEMPIO: *Tu ti compri* un vestito al mese.
                Voi vi comprate un vestito al mese.

   1. La mattina *io mi sveglio* alle otto.
   2. Mio fratello *si addormenta* spesso a teatro.
   3. Lui *si veste* sempre in fretta.
   4. La segretaria non *si sente* bene.
   5. Tu *ti lavi* sempre con l'acqua calda?

I. Ripetere l'escercizio precedente usando l'imperfetto.

   ESEMPIO: *Tu ti compravi* un vestito al mese.
                Voi vi compravate un vestito al mese.

J. Sostituire all'infinito in parentesi il presente indicativo.

   ESEMPIO: Io e Stefano non (incontrarsi) _____ spesso.
                Io e Stefano non ci incontriamo spesso.

   1. Mio cugino Carlo e tua sorella (conoscersi) _____ da molti anni.
   2. Io e Nicoletta non (vedersi) _____ da una settimana.
   3. I due amici (telefonarsi) _____ ogni sera.
   4. I ragazzi (darsi) _____ sempre del 'tu'.
   5. Tu e Franca non (parlarsi) _____ da molti mesi.
   6. Silvia e Patrizia (dirsi) _____ tutto.
   7. Gli studenti italiani (aiutarsi) _____ molto, quando preparano un esame.
   8. Perché Claudio e Mirella non (salutarsi) _____?
   9. Quando Angelo e Chiara (incontrarsi) _____ (salutarsi) _____.
   10. Roberto e Carla (amarsi) _____ molto.

K. Sostituire all'infinito in parentesi il passato prossimo.

1. Ieri mattina Filippo (alzarsi) _____ tardi.
2. La ballerina (mettersi) _____ il costume.
3. Alcuni invitati (divertirsi) _____ molto alla festa.
4. Tu e Francesca (confezionarsi) _____ un vestito nuovo.
5. Ieri sera io e i miei fratelli (coricarsi) _____ a mezzanotte.
6. Gabriella (procurarsi) _____ un costume da contadina.
7. Anche Lei, Signora Ricci (annoiarsi) _____ alla festa?
8. I turisti (lamentarsi) _____ con l'organizzatrice della gita.
9. Di solito Luigi ha ragione, ma ieri sera (sbagliarsi) _____.
10. Ho il raffreddore, perché qualche giorno fa (addormentarsi) _____ con la finestra aperta.

L. Tradurre in italiano.

1. What time did he get up?
2. Caterina woke up at six and got up at seven.
3. Did you wear your new coat yesterday?
4. He didn't shave.
5. They got up at five and they went to the train station.
6. We fell asleep at eleven o'clock.
7. He sat down on the chair.
8. Giulio and Vittorio saw each other this morning.
9. We spoke to each other before leaving.
10. I cut myself!

M. Completare le seguenti frasi con il pronome relativo.

1. La signora _____ ho salutato è la moglie del professore.
2. Valerio è un ragazzo con _____ sto bene.
3. Gloria è una ragazza _____ conosce molte lingue.
4. Quella è la casa in _____ abitavo quand'ero bambino.
5. È un signore _____ ho conosciuto in treno.
6. La ragazza con _____ sono andato al cinema è americana.
7. È un negozio in _____ vendono delle cose belle.
8. Questo è il ristorante di _____ parlava Marco.

N. Completare le frasi seguenti secondo l'esempio.

ESEMPIO: L'aereo su _____ / _____ viaggia Giovanni è in ritardo.
            L'aereo su cui / sul quale viaggia Giovanni è in ritardo.

1. Ho visto Carlo _____ / _____ mi ha detto di salutarti.
2. Valeria è una ragazza con _____ / _____ sto bene.
3. Quella è la casa in _____ / _____ abita Roberto.
4. I ragazzi con _____ / _____ sono andata al cinema sono simpatici.

    5. È il negozio di _____ / _____ parlava Luisa.
    6. Gli amici da _____ / _____ siamo andati a cena sono di origine spagnola.

O. Rispondere in italiano.

    1. Dove sono i tuoi fratelli?
    2. Di chi è quel disco?
    3. Abiti al terzo o al quarto piano?
    4. Stai parlando dei tuoi genitori?
    5. È arrivato tuo cognato?
    6. In quale ristorante avete mangiato ieri?
    7. Qual'è il quinto mese dell'anno?
    8. Cosa cercavi ieri in quel negozio?
    9. Chi passò mentre aspettavi l'autobus?
   10. A che ora parte l'aereo?
   11. Sei passata dal medico?
   12. Che cosa c'era ieri sera alla tivvù?
   13. Chi hai incontrato mentre eri in metropolitana?
   14. Da quanto tempo sei qui?
   15. A che ora si è svegliato tuo fratello stamattina?
   16. Vi siete divertiti ieri sera?
   17. Ti sei riposato durante le vacanze?
   18. Anche voi vi siete annoiati alla festa?
   19. A che ora ti sei messa a studiare?
   20. Hai preparato loro la colazione?
   21. Vi telefonate spesso tu e Maria?
   22. Dove vi siete incontrati?
   23. Possiamo vederci tutti a casa tua?
   24. Dove vi dovete incontrare?
   25. Chi è quel ragazzo che parla con Lucia?
   26. È Lei la signora di cui parla sempre Floriana?
   27. Sono tue tutte quelle cose che sono sul tavolo?
   28. È vero quello che dici?
   29. Chi ha detto che faccio quello che voglio?

13ª

In autostop

Lorna Sass e Steve Johnson, due studenti di Filadelfia, hanno deciso di visitare l'Italia in autostop; un modo che, secondo loro, è più divertente e più economico del treno. Mentre sono alla periferia di Bologna vicino all'ingresso dell'Autostrada del Sole[1] Bologna-Firenze, si ferma una macchina targata Grosseto.

Automobilista	—Dove andate?
Lorna	—A Roma.
Automobilista	—Io vado a Grosseto passando per Firenze e per Pisa.
Steve	—Ma Grosseto è vicino Roma?
Automobilista	—No. Il tragitto che vi suggerisco è più lungo di quello che avete scelto, ma è decisamente più bello ed interessante.
Lorna	—Ma la litoranea è veloce come l'autostrada?
Automobilista	—La litoranea da Pisa a Grosseto è meno veloce dell'autostrada, ma è certamente più pittoresca.
Steve	—Il suo itinerario è senz'altro più suggestivo del nostro. Per noi però è molto più facile trovare dei lunghi passaggi all'ingresso delle autostrade.
Automobilista	—Se volete, a Grosseto posso lasciarvi ad un incrocio di strade provinciali dove c'è sempre un traffico intensissimo come sulle autostrade.
Lorna	—È chiaro che Lei conosce le strade meglio di noi; quindi accettiamo la sua proposta e veniamo con Lei!

• • •

---

[1] **l'Autostrada del Sole:** superhighway connecting the main cities on the western side of the Italian peninsula.

Kathy e Diana, due ragazze canadesi che studiano italiano e storia dell'arte medievale all'università, stanno visitando in autostop le città italiane più ricche di opere d'arte medievale e rinascimentale. Ora sono in macchina e chiacchierano con il Signor e la Signora Ussani, che le hanno prese a bordo della loro auto all'uscita di Verona, per condurle a Trento.

Signor Ussani	—Tra le città italiane qual'è quella che preferite?
Kathy	—Per me la città più affascinante è Siena!
Diana	—Sì, è bellissima e ricca di opere d'arte, ma d'estate è caldissima!
Kathy	—Per fortuna in Italia c'è dell'ottimo vino bianco, che è più dissetante della coca-cola.
Diana	—Infatti in questo nostro viaggio attraverso l'Italia stiamo bevendo più vino che acqua!
Signor Ussani	—Lo sapete che quella che stiamo attraversando è una della migliori zone per la produzione del vino?
Kathy	—Sì, lo dice anche la guida turistica. Infatti dopo la nostra visita al Palazzo Pretorio e al Castello del Buon Consiglio di Trento, pensiamo di proseguire per Milano passando attraverso i famosissimi vigneti veronesi.
Signora Ussani	—Se potete, visitate anche la Riviera degli Olivi sulla sponda orientale del lago di Garda, ricchissima di olivi, ma anche di bellezze artistiche di tutti i tempi: chiese, ville e castelli.
Diana	—Oh! Grazie per le preziosissime informazioni!
Signora Ussani	—Ragazze, parlate un ottimo italiano! Dove l'avete imparato?
Kathy	—Prima al liceo[1] e poi all'università. Ma da quando sono in Italia lo parlo meglio, perché più parlo più imparo!
Diana	—Io ho seguito un corso accelerato all'università, però non sono come Kathy che cerca di parlare più che può: io sono più pigra e mi sforzo meno.

Vocabolario

NOMI		
l'**automobilista** driver	il **castello** castle	
l'**autostop** hitchhiking	l'**incrocio** crossing, intersection	
	la **litoranea** coastal road	

---

[1] **liceo:** lyceum, a school corresponding roughly to the American high school and the first two years of college.

la **macchina**   car
l'**olivo**   olive tree
l'**opera d'arte**   work of art
il **passaggio**   ride
la **produzione**   production
la **proposta**   proposal, suggestion
la **sponda**   edge, side
il **tragitto**   way, route
il **vigneto**   vineyard

AGGETTIVI
accelerato   intensive
affascinante   fascinating
canadese   Canadian
chiaro   clear
dissetante   thirst-quenching
economico   economical
intenso   intense
lungo   long
migliore   better
orientale   oriental, eastern

ottimo   excellent, best
pigro   lazy
pittoresco   picturesque
prezioso   precious
provinciale   provincial
veloce   fast

VERBI
condurre   to drive, to lead
prendere a bordo   to give a ride
proseguire   to continue
sforzarsi   to force onself

ALTRE PAROLE ED ESPRESSIONI
attraverso   across
decisamente   definitively
infatti   in fact
meglio   better
meno   less
per fortuna   fortunately
targato   with the license plate...

Grammatica

1   Il comparativo
(The comparative)

COMPARISON OF INEQUALITY (*more . . . than, less . . . than*)

maggioranza (+)	**più**					
		+	adjective	+	**di**	
minoranza (−)	**meno**					

COMPARISON OF EQUALITY (*as . . . as*)

uguaglianza (=)	**tanto** **cosí**	+	adjective	+	{**quanto** **come**}

The sentences in the first column below are affirmative statements. Those of the second column express various degrees of comparison. Notice the words in boldface that come before and after the adjectives.

L'America è grande.

L'America è **più** grande **dell'**Europa.

L'autunno è bello.	L'autunno è **più** bello **dell'**inverno.
La strada è larga.	La strada è **meno** larga **dell'**autostrada.
Carlo è alto.	Carlo è **meno** alto **del** fratello.
Questo giornale è interessante.	Questo giornale è **tanto** interessante **quanto** quello.
Maria è intelligente.	Maria è **così** intelligente **come** sua sorella.

NOTA: The preposition **di**, equivalent to English *than* in comparisons of inequality, is combined with the appropriate article before most nouns:

Il museo è **più** interessante **dello** zoo.
La casa è **meno** grande **del** palazzo.
Maria è **più** carina **delle** amiche.
La motocicletta è **meno** cara **dell'**automobile.

However, **di** is used without the article before proper nouns, pronouns, possessive adjectives with names of relations, and numbers:

Parigi è **meno** grande **di** New York.
Questo libro è **più** caro **di** quello.
Bruno è **più** giovane **di** suo padre.
Marta ha **più di** venticinque anni.

APPLICAZIONI PRATICHE

A. Formare delle frasi con il comparativo, seguendo l'esempio.

ESEMPIO: l'automobile / il treno (comoda)
L'automobile è più comoda del treno.
Il treno è meno comodo dell'automobile.

1. la litoranea / l'autostrada (lunga)
2. il tennis / il nuoto (interessante)
3. Mario ha 15 anni / Diana ha 18 anni (vecchio)
4. questo caffè / quello (forte)
5. la casa / il grattacielo (*skyscraper*) (alta)
6. il cane / il gatto (fedele, *loyal*)
7. un viaggio per mare / un viaggio in aereo (riposante)
8. la primavera / l'autunno (calda)

B. *Opinioni personali*
Servirsi dei seguenti aggettivi per paragonare i ragazzi e le ragazze. Esprimere la vostra opinione personale.

ESEMPIO: laborioso
   *Le ragazze sono più (meno, così) laboriose dei (come i)
   ragazzi.*

1. paziente
2. alto
3. generoso
4. intelligente
5. sensibile (*sensitive*)
6. assennato (*sensible*)
7. attivo
8. coraggioso

C. *Domande personali*

1. Ha Lei un fratello? È Lei più grande? Più sportivo? Più vecchio? Più studioso? Più ricco? Più buono? Più gentile?
2. Ha Lei una sorella? È Lei più grande? Più sportiva? Più generosa? Più dinamica? Più indipendente? Più studiosa? Più gentile?
3. È Lei più ricco(-a) del Suo(-a) amico(-a)? Più dinamico(-a)? Più intelligente? Più grande? Più serio(-a)? Più laborioso(-a)?

2   Paragone fra due attributi o due nomi
(Comparisons between two adjectives or two nouns)

▶ When two nouns are being related to the same subject, Italian uses **che** instead of **di:**

A Venezia ci sono **più** gondole **che** automobili.
L'inverno è **meno** freddo a Napoli **che** a Milano.
Carlo ha **più** denaro **che** amici.
In questa classe ci sono **più** ragazze **che** ragazzi.

▶ When two adjectives being compared relate to the same subject, **che** must be used instead of **di** as the equivalent of *than:*

Marco è **più** intelligente **che** studioso.
Il regalo è **più** bello **che** pratico.
Questo libro è **più** divertente **che** istruttivo.

▶ When a comparison of equality is established with a noun, **tanto** agrees in gender and number with the noun it precedes. In such comparisons the construction **così . . . come** is never used:

In questa città ci sono **tante** automobili **quanto** motociclette.
L'Alitalia fa **tanti** viaggi **quanto** la TWA.
Maria fa **tante** gite **quanto** Lucia.
Giulio ha **tanta** pazienza **quanto** Bruno.

APPLICAZIONI PRATICHE

D. *Situazione: Preferenze personali*
Dire quello che preferite usando i seguenti termini: **più, meno e tanto.**

ESEMPIO: leggere / scrivere
Mi piace più leggere che scrivere.

1. studiare / divertirmi
2. andare al mare / andare in montagna
3. sciare / nuotare
4. camminare / andare in automobile
5. mangiare / dormire
6. mio padre / mia madre
7. la carne / il pesce
8. il vino / la birra
9. ballare / andare al cinema
10. parlare / ascoltare

E. *Situazione: Impressioni di un viaggio in Italia*
Denise è ritornata da un viaggio in Italia e racconta a Kathy le sue impressioni sul viaggio. Uno studente faccia la parte di Kathy e l'altra quella di Denise.

ESEMPIO: Italiani: allegri / socievoli
Kathy: Cosa pensi degli italiani?
Denise: Trovo che gli italiani sono tanto allegri quanto socievoli.

1. ragazzi italiani: simpatici / noiosi
2. automobili: grandi / comode
3. strade: panoramiche / grandi
4. autobus: economici / comodi
5. tempo: bello / brutto
6. case: spaziose / pratiche
7. viaggio: piacevole / istruttivo

F. *Situazione: Lezione di geografia culturale*
Oggi si studia un po' di geografia e di cultura dell'Italia. Ogni studente ha portato qualche informazione sull'Italia. Servendosi della struttura suggerita formare delle frasi usando una forma del comparativo.

ESEMPIO: montagne / pianure
In Italia ci sono più montagne che pianure.

1. fiumi / laghi
2. città / paesi
3. donne / uomini

4. operai / contadini
5. aeroplani / treni
6. musei / chiese
7. ferrovie private / ferrovie statali
8. telefoni / televisori

3 Il superlativo relativo
(The relative superlative)

The relative superlative construction is used to compare persons or things to other persons or things in a group. It is formed by placing the definite article before the comparative of inequality.

In the first group of sentences, one element is compared to another (*comparative*). In the second group, one element is compared to a group (*relative superlative*). Notice the construction of the superlative in bold type:

Carlo è più intelligente di Mario.	Carlo è **il più** intelligente **della** classe.
Caterina è più alta di sua sorella.	Caterina è **la più** alta **delle** sorelle.
Mario e Giovanni sono meno simpatici di Luigi.	Mario e Giovanni sono **i meno** simpatici **della** classe.
Maria è meno simpatica di Franca.	Maria è **la meno** simpatica **delle** mie amiche.

Sometimes the second term of the comparison is omitted:

Carla è **la più** brava.
Questo è **il** negozio **più** caro.

When the superlative follows a noun, the definite article is not repeated before **più** or **meno**:

Roma è più grande di Firenze.	Roma è la città **più** grande d'Italia.
La Rolls Royce è più lussuosa della Fiat.	La Rolls Royce è l'automobile **più** lussuosa del mondo.

APPLICAZIONI PRATICHE

G. Formare una frase al superlativo.

ESEMPIO: un ragazzo alto / classe
È il ragazzo più alto della classe.
o: *È il ragazzo meno alto della classe.*

1. la strada / pittoresca / Italia

2. la chiesa / antica / questa città
3. città / popolata / Italia
4. la via / lunga / città
5. viaggio / piacevole / tutti
6. Carlo / caro / miei amici
7. automobile / veloce / tutte
8. museo / interessante / Roma
9. scultura / moderna / tutte
10. questo film / noioso / tutti

H. *Situazione: All'ente del turismo*
Immaginate che state visitando una città italiana. Appena siete arrivati vi recate all'ente del turismo per avere delle informazioni. Usare **più** o **meno** secondo il senso della frase.

ESEMPIO: caffè tranquillo   *Dov'è il caffè più tranquillo?*

1. albergo economico
2. ristorante buono
3. museo interessante
4. chiesa antica
5. negozio caro
6. teatro moderno
7. strade pericolose
8. case eleganti
9. trattoria turistica
10. parchi spaziosi (*spacious*)

I. *Espressioni personali*
Dite quali sono, secondo voi, le qualità più importanti che le persone seguenti devono avere. Servirsi delle seguenti parole:

l'affetto *affection*   l'onestà *honesty*
il buon senso *common sense*   la sincerità *sincerity*
il coraggio *courage*   il rispetto *respect*
il senso dell'umore *sense of humor*   la giustizia *justice*
lo spirito *wit*   la fedeltà *faithfulness*
l'amicizia *friendship*   l'amore *love*

ESEMPIO: in un amico
            In un amico la qualità più importante è la fedeltà.

1. nei genitori
2. in un personaggio politico
3. in un collega
4. in un professore
5. fra le persone
6. in un compagno
7. in un fidanzato(-a) [*fiancé(e)*]
8. in un commerciante

4 Il superlativo assoluto
(The absolute superlative)

The absolute superlative expresses the highest degree of a quality without establishing a relationship with other objects or qualities. In English it is generally expressed by the adverbs *very* or *extremely* before the adjective. In Italian it is formed by dropping the final vowel of the adjective and adding **-issimo (a,i,e)** to the stem. Study the following examples:

Relative superlative	*Absolute superlative*
Carlo è **il più bravo** della classe.	Carlo è **bravissimo.**
Questa è la statua **più antica** del museo.	Questa è una statua **antichissima.**[1]
Questa lezione è **la più difficile** del libro.	Questa lezione è **difficilissima.**
Questa poltrona è **la più comoda.**	Questa poltrona è **comodissima.**
È la strada **più larga** del paese.	È una strada **larghissima.**[1]
Mario è il ragazzo **più ricco** della scuola.	Mario è un ragazzo **ricchissimo.**[1]

APPLICAZIONI PRATICHE

J. Maria è una ragazza che ama usare superlativi quando descrive le cose. Servendosi delle espressioni indicate formare delle frasi al superlativo assoluto.

ESEMPIO: Giulio / caro   *Ah! Ma Giulio è un carissimo ragazzo!*
borsa / bella   *Oh! Ma questa borsa è bellissima!*

1. quadro (*painting*) / grazioso
2. automobile / lussuosa
3. negozio / grande
4. Giulia e Nella / amiche buone
5. viaggio / lungo
6. vino / famoso
7. attore / bravo
8. traffico / intenso
9. spiaggia / affollata
10. mercato / interessante

---

[1] Notice that adjectives ending in **-co** and **-go** retain the hard sound by adding an **h** before the suffix.

K. *Situazione: I due estremi*
Mario e Pietro sono buoni amici, ma generalmente hanno opinioni differenti. Quando Mario dice qualche cosa Pietro esprime un giudizio completamente opposto. Fare la parte di Mario e quella di Pietro seguendo l'esempio.

ESEMPIO: Mario: Questo vestito non è troppo brutto.
                  Pietro: Ma che dici? È bruttissimo!

1. Questo film non è molto noioso.
2. Il programma non è molto interessante.
3. Questi attori non sono molto bravi.
4. Questa automobile non è molto veloce.
5. Il viaggio non è troppo lungo.
6. L'estate non è stata troppo calda.
7. Questo ristorante non è molto caro.
8. Maria non è molto fortunata.
9. Queste poltrone non sono molto comode.

5   Comparativo e superlativo irregolari
(Irregular comparatives and superlatives)

Aggettivi

Some adjectives have both a regular and an irregular form in the comparative and the superlative. Study the following structures:

Adjective	Comparative	Relative superlative	Absolute superlative
buono	migliore	il migliore	ottimo
cattivo	peggiore	il peggiore	pessimo
grande	maggiore	il maggiore	massimo
piccolo	minore	il minore	minimo

While both forms can be used interchangeably, the irregular one can express a figurative sense and is frequently used to indicate personal characteristics:

Chi è **il migliore** studente?
Questa è un'**ottima** idea.
Nessuno è **peggiore** di Sergio.
Mario è un **pessimo** amico.

Maggiore and **minore** are used when referring to age, with the meaning of *older* (*oldest*) and *younger* (*youngest*). They can never be used in the sense of physical size:

Carlo è **il maggiore** dei fratelli.   *Charles is the oldest brother.*

La mia sorella **minore** studia legge.   *My younger sister studies law.*

Maria è **la minore**.   *Mary is the youngest.*

Avverbi

Adverbs with irregular forms in the comparative and superlative:

Adverb	Comparative	Absolute superlative
bene	meglio	benissimo, molto bene
male	peggio	malissimo, molto male
molto	più	moltissimo
poco	meno	pochissimo

APPLICAZIONI PRATICHE

L. Formare delle frasi usando la forma irregolare del comparativo o del superlativo.

ESEMPI: Giorgio / Paolo / migliore
Giorgio è migliore di Paolo.

Giorgio / famiglia / cattivo
Giorgio è il peggiore della famiglia.

1. Questo ristorante / quello / cattivo
2. Questo albergo / città / buono
3. Questo programma / televisione / cattivo
4. Marta / amiche / buona
5. Piera / sorelle / piccola
6. Carlo / figli / grande

M. *Opinioni personali.*
Rispondere alle seguenti domande con una frase completa.

1. Qual'è il migliore attore che conosce?
2. Qual'è il peggiore programma televisivo?
3. Qual'è il migliore viaggio che ha fatto?
4. Chi è il migliore in casa Sua?
5. Chi è il peggiore in casa Sua?
6. Qual'è il migliore libro che ha letto?

Lettura

L'autostop

L'autostop è divenuto molto popolare negli anni
Sessanta. In Italia questo fenomeno è connesso°   linked to
allo sviluppo° della rete autostradale° che in quegli   expansion / network of highways
anni ha conosciuto uno dei momenti migliori.

Di solito sono i giovanissimi a praticare l'autostop. Da anni infatti ragazze e ragazzi, spesso molto
giovani, si fermano agli incroci, lungo le strade
provinciali, all'ingresso dei caselli delle autostrade
per fermare le auto e ottenere qualche passaggio
gratuito.°   free

Secondo gli autostoppisti,° in Europa i più   hitchhikers
gentili sono gli automobilisti italiani e quelli tedeschi; mentre i più generosi nel dare passaggi
sono i camionisti.°   truckdrivers

Purtroppo anche nel mondo dell'autostop
accadono° di tanto in tanto dei fatti spiacevoli: ag-   happen
gressioni,° minacce,° rapine,° e la vittima è di solito   assaults / threats / thefts
il povero automobilista. Ma sono ancora numerosi
gli automobilisti che, anche sapendo di correre dei
grossissimi rischi, rispondono alla richiesta di
giovani che fanno l'autostop lungo le strade dove c'è
più traffico.

N. Domande sulla lettura.

1. Perché l'autostop è così frequente oggi?
2. Per quale ragione i giovani fanno l'autostop?
3. Chi è più generoso nel dare un passaggio?
4. Quali sono i rischi dell'autostop?
5. Come si chiama una persona che fa l'autostop?
6. Lei ha mai fatto l'autostop?
7. Ha mai dato un passaggio in automobile?
8. È permesso fare l'autostop nella Sua città?

Tirando le somme

A. Formare delle frasi comparative usando le seguenti parole.

ESEMPIO: autostop / economico / treno
L'autostop è più economico del treno.

1. litoranea / veloce / autostrada
2. itinerario automobilistico / interessante / itinerario ferroviario
3. Siena / affascinante / Firenze
4. Firenze / calda / Siena
5. vino / dissetante / acqua

B. Formare il superlativo assoluto e relativo dei seguenti aggettivi.

ESEMPIO: utile   *utilissimo, il più utile*

1. bello
2. calda
3. freddo
4. interessante
5. alta
6. ricco
7. veloce
8. intelligente
9. basso
10. fresca
11. piccolo
12. lungo

C. Completare le frasi seguenti con **di** o con **che** scegliendo la forma più conveniente.

ESEMPIO: Milano è più grande _____ Pisa.
Milano è più grande di Pisa.

Leggere è più facile _____ scrivere.
Leggere è più facile che scrivere.

1. Lorna è più giovane _____ Steve.
2. È più bella la litoranea _____ l'autostrada.
3. L'automobilista conosce la città meglio _____ me.
4. Guidare sulle strade provinciali è meno facile _____ guidare sulla autostrada.
5. Firenze è meno umida _____ Siena.
6. Il vino è migliore _____ acqua.
7. L'estate è più calda _____ inverno.
8. Parlo l'italiano peggio _____ te.

D. Tradurre le seguenti frasi.

1. The students are visiting the most interesting cities in Italy.
2. I am lazier and I study less than my friends.
3. In the museum we saw an extremely beautiful painting.
4. In the evening, when people return from work, traffic is very heavy.
5. Traveling by ship is slower than by plane, but it is more restful.
6. The itinerary you prepared is certainly more interesting than mine.
7. Did you know that Naples is one of the most ancient Italian cities?
8. The tourist guide says that this is the best restaurant in the city, but also the most expensive.
9. Tuscany is extremely rich in olive trees.
10. I have been studying Italian for a few months and I now speak it better.

E. *Guida al comporre: L'Italia e gli Stati Uniti*
Fate una ricerca paragonando l'Italia e gli Stati Uniti come geografia e società. Ecco alcune cose che potete paragonare:

grandezza	musei
popolazione	abitanti per chilometro quadrato
film prodotti	vini
centri turistici	turisti

Lo sapevate che . . . ?

1. Più persone vivono nelle città che in campagna.
2. Sulle autostrade italiane le automobili grandi pagano più delle automobili piccole.
3. Il limite di velocità è più alto che negli Stati Uniti.
4. L'Italia produce più vino che la Francia.
5. Ci sono più stazioni televisive private che pubbliche.

14ª

Col vigile non si discute . . . . ma con qualche eccezione!

In un parcheggio del centro mentre un vigile sta scrivendo la multa davanti a una vettura in sosta, s'avvicina con passo sollecito il proprietario dell'auto.

Proprietario	—Scusi, cosa fa? Mi sta dando la multa?
Vigile	—Non lo sa che questa è una zona-disco[1] e non si può parcheggiare senza disco-orario?[2]
Proprietario	—Sa, si tratta di una distrazione. E dopotutto la macchina è stata parcheggiata per pochi minuti, il tempo d'andare in lavanderia a ritirare delle camicie.
Vigile	—Lei sa che quando non si osservano gli articoli del codice stradale . . . . si costringe il vigile a fare la multa!
Proprietario	—Ma per la miseria, un pò di considerazione . . . !
Vigile	—Stia attento a quello che dice! Sono . . . . 5.000 lire! Concilia?[3]
Proprietario	—Beh, visto che non si può evitare la multa, sono costretto a conciliare, e pago subito le 5.000 lire.

• • •

La signorina Marisa Bianchi sta andando in Comune per pagare delle tasse. Ha molta fretta, e con la sua macchina corre per le vie della città. Ad un semaforo decide di passare col giallo, ma mentre supera l'incrocio scatta il

---

[1] **Zona-disco:** Free parking areas where the *disco-orario* must be set.

[2] **Disco-orario:** In Italy cars are provided with a plastic or cardboard clock that can be attached to the windshield or displayed on the dashboard. When parking the car in certain designated areas (*zona-disco*), it is the driver's responsibility to indicate on this "clock" the hour in which the vehicle has been parked.

[3] **Concilia?:** (lit., *do you agree?*). In Italy, when stopped for a traffic violation, the driver can conciliate, that is, admit guilt and pay the fine on the spot, thus avoiding the hassle of appearing in court.

rosso e si sente il fischio del vigile; Marisa capisce che è stata notata dal vigile, perciò si ferma e scende dall'auto.

Vigile —Signorina, Lei è in contravvenzione: col rosso non si passa.

Marisa B. —Lo so che col rosso non si passa, ma mi creda sto andando in Comune a pagare delle tasse, e sono già le dodici; ciò significa che fra un quarto d'ora l'ufficio chiude, e le tasse devono essere pagate entro oggi.

Vigile —Poco importa se l'ufficio chiude tra un quarto d'ora. Quando si passa col rosso si possono verificare incidenti molto gravi! Patente e libretto di circolazione, per favore!

Marisa B. —Ha ragione, il semaforo era rosso, ma sono stata ingannata dal giallo!

Vigile —Eh, mia cara signorina! Quando si guida, si deve fare molta attenzione, e soprattutto in città si deve ridurre la velocità!

Marisa B. —So che quando si commette un'infrazione bisogna pagare, però le chiedo cortesemente di lasciar correre per questa volta.

Vigile —Veramente non si può lasciar correre; ma nel suo caso . . . . faccio un'eccezione.

Vocabolario

NOMI
la **camicia**   shirt
il **codice stradale**   traffic laws
il **Comune**   Town Hall
la **considerazione**   consideration
la **distrazione**   distraction
il **documento**   document
l'**eccezione**   exception
il **fischio**   whistle
l'**incidente** (*m.*)   accident
l'**infrazione**   violation
la **lavanderia**   laundry
il **libretto di circolazione**   registration papers
la **multa**   fine
il **parcheggio**   parking
la **patente**   driver's license
il **proprietario**   owner
il **semaforo**   traffic light

la **velocità**   speed
la **vettura**   car
il **vigile**   traffic policeman

VERBI
avvicinarsi   to approach
commettere   to commit
conciliare   to reconcile
costringere   to oblige
essere in contravvenzione   to be in violation
fare attenzione (a)   to pay attention (to)
fare la multa   to write out a ticket
ingannare   to deceive
guidare   to drive
notare   to notice
osservare   to observe
parcheggiare   to park
ridurre   to reduce

riprẹndersi   to recover
scattare   to turn
scẹndere   to come down, to come out
significare   to mean
stare attento   to be careful
superare   to pass
verificare   to occur, to take place

ALTRE PAROLE ED ESPRESSIONI
bisogna   it is necessary

con passo sollẹcito   with an anxious step
cortesemente   politely
entro   by
lasciar cọrrere   to overlook
passare col rosso   to go through a red light
in sosta   stopped, parked
visto che . . .   considering that . . .

Proverbi e modi di dire

Affogare in un bicchier d'acqua.   To be easily put off by difficulties.

Essere alle prime armi.   To be inexperienced.

Aiutare la barca.   To pitch in.

Essere giù di corda.   To be tired; to be down in the dumps.

Tagliare la corda.   To sneak out.

Grammatica

1 La voce passiva
(The passive voice)

Study the following two groups of sentences. The verbs in the first group are in the *active voice*, those in the second group are in the *passive voice*.

Il vigile **nota** Marisa.	Marisa **è notata** dal vigile.
Il semaforo **inganna** l'autista.	L'autista **è ingannato** dal semaforo.
La signorina **ha pagato** le tasse.	Le tasse **sono state pagate** dalla signorina.
Il vigile **ha scritto** la multa.	La multa **è stata scritta** dal vigile.
Carlo **parcheggiava** l'automobile.	L'automobile **era parcheggiata** da Carlo.
Mario **lavava** la macchina.	La macchina **era lavata** da Mario.

▶ The passive voice is generally used for greater emphasis.
▶ The passive is used only with verbs that can take a direct object.

▶ The passive is formed with the verb **essere** and the past participle of the verb being used. The past participle agrees in gender and number with the subject. The agent, or doer of the action, when expressed, follows the verb and is preceded by **da**.

Questo regalo è stato mandato **da** mio cugino.
La *Monna Lisa* fu dipinta **da** Leonardo **da** Vinci.

The agent can, however, be omitted:

Il brano (*the selection*) è **letto** ad alta voce.
Questo compito (*work*) è **scritto** molto male.

	Active voice	Passive voice
Present	Il vigile **nota** Carlo.	Carlo è **notato** dal vigile.
	Mario **accompagna** Maria.	Maria è **accompagnata** da Mario.
Present perfect	Lisa **ha pagato** la multa.	La multa è **stata pagata** da Lisa.
Past absolute	Manzoni **scrisse** *I promessi sposi.*	*I promessi sposi* **fu scritto** da Manzoni.
	Colombo **scoprì** l'America.	L'America **fu scoperta** da Colombo.
Imperfect	Carlo **scriveva** la lettera.	La lettera **era scritta** da Carlo.
	Maria **preparava** il pranzo.	Il pranzo **era preparato** da Maria.

APPLICAZIONI PRATICHE

A. Volgere le frasi seguenti al passivo.

1. Mario guida l'automobile.
2. Il vigile chiede i documenti.
3. I ragazzi commettono un errore.
4. L'autista non nota il semaforo rosso.
5. Tina lascia l'automobile nel parcheggio.
6. Il signor Tanzi dimentica il disco-orario.
7. L'avvocato compra una nuova automobile.
8. Gli studenti parlano italiano.

B. Volgere le frasi seguenti al passivo.

1. La signorina Renuzzi ha pagato la multa.
2. Gli zii guardavano la commedia.
3. Fellini ha fatto molti film.

4. Angelo portava le camicie in lavanderia.
5. Colombo scoprì l'America.
6. Cristina non parcheggiò la macchina in una zona-disco.
7. Maria organizzava una festa da ballo.
8. Il proprietario pagò subito la multa.
9. Mario e Bruno hanno visto la partita di calcio.
10. Molte persone hanno visto questo dramma alla tivvù.

C. Secondo l'esempio, rispondere alle seguenti domande usando la forma passiva.

ESEMPIO: È vero che molte persone hanno visto questo film?
Sì, questo film è stato visto da molte persone.

1. È vero che Milton scrisse "Paradise Lost"?
2. È vero che un italiano scoprì l'America?
3. È vero che Mario ha scritto questo compito?
4. È vero che un vigile ha fermato Luisa?
5. È vero che Marconi inventò la radio?
6. È vero che Gino ha pagato il conto del ristorante?

2   Verbi riflessivi di significato passivo
(Reflexive verbs with a passive meaning)

In questo negozio **si parla** inglese.	*English is spoken in this store.*
I giornali **si comprano** dal giornalaio.	*Newspapers are bought from the newsvendor.*
A Sorrento **si vedono** molti stranieri.	*One sees many tourists in Sorrento.*
Una lingua **si impara** facendo molti esercizi.	*You learn a language by practicing a lot.*
Domani è festa. Che cosa **si fa?**	*Tomorrow is a holiday. What are we going to do?*

▶ In Italian, **si** + the third person singular or plural of the verb can be used as a substitute for the passive. This **si** is called the impersonal **si:**

A San Marino **si parla** italiano.	*Italian is spoken in San Marino.*
Qui **si vendono** guanti importati.	*Imported gloves are sold here.*

▶ When it expresses a general statement, **si** designates an indefinite number of people. It is rendered in English by *they, one, you, people.* Plural nouns take the plural form of the verb:

A che età **si guida** in Italia?	*At what age do people drive in Italy?*

Quando **si è** ricchi, **si possono** fare molte cose.	*When one is rich, one can do many things.*
Si dice che prima **si viveva** meglio.	*They (people) say that one could live better before.*

▶ The impersonal **si** can also be used with reflexive verbs. In this case the impersonal **si** with the third person reflexive pronoun **si** results in the form **ci si**:

Ci si alza alle otto.	*We (people) get up at 8:00.*
La domenica **ci si veste** bene.	*People get dressed up on Sundays.*

▶ The impersonal **si** can be used with reciprocal action verbs:

Non **ci si parla** spesso.	*We don't talk to each other often.*
Ci si vede una volta al mese.	*We see each other once a month.*

APPLICAZIONI PRATICHE

D. Mettere le seguenti frasi al plurale.

ESEMPIO: È una persona che si vede spesso con piacere.
            Sono delle persone che si vedono spesso con piacere.

1. La Fiat si produce in Italia.
2. Dove si paga la multa?
3. Si visita spesso il museo?
4. Scusi, dove si vende la borsa?
5. In Italia si beve l'acqua minerale.
6. Scusi, dove si prende il tassì?
7. Questa parola si pronuncia lentamente.
8. Non si mangia il gelato d'inverno.

E. *Situazione: Progetti per una gita*
    Domani è festa e non c'è scuola. Mario e un gruppo di amici stanno organizzando una gita fuori città e ognuno propone un'attività. Usando la forma impersonale, formare delle frasi secondo l'esempio.

ESEMPIO: Domani è festa, che cosa fare?
            Domani è festa, che cosa si fa?

1. Andare a fare una gita a Ostia.
2. A che ora partire?
3. Incontrarsi in piazza dei Cinquecento.
4. Quante automobili prendere?
5. Che cosa portare?
6. Mangiare in qualche ristorante a Ostia.
7. Poi noleggiare (rent) una barca.
8. Ritornare prima dell'ora di punta.

F. *Situazione: In Italia e negli Stati Uniti*

Carlo, uno studente italiano, in visita negli Stati Uniti, parla con Richard della vita in Italia. Fare la parte di Richard, secondo l'esempio, parlando della vita negli Stati Uniti.

ESEMPIO: Carlo: Viaggiamo molto in treno.
Richard: *Negli Stati Uniti si viaggia più in automobile.*
O: *Negli Stati Uniti non si viaggia molto in treno.*

1. Cominciamo le scuole a ottobre.
2. Pranziamo spesso al ristorante.
3. In Italia andiamo spesso al caffè.
4. Facciamo molta politica a scuola.
5. Andiamo in vacanza a Ferragosto.
6. Parliamo molto di calcio.
7. Nelle scuole inferiori compriamo i libri.
8. Non lavoriamo durante le vacanze estive.
9. Non siamo obbligati a frequentare le lezioni.
10. Facciamo sciopero anche nelle scuole.
11. Ci divertiamo molto.
12. Al mattino ci alziamo presto.

3 Pronomi tonici
(Disjunctive pronouns)

The disjunctive personal pronouns may be used instead of direct and indirect object pronouns to give more emphasis. While English does not provide for a special pronoun in this case, the same effect is obtained by proper inflection of the voice.

Disjunctive pronouns are also used after any preposition.

Subject	*Disjunctive pronoun*	*Subject*	*Disjunctive pronoun*
io	me	noi	noi
tu	te	voi	voi
lui	lui	loro	loro
lei	lei	Loro	Loro
Lei	Lei	loro, Loro	sè
lui, lei, Lei *(reflexive)*	sè	*(reflexive)*	

The disjunctive personal pronouns are used:

1. After a preposition:

A **me** non piace l'inverno.	*I don't like winter.*
Ho comprato questo regalo per **te**.	*I bought this gift for **you**.*
Siamo andate a fare una gita con **loro**.	*We went on an excursion with **them**.*
Parla sempre di **te**.	*He is always talking about **you**.*

2. With the preposition **a**, to replace the indirect object pronoun for more emphasis:

Ho dato il libro a **te** proprio ieri!	*I gave the book to **you** just yesterday!*
Ha dato a **me** una risposta tale!	*He gave such an answer to **me**!*
Voglio parlare a **loro** questo istante!	*I want to speak to **them** this very instant!*

3. To replace the object pronouns when the verb has two or more objects, for emphasis. (Note that the disjunctive pronouns follow the verb in this case.)

Non capisco perché riconosce **me**, ma non **lui**.	*I can't understand why she recognizes me but not **him**.*
Ha invitato **me** e **te**.	*He invited me and you.*

NOTA: The disjunctive pronoun **sè** is used as a reflexive for the third person singular and the third person plural. It is equivalent to the English, *by himself, herself, oneself,* and *themselves.*

Ha scritto questo componimento da **sè**.	*He wrote this composition by himself.*
Carlo e Giovanni studiano sempre da **sè**.	*Karl and John always study by themselves.*
Pensa sempre a **sè** e mai agli altri.	*He is always thinking of **himself** and never of others.*
È sempre meglio fare le cose da **sè**.	*It's always better to do things by oneself.*

APPLICAZIONI PRATICHE

G. Ripetere le frasi seguenti sostituendo i pronomi.

1. La guida in questi giorni è con *voi*.
    (te / noi / loro / Lei / lui / me / lei / loro)

2. La verdura è essenziale per *noi*.
    (me / loro / te / noi / lui / lei / Loro / voi)

3. I turisti oggi non pranzano con *me*.
   (voi / noi / te / loro / lui / Lei / Loro / lei)

4. Mauro parla di *te*.
   (lui / noi / me / Loro / lei / voi / loro / Lei)

H. Sostituire i pronomi secondo l'esempio.

ESEMPIO: gli risponde: risponde a _____ .   *Risponde a lui.*

1. *la* rivedremo: rivedremo _____ .
2. *ci* piacciono: piacciono a _____ .
3. *gli* indico: indico a _____ .
4. *ti* offrono: offrono a _____ .
5. *vi* è stato dato: è stato dato a _____ .

I. Sostituire al nome il pronome personale tonico, secondo l'esempio.

ESEMPIO: La guida è arrivata con *i turisti*.
           La guida è arrivata con loro.

1. Mangiava con *la signorina*.
2. La verdura è essenziale per *il giovane*.
3. Vuole telefonare *al professore*.
4. Studia con *Anna Maria*.
5. Vive in città con *i genitori*.
6. Le mostre piacciono *allo studente*.
7. Queste occasioni sono rare per *Mauro*.
8. Ha presentato l'amico *alla collega*.

J. Rispondere alle seguenti domande usando i pronomi tonici, secondo l'esempio indicato.

ESEMPIO: L'hai detto tu?   *Sì, l'ho detto io.*

1. Sei andato al cinema con lei?
2. Mangerete con me stasera?
3. Viene anche lui o solo lei?
4. Preferisci andare con loro o venire con noi?
5. Chi ha ottenuto il viaggio-premio, lui o lei?
6. Sta parlando di te?

In questa zona non si può parcheggiare.

Lettura

Gli automobilisti italiani

A parte alcune eccezioni, gli automobilisti italiani tendono ad essere impazienti e indisciplinati. Spesso per le strade del centro si assiste a scene vivaci che la teatralità° degli Italiani fa ancora più comiche: vigili che non accettano scuse e automobilisti indisciplinati discutono, gesticolano,° gridano.° L'attenzione del passante è attirata da espressioni come: "Con chi crede di parlare?", "Lei non sa chi sono io!" Da una parte c'è il vigile che accusa, dall'altra° c'è l'automobilista che si difende° per non pagare la multa. Ciò accade perché l'automobilista italiano dà agli articoli del codice stradale un'interpretazione personale. Ad esempio, spesso parcheggia dove gli è più comodo, anche se rende più difficile la circolazione° già congestionata. All'italiano piace anche usare molto e spesso il clacson: l'automobilista italiano suona il clacson° per salutare una persona che cammina sul marciapiede e che conosce appena;° suona per sorpassare° un altro mezzo o per rimproverare° l'automobilista che è davanti; suona infine per protestare quando è in mezzo ad un ingorgo stradale.°

Tuttavia non si può negare° che lungo le strade gli automobilisti italiani in genere dimostrano° una grande responsabilità nell'aiutare quelli che si trovano in difficoltà con la loro automobile.

theatricality

gesticulate
scream

On the one hand . . . . on the other /
  defends himself

traffic

blows his horn
hardly
to overtake / to reprimand

in the middle of a traffic jam
deny
manifest

Un ingorgo stradale
in Piazza Municipio
a Napoli.

K. Domande sulla lettura.

1. Come sono gli automobilisti italiani?
2. Perché la circolazione è spesso più difficile in Italia?
3. Quando si suona il clacson in Italia?
4. Quali sono alcuni difetti dell'automobilista italiano?
5. Dove parcheggiano l'automobile gli italiani?
6. Perché l'automobilista discute con il vigile?
7. Gli automobilisti italiani si aiutano quando sono in difficoltà?

Tirando le somme

A. Rispondere alle seguenti domande.

1. Le piace guidare nel traffico?
2. Usa spesso il clacson Lei? Quando?
3. Quando è fermato, discute con il vigile Lei?
4. Ha la patente Lei?
5. Quando guida in città, Lei corre?
6. Ha mai pagato multe?
7. Quanto costa una multa nella Sua città?
8. Aiuta Lei spesso gli altri automobilisti?

B. Rendere con la forma impersonale gli infiniti in parentesi.

ESEMPIO: In classe non (dormire) _____.   *In classe non si dorme.*

1. (Discutere) _____ col vigile.
2. Non (passare) _____ col rosso.
3. In città (dovere) _____ ridurre la velocità.
4. Non (potere) _____ parcheggiare senza disco-orario.
5. (Incominciare) _____ a osservare il codice stradale.
6. In centro (guidare) _____ con molta attenzione.

C. Volgere le frasi seguenti in forma passiva.

ESEMPIO: La signorina Marisa paga le tasse.
     Le tasse sono pagate dalla signorina Marisa.

1. Il vigile nota le infrazioni degli automobilisti.
2. L'automobilista dà la patente al vigile.
3. I vigili scrivono le multe.
4. Il proprietario parcheggia la macchina.
5. Il giallo del semaforo inganna la signorina Marisa.

D. Rispondere alle seguenti domande.

1. In quale paese si guida sulla sinistra della strada?
2. Quale lingua si parla in Italia? Negli Stati Uniti? In Germania?
3. Che cosa si beve a tavola negli Stati Uniti? E in Italia?
4. Quali automobili si producono in Italia?
5. A che ora si aprono i negozi in Italia?
6. Si vedono molti stranieri nella Sua città?
7. Sugli autobus italiani si scende sempre davanti? E negli Stati Uniti?
8. Si viaggia bene in metropolitana?
9. Si vede molta pubblicità alla T.V. americana?

E. Tradurre le seguenti frasi.

1. When there is a lot of traffic one must drive slowly.
2. In Italy one can pay fines immediately.
3. If one is stopped by a traffic policeman one must show one's license and registration.
4. I went through a red light and I was stopped.
5. They say that one eats well in that restaurant.
6. In Italy, English and French are spoken in many stores and restaurants.
7. In the large stores one frequently finds many sales.
8. We have been reprimanded because we passed on the right.

F. *Guida al comporre.*

Descrivere la scena in questo disegno. Includere i seguenti argomenti:

1. considerazioni (*observations*) sul traffico urbano
2. grande uso dell'automobile
3. descrizione della scena

Usare dov'è possibile i seguenti vocaboli:

congestionato	stanco (*tired*)
pendolare (*commuter*)	marciapiede
indisciplinato	pedoni (*pedestrians*)
traffico	ora di punta
motociclette	fermarsi
impazienti	tagliare la via (*to cut in front of*)
parcheggiare	autobus
in sosta	

Lo sapevate che . . . ?

1. Sulle autostrade le automobili più grosse possono viaggiare a 140 chilometri all'ora e quelle più piccole sono limitate a 90 chilometri l'ora.
2. Per avere la patente bisogna anche conoscere le parti del motore e come funzionano.
3. In molte città italiane ci sono le isole pedonali dove la circolazione delle vetture è proibita.
4. La patente non è necessaria per guidare motociclette di piccola cilindrata (*engine displacement*).

15ª

In preparazione per una gita

I signori Roger sono a Venezia da una settimana: hanno già visitato i musei e le chiese della città, e sono anche stati in gita a Murano e a Burano, le due isole famose per i vetri soffiati e per i pizzi. Domani andranno verso le Alpi e visiteranno parte delle Dolomiti, perciò decidono di rivolgersi ad un autonoleggio per prendere in affitto una macchina.

Signor Roger	—Buongiorno, devo chiederle alcune informazioni circa l'affitto di un'autovettura.
Impiegato	—Certamente; sono a sua disposizione e le dirò tutto ciò che vorrà sapere.
Signor Roger	—Abbiamo intenzione di effettuare un'escursione sulle Dolomiti. Penso che partiremo domani mattina presto e ritorneremo la sera; perciò avremo bisogno di un'autovettura comoda ma resistente.
Impiegato	—Abbiamo molti tipi di autovetture di ogni cilindrata. Sarà sufficiente indicarci l'orario in cui vorrete partire, così potremo preparare la macchina per l'ora desiderata.
Signor Roger	—Ottimo! Partiremo alle sette del mattino. Troveremo la macchina col pieno di benzina, oppure dovremo farlo noi?
Impiegato	—Troveranno la macchina col serbatoio pieno. Quando avranno effettuato la loro escursione ci riconsegneranno la macchina, a loro volta, col serbatoio pieno di benzina.
Signor Roger	—D'accordo! Vuole adesso indicarci le tariffe e le modalità di pagamento? In tal modo sapremo se dovremo lasciare un anticipo prima dell'uso dell'autovettura.
Signora Roger	—. . . oppure se potremo saldare il conto dopo che avremo effettuato la nostra escursione di domani.
Impiegato	—Lei potrà pagare il chilometraggio effettuato, usando anche una carta di credito, appena avrà riconsegnato la macchina.

• • •

Anche d'inverno in Sicilia ci sono delle belle giornate di sole che permettono di effettuare delle gite nelle località più suggestive della costa e delle isole vicine. Per domenica prossima Laura e Riccardo con degli altri amici hanno deciso di fare una gita a Vulcano e godersi l'isola senza la folla di villeggianti e di turisti che d'estate invadono l'isola. I due s'informano sugli orari di partenza e d'arrivo all'agenzia degli aliscafi di Messina.

Laura —A che ora partirà il primo aliscafo per Vulcano domenica prossima?

Impiegato —Partirà alle 7,10 e arriverà a Vulcano alle 8,30.

Riccardo —E alla sera a che ora potremo rientrare a Messina?

Impiegato —L'ultimo aliscafo partirà da Vulcano alle 16,30 e arriverà a Messina verso le 18.

Laura —Però noi desideriamo fermarci a Vulcano fino al tramonto. Come potremo rientrare allora?

Impiegato —Come le ho detto, dopo le 16,30 non ci saranno più aliscafi. Alle 19,05 c'è però un traghetto che arriverà a Milazzo alle 20,30, e da lì potrete prendere un treno e rientrare a Messina.

Laura —Il ritorno sarà un po' faticoso ma potremo rimanere a Vulcano fino al tramonto.

Impiegato —Allora volete prenotare i biglietti per l'aliscafo solo per l'andata e quelli per il ritorno in traghetto?

Riccardo —Aspetti un momento. Le daremo la risposta dopo che avremo parlato al telefono con i nostri amici e avremo sentito la loro opinione.

Vocabolario

NOMI

l'**affitto** rent
l'**aliscafo** hydroplane
l'**anticipo** down payment, advance
l'**autonoleggio** automobile rental (office)
l'**autovettura** car, automobile
il **chilometraggio** mileage
la **cilindrata** engine displacement
l'**escursione** (*f.*) excursion, trip
la **folla** crowd
la **località** locality, spot

le **modalità** conditions (of payment), formalities
il **museo** museum
l'**opinione** opinion
l'**orario** time, schedule
il **pagamento** payment
il **pieno di benzina** full tank
il **pizzo** lace
la **risposta** answer
il **serbatoio** tank
la **tariffa** rate
il **traghetto** ferry, ferryboat

il **tramonto** sunset
il **villeggiante** vacationer
il **vetro soffiato** blown glass

AGGETTIVI
faticoso hard, tiring
resistente resistant, strong
sufficiente sufficient, enough

VERBI
effettuare to effect, to make (a sale)
essere a disposizione to be available
fermarsi to stop
godere to enjoy; **godersi** to enjoy
  oneself

indicare to show, point out
informarsi to inform oneself
invadere to invade
riconsegnare to return (something)
rientrare to reenter, to return
saldare to settle, to pay (a bill)

ALTRE PAROLE ED ESPRESSIONI
a loro volta in turn
d'accordo! agreed
in tal modo this way
ottimo! excellent
rivolgersi a to check with, to contact

Modi di dire

Alla buona	Simply, unpretentiously
Guardare al centesimo	To pinch pennies
A conti fatti	Everything considered
Fa proprio per me.	It's just my cup of tea.
Di buon mattino	Bright and early

Un traghetto mentre attraversa lo stretto di Messina.

Grammatica

1 Il futuro
(The future tense)

Forme regolari

The majority of Italian verbs are regular in the future tense. To form the future, add the following endings to the stem:

	arrivare	**rispondere**	**finire**
io	arriver**ò**	risponder**ò**	finir**ò**
tu	arriver**ai**	risponder**ai**	finir**ai**
lui lei Lei	arriver**à**	risponder**à**	finir**à**
noi	arriver**emo**	risponder**emo**	finir**emo**
voi	arriver**ete**	risponder**ete**	finir**ete**
loro Loro	arriver**anno**	risponder**anno**	finir**anno**

Notice that verbs of the first and second conjugation have the same endings.

Forme irregolari

Certain common verbs have an irregular stem for the future tense. The endings, however, follow the common pattern:

essere			
io	sar**ò**	noi	sar**emo**
tu	sar**ai**	voi	sar**ete**
lui lei Lei	sar**à**	loro Loro	sar**anno**

Infinitive	*Future stem*	*Future*
andare	andr-	andrò, andrai, andrà, ecc.
avere	avr-	avrò, avrai, avrà, ecc.
dovere	dovr-	dovrò, dovrai, dovrà, ecc.
potere	potr-	potrò, potrai, potrà, ecc.
sapere	sapr-	saprò, saprai, saprà, ecc.
vedere	vedr-	vedrò, vedrai, vedrà, ecc.
vivere	vivr-	vivrò, vivrai, vivrà, ecc.

Infinitive	Future stem	Future
bere	berr-	berrò, berrai, berrà, ecc.
venire	verr-	verrò, verrai, verrà, ecc.
volere	vorr-	vorrò, vorrai, vorrà, ecc.
dare	dar-	darò, darai, darà, ecc.
dire	dir-	dirò, dirai, dirà, ecc.
fare	far-	farò, farai, farà, ecc.
stare	star-	starò, starai, starà, ecc.

APPLICAZIONI PRATICHE

A. Dare il futuro delle seguenti forme verbali.

1. abbiamo
2. parli
3. invadono
4. riconsegna
5. vi rivolgete
6. potete
7. vivo
8. c'informiamo
9. aspetta
10. saldi
11. si godono
12. partite
13. mi fermo
14. indichi
15. vogliamo
16. siete
17. sentono
18. sanno
19. vado
20. risponde

B. Volgere al futuro le frasi seguenti.

1. Mario va al mare.
2. Noi vediamo i drammi televisivi.
3. Sandro viene a piedi (*on foot*) all'università.
4. L'aliscafo arriva alle otto.
5. Il traghetto parte domani mattina.
6. Gli do la risposta domani.
7. Finite i compiti questa sera?
8. Rispondi al telefono?
9. Pranzate presto questo pomeriggio?
10. C'incontriamo davanti al teatro.

C. *Situazione: Progetti per il week-end*
Alla fine delle lezioni un gruppo di studenti discute davanti alla scuola. Ognuno dice quello che ha progettato di fare per il lungo week-end. Spiegare i progetti di ognuno secondo l'esempio.

ESEMPIO: Mario riposarsi.   *Mario si riposerà questo week-end.*

1. Carlo e Maria fare una gita.
2. (Noi) visitare i laghi.
3. Giulio giocare a tennis.
4. (Voi) andare a vedere la partita.

5. Tina e Sandra invitare degli amici.
6. Graziella partire per le isole.
7. Gino studiare.
8. (Io) scrivere delle lettere.

D. *Situazione: La parola a voi*
Chiedere ad un altro studente se farà le seguenti cose durante le vacanze.
Secondo l'esempio, rispondere affermativamente o negativamente.

ESEMPIO: fare delle spese
            Voi: Farai delle spese durante le vacanze?
            Studente: Sì, farò delle spese durante le vacanze.
                        No, non farò delle spese.

1. andare in Italia
2. leggere dei libri
3. divertirsi molto
4. lavorare un po'
5. alzarsi tardi
6. uscire con degli amici
7. guardare la televisione
8. prendere un aereo
9. mangiare al ristorante
10. ascoltare della musica

2   Usi del futuro
(Uses of the future tense)

In Italian, the future tense is used:

1.   To express an event that *will* take place:

Present	*Future*
Abito a Roma.	L'anno prossimo **abiterò** a Napoli.
Oggi **veniamo** a casa vostra.	La settimana prossima **verrete** a casa nostra.
Partiamo per Ischia.	**Ritorneremo** fra due settimane.
Mario **studia** medicina.	Fra tre anni **sarà** dottore.

2.   After **quando** and **se,** *if* the verb of the main clause is in the future:

Quando sarò a Roma visiterò il   ***When I am in Rome, I will visit***
Museo Vaticano.   ***the Vatican Museum.***

Ti chiamerò **quando arriverò** alla stazione.	*I will call you **when I get** to the station.*
Andrò a teatro **se verrai** anche tu.	*I will go to the theater **if you** also come.*
Se studierai sarai promosso.	*If you study, you will be promoted.*

3. To express *conjecture* or *probability in the present:*

Dov'è Giorgio?	*Where is George?*
Sarà ancora a scuola.	*He **must** still be in school.*
Mario è molto stanco; **lavorerà** molto in questi giorni.	*Mario is very tired; he is probably working a lot these days.*
Che ora è?	*What time is it?*
Saranno le cinque e mezza.	*It **must be** five-thirty.*
Rispondo io al telefono; tanto **sarà** per me.	*I'll answer the telephone; anyway it's probably for me.*

NOTA: The uses of the future are somewhat similar in Italian and in English. Remember, however, that in speaking, Italians generally prefer to use the present tense when an action is about to take place or will take place in the immediate future:

Stasera **non sono** a casa.	*I will not be home tonight.*

APPLICAZIONI PRATICHE

E. *Situazione: Dall'indovina* (At the soothsayer's)
Alcuni amici hanno deciso di andare da un'indovina. Esprimono i loro desideri e l'indovina dice che essi si avvereranno (*will come true*). Fare la parte dell'indovina, secondo l'esempio.

ESEMPIO: Carlo: Voglio esser famoso. *Indovina: Sarai famoso.*

1. Bruno: Voglio diventare medico.
2. Gino: Desidero fare un lungo viaggio.
3. Sergio: Mi piacerebbe suonare in un'orchestra.
4. Gildo: Voglio essere molto ricco.
5. Maria: Voglio incontrare un bel giovane.
6. Tina: Desidero essere una diva (*star*) del cinema.
7. Marco e Grazia: Vogliamo sposarci (*get married*).
8. Paolo e Monica: Dobbiamo riuscire negli studi.

F. *Situazione: Quando si hanno i soldi*
Marco e Silvia fanno progetti per il futuro, quando avranno più denaro.
Esprimere le intenzioni di ognuno secondo l'esempio.

ESEMPIO: (noi) comprare una casa
Quando avremo i soldi, compreremo una casa.

1. (Noi) fare un viaggio.
2. (Tu) finire gli studi.
3. (Noi) abitare a Roma.
4. (Tu) cambiare professione.

5. (Noi) divertirsi più spesso.
6. (Noi) invitare gli amici più spesso.
7. (Noi) visitare gli Stati Uniti.

G. *Situazione: Il pedinatore* (The tag-along)
Maria ed i suoi amici pensano di fare alcune cose insieme. Mario, il
fratellino di Maria è sempre pronto ad unirsi al gruppo. Secondo l'esempio fare la parte di Mario, usando *se* o *quando*.

ESEMPIO: Stasera andiamo alla balera (*dance hall*).
Mario: Se andrete voi, verrò anche io.

1. Stasera ascoltiamo della musica.
2. Domani impariamo a ballare.
3. Domani giochiamo al tennis.
4. La settimana prossima facciamo una gita.
5. Martedì nuotiamo in piscina.
6. Sabato mangiamo in trattoria.
7. Il week-end prossimo partiamo per il mare.
8. Domenica visitiamo il museo.

H. *Situazione: Incertezza*
Un amico vi domanda le seguenti informazioni, ma voi non siete sicuri
della risposta. Rispondere alle seguenti domande secondo l'esempio.

ESEMPIO: Che ore sono?   *voi: Saranno le nove.*

1. A che ora parte il treno?
2. Quanti fratelli ha Luisa? Due o tre?
3. Passa di qui l'autobus, o passa all'angolo della strada?
4. Quando finisce la lezione?
5. È in ritardo il professore?
6. La casa di Gino è grande o piccola?
7. Nanda ha una macchina nuova o vecchia?
8. Che tempo fa a Roma? Piove o è bel tempo?
9. Dov'è Rosella? Con Gino o con Maria?

I.   Completare le seguenti frasi con il futuro del verbo indicato.

1. Marco (bere) _____ un'aranciata.
2. Noi (prendere) _____ un panino e una birra.

3. Che cosa (dire) _____ il babbo quando (vedere) _____ quello che hai fatto?
4. Gli amici (venire) _____ subito dopo lo spettacolo (*show*).
5. Sulle Dolomiti voi (potere) _____ ammirare un magnifico panorama.
6. Pino e Paolo stanno correndo. Dove (andare) _____ così di fretta?
7. Maria non è in questo treno. (Arrivare) _____ con il prossimo (*next*).
8. Quando tu mi (telefonare) _____ ti (dare) _____ la risposta.
9. Se voi (potere) _____ venire, ci (scrivere) _____ una lettera.

3 Futuro anteriore
(The future perfect tense)

The future perfect tense is formed with the future of the auxiliary verb, **avere** or **essere,** + the past participle of the verb expressing the action. As in all compound tenses, the past participles of those verbs conjugated with **essere** must agree in *gender* and *number* with the subject:

Future	*Future perfect*
Finiranno di lavorare alle cinque.	**Avranno finito** di lavorare alle cinque.
Partirà in mattinata.	**Sarà partito** in mattinata.
Quando **arriveranno** mangeremo.	Quando **saranno arrivati** mangeremo.

4 Usi del futuro anteriore
(Uses of the future perfect tense)

1. The future perfect expresses an action that will take place *before* another future action. It expresses something which *will be completed* before another action will take place. Notice that where Italian requires the future perfect, colloquial English frequently uses the simple future or the past:

Quando **avrai finito** di leggere il giornale me lo darai.

When you (will) have finished reading the paper you'll give it to me.

Quando arriveranno, **saremo** già **partiti.**

When they arrive, we will already have left.

Partiremo di casa appena ci **avrete telefonato.**	*We will leave the house as soon as you have called us.*
Quando arriverete **avrò finito** di cucinare.	*When you arrive I will have finished cooking.*

2. The future perfect is used to express conjecture or probability referring to the past:

Mi puoi dire dove **sarà andato** Paolo?	*Can you tell me where Paul can have gone?*
Ora Gina **sarà tornata** dal suo viaggio!	*Gina must be back from her trip by now!*
Bruno non ha risposto, **sarà partito** per Napoli.	*Bruno didn't answer, he must have left for Naples.*
Saranno state le sei quando siamo tornati.	*It was probably six o'clock when we returned.*

APPLICAZIONI PRATICHE

J. Marco, Tina e Luciano sono stati molto pigri questa settimana. La mamma non è contenta e dice loro quello che dovranno fare entro il giorno seguente. Fare la parte della mamma.

ESEMPIO: Marco / telefonare alla zia
Mamma: Marco, entro domani avrai telefonato alla zia.

1. Luciano / pulire la camera
2. Tina / studiare le lezioni
3. Tina e Luciano / lavare l'automobile
4. Tina / andare al mercato
5. Marco / mettere ordine nell'autorimessa (*garage*)
6. Luciano / accompagnare la nonna del dottore
7. Marco e Luciano / prenotare i biglietti per il treno

K. *Situazione: A voi la parola!*
Usando il futuro di probabilità, rispondere alle seguenti domande.

ESEMPIO: Dov'è Carlo?   *Sarà andato al negozio.*

1. Che cosa ha preparato per cena Sua madre?
2. Che cosa ha preso Mario al bar?
3. Cosa ha visto Maria al cinema?
4. A che ora è partito il Suo amico?
5. Perché è stanco Pietro?
6. Perché è arrabbiato (*angry*) Suo padre?
7. A che ora è rientrato Suo fratello?

Lettura

Una prenotazione d'albergo

Al Direttore
Albergo "Sabbie blu"
Rịmini

Egregio Direttore,
  siamo un gruppo di studenti americani e pensiamo di trascọrrere un perịodo di vacanze in Italia nella prima metà di agosto di quest'anno. Arriveremo a Roma il 2 agosto e vi resteremo fino al 4,

Un grande albergo di lusso.

poi ci fermeremo due giorni a Firenze, e dal 7 al 10
visiteremo Venezia. La sera del 10 pensiamo di essere a Rimini, dove ci fermeremo fino al 16. Ci
hanno detto che le spiagge dell'Adriatico sono
molto belle e piene di gente allegra° e simpatica che   happy
si diverte. Però sappiamo anche che tutti gli Italiani
alla fine di luglio e ai primi di agosto vanno in vacanza, e che in quel periodo tutti gli alberghi e le
pensioni[1] sono al completo,° perciò desideriamo   full
prenotare le camere in tempo.° Noi saremo in   in time
sette,° e avremo bisogno di tre camere, preferibil-   we will be seven in number
mente con le finestre che danno sul° giardino o su   open on
una strada laterale° e con poco traffico; una camera   side
con tre letti, dove dormirò io e altri due miei amici,
una camera con due letti per mia sorella e per
un'altra ragazza, e una camera matrimoniale° per   room with a double bed
una coppia di amici che si sono sposati da poco. Se
le camere saranno tutte con bagno° sarà meglio, al-   bathroom
trimenti ci arrangeremo.° Del resto noi in camera ci   we will make do
staremo poco; di solito trascorreremo la mattinata°   morning
sulla spiaggia e ritorneremo in albergo dopo aver
pranzato. Nel pomeriggio faremo delle escursioni in
città ricche di tesori d'arte° come Ravenna, Ferrara,   art treasures
Urbino. Trascorreremo le serate nei ristoranti e nei
locali di Riccione e di Cattolica, dove spesso rag-
giungeremo° degli altri amici.   we will meet

Anche se le camere non saranno di lusso, è pos-
sibile avere in camera l'aria condizionata° o almeno   air conditioning
un ventilatore? Ricordo infatti che qualche anno fa
durante un altro mio soggiorno in Italia, di notte
soffrivo il caldo terribilmente.°   I suffered from the heat a lot

Le invieremo° l'anticipo per la nostra pre-   we will send
notazione, appena avremo ricevuto una Sua risposta;
il resto del conto sarà saldato durante il nostro soggiorno a Rimini.

Distinti saluti,°   Best regards

Michael J. Harrison

---

[1] **pensione:** a small hotel, frequently run by a family.

L. Domande sulla lettura.

1. Cosa pensano di fare gli studenti?
2. Quali città visiteranno?
3. Perché desiderano fermarsi a Rimini?
4. Che cosa desiderano avere in camera?
5. Che cosa invieranno per rendere valida la prenotazione?
6. Di quante camere hanno bisogno?
7. Dove desiderano le camere?
8. Quando vanno in vacanza gli italiani?

Tirando le somme

A. Domande sul dialogo.

1. Dove sono già stati i signori Roger?
2. Dove andranno domani?
3. A chi si rivolgono per prendere in affitto una macchina?
4. Che tipo di vettura vuole il Signor Roger?
5. Dovranno lasciare un anticipo?
6. Quando e come pagheranno il conto?
7. Dove andranno domenica prossima Laura e Riccardo?
8. Fino a che ora desiderano fermarsi a Vulcano Laura, Riccardo e i loro amici?
9. Come rientreranno a Messina dopo la gita a Vulcano?
10. Perché Laura e Riccardo non prenotano i biglietti?

B. Sostituire all'infinito in parentesi il futuro.

ESEMPIO: I signori Roger domani (andare) _____ verso le Alpi.
I signori Roger domani andranno verso le Alpi.

1. L'impiegato (rispondere) _____ al signor Roger.
2. I turisti (partire) _____ domattina presto.
3. L'automobile (essere) _____ comoda e resistente.
4. Noi (indicare) _____ l'orario della partenza.
5. Tu (partire) _____ anche domattina?
6. Voi (riconsegnare) _____ all'impiegato la macchina col serbatoio pieno di benzina.
7. Io vi (indicare) _____ le tariffe e le modalità di pagamento.
8. I signori Roger (lasciare) _____ un anticipo all'impiegato.
9. Voi (pagare) _____ domani sera.
10. Il conto lo (saldare) _____ io con la mia carta di credito.

C. Sostituire all'infinito in parentesi il futuro anteriore.

ESEMPIO: I turisti (effettuare) _____ _____ una gita nell'isola vicina.
            I turisti avranno effettuato una gita nell'isola vicina.

1. Gli amici (rientrare) _____ _____ la sera tardi.
2. Riccardo (andare) _____ _____ con Laura a comprare i biglietti.
3. Cosa (dire) _____ _____ l'impiegato ai clienti?
4. L'aliscafo (partire) _____ _____ in ritardo.
5. Laura, Riccardo e i loro amici (rimanere) _____ _____ a Vulcano!

D. Sostituire, a seconda dei casi, il futuro semplice e il futuro anteriore.

ESEMPIO: Noi (partire) _____ quando (comprare) _____ _____ i
            biglietti.
            Noi partiremo, quando avremo comprato i biglietti.

1. Il cliente Le (riconsegnare) _____ la macchina, dopo che (effettuare)
    _____ _____ la gita.
2. Laura e Riccardo (decidere) _____ di partire, appena (chiedere)
    _____ _____ tutte le informazioni all'impiegato.
3. Gli amici (andare) _____ a Vulcano, appena i turisti (partire) _____
    _____ dall'isola.
4. Noi (rientrare) _____ a Messina, dopo che (vedere) _____ _____
    il tramonto.
5. Voi (effettuare) _____ la gita, se (prenotare) _____ _____ i bi-
    glietti in tempo.
6. Quando io (parlare) _____ _____ con i miei amici, Le (dare)
    _____ la risposta.

E. *Guida al comporre.*
    Sul modello della lettura, scrivere una breve lettera (due paragrafi) per
    prenotare una camera d'albergo. Seguire questo piano della lettera (*out-
    line*):

    1. presentarsi (*to introduce onself*)

    2. dire che cosa si desidera: tipo di camera

    3. periodo di permanenza (*length of stay*)

    4. data di arrivo

    5. forma di pagamento: carta di credito, assegni personali, anticipo

    Usare dove è possibile i seguenti vocaboli:

    per vacanza
    per affari (*for business*)
    camera con doccia (*room with shower*)

camera con bagno privato
affaccia all'interno (*room opening on a courtyard*)
rumori (*noises*)
camera esterna
con balcone
a pensione, (*with meals included*)
a mezza pensione, (*lunch and breakfast included*)
anticipo
con telefono

16ª

In trattoria

Tom, Patricia e Robert vanno in trattoria; i tre studenti avrebbero desiderato sedersi all'aperto, ma oggi è una giornataccia: il cielo è coperto e tira vento. Il cameriere, un ometto bruno e coi baffoni all'insù, li fa accomodare nella sala interna. I tre avrebbero voluto un menù in inglese, perché non capiscono molto bene l'italiano, anche se lo parlano benino, ma il cameriere ha solo il menù in italiano, così decide di aiutarli con dei suggerimenti e qualche spiegazione.

Cameriere	—Per cominciare potreste prendere un antipasto misto: prosciutto, olive, carciofini e funghetti sott'olio, oppure del prosciutto e melone.
Robert	—E dopo?
Cameriere	—Come primo vi consiglierei dei cannelloni, oppure vermicelli alle vongole.
Tom	—Cos'è: "vongole"?
Cameriere	—Le vongole sono molluschi marini.
Tom	—Ah, capisco! Grazie!
Cameriere	—Per secondo vi suggerirei braciolettine di manzo con contorno di fagiolini, oppure pollo "alla diavola" con patatine fritte, o anche fritto misto di pesce.
Patricia	—Com'è fatto il pollo "alla diavola"?
Cameriere	—"Alla diavola" significa che il pollo è prima condito col sale, pepe, rosmarino e salvia, e poi è arrostito sulla brace. Da bere volete un vinello locale?
Robert	—No, noi preferiremmo bere della birra.
Cameriere	—Per finire c'è la macedonia col gelato oppure la torta con le fragoline di bosco.
Patricia	—Cos'è la macedonia?
Cameriere	—È un'insalata di frutta.
Robert	—Bene, adesso che tutto è chiaro sarebbe ora di ordinare e di mangiare.

• • •

Antonella e Carlo hanno deciso di andare a cena da "Paolone", una trattoria famosa per la cucina casalinga.

Carlo	—Cameriere, ci sarebbe un tavolo per due sotto il pergolato? O avremmo dovuto prenotare in anticipo?
Cameriere	—Sarebbe stato meglio prenotare, ma adesso vedo se c'è un tavolo libero; intanto dovreste aspettare un momentino.
Antonella	—Potremmo sederci a quel tavolo? Vedo dei signori che si stanno alzando.
Cameriere	—Allora si accomodino! Un momento e. . . . sono da Loro!

Poco dopo al tavolo

Cameriere	—Questo è il menù e questa è la lista dei vini.
Antonella	—Carlo, che ne diresti di prendere un'insalata di frutti di mare come primo?
Carlo	—Veramente io vorrei della pasta; qui fanno delle ottime orecchiette al sugo, da leccarsi i baffi!
Antonella	—Allora potremmo prendere una porzione di frutti di mare per due come antipasto, e due porzioni di orecchiette.
Carlo	—D'accordo! (*al cameriere*) E per secondo cosa ci porta?
Cameriere	—Io vi suggerirei dei gamberoni alla griglia, o anche dei calamaretti ripieni.
Carlo	—Io prendo i calamaretti ripieni. E tu?
Antonella	—Io preferirei prendere un semplice piatto di verdure cotte miste.
Cameriere	—E da bere? Vogliono del vino bianco?
Carlo	—Sì, una bottiglia di Verdicchio.
Antonella	—E mezza bottiglia di acqua minerale gassata.
Cameriere	—Vogliono ordinare adesso il dessert?
Carlo e Antonella	—No, preferiremmo aspettare.

Vocabolario

NOMI
l'**antipasto** appetizer, hors-d'oeuvre
i **baffi** mustache
la **birra** beer
il **bosco** wood, forest
la **braciola** chop
il **cameriere** waiter
la **fragola** strawberry
il **frutto di mare** seafood
la **giornataccia** ugly day
la **griglia** grill
la **lista** list
la **macedonia** fruit salad
il **melone** melon
il **mollusco** mollusk, shellfish
l'**oliva** olive
l'**ometto** little man
le **orecchiette** pasta shaped like little
  ears
il **pepe** black pepper
il **pollo** chicken
la **porzione** portion, helping
il **primo (piatto)** first course
il **rosmarino** rosemary
la **sala** hall, room
il **sale** salt
la **salvia** sage

il **suggerimento** suggestion
il **sugo** sauce
la **torta** cake
le **vongole** baby clams

AGGETTIVI
bruno dark-haired
gassato carbonated
marino sea, marine
misto mixed
ripieno filled

VERBI
arrostire to roast
condire to season, to flavor, to dress
coprire to cover
fare accomodare to seat
tirare vento to be windy

ALTRE PAROLE ED ESPRESSIONI
alla casalinga home-style cooking
alla diavola in the devil's style, hot
all'insù upturned
fritto misto di pesce a variety of fried
  fish
sott'olio preserved in oil

Proverbi e modi di dire

Non sapere che pesci pigliare.   To be at a loss, not to know what to do.

Essere sano come un pesce.   To be fit as a fiddle.

Far ridere i polli.   To be absurd, ridiculous.

Prendere un granchio.   To blunder, to goof.

Essere buono come il pane.   To be as good as gold (referring to a
                                              person).

Essere una buona forchetta.   To be a hearty eater.

Grammatica

1 Condizionale presente
(The present conditional tense)

To form the present conditional, add the following endings to the infinitive stem:

	consigliare	prendere	preferire
io	consiglie**rei**	prende**rei**	prefer**irei**
tu	consiglie**resti**	prende**resti**	prefer**iresti**
lui lei Lei	consiglie**rebbe**	prende**rebbe**	prefer**irebbe**
noi	consiglie**remmo**	prende**remmo**	prefer**iremmo**
voi	consiglie**reste**	prende**reste**	prefer**ireste**
loro Loro	consiglie**rebbero**	prende**rebbero**	prefer**irebbero**

Notice that first and second conjugation verbs have the same conditional endings. Verbs that have an irregular stem in the future (see lesson 15) have the same irregular stem for the conditional. The conditional endings, however, are the same as those for regular verbs:

essere			
io	sa**rei**	noi	sa**remmo**
tu	sa**resti**	voi	sa**reste**
lui lei Lei	sa**rebbe**	loro Loro	sa**rebbero**

Infinitive	*Conditional stem*	*Conditional*
andare	andr-	and**rei**, and**resti**, and**rebbe**, ecc.
avere	avr-	av**rei**, av**resti**, av**rebbe**, ecc.
dovere	dovr-	dov**rei**, dov**resti**, dov**rebbe**, ecc.
potere	potr-	pot**rei**, pot**resti**, pot**rebbe**, ecc.
sapere	sapr-	sap**rei**, sap**resti**, sap**rebbe**, ecc.
vedere	vedr-	ved**rei**, ved**resti**, ved**rebbe**, ecc.
vivere	vivr-	viv**rei**, viv**resti**, viv**rebbe**, ecc.
bere	berr-	ber**rei**, ber**resti**, ber**rebbe**, ecc.
venire	verr-	ver**rei**, ver**resti**, ver**rebbe**, ecc.
volere	vorr-	vor**rei**, vor**resti**, vor**rebbe**, ecc.

Infinitive	Conditional stem	Conditional
dare	dar-	dar**ei**, dar**esti**, dar**ebbe**, ecc.
dire	dir-	dir**ei**, dir**esti**, dir**ebbe**, ecc.
fare	far-	far**ei**, far**esti**, far**ebbe**, ecc.
stare	star-	star**ei**, star**esti**, star**ebbe**, ecc.

APPLICAZIONI PRATICHE

A. Volgere le seguenti forme verbali al condizionale presente.

1. prometto	8. capisci	15. arrivi
2. leggiamo	9. pranziamo	16. ripetono
3. invita	10. aiutano	17. penso
4. parli	11. torna	18. attraversa
5. scegliete	12. telefono	19. restano
6. scendono	13. mangiamo	20. segui
7. scriviamo	14. partite	

B. Volgere al condizionale le frasi seguenti.

1. Mario lava l'automobile.
2. Noi compriamo il giornale.
3. Mi piace viaggiare in treno.
4. Preferisco i tortellini.
5. Mi ordina un caffè?
6. Scrivete una cartolina agli amici?
7. Pensano di partire fra una settimana.
8. Mangi tutta la torta?
9. Gioco al tennis molto volentieri.
10. Che cosa mi suggerisci di ordinare?

2 Usi del condizionale presente
(Uses of the present conditional)

The uses of the conditional are generally similar in Italian and in English. The conditional expresses uncertainty, possibility, and polite request.

1. The conditional is used to express a hypothetical action or state in the future:

Parlerei volentieri con Mario.   *I would willingly speak with Mario.*

> Ci **piacerebbe** andare in Francia.   *We would like to go to France.*
> **Dormiresti** tutta la mattinata.   *You would sleep all morning long.*

2. The conditional is used to express a polite wish or command. The sentences in the first column below imply a command and are expressed with the imperative. Those in the second column express a wish and are formed with the conditional:

Carlo, parla più lentamente, non ti capisco!	Carlo, parleresti più lentamente, non ti capisco!
Carl, speak more slowly, I don't understand you.	*Carl, would you speak more slowly, I don't understand you.*
Credimi, non ho il tempo di uscire.	Mi crederesti, non ho il tempo di uscire.
Believe me, I don't have the time to go out.	*Would you believe me, I don't have the time to go out.*
Quando uscite, compratemi il giornale!	Quando uscite, mi comprereste il giornale?
When you go out, buy me the paper!	*When you go out, would you buy me the paper?*

3. The present conditional of **dovere** expresses obligation and is equivalent to *should, ought to:*

Dobbiamo studiare.	Dovremmo studiare.
We must study.	*We ought to study.*

4. The present conditional of **potere** expresses possibility and is equivalent to *could* and sometimes *might:*

Possono aiutarci.	Potrebbero aiutarci.
They can help us.	*They could help us.*

APPLICAZIONI PRATICHE

C. *Situazione: Antipatia*

Anna non può sopportare (*cannot stand*) Paolo, un amico di suo fratello. Ogni volta che Mario le suggerisce di fare qualche cosa con Paolo, Anna rifiuta.

ESEMPIO: Marco: Andiamo a passeggio con Paolo.
           Anna: *Non andrei mai a passeggio con Paolo.*

1. Fai una gita con Paolo.	6. Vediamo un film con Paolo.
2. Giochiamo a tennis con Paolo.	7. Studiamo con Paolo.
3. Vai a ballare con Paolo.	8. Usciamo a cena con Paolo.
4. Invitiamo Paolo a cena.	9. Diamo un regalo a Paolo.
5. Prendiamo un caffè con Paolo.	10. Telefoniamo a Paolo.

D. *Situazione: Il prepotente*

Dino è un bambino prepotente (*demanding*). Pretende (*he demands*) molte cose e la mamma vuole insegnargli che bisogna chiedere le cose con gentilezza. Secondo l'esempio, fare la parte della madre.

ESEMPIO: Dino: Voglio quel giocattolo (*toy*)
           Madre: Dino, non si dice "voglio", devi dire: "vorrei".

1. Dammi il bicchiere!
2. Leggimi una storia!
3. Prepara un panino!
4. Comprami una pasta!
5. Portami al cinema!
6. Voglio uscire a giocare!
7. Vieni con me!
8. Aiutami a fare i compiti (*homework*)!

E. *Situazione: Al ristorante*

Carlo e Gina sono andati al ristorante. Quando il cameriere arriva, Carlo ordina per sè e per Gina. Secondo l'esempio, fare la parte di Carlo. Usare il presente del condizionale invece del presente dell'indicativo.

ESEMPIO: Comincio con un antipasto misto.
           Comincerei con un antipasto misto.

           La signorina comincia con prosciutto e melone.
           La signorina comincerebbe con prosciutto e melone.

1. Prendo delle fettuccine.
2. La signorina prende i cannelloni.
3. Per secondo voglio una fettina ai ferri.
4. La signorina vuole i gamberoni alla griglia.
5. Come contorno desidero un'insalata mista.
6. La signorina desidera dei fagiolini.
7. Preferisco un pò di frutta.
8. La signorina preferisce un dolce.

3   Condizionale passato
(The past conditional tense)

The past conditional, like all other compound tenses, is formed with the auxiliary verb, **avere** or **essere,** + the past participle of the verb expressing the action. The English equivalent of the past conditional is *would have.*

The sentences in the second column below are in the past conditional. Notice that, as in all compound tenses, most verbs of motion take the auxiliary **essere:**

Conditional
Vedrei tutti i film di Fellini.

Past conditional
Avrei visto tutti i film di Fellini.

Conditional	*Past conditional*
Io e Dino **mangeremmo** al ristorante.	Io e Dino **avremmo mangiato** al ristorante.
Maria **farebbe** il viaggio con noi.	Maria **avrebbe fatto** il viaggio con noi.
Andresti in Europa questa estate?	**Saresti andato** in Europa l'estate scorsa?
Ci **sarebbero** molte cose da fare.	Ci **sarebbero state** molte cose da fare.
Verresti da noi domani sera?	**Saresti venuto** da noi la settimana scorsa?

NOTA: Remember that **avere** is conjugated with **avere** and **essere** with **essere.**

4   Usi del condizionale passato
(Uses of the past conditional)

1.   The past conditional is used to express an opinion or a theory that has not yet been proven; it also expresses an event that might have happened:

Secondo alcuni, Leif Erickson **avrebbe scoperto** l'America prima di Colombo.	*According to some, Leif Erickson discovered America before Columbus.*
Secondo alcuni studiosi, Shakespeare non **sarebbe esistito.**	*According to some scholars, Shakespeare **did not exist.***

2.   The past conditional in a dependent clause expresses an action that was considered future in the past. In this case English generally uses the simple conditional, whereas Italian requires the past conditional:

Credevamo che **avrebbe scritto** subito.	*We believed that he would write immediately.*
Pensavo che **sarebbe venuto** prima delle nove.	*I thought that he would come before nine o'clock.*
Gli ho detto che l'**avrei incontrato** al caffè.	*I told him that I would meet him at the coffee shop.*

APPLICAZIONI PRATICHE

F.   Dare il condizionale passato delle seguenti forme verbali.

1. dovresti	11. ti metteresti
2. avreste	12. accenderebbero
3. scenderemmo	13. finirei
4. inviterebbero	14. usciremmo
5. sceglieremmo	15. vi alzereste
6. vedrei	16. saresti
7. si laverebbe	17. preferirei
8. ripeterebbero	18. vorremmo
9. metteremmo	19. darebbe
10. saliresti	20. berremmo

G. *Situazione: Gentilezza*

Maria è una ragazza molto gentile. Quando qualcuno in famiglia fa qualche cosa Maria dice che l'avrebbe fatto lei volentieri. Secondo l'esempio, fare la parte di Maria.

ESEMPIO: Madre: Ho lavato i piatti.   *Maria: Li avrei lavati io.*

1. Madre: Ho preparato la cena.
2. Sorella: Sono andata al negozio.
3. Padre: Ho comprato il giornale.
4. Fratello: Ho risposto al telefono.
5. Madre: Sono salita a prendere le scarpe.
6. Fratello: Ho accompagnato la zia a casa.
7. Padre: Ho chiamato l'agenzia.
8. Fratello: Ho venduto l'automobile.

H. *Situazione: Telegiornale*

L'annunciatore sta leggendo alcune notizie ma non è sicuro delle sue fonti (*sources*). Secondo l'esempio dire quello che probabilmente è avvenuto.

ESEMPIO: Il Presidente è partito per l'Europa.
             Secondo alcuni il Presidente sarebbe partito per l'Europa.

1. La Roma ha vinto il campionato.
2. Nelle Hawaii c'è stato un tifone (*typhoon*).
3. Fellini ha prodotto un nuovo film.
4. Il presidente degli S.U. ha fatto una visita al Quirinale.
5. Dieci milioni di persone hanno veduto l'incontro di tennis.
6. La Fiat ha venduto più di un milione di automobili all'estero.
7. Alberto Moravia ha scritto un nuovo romanzo.
8. C'è stato un incidente aereo in Sicilia.

I. *Situazione: Pettegolezzi* (Gossip)
La signora Pina e la signora Gianna sono due brave signore ma non hanno molto da fare e amano parlare dei vicini e dei pettegolezzi del vicinato. Secondo l'esempio fare la parte della due signore.

ESEMPIO: Maria è uscita con Marco.
            Sig.ra Pina: Maria sarebbe uscita con Marco.

1. I signori Giuliani sono partiti per la Grecia.
2. La signora Cenci ha rotto (*break, smash*) la nuova automobile.
3. I Perini hanno costruito una casa al mare.
4. Il signor Federici si è comprato una Mercedes.
5. Giulia è andata a ballare con Sergio.
6. Il signor Rossi è rientrato tardi ieri sera.

5 Nomi alterati: diminutivi, accrescitivi, peggiorativi, vezzeggiativi
(Suffixes: diminutive, augmentative, pejorative, affectionate)

Italian is very rich in suffixes that alter the meaning of the noun by giving it a connotation of smallness, bigness, affection and disparagement. These suffixes are attached to the word after dropping the final vowel. They can also be used with certain adjectives. In the following examples notice how in English the same variation can be obtained only by the use of a modifying adjective or adverb.

1. Suffixes denoting smallness and sometimes affection: **-ino, etto:**

Hanno comprato una **casetta** al mare.	*They bought a small (pretty) house by the sea.*
È questa la tua **sorellina?**	*Is this your little sister?*
Che bel **vestitino** hai comprato!	*What a cute little dress you bought!*
I ragazzi hanno trovato un **gattino.**	*The kids found a little (cute) kitten.*
Adesso Mario sta **benino.**	*Mario is fairly well now.*
Abbiamo letto un **pochino** prima di addormentarci.	*We read a little bit before going to sleep.*

2. The suffix **-one** generally denotes bigness:

Bruno è diventato un **ragazzone.**	*Bruno has become a big boy.*
Tosare l'erba in giardino è stato un **lavorone.**	*Mowing the lawn was really a big job.*
Il vecchio palazzo era pieno di **stanzoni** vuoti.	*The old palace was full of big empty rooms.*

Feminine names of things modified with the suffix **-one** change gender and become masculine:

Nell'aula c'erano cinque **fine-stroni**.

In the classroom there were five large windows.

La Cadillac è un **macchinone**.

Cadillac is a really big car.

3. The ending **-accio** indicates scorn, dislike, or badness. It is normally used as a pejorative:

Gino è proprio un **ragazzaccio**, è sempre nei guai.

*Gino is really a **bad boy**; he is always in trouble.*

È stato un **lavoraccio**, ripitturare la casa.

*It was an **awful job** repainting the house.*

È meglio non uscire, fa un **tempaccio**.

It's better not to go out; the weather is really bad.

NOTA: Keep in mind that these suffixes cannot be attached haphazardly to all nouns. It requires some experience with the language to master their proper use.

APPLICAZIONI PRATICHE

J. Formare il diminutivo dei seguenti nomi, usando il suffisso **-etto**.

1. voce	6. scarpa
2. negozio	7. ragazzi
3. cugine	8. attrice
4. camicia	9. giornale
5. orologio	10. gruppo

K. Formare il diminutivo dei seguenti nomi usando il suffisso **-ino**.

1. finestra	6. biscotti
2. ragazzo	7. cavallo
3. marito	8. pasta
4. catena	9. lettera
5. biglietti	10. ricordo

L. Con l'aiuto dell'insegnante aggiungere il suffisso **-accio** o **-one** alle seguenti parole.

1. gente	6. stanza
2. erba	7. donna
3. vento	8. squadra
4. casa	9. parola
5. palazzo	10. albergo

Lettura

Il primo piatto

Il primo piatto nella cucina italiana ha sempre avuto un'importanza fondamentale, perché in passato nelle zone più povere costituiva° spesso l'intero pasto.° Oggi le minestre asciutte e liquide° sono la parte principale del pasto del mezzogiorno. Per molti stranieri il primo piatto italiano s'identifica° con spaghetti, conditi con i soliti ingredienti: aglio,° olio, pomodori, origano, mentre in realtà ogni regione italiana ha numerosi primi piatti saporiti° e vari. Potrebbe essere interessante fare un rapido viaggio gastronomico attraverso le regioni d'Italia per conoscere le specialità dei primi piatti.

In Piemonte troviamo gli agnolotti:° pasta ripiena di carne. Il risotto è invece il piatto caratteristico della Lombardia; mentre il Veneto è famoso per il "risi e bisi" (riso e piselli°). Il profumato basilico° della Liguria è usato nella preparazione del caratteristico pesto con cui si condiscono le fettuccine e le tagliatelle.° L'Emilia-Romagna è la patria° della pasta ripiena: giustamente famosi sono i cappelletti, i cannelloni, i tortellini conditi col ragù.° Tra i primi piatti dell'Italia centrale si possono ricordare il minestrone° toscano, le lasagne dell'Umbria e quelle marchigiane,° i

costituiva°	used to make up
pasto° / minestre asciutte e liquide°	meal / pasta with condiment or in soup
s'identifica°	is identified
aglio°	garlic
saporiti°	tasty
agnolotti°	type of ravioli
piselli°	peas
basilico°	basil
tagliatelle°	types of egg noodles
patria°	native land
ragù°	meat sauce
minestrone°	vegetable soup
marchigiane°	from the "Marche" region

Specialità gastronomiche in un negozio di via Montenapoleone, Milano.

tradizionali spaghetti all'amatriciana di Roma e i
piccantissimi° maccheroni alla chitarra dell'Ab-   extremely hot
bruzzo. La pasta come primo piatto domina° anche   dominates
nel resto della penisola e nelle isole: a Napoli la
pasta al forno° condita con pomodoro, acciughe,   baked
origano e mozzarella;° in Puglia le orecchiette di   type of Italian cheese
semola;° mentre in Calabria la pasta è condita con   bran
sapori più forti: aglio, pecorino,° ricotta,° salsic-   sheep's milk cheese / Italian cream
cia,° melanzane e pepe. Una particolare attenzione   cheese / sausage
meriterebbero i primi piatti siciliani di cui il più
caratteristico rimane la pasta con le sarde.° Più   sardine
semplici ma ugualmente solidi° sono i piatti sardi: substantial
gnocchi, tagliatelle e riso con carne e aragosta.°   lobster

M. Domande sulla lettura.

1. Qual'è il piatto fondamentale della cucina italiana?
2. Perché è così importante?
3. Quali sono gli ingredienti più comuni all'estero per i primi piatti italiani?
4. Qual è la specialità del Piemonte?
5. Qual è il piatto più caratteristico della Lombardia?
6. Che cosa si prepara con il basilico?
7. Ricordate qualche tipo di pasta ripiena?
8. Dove si preparano i tradizionali spaghetti all'amatriciana?
9. Quali sono alcuni primi piatti caratteristici dell'Italia meridionale?
10. Quali specialità si trovano nelle isole?

Tirando le somme

A. Domande sul dialogo.

1. Dove avrebbero desiderato sedersi Tom, Patricia e Robert?
2. Perché i tre avrebbero voluto il menù in inglese?
3. Cosa potrebbero prendere i tre clienti per cominciare?
4. Cosa sono le vongole?
5. Cosa significa: pollo "alla diavola"?
6. Cosa preferirebbero bere Tom, Patricia e Robert?
7. Dove hanno deciso di andare a cena Antonella e Carlo?
8. Dove vorrebbero mangiare Antonella e Carlo?
9. Cosa vede Antonella?
10. Cosa vorrebbe mangiare Carlo come primo?

11. Cosa suggerisce il cameriere come secondo?
12. Cosa bevono i due clienti?

B. Scrivere i seguenti nomi col suffisso corrispondente.

ESEMPIO: *-ino*   gatto   *gattino*

1. *-ino*   tavolo, pane, giornale
2. *-ina*   nonna, palla, strada
3. *-etta*   oliva, cena, villa
4. *-etto*   gambero, giardino, pranzo
5. *-one*   ombrello, libro, letto
6. *-ona*   casa, ragazza, signora
7. *-ella*   finestra, fontana, bambina
8. *-ello*   paese, albero, vino
9. *-accio* tempo, vento, lavoro
10. *-accia* vecchia, barca, scarpa

C. Scrivere il condizionale corrispondente delle seguenti forme verbali.

ESEMPIO: parliamo   *parleremmo*

1. hai   5. fai   9. possiamo
2. legge   6. aspettate   10. guardano
3. preferisco   7. devi   11. va
4. vogliamo   8. dico   12. paghiamo

D. Rispondere alle seguenti domande.

1. Cosa vorresti ordinare in un ristorante italiano?
2. Come potrei cominciare il mio pranzo?
3. I tuoi amici capirebbero un menù in italiano?
4. Cosa ci consigliereste come secondo?
5. Cosa desidererebbe bere, signorina?
6. Quanto tempo dovremmo aspettare per avere un tavolo?
7. Verresti a cena con me da "Paolone"?
8. Potrei chiedere aiuto al cameriere?

E. Tradurre le seguenti frasi.

1. My sister would go to Europe while I would stay in the United States.
2. Would I have to know French in Paris?
3. They would like to take a tour of the Dolomites.
4. That would be a good way to learn Italian!
5. How would you go to visit Italy? By plane or by ship?
6. That's what we should have said!
7. She ought to be here now. She must be late.
8. They should have told you that this train does not stop in Florence.

9. We ate very well in that restaurant. You should have come.
10. According to the travel agent we should have reserved the tickets before.

F. I seguenti nomi sono usati soltanto nella forma alterata. Cercare da quale parola sono derivati e perché.

1. spaghetto   4. cappelletti
2. cannellone   5. pecorino
3. vermicello

G. I seguenti nomi indicano una cosa differente nella forma alterata. Trovare il significato del nome senza il suffisso.

1. fagiolino   3. cucchiaino
2. stanzino   4. tavoletta

H. *Guida al comporre.*
Descrivere il vostro ristorante preferito. Argomenti da includere:

1. Dove si trova
2. Quando ci siete andati per la prima volta
3. In quale occasione
4. Tipo di cucina
   a. casalinga
   b. nazionale; quale?
   c. internazionale
5. Specialità di piatti
   a. pesce: frittura, alla griglia
   b. carne: vitello (*veal*), manzo, bistecche, arrosto
   c. dessert: dolci, torte, gelati
6. Servizio: cortese, efficiente, rapido
7. Preferenze personali

Lo sapevate che . . . ?

1. Nei ristoranti italiani il servizio è incluso nel conto ma se il servizio è ottimo si può lasciare una mancia (*tip*) supplementare.
2. Nel pranzo italiano l'insalata è usata come contorno al secondo piatto e non è mai servita come prima parte del pranzo.
3. Anche nelle trattorie, che sono più economiche, il cameriere cambia le posate con ogni portata (*course*).
4. Generalmente il cameriere non porta il conto fin quando il cliente non lo richiede.

Ricapitolazione

LEZIONI 13-16

A. Dare l'equivalente forma alterata delle seguenti espressioni.

ESEMPIO: un piccolo ragazzo *un ragazzino*

1. una grossa macchina
2. una piccola casa
3. la mia cara zia
4. un piccolo treno
5. un tempo cattivo
6. un piccolo bicchiere
7. un grosso piatto
8. Stiamo poco bene.
9. Stanno molto bene.
10. Fa un po' freddo.

B. Ripetere le seguenti frasi sostituendo i soggetti indicati.

1. Questa sera farai i compiti d'italiano.
   (noi / loro / io / lui)

2. Non potremo andare al cinema.
   (tu / io / voi / loro)

3. Avrò freddo se esco senza la giacca.
   (noi / lei / tu / voi)

4. Verrete a vedere la nuova commedia?
   (loro / tu / lui / voi)

5. A che ora dovranno partire per arrivare in tempo?
   (noi / io / voi / Mario)

C. Volgere le seguenti frasi al condizionale presente.

1. Scegli questo piatto?
2. Preferite un vino più dolce?
3. Mi parcheggi la macchina, per piacere?
4. Quali città vogliono visitare?
5. Scusa, parli un po' più lentamente?
6. Cosa mi consiglia per contorno?

7. Vuoi fare una partita a tennis questo pomeriggio?
8. Dovete vedere l'ultimo film di Fellini.
9. Vai al mare o al cinema?
10. Parlate al telefono per due ore?

D. Formare delle frasi al comparativo usando le espressioni indicate.

ESEMPIO: Il calcio / il football (interessante)
Il calcio è più interessante del football.
o: *Il calcio è meno interessante del football.*

1. Roma / New York (grande)
2. Monte Bianco / Mt. Washington (alto)
3. Anna / Tina (intelligente)
4. Aeroplano / treno (veloce)
5. Questa strada / quella (lunga)
6. Motocicletta / automobile (economica)
7. Marco / Giulio (basso)
8. Primavera / inverno (freddo)

E. Formare il comparativo e il superlativo relativo dei seguenti aggettivi.

ESEMPIO: basso   *più basso   meno basso   il meno basso*

1. cattivo
2. piccolo
3. fortunato
4. grosso
5. buono
6. famoso
7. grande
8. speciale
9. vicino
10. elegante

F. Volgere le seguenti frasi al superlativo assoluto.

1. Quest'acqua è fredda.
2. I gamberi che abbiamo mangiato erano buoni.
3. Diana parla bene l'italiano.
4. Le città italiane sono ricche di opere d'arte.
5. L'autostop può essere pericoloso.
6. La signorina Bianchi ha una macchina veloce.
7. Gli italiani al volante possono essere indisciplinati.
8. C'era una lunga fila di automobili.
9. Questa è una trattoria famosa per la cucina casalinga.
10. L'Italia ha numerosi primi piatti saporiti.

G. Completare le seguenti frasi mettendo il verbo al futuro.

1. Non (uscire) _____ loro stasera?
2. Non (rispondere) _____ al telefono perché devo lavorare.
3. Prima di arrivare a Modena (potere) _____ passare per San Marino.

4. Io e Maria (ascoltare) _____ della bella musica.
5. Se venite anche voi, noi (divertirsi) _____ molto.
6. Fra cinque giorni (incominciare) _____ le vacanze di Natale.
7. Domani noi (andare) _____ a visitare alcuni negozi.
8. (Venire) _____ anch'io con piacere.
9. Se ti fermi qui, il vigile ti (fare) _____ una contravvenzione.
10. Come primo piatto noi (ordinare) _____ delle tagliatelle.
11. Cosa (bere) _____ voi con il dolce?
12. (Prendere) _____ Lei un caffè?

H. Completare le frasi mettendo il verbo al condizionale.

1. (Venire) _____ anch'io, ma sono occupato.
2. Scusa Giorgio, mi (fare) _____ un piacere?
3. Ti (piacere) _____ fare una gita questo week-end?
4. (Lei) (guidare) _____ un po' più lentamente?
5. (Volere) voi _____ venire a teatro con noi?
6. Loro (potere) _____ passare per casa di Giulio prima di venire?
7. I signori (desiderare) _____ un menù in inglese.
8. Io vi (consigliare) _____ il pesce. È molto buono qui.
9. Tu (parlare) _____ con Giovanni? Non mi ascolta mai.
10. Voi (preferire) _____ un vino bianco.

Dopo aver mangiato, il cliente paga il conto.

11. Carlo, mi (lavare) _____ l'automobile?
12. Io (essere) _____ felice di accompagnarti fino alla stazione.

I. Dare la forma passiva dei seguenti verbi.

1. Scrive la lettera.
2. Leggiamo il libro.
3. Guidava l'automobile.
4. Comprerà il giornale.
5. Hai veduto Marisa?
6. Hanno pagato il conto.
7. Aspettiamo gli amici.
8. Finirai la lezione?
9. Seguivano la partita.
10. Avete aiutato i nonni?

J. Ripetere le seguenti espressioni usando la forma impersonale.

ESEMPIO: A casa parliamo francese.
           A casa si parla francese.

1. Cosa faremo domani?
2. Qui mangiavamo molto bene.
3. In Inghilterra guidano a sinistra.
4. La settimana prossima andremo a sciare.
5. Nel supermercato troviamo molte cose.
6. Dove posso comprare il giornale?
7. Possiamo pagare i biglietti sul treno.
8. Fa molto caldo, andiamo a nuotare?
9. Se prendi questa strada, arriviamo più presto.
10. La domenica, quando ci sono poche automobili passeggiamo molto bene.

K. Volgere le seguenti frasi al condizionale passato.

1. Parlerei volentieri con Marta.
2. Guarderesti la tivvù tutta la sera.
3. Dovreste studiare di più.
4. Dovrebbe prendere la nave, è più riposante.
5. Usciresti con noi per fare una passeggiata?
6. Guiderebbe più lentamente.
7. Ti consiglierei un'altro ristorante.
8. Preferirebbero arrivare di pomeriggio.
9. Non discutereste con il vigile.
10. Lo avviserebbe.

L. Volgere le seguenti espressioni al futuro anteriore.

1. Desidereranno partire.
2. Ritornerete entro domani.
3. Salderemo il conto al ritorno.
4. Riconsegnerò i libri domani sera.
5. Visiterai molte città.
6. Ti fermerai a Genova?
7. Mi darà la risposta prima di stasera.
8. Si informeranno prima di andare.
9. Aspetterà tre ore.
10. Mangeranno troppo.
11. Verrà a vederci?
12. Andranno a giocare a tennis?
13. Ascolterai della musica classica?
14. Saranno le dieci e mezza.
15. Risponderete voi al telefono?

M. Tradurre le seguenti frasi.

1. Truck drivers are the most generous in giving rides to hitchhikers.
2. This is the most picturesque area we have seen during the trip.
3. On Friday we will go to Siena and Sunday we'll go on an excursion to San Gimignano.
4. At home we speak English but when we enter the classroom the professor says: "Here one must speak Italian!"
5. I saw a cute little dog in the store and I would like to buy it.
6. By the end of this week I'll decide if we can continue our trip through Tuscany.
7. When one drives one should have one's license and registration.
8. At this hour there's always a traffic jam in Piazza dei Cinquecento. We should have taken another road.
9. You told him that we would meet in front of the agency at five o'clock, but he called to say that he would be a little bit late.
10. It would be much better not to go out now. The weather is really bad.
11. We should have reserved our tickets before. Tonight is going to be too late.
12. This dish is more interesting than the one you ordered. You'll have to try it when we return.
13. One could say that in Rome there are more cars than parking places. In fact, the Romans often leave their cars on the sidewalks.

N. Rispondere alle seguenti domande.

1. Ha mai ricevuto una contravvenzione?
2. Fa l'autostop?

3. Quali piatti italiani conosce?
4. Quali piatti italiani preferisce?
5. Sono gentili i vigili nella Sua città?
6. Come sono gli automobilisti italiani?
7. Dov'è il lago di Garda?
8. Come si chiamano alcuni autonoleggi americani?
9. Quanto costa noleggiare un'automobile?
10. Dov'è Vulcano?
11. Come sono le spiagge dell'Adriatico?
12. Come è più divertente viaggiare, in treno o in automobile?

17ª

Situazioni d'emergenza

Al pronto soccorso. . . .

Signorina Bernardi —Infermiere, per favore, chiami un medico; c'è un ragazzo che ha bisogno di cure!

Infermiere —Ponetelo in un lettino della corsia d'emergenza. Ecco il dottore che arriva.

Dottore —Signorina, Lei è una parente del ragazzo?

Signorina Bernardi —Sono la sorella. Dottore, avevo detto a mio fratello di non molestare troppo il cane. Ma lui non ha voluto darmi ascolto, così il cane lo ha morso alla gamba.

Dottore —È una brutta ferita. Il cane è stato regolarmente vaccinato?

Signorina Bernardi —Sì, lo avevo fatto vaccinare lo scorso mese, quando mi era stato regalato.

Dottore —In questo caso non è necessaria l'antirabbica. Ma occorrerà dare dei punti e curare quindi il ragazzo con degli antibiotici.

Signorina Bernardi —Avevo previsto purtroppo una simile circostanza. Infatti, quando ebbero portato in casa il cane e lo vidi, capii immediatamente che l'animale non aveva un carattere molto gentile.

• • •

. . . e in banca!

Mrs. Norton —Mi aiuti, per favore. . . . non so come fare!

Impiegato —Si calmi signora, mi dica cosa Le è successo!

Mrs. Norton —Stamattina ero uscita con l'intenzione di fare delle spese. Infatti ero qui vicino, quando improvvisamente ho visto un giovane sui trent'anni venirmi incontro; quando si fu avvicinato, mi ha chiesto l'ora, e mentre stavo per dirgliela mi ha strappato la borsetta di mano ed è fuggito via!

Impiegato —E Lei cosa ha fatto?

Mrs. Norton —Ho gridato: "Al ladro, al ladro", ma l'individuo che mi aveva rubato la borsetta si era ormai confuso tra la folla, e con lui. . . . sono dileguati anche i miei 380 dollari in traveler's checks.

Impiegato —Quindi signora dovrebbe fare la denuncia subito e darmi il numero di ciascun assegno a Lei intestato, così potremo bloccare il pagamento degli assegni rubati e liquidarLe l'ammontare dei suoi traveler's checks.

Mrs. Norton —Sì, lo so, è come negli Stati Uniti. Questa infatti è già la seconda volta che sono vittima di uno scippo.

Impiegato —Dove Le è successo la prima volta?

Mrs. Norton —La prima volta fu per le strade di Chicago; ero ritornata da qualche giorno da una vacanza e decisi di passare a salutare una mia amica e farle una sorpresa.

Impiegato —Era di giorno?

Mrs. Norton —Sì. Ci andai verso le cinque del pomeriggio. Dopo che ebbi suonato il campanello aspettai qualche minuto. Non avendo ricevuto alcuna risposta, stavo per andarmene, quando fui aggredita da due ragazzi in motocicletta, i quali con violenza mi strapparono la borsa dalle mani.

Impiegato —Signora, Lei è proprio sfortunata!

Mrs. Norton —Sì, ha ragione; anch'io ne sono convinta! Meno male che avevo lasciato in albergo il passaporto e gli altri documenti, compresi i numeri degli assegni che mi sono stati rubati.

Impiegato —Quindi vada a prendere i documenti e i numeri degli assegni ed io l'aiuterò a sistemare quest'incidente.

Vocabolario

NOMI

l'ammontare (*m.*) the amount
l'antibiotico antibiotic
l'antirabbica rabies shot

l'assegno check
la borsetta pocketbook
il campanello bell
il carattere character, disposition

la **circostanza**   circumstance
la **corsia d'emergenza**   emergency
  ward
la **denuncia**   statement, declaration
la **ferita**   wound
la **gamba**   leg
l'**infermiere**   male nurse
l'**intenzione**   purpose, intent
il **ladro**   thief
il **passaporto**   passport
il **punto**   stitch
lo **scippo**   purse snatching
la **vittima**   victim

AGGETTIVI
brutto   ugly
ciascuno   every
simile   similar, alike

VERBI
andarsene   to go away
aggredire   to assault, to attack
confondersi   to mingle
dare ascolto   to pay attention, to listen

dileguare   to vanish
fuggire   to run away
intestare   to make out in one's name
liquidare   to settle (an account)
molestare   to molest, to disturb
mordere   to bite
occorrere   to be necessary (impersonal)
rubare   to steal
sistemare   to arrange, to settle
strappare   to snatch
succedere   to happen
suonare (il campanello)   to ring
vaccinare   to vaccinate

ALTRE PAROLE ED ESPRESSIONI
confuso tra la folla   lost in the crowd
di giorno   during the day
essere sui trent'anni   to be about thirty
  years old
pronto soccorso   emergency entrance
regolarmente   regularly
stare per   to be about to
venire incontro   to come up (to
  someone)

Proverbi e modi di dire

Fa un freddo cane.	It's bitter cold.
Cantare come un cane.	To sing terribly.
Buio da ladri.	Pitch dark.
Essere al verde.	To be flat broke.
Non avere il becco di un quattrino.	To be absolutely penniless.

Grammatica

1 Trapassato prossimo
(The past perfect tense)

The past perfect is formed with the imperfect of the auxiliary verb, **avere** or **essere,** + the past participle of the verb expressing the action:

	Verbs conjugated with **avere**	*Verbs conjugated with* **essere**
io	**avevo** suonato	**ero** fuggito (a)
tu	**avevi** suonato	**eri** fuggito (a)
lui lei Lei	**aveva** suonato	**era** fuggito (a)
noi	**avevamo** suonato	**eravamo** fuggiti (e)
voi	**avevate** suonato	**eravate** fuggiti (e)
loro Loro	**avevano** suonato	**erano** fuggiti (e)

ESEMPI:

Present perfect

Lunedì **ho pranzato** a casa.

Questo inverno **sono andato** a sciare in Abruzzo.

Questa mattina **mi sono alzato** alle nove.

È ripartito alle sette.

Past perfect

La settimana scorsa **avevo pranzato** al ristorante.

L'inverno scorso **ero andato** a sciare a Cortina.

Ieri **ero andato** a dormire a mezzanotte.

Era arrivato alle quattro.

▶ All the examples above denote past actions. However, the actions in the sentences of the second column took place *before* the actions in the sentences of the first column. The verbs in the sentences of the second column are in the past perfect tense.

▶ Like the English past perfect, the Italian past perfect or *trapassato prossimo* expresses an action or event that *had* taken place before another past action or event:

L'altro giorno ho visto la coppia che **avevo conosciuto** al mare l'anno scorso.	*The other day I saw the couple that I had met last year at the sea.*
Hai trovato i guanti che **avevi perso?**	*Did you find the gloves that you had lost?*
I nostri cugini, che **erano venuti** con noi, si fermarono due giorni a Venezia.	*Our cousins, who had come with us, stopped in Venice for two days.*

▶ The Italian past perfect is used in a dependent clause, introduced by **quando, dopo che,** or **appena** when the main verb is in the imperfect:

Appena **aveva finito** di mangiare, andava a guardare la tivvù.	*As soon as he finished eating he used to go and watch TV.*
Quando ero in Italia, dopo che **avevo pranzato**, schiacciavo un sonnellino.	*When I was in Italy, after eating (I had eaten), I would take a nap.*
Durante l'estate, quando **aveva finito** di studiare, andava a nuotare.	*During the summer, when he had finished studying, he used to go swimming.*

APPLICAZIONI PRATICHE

A. Sostituire **voi, tu, Lei, Loro, lui, lei, loro.**

1. *Io* avevo chiamato un medico per curare il ragazzo.
2. *Io* avevo regalato un cane a mia sorella.
3. *Io* ero uscito con l'intenzione di fare delle spese.
4. *Io* ero ritornato dalle vacanze da qualche giorno.
5. *Io* mi ero confuso tra la folla.

B. Sostituire all'infinito in parentesi il trapassato prossimo.

1. Noi ti (dire) _____ di non molestare il cane.
2. Voi (provvedere) _____ a farlo vaccinare.
3. Un'ora dopo l'impiegato (bloccare) _____ il pagamento degli assegni rubati.
4. Tu (passare) _____ a salutare la tua amica.

5. Noi (lasciare) _____ i documenti in albergo.
6. Il ladro (rubare) _____ anche i miei 380 dollari.
7. La signora (essere) _____ vittima di uno scippo anche a New York.
8. Me ne andai, perché non (trovare) _____ nessuno in casa.

C. Volgere le seguenti frasi al trapassato prossimo.

1. Ho perso il portafogli.
2. Abbiamo liquidato il nostro conto in banca.
3. Fortunatamente ho comprato degli assegni per viaggiatori.
4. Avete sistemato le vostre valige?
5. Il mio cane ti ha morso?
6. Il ladro si è confuso tra la folla.
7. I ragazzi hanno suonato il campanello e poi sono fuggiti.
8. Il bambino ha molestato il gatto.
9. Hai strappato i biglietti.
10. Mi ha chiesto a che ora partiva l'autobus.

D. Completare le frasi con le forme del trapassato prossimo.

1. La neve (coprire) _____ tutto il giardino.
2. I ragazzi (alzarsi) _____ molto tardi.
3. Lo studente (portare) _____ il libro in biblioteca.
4. Noi (perdere) _____ il tuo indirizzo.
5. Gli amici (incontrarsi) _____ di mattina presto, per fare una gita.
6. (Io) lo (conoscere) _____ molti anni fa.
7. Voi (divertirsi) _____ molto alla festa da ballo?
8. Maria (essere) _____ in Francia due volte e non voleva ritornarvi.
9. Bruno (dimenticare) _____ il quaderno a casa.
10. I signori Piacini (comprare) _____ una nuova casa in montagna.

E. *Situazione: Per la prima volta*
Questo inverno le seguenti persone hanno fatto alcune cose per la prima volta. Dite che non avevano fatto mai queste cose prima.

ESEMPIO: Carlo ha viaggiato.   *Non aveva mai viaggiato prima.*

1. Maria ha guidato l'automobile.
2. Giulio e Sergio sono andati in Spagna.
3. Marco ha preso l'aereo.
4. Monica e Gina hanno fatto il campeggio.
5. Tonio ha ballato.
6. Io ho lavorato in un ristorante.
7. Noi ci siamo divertite alla partita di calcio.
8. Grazia è stata all'opera.
9. Loro hanno visitato Pompei.
10. Tu hai imparato a sciare.

F. *Situazione: Una cosa tira l'altra* (One thing leads to another)
Frank racconta al suo amico che quando era in Italia dopo aver fatto una
cosa, subito dopo ne faceva un'altra. Secondo l'esempio, fare la parte di
Frank. Usare **quando, appena (che), dopo che.**

ESEMPIO: (Finire) il lavoro, ritornavo a casa.
   Appena avevo finito il lavoro, ritornavo a casa.

1. (Mangiare) _____, facevo una passeggiata.
2. (Cenare) _____, prendevo un espresso.
3. (Prendere) _____ la frutta, prendevo un dolce.
4. (Andare) _____ al cinema, mi fermavo al bar.
5. (Passare) _____ la giornata al mare, mi sentivo riposato.
6. (Fermarsi) _____ dal giornalaio, tornavo a casa.
7. (Vedere) _____ un film, lo discutevo con i miei amici.
8. (Ordinare) _____ l'antipasto, ordinava il primo piatto.

2 Trapassato remoto
(The past perfect absolute)

The past perfect absolute is formed with the past absolute of the auxiliary
verb, **avere** or **essere,** + the past participle of the verb expressing the action:

	Verbs conjugated with **avere**	*Verbs conjugated with* **essere**
io	**ebbi** appreso	**fui** salito (a)
tu	**avesti** appreso	**fosti** salito (a)
lui lei Lei	**ebbe** appreso	**fu** salito (a)
noi	**avemmo** appreso	**fummo** saliti (e)
voi	**aveste** appreso	**foste** saliti (e)
loro Loro	**ebbero** appreso	**furono** saliti (e)

ESEMPI:

Appena **fu arrivato,** telefonò agli
   amici.

Dopo che **ebbe comprato** il giornale salì in treno.

Quando **ebbe finito** di piovere,
   uscimmo.

*As soon as **he had arrived** he
   called his friends.*

*After **he had bought** the newspaper he got on the train.*

*When **it had stopped** raining, we
   went out.*

The past perfect absolute expresses an action that precedes another past action. However, it is used *only* in a secondary clause, usually introduced by **quando, dopo che**, or **appena**, and *only* when the verb of the main clause is in the past absolute:

Quando **ebbe finito** i compiti, uscì da casa.

When he had finished his homework, he went out.

Dopo che **fu arrivato** in albergo, andò a dormire.

After he had arrived at the hotel, he went to sleep.

Il cameriere arrivò appena lo **ebbi chiamato**.

The waiter arrived as soon as I called him.

APPLICAZIONI PRATICHE

G. Ripetere le seguenti frasi sostituendo i pronomi fra parentesi e mettendo il verbo alla forma corretta.

1. Appena *furono arrivati*, andarono in albergo.
    (io, voi, tu, noi)

2. Dopo che *ebbe finito* la cena, si incontrò con gli amici.
    (noi, loro, io, voi, tu)

3. Appena le amiche *furono partite*, Gina ritornò a casa.
    (io, lui, voi, noi, tu)

4. Quando li *ebbi lasciati* alla stazione, tornai a casa.
    (loro, noi, tu, lui, voi)

H. Completare le frasi con la forma corretta del trapassato remoto.

1. Appena Carlo (leggere) _____ il romanzo, me lo prestò.
2. Quando noi (finire) _____ di pranzare, passammo nel salotto.
3. Gino uscì dopo che (prendere) _____ un'altra tazza di caffè.
4. Dopo che (scrivere) _____ la lettera, la portai alla posta.
5. Appena (uscire) _____ vedemmo che non pioveva più.
6. Quando (visitare) _____ la Francia, partì per l'Inghilterra.
7. Appena (vedere) _____ l'incidente, telefonammo alla polizia.
8. Dopo che (ascoltare) _____ la notizia, chiamai Marco.

3   Usi della preposizione *da*
(Uses of the preposition *da*)

Parto **da** Milano.

I am leaving from Milan.

Il treno passa anche **da** Portofino.

The train also goes by Portofino.

Carlo ha ricevuto le congratulazioni **da** tutti.	*Charles was congratulated by everyone.*
Passo un momento **dalla** farmacia.	*I am going to stop by the pharmacy.*
Il ferro **da** stiro è nella camera **da** letto.	*The iron is in the bedroom.*
Sono qui **da** due ore.	*I have been here for two hours.*
Sono in Italia **da** lunedì.	*I have been in Italy since Monday.*
Desidero tre francobolli **da** 100 lire.	*Give me three one hundred lire stamps.*
Oggi ho molto **da** fare.	*Today I am very busy (I have a lot to do).*
Il viaggio dipende **dal** tempo.	*The trip will depend on the weather.*
Da piccolo suonavo il pianoforte.	*When I was little I used to play the piano.*

The preposition **da** followed by the name of a profession or occupation is the equivalent of the English: *at the office of...,* *at the place of...,* *at the shop of...,* *at the house of...*:

Passo **dal** medico.	*I am going by the doctor's (office).*
Vado **da** Giovanni.	*I am going to John's (house).*
Entro **dal** barbiere.	*I am going to the barber's (shop).*

APPLICAZIONI PRATICHE

I.   Rispondere alle seguenti domande.

ESEMPIO 1:   Giocava molto da piccolo?
Sì, giocavo molto.

1. L'autobus arrivava da Piazza Duomo?
2. Traduceva bene Lei da studente?
3. Lei aveva da fare ieri?
4. Questa macchina da scrivere era Sua?
5. La corriera passava dal centro prima?

ESEMPIO 2:   Ho molte lettere da scrivere.
No, non ho molte lettere da scrivere.

1. Luisa è a Catania dall'anno scorso.
2. Dipendeva da voi.
3. Abbiamo comprato sei tazze da tè.
4. Andate spesso da lui.
5. Ho bisogno di una macchina da scrivere.

Lettura

Notizie brevi dall'interno: evitata una sciagura°   tragedy

CAGLIARI. Un aereo militare partito pochi minuti prima dall'aeroporto di Decimomannu (base NATO) è riuscito ad atterrare,° non senza qualche difficoltà, sulla spiaggia tra Villasimius e Capo Carbonara, sulla costa sud-orientale della Sardegna. Il pilota, un giovane americano, ha riportato° gravi ferite alla testa° e alle gambe ed è stato ricoverato all'ospedale° in stato di choc.

to land

suffered
head
hospitalized

L'incidente è avvenuto° verso le 11 del mattino. Alcune persone che affollavano la spiaggia hanno detto di aver visto l'aereo nel cielo, facendo strane manovre. Queste manovre però, non avevano preoccupato° le persone che in quel momento si trovavano sulla spiaggia; infatti, spesso aerei dalle vicine basi militari volano° su questa zona facendo manovre. Questa volta, però, l'aereo si è abbassato° rapidamente verso la spiaggia ma il pilota è riuscito ad atterrare, anche se con violenza, sulla spiaggia non molto lontano da un grande campeggio.° Fortunatamente, nel punto° dove l'aereo è atterrato, non c'erano persone, così è stata evitata una grandissima sciagura.

happened

did not worry

fly
came down

camping grounds
spot

Fino a questo momento° non si conoscono ancora le cause di questo incidente. Speriamo di potervi comunicare ulteriori° informazioni nel telegiornale delle ore 20.

Until now

further

J.　Domande sulla lettura.

1. Che cosa c'è a Decimomannu?
2. Dov'è Cagliari?
3. Dov'è riuscito ad atterrare l'aereo?
4. Dove è stato ricoverato il pilota?
5. Che cosa hanno detto le persone che erano sulla spiaggia?
6. Chi c'era nel punto dove è atterrato l'aereo?
7. Dove è atterrato l'aereo?
8. Da dove vengono gli aerei che volano sulla zona?
9. Quali sono le cause di questo incidente?

Orari e viaggiatori all'aeroporto di Roma.

Tirando le somme

A. Domande sul dialogo.

1. Chi accompagna il ragazzo al pronto soccorso?
2. Cosa aveva detto la signorina Bernardi al fratello?
3. Chi aveva provveduto a far vaccinare il cane?
4. Secondo il dottore, come bisogna curare il ragazzo?
5. Cosa capì la signorina Bernardi quando ebbe visto il cane?

6. Chi è venuto incontro alla signora Norton?
7. Cosa ha fatto l'individuo dopo che ha rubato la borsetta alla signora Norton?
8. Cosa aveva nella borsetta la signora Norton?
9. Cosa deve fare la signora Norton per bloccare il pagamento degli assegni?
10. La signora Norton è già stata vittima di altri scippi? Dove?
11. Cosa fece la signora Norton dopo che ebbe suonato il campanello?
12. Cosa suggerisce l'impiegato per sistemare l'incidente?

B. Tradurre le seguenti frasi usando il trapassato prossimo.

1. They had seen many interesting cities.
2. He had disturbed the dog and it bit him.
3. I don't know what had happened.
4. The thief had run away with his passport.
5. We had stopped downtown to do some shopping.
6. I had never had a similar encounter.
7. She had forgotten her pocketbook in the train.
8. After the accident the man had been hospitalized.

C. Tradurre le seguenti frasi usando il trapassato prossimo o il trapassato remoto.

1. Many bathers had seen the tragedy.
2. He took us to see Amalfi because we had never been there.
3. As soon as they returned from Ravello they went to Ischia.
4. Every year, when he finished his work he went on a vacation.
5. This year we went to Greece because last summer we had been to Italy.
6. As soon as we sat down the waiter brought us the menu.
7. Frank stopped in Capri where he had reserved a room for a week.
8. They said that the trip had been very interesting and restful.
9. We had met many charming people during our last trip.
10. As soon as the last guests had left, we went to sleep.

D. *Guida al comporre: Visite all'ospedale*
Riscrivete le frasi seguenti completandole, e createne, quando è possibile, delle altre nuove.

1. La prima volta sono andato in ospedale all'età di _____
   Sono andato a trovare _____ (un parente: il nonno, uno zio; o anche un amico)
   L'ospedale era molto grande con tante _____
   La persona è stata molto felice di vedermi e mi ha detto _____
   Mentre parlavamo è venuta un'infermiera per dare al malato _____

2. Qualche anno fa sono andato in ospedale perché non stavo _____
   I dottori mi hanno fatto le analisi (*analysis*) ed hanno scoperto che
      avevo _____
   Sono rimasto in ospedale circa _____
   Ogni giorno veniva mia madre e _____
   Qualche volta venivano anche i miei _____
   Era molto noioso _____
   Poi un giorno il medico mi ha detto che _____

18ª

La casa

I signori Carlini dopo anni di sacrifici sono riusciti a mettere da parte una certa somma per l'acquisto della tanto sospirata casa al mare. Ora sono riuniti attorno al caminetto con i figli Daniele e Andrea rispettivamente di 16 e di 18 anni, e la nuova casa è al centro dei loro discorsi.

Signor C. —Mi pare che i lavori per la costruzione della nostra villetta incomincino fra una settimana.

Signora C. —Sono felice che sia arrivato il momento di avere una casa tutta per noi. . . .

Signor C. —. . . . dove si possa stare tranquilli e non si sentano i fastidiosi rumori della città.

Daniele —Che bellezza! Spero che non manchi un bel giardino che ci permetta di invitare gli amici in piena libertà!

Andrea —E ci dia la possibilità di sfogarci senza il timore che si disturbino i vicini.

Signor C. —A proposito, mi pare che anche i De Robertis vogliano costruire una casa poco distante dalla nostra. Anzi credo che abbiano già acquistato il terreno.

Signora C. —Mi auguro proprio che ti sbagli; sarebbe una calamità. Ho l'impressione che i loro ragazzi non conoscano le più elementari regole del saper vivere.

Daniele —Mi pare proprio che non godano delle tue simpatie, mamma, ma penso che tu abbia torto nel giudicarli male.

Signor C. —Basta con questi futili discorsi! Volete che vi mostri il progetto della villetta?

Signora C. —Forse sarebbe meglio riparlarne domani. Anzi, poiché è domenica penso si possa fare un salto laggiù, così ci renderemo conto meglio della situazione.

. . .

Un gruppo di cinque studenti dell'Università di Bologna, provenienti da città diverse hanno deciso per il prossimo anno accademico di prendere in affitto un appartamento e coabitare. Si rivolgono ad una signora che ha messo un annuncio economico sul giornale e che ha due appartamenti ammobiliati, liberi subito:

Studente —Io ed i miei amici vorremmo prendere in affitto uno dei suoi appartamenti per un anno; spero che possa proporci una sistemazione che faccia al caso nostro, cioè che non pesi troppo sul nostro bilancio!

Signora —Desidero che mi diciate con esattezza cosa cercate e quanto pensate di spendere.

Studente —Ecco, veramente noi vorremmo un appartamento che abbia cinque posti-letto, che ci consenta l'uso della cucina e che non costi troppo, naturalmente.

Signora —Credo sia un po' difficile accontentarvi. Avreste dovuto rispondere prima al mio annuncio. Ho già ricevuto molte richieste per questi due appartamenti, ma non ho ancora deciso; la scelta di un nuovo inquilino è sempre una cosa difficile.

Studente —Ha già in mente qualcuno?

Signora —Sì ho in mente delle persone, non escludo però che qualcuno possa rinunciarvi all'ultimo momento. In tal caso volete che vi prenda in considerazione?

Studente —Senz'altro, Signora! Spero che in qualche modo ci aiuti a risolvere il nostro problema.

Signora —Cercherò di aiutarvi, ma dubito che possa fare qualcosa. Ad ogni modo telefonate domani e vi darò una risposta definitiva.

Vocabolario

NOMI
l'**acquisto** purchase
l'**argomento** topic
il **bilancio** budget
la **calamità** misfortune, disaster
la **costruzione** construction, building
il **discorso** talk, conversation
l'**inquilino** tenant
la **libertà** freedom
il **posto letto** bed

il **progetto** blueprint
la **regola** rule
il **rumore** noise
il **sacrificio** sacrifice
la **simpatia** liking
la **sistemazione** arrangement
la **somma** sum
il **terreno** land, lot
il **timore** fear

AGGETTIVI

ammobiliato furnished
definitivo definitive
distante far
fastidioso annoying
fụtile useless
preferịbile preferable
serio serious
tranquillo calm, peaceful

VERBI

accontentare to please, to satisfy
acquistare to buy, to purchase
affittare to rent
augurarsi to hope
avere in mente to have in mind
coabitare to live together
costruire (isc) to build
disturbare to disturb, to bother
dubitare to doubt
mancare to lack
mẹttere da parte to put aside
parere to seem, to appear
pesare to weight

prẹndere in considerazione to take
 into consideration
proporre to suggest
rẹndersi conto to realize
rinunciare to give up
riparlare to speak again
riunire to reunite
sbagliarsi to be wrong
sfogarsi to run wild

ALTRE PAROLE ED ESPRESSIONI

attorno around
basta! enough! that's enough!
che bellezza! how nice!
con esattezza exactly
ẹssere al centro di to be in the middle
 of
fare un salto to visit briefly
godere delle tue simpatie to be in
 your good graces
laggiù down there
saper vivere to know how to live
sospirato longed for

Lampade in esposisione.

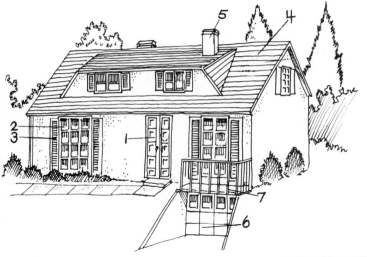

1. porta *door*
2. finestra *window*
3. persiana *shutter*
4. tetto *roof*
5. comignolo *chimney*
6. autorimessa *garage*
7. balcone (*m.*) *balcony*

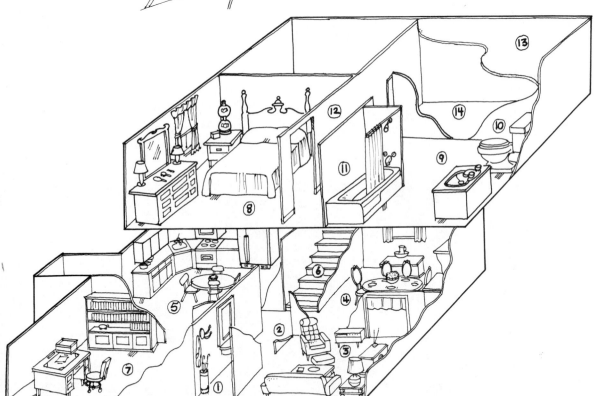

pianterreno (*first floor*)

1. ingresso *entrance hall*
2. corridoio *hallway*
3. salotto *living room*
4. sala da pranzo *dining room*
5. cucina *kitchen*
6. scala *stairway*
7. studio / biblioteca *study / library*

primo piano (*second floor*)

8. camera da letto *bedroom*
9. bagno *bathroom*
10. gabinetto *toilet*
11. doccia *shower*
12. pareti *walls*
13. soffito *ceiling*
14. pavimento *floor*

Grammatica

1 Congiuntivo presente
(The present subjunctive)

The subjunctive mood expresses an attitude toward reality, and *not* the reality itself. It is generally used when the speaker has doubts or is uncertain about an action or assertion, or when a contrary-to-fact statement or a supposition is made.

The subjunctive appears more often in Italian than in English, particularly in dependent clauses after the conjunction **che.**

Indicative	*Subjunctive*
Il pranzo **costa** troppo.	Spero che il pranzo non **costi** troppo.
Parla con Giovanni.	Voglio che tu **parli** con Giovanni.
Arrivano stasera.	Credo che **arrivino** stasera.
Mario, **hai** ragione.	Mario, dubito che tu **abbia** ragione.

The sentences in the first column express facts and, therefore, the verbs are in the indicative. The sentences in the second column express an opinion or an emotion and, therefore, the verbs are in the subjunctive.

Note how the present subjunctive of four regular verbs is formed:

	affittare	**spendere**	**partire**	**riunire**
che io	affitti	spenda	parta	riunisca
che tu	affitti	spenda	parta	riunisca
che lui / che lei / Lei	affitti	spenda	parta	riunisca
che noi	affittiamo	spendiamo	partiamo	riuniamo
che voi	affittiate	spendiate	partiate	riuniate
che loro / Loro	affittino	spendano	partano	riuniscano

▶ Notice that second and third conjugation verbs have the same endings, and that the **noi** form is the same as in the indicative

▶ Because the singular endings are identical in each conjugation, subject pronouns are generally used with these forms to avoid confusion:

Voglio che **tu parta.** BUT: Voglio che **partano.**

▶ As you have already learned (see *Lezione* 4ª), certain third conjugation verbs add **-isc-** to the stem before the endings of the first, second, and third persons singular and the third person plural. The same rule applies to the present subjunctive:

Spero che tu **capisca** i verbi.
Spero che **finiscano** di leggere il libro per la settimana prossima.
BUT:
Spero che voi **capiate** i verbi.
Spero che voi **finiate** di leggere il libro per la settimana prossima.

NOTA: Verbs ending in **-care** and **-gare** retain the hard sound /k/ in all persons by adding an **h** before the endings:

mancare		sfogarsi	
manchi	manchiamo	mi sfoghi	ci sfoghiamo
manchi	manchiate	ti sfoghi	vi sfoghiate
manchi	manchino	si sfoghi	si sfoghino

APPLICAZIONI PRATICHE

A.   Dare il presente congiuntivo dei seguenti verbi.

1. *io*: riunire, costruire, parlare, credere, leggere, decidere
2. *tu*: ascoltare, prendere, camminare, vedere, finire, accendere
3. *lui / lei*: vendere, ordinare, preferire, affittare, dormire
4. *noi*: disturbare, mancare, pagare, partire, mandare, perdere
5. *voi*: arrivare, offrire, decidere, superare, cominciare, mettere
6. *loro*: insegnare, mangiare, chiudere, ripartire, ricevere, seguire

B.   Ripetere le seguenti frasi facendo i cambiamenti necessari.

1. Penso che *Pietro* dorma ancora.
   (loro / tu / voi / lei)

2. Credo che *l'aereo* arrivi per le cinque.
   (noi / Luigi / tu / Maria e Paolo / voi)

3. Il professore dubita che *noi* parliamo bene l'italiano.
   (Giulia / io / gli studenti / voi / tu)

4. Speriamo che *Maria* goda le sue vacanze.
   (tu / i ragazzi / lui / voi)

2   Verbi irregolari al congiuntivo
(Irregular verbs in the subjunctive)

Some verbs have irregular stems in the subjunctive:

	avere	**essere**
che io	abbia	sia
che tu	abbia	sia
che lui / che lei / Lei	abbia	sia
che noi	abbiamo	siamo
che voi	abbiate	siate
che loro / Loro	abbiano	siano

Dare and **stare** follow the same pattern as **essere:**

dare		**stare**	
dia	diamo	stia	stiamo
dia	diate	stia	stiate
dia	diano	stia	stiano

Verbs that have an irregular stem in the present indicative also have an irregular stem in the same persons of the present subjunctive. The following pattern can be used with most irregular verbs:

	Subjunctive stem	*Ending*
io		-a
tu	**io**-stem of the	-a
lui	present indicative	-a
loro		-ano
noi	**noi**-stem of the	-iamo
voi	present indicative	-iate

An example of this pattern follows:

andare		
io tu lui loro	vad-	-a -a -a -ano
noi voi	and-	-iamo -iate

The following verbs have an irregular stem in the present subjunctive:

Infinitive	io-*Stem*	Ending	noi-*Stem*	Ending
andare	vad-		and-	
bere	bev-		bev-	
dire	dic-		dic-	
dovere	debb- (dev)		dobb-	
fare	facc-	-a	facc-	
potere	poss-	-a	poss-	-iamo
rimanere	rimang-	-a	riman-	-iate
sedere	sied-	-ano	sed-	
tenere	teng-		ten-	
uscire	esc-		usc-	
venire	veng-		ven-	
volere	vogli-		vogl-	

APPLICAZIONI PRATICHE

C. Ripetere le seguenti frasi facendo i cambiamenti necessari.

   1. Il professore desidera che *Marco* faccia i compiti.
       (io / loro / voi / Maria e Tina / noi)

   2. La mamma vuole che *io* rimanga a casa.
       (noi / Tullio e Gina / Luigi / tu / voi)

   3. Credo che *loro* escano stasera.
       (tu / voi / lei / noi)

   4. Non penso che *loro* vogliano mangiare così tardi.
       (noi / Gina / tu / voi)

D. Dare il presente congiuntivo dei seguenti verbi.

   1. *io*: andare, dovere, essere, dire, dare
   2. *tu*: fare, venire, stare, avere, tenere

3. *lei*: bere, rimanere, sedere, potere, venire
4. *noi*: dire, avere, venire, tenere, dovere
5. *voi*: andare, rimanere, sedere, essere, volere
6. *loro*: fare, essere, dare, dovere, bere

3 Usi del congiuntivo presente
(Uses of the present subjunctive)

As a general rule, the subjunctive in Italian is used in a dependent clause introduced by verbs expressing:

1. belief, doubt, hope, ignorance:

   Pensano che io **abbia** ragione.
   Speri che **vengano** a trovarti?

2. opinion, wish, command:

   Vuole che i ragazzi **vadano** a dormire presto.
   Desidero che tu mi **risponda** subito.
   Preferiamo che Lei **si rivolga** a noi.

However, if the subject of both clauses is the same, the verb in the dependent clause will be in the infinitive:

Same subject	*Different subjects*
Carlo preferisce **viaggiare** in compagnia.	Carlo preferisce che tu **viaggi** in compagnia.
Vogliamo **comprare** una casa in campagna.	Vogliamo che lui **compri** una casa in campagna.
Non credo di **finire** per questa sera.	Non credo che loro **finiscano** per questa sera.
Spera di **fare** un viaggio questa estate.	Spera che voi **facciate** un viaggio questa estate.

The following verbs require the subjunctive in the dependent clause:

pensare	*to think*	desiderare	*to desire*
credere	*to believe*	dolersi	*to regret*
piacere	*to like*	comandare	*to command*
ordinare	*to order*	sperare	*to hope*
preferire	*to prefer*	non sapere	*not to know*
dubitare	*to doubt*	accettare	*to accept*
augurarsi	*to wish*	dispiacere	*to be sorry*
volere	*to want*	parere	*to seem*

NOTA:

1. When the verb **dubitare** is used in the negative, since it implies certainty (*I don't doubt = I am sure*), the verb of the dependent clause must be in the indicative:

Dubito che Carlo **arrivi** stasera.
BUT:
Non dubito che Carlo **arriverà** stasera.

2. Although the verb **sapere** does not require the subjunctive, the negative form does, since it implies doubt:

Sappiamo che cosa **pensa** dei suoi amici.
BUT:
Non sappiamo che cosa **pensi** dei suoi amici.

APPLICAZIONI PRATICHE

E. Rispondere alle domande secondo l'esempio.

ESEMPIO 1: Gli studenti rispondono, vero?
            No, loro vogliono che risponda io.

1. Gli studenti scrivono, vero?
2. Gli studenti parlano, vero?
3. Gli studenti ascoltano, vero?
4. Gli studenti discutono, vero?
5. Gli studenti cantano, vero?

ESEMPIO 2: Io non voglio partire.
            Io spero che tu parta!

1. Io non voglio studiare.
2. Io non voglio restare.
3. Io non voglio dormire.
4. Io non voglio lavorare.
5. Io non voglio rinunciare.

F. Ripetere le frasi seguenti facendo i cambiamenti indicati.

1. a) Ho l'impressione che *tu* non conosca la strada.
      (io / voi / noi / loro / Lei)

   b) Desidero che *tu* gli dica tutto.
      (loro / Lei / voi / lui / lei / noi)

   c) Sono felice che *Carlo* arrivi domani.
      (voi / tu / loro / Lei / noi)

2. a) La signora dubita che *loro* possano aiutarvi.
   (io / Lei / tu / lui / noi)

   b) Credete che *Maria e Luigi* siano americani?
   (noi / lui / lei / io / loro)

   c) Pensiamo che *tu* abbia torto.
   (lui / voi / Lei / loro / noi)

G. *Situazione: Diffidenza* (Distrust)
   Marco è un ragazzo diffidente. Quando gli amici gli dicono una cosa, lui ne dubita. Secondo l'esempio, fare la parte di Marco. Usare **dubito, non credo, non penso.**

   ESEMPIO: Ci divertiamo molto.
   Marco: Dubito che vi divertiate molto.

   1. Andiamo in campagna.
   2. Noleggiamo un'automobile.
   3. Facciamo una gita.
   4. Studiamo ogni sera.
   5. Partiamo per Firenze.
   6. Abbiamo mal di testa.
   7. Giochiamo a tennis.
   8. Prendiamo in affitto un'appartamento al mare.
   9. Ci prepariamo un bel pranzo.
   10. Ci riuniamo stasera.

H. *Espressioni personali: A voi la parola*
   Secondo l'esempio, dite che pensate le seguenti cose.

   ESEMPIO: La casa è bella.   *Voi: Penso che la casa sia bella.*

   1. L'argomento è serio.
   2. Gl'inquilini sono fastidiosi.
   3. La signora si sbaglia.
   4. In campagna si sta tranquilli.
   5. Manca la somma per comprare il terreno.
   6. Questi discorsi sono futili.

I. *Espressioni personali: Progetti*
   Secondo l'esempio, fare le seguenti trasformazioni.

   ESEMPIO: Marta va in vacanza.   *Marta spera di andare in vacanza.*
   Spero che Marta vada in vacanza.

   1. Luigi vede i suoi cugini.
   2. I miei genitori acquistano una casa al mare.
   3. Gli studenti trovano un appartamento.

4. I turisti visitano un locale notturno.
5. Mario e Gina prenotano i biglietti per l'aliscafo.
6. Gino m'invita ad una festa.
7. Presentano una commedia di Pirandello in TV.
8. Voi arrivate alla stazione in tempo.
9. La signora può cambiare i dollari in banca.
10. Grazia non riceve una multa.

4 Usi del congiuntivo presente (*cont.*)
(Uses of the present subjunctive [*cont.*])

The subjunctive is also used in a dependent clause after expressions of emotion, *if the subjects in the two clauses are different* (column 2). Note the use of **di** + *the infinitive* when the subject in the two clauses is the same (column 1):

Sono contento **di partire.**	Sono contento **che lui parta.**
Siamo spiacenti **di non potere** venire con voi.	Siamo spiacenti **che Maria non possa** venire con voi.
Hanno paura **di sbagliarsi.**	Hanno paura **che tu ti sbagli.**
Hai bisogno **di riparlargli.**	Hai bisogno **che io gli riparli.**

The following adjectives and nouns take the subjunctive:

Adjectives	*Nouns*
contento *satisfied, pleased*	(avere) paura (*to be*) *afraid*
meravigliato *surprised, amazed*	(avere) vergogna (*to be*) *ashamed*
felice *happy*	(avere) timore (*to be*) *afraid*
sorpreso *surprised*	(avere) bisogno (*to have*) *need*
fiero *proud*	
desolato *desolate*	
ansioso *anxious*	
spiacente *sorry*	

APPLICAZIONI PRATICHE

J. Ripetere le seguenti frasi usando il soggetto indicato fra parentesi.

ESEMPIO: Ha paura di uscire. (tu)   *Ha paura che tu esca.*

1. Siamo contenti di venire. (voi)
2. È spiacente di partire. (Maria)
3. Siete ansiosi di finire. (la lezione)
4. Ho bisogno di andare in farmacia. (tu)

5. Sei desolato di essere malato.   (io)
6. Sono felici di visitare l'Italia.   (noi)
7. Ho vergogna di parlare male l'italiano.   (lui)
8. Ha timore di prendere un raffreddore.   (Mario e Gino)
9. Siamo fieri di imparare a guidare.   (tu)
10. Sono sorpreso di vederlo ancora.   (voi)

Lettura

Case ed arredamenti°   furnishings

Le persone che vọgliono arredare° una casa oggi   to furnish
hanno la possibilità di molte scelte: a chi preferisce
una casa moderna, ricca di colori e di contrasti, gli
arredatori° suggerịscono che ogni pezzo° sia pratico   interior decorator / piece (furniture)
e funzionale. Di sọlito una casa moderna è anche
molto pratica senza essere necessariamente fredda.

In un appartamento moderno i quadri e le stampe sono indispensabili.

Ad esempio, nella vastissima produzione dei mobili° si possono trovare poltrone° e divani° modernissimi che nel soggiorno di una casa possono creare un angolo caldo e confortevole. Per rendere più vivo° un appartamento moderno è indispensabile un po' d'invenzione° nella scelta della moquette,° delle carte da parati,° delle tende,° dei quadri,° delle stampe° che possono rendere più ricca una camera.

furniture / armchairs / couches

lively

imagination

wall-to-wall carpeting / wallpaper / curtains   paintings / prints

Quelli che desiderano la casa "in stile"° hanno molte possibilità di scelta, dal contemporaneo a quello più antico. Però, per evitare che si trasformi l'appartamento in un museo, gli arredatori consigliano sempre di arredare la casa secondo una precisa idea, che permetta di ottenere un ambiente di stile, ma che sia anche adatto° alle necessità pratiche della vita di oggi.

stylish, period

suited

Molto comune è anche l'arredamento di tipo rustico. Generalmente è una casa in cui domina il legno° sia nei mobili che° alle pareti, sul soffitto e sul pavimento. C'è il caminetto, e la casa rustica è sempre piena di oggetti popolari e tradizionali comprati nei mercatini. A questo tipo di casa, soprattutto per il genere di arredamento, possiamo aggiungere gli appartamenti ricavati in vecchi edifici° dei centri storici delle città e in ville di campagna abbandonate. Spesso sono gli architetti più giovani che con molta immaginazione restaurano° vecchi edifici, li modernizzano all'interno, e li rendono più efficienti.

wood / both . . . and

buildings

restore

K.   Domande sulla lettura.

1. Com'è una casa moderna?
2. Cosa è indispensabile per l'atmosfera di un appartamento moderno?
3. Per la casa "in stile" cosa consigliano gli arredatori?
4. In quale tipo di arredamento domina il legno?
5. Quando gli architetti restaurano un edificio, cosa fanno?
6. Chi restaura generalmente i vecchi edifici?
7. Generalmente dove si trovano i vecchi edifici?
8. Quale stile preferisce Lei per una casa? Perché?

Tirando le somme

A. Domande sul dialogo.

1. Perché i signori Carlini hanno messo del denaro da parte?
2. Dove desiderano una casa?
3. Quando cominceranno i lavori?
4. Perché Daniele desidera un giardino?
5. Chi ha acquistato un terreno vicino ai signori Carlini?
6. Perché non è contenta la signora Carlini?
7. A chi si rivolgono gli studenti dell'università?
8. Che cosa affitta la signora?
9. Che cosa vuole sapere la signora?
10. Che tipo di appartamento desiderano gli studenti?
11. Perché dovranno ritelefonare gli studenti?
12. Perché la signora non ha ancora deciso?

B. Sostituire all'infinito in parentesi il presente congiuntivo.

1. Mi pare che Andrea (avere) _____ 18 anni.
2. Spero che la villetta (essere) _____ comoda.
3. Credo che anche i De Robertis (volere) _____ costruire una casa al mare.
4. Ho l'impressione che quei ragazzi non (godere) _____ delle tue simpatie.
5. Penso che il progetto della villetta (essere) _____ troppo tradizionale.
6. I ragazzi desiderano che l'appartamento (avere) _____ cinque posti-letto.
7. La signora ha paura che gli studenti (disturbare) _____ i vicini.
8. Spero che l'appartamento non (costare) _____ troppo.
9. Preferiamo che Lei ci (dire) _____ il prezzo subito.
10. Voglio che tu (rispondere) _____ all'annuncio economico.

C. Rispondere alle seguenti domande.

1. Hai paura che i De Robertis costruiscano la casa vicino alla nostra?
2. Pensi che io abbia torto?
3. Vuoi che ti mostriamo il progetto della casa?
4. Vuole che Le dia un anticipo?
5. Crede che sia difficile accontentarci?
6. Mi permetterà che inviti i miei amici?
7. Sperate che la casa sia pronta per la prossima estate?
8. Aspetto che Lei mi telefoni?
9. Sei contento che i tuoi abbiano comprato una casa al mare?
10. Pensate che la signora non voglia aiutarvi?

D. Usando le due frasi formarne un'altra con il congiuntivo. Quando è necessario usare l'infinito.

ESEMPI: Gli dispiace. L'appartamento è occupato. ⟶
Gli dispiace che l'appartamento sia occupato.

Loro hanno paura. Loro sono in ritardo. ⟶
Loro hanno paura di essere in ritardo.

1. I genitori sono contenti. I ragazzi fanno un viaggio in Europa.
2. Siamo felici. Vi rivediamo.
3. Dubitano. Può andare in Spagna.
4. Penso. L'automobile è nell'autorimessa.
5. Temiamo. Stasera piove.
6. Credo. Maria è in salotto.
7. Speriamo. Noi troviamo una moquette pratica.
8. Sono spiacenti. L'architetto non può restaurare la casa.
9. Mi dispiace. Tuo fratello sta male.
10. Vuole. Io cambio l'arredamento.

E. Esprimere i propri desideri o le proprie idee intorno a ognuna delle frasi che seguono. Variare le risposte il più possibile.

ESEMPI: Preferisce questo stile.
Non credo che preferisca questo stile.

Questi mobili costano troppo.
Temo che questi mobili costino troppo.

1. Vanno a ballare molto spesso.
2. La biblioteca è chiusa il martedì.
3. Oggi il professore è assente.
4. C'è del vino nel ristorante della scuola.
5. Carlo è lo studente più bravo della classe.
6. È molto difficile accontentarvi.
7. Maria non gode delle tue simpatie.
8. Non si può fare un salto ad Amalfi.

F. *Guida al comporre.*
Servendosi del vocabolario della lezione, scrivere un breve componimento su uno dei seguenti argomenti.

1. La mia casa
    a. dov'è
    b. da quanti anni vi abito
    c. tipo di casa
       1) appartamento
       2) monofamiliare (*single family*)

       3) villino con giardino, orto, alberi da frutta, fiori
       4) palazzina (*town house*)
       5) condominio con balconi, terrazzo; quale piano?
  d. numero di stanze
  e. vicini

2. La mia casa ideale
  a. dove dovrebbe essere: nella città, al mare, in campagna, sulla strada principale
  b. tipo di casa
  c. grandezza

19ᵃ

All'ufficio postale

Una signora sta facendo la coda davanti ad uno sportello di un ufficio postale. Finalmente arriva il suo turno e può rivolgersi all'impiegato.

Signora —Senta, dovrei spedire questa lettera raccomandata e assicurata, perché contiene un documento molto importante.

Impiegato —Allora è meglio che la spedisca con la ricevuta di ritorno.

Signora —Quant'è la tariffa per una raccomandata con la ricevuta di ritorno?

Impiegato —Aspetti, occorre che prima la pesi. . . . ecco, è 860 lire.

Signora —In questo caso la spedisca con la ricevuta di ritorno. Inoltre vorrei chiederle un'informazione: nei prossimi giorni dovrò spedire un pacco di libri ad una mia amica che temporaneamente si trova in California. Pensa che mi convenga spedirlo via mare o per via aerea?

Impiegato —Dipende dal peso. È necessario che lo pesi prima di darLe una risposta. Se è molto pesante e non è urgente, io Le consiglierei di spedirlo via mare: costa meno, ma è probabile che ci metta tre mesi. A meno che non voglia spendere un sacco di soldi e spedirlo via aerea!

Signora —No, no, credo che via mare vada bene. Devo legarlo con lo spago, oppure basta il nastro adesivo?

• • •

Molta gente preferisce andare alla posta centrale, perché non è molto affollata e poi offre tutti i servizi completi: infatti, oltre a comprare i francobolli e a spedire i pacchi, le raccomandate, gli espressi, i vaglia e i conti correnti, il cliente può spedire anche i telegrammi e i cablogrammi, può servirsi del fermo posta, delle caselle postali e anche di uno sportello dove vendono francobolli commemorativi e per collezionisti.

Cliente —Sembra che le tariffe per la corrispondenza aẹrea sịano aumentate. È vero?

Impiegato —Sì, sono aumentate da qualche giorno.

Cliente —Quant'è ora la tariffa aẹrea per una lẹttera diretta negli Stati Uniti?

Impiegato —Di sọlito è di 300 lire, ma temo che la sua lẹttera sụperi il peso normale. Pesiamola! . . . . Infatti è necessario un altro francobollo da 170 lire.

Cliente — E per queste due cartoline per la Svezia, qual' è la tariffa?

Impiegato —Per quella con più di cinque parole occorre un francobollo da 150 lire, come per una lettera; per quell'altra su cui ci sono meno di cinque parole, ne basta uno da 90 lire.

Cliente —Dove posso imbucarle?

Impiegato —Può impostare la corrispondenza ordinaria nella buca delle lẹttere che è a sinistra della porta principale, e quella aẹrea nella buca a destra.

Cliente —Ma prima che vada via vorrẹi comprare dei francobolli commemorativi.

Impiegato —Per questo tipo di francobolli è necessario che si rivolga allo sportello 7.

Vocabolario

NOMI

la **buca (postale)**   mail box
il **cablogramma**   cablegram
la **casella postale**   post office box
il **collezionista**   collector
il **conto corrente**   checking account[1]
la **corrispondenza**   correspondence
l'**espresso**   express, special delivery
il **fermo posta**   general delivery
il **francobollo**   stamp
il **nastro adesivo**   adhesive tape
il **pacco**   package, parcel
il **peso**   weight

la **posta centrale**   central post office
la **raccomandata**   registered letter
la **ricevuta (di ritorno)**   (return) receipt
lo **spago**   string
lo **sportello**   window (in an office)
il **turno**   turn
il **vaglia**   (postal) money order

AGGETTIVI

assicurato   insured
commemorativo   commemorative
ordinario   ordinary
pesante   heavy

[1] In Italy, there are two kinds of checking accounts: a **conto corrente bancario** corresponds to the American checking account; a **conto corrente postale** is a kind of postal money order.

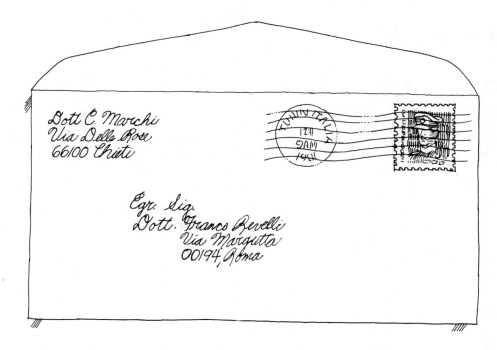

postale   postal
urgente   urgent

VERBI
aumentare   to increase
contenere   to contain, to hold
convenire   (impersonal) to be better
dipendere da   to depend on
fare la coda   to wait in line
imbucare   to post, to mail
impostare   to mail, to post
legare   to tie
metterci   (impersonal) to take (time)
rivolgersi   to turn
spedire   to send
superare   to go over
temere   to fear

ALTRE PAROLE ED ESPRESSIONI
a meno che   unless
occorre che   it is necessary that
oltre a   in addition to
temporaneamente   temporarily
un sacco di soldi   a lot of money
via aerea   air mail

via mare   by sea

ESPRESSIONI UTILI
busta   envelope
foglietto   small sheet of paper
postino   letter carrier
telegramma   telegram
impiegato   clerk
cassetta delle lettere   mailbox
timbro-postale   postmark
incollare   to seal, to glue
mittente   sender
destinatario   addressee
indirizzo   address
C.A.P. (Codice di Avviamento
   Postale)   zip code

ABBREVIAZIONI
Sig. (Signor)   Mr.
Sig.ra (Signora)   Mrs.
Sig.ina (Signorina)   Miss
Dott. (Dottor)   Doctor
Sig. Revelli e famiglia   Revelli family
Coniugi Revelli   Mr. and Mrs. Revelli

Grammatica

1   Espressioni impersonali che richiedono il congiuntivo
(Impersonal expressions taking the subjunctive)

The subjunctive is required in the dependent clause after certain impersonal expressions that indicate emotion, doubt, necessity, opinion, or an indirect or implied command.

The most common expressions are:

bisogna   *it's necessary* (BUT: non bisogna   *one must not*)

occorre   ⎫
è necessario⎭   *it's necessary*

è importante   *it's important*

è meglio   *it's better*

è bene   *it's well*

è giusto   *it's right, it's fair*

è preferibile   *it's preferable*

è possibile⎫
può darsi ⎭   *it's possible*

è impossibile   *it's impossible*

è probabile   *it's probable*

è improbabile   *it's improbable*

sembra   *it seems*

ESEMPI:

Per riuscire bisogna **che lui studi**.	*It is necessary **for him to study** in order to succeed.*
Quando piove è meglio **che tu non esca** senza l'ombrello.	*When it rains it's better **that you don't go out** without an umbrella.*
Oggi è importante **che voi conosciate** una lingua.	*Today it's important **that you know** a language.*
Ogni tanto è necessario **che io mi riposi** un po'.	*Every once in a while it's necessary **for me to rest** a little.*

NOTA: If the dependent clause has no specific subject, the infinitive is used instead of the subjunctive:

Per riuscire bisogna **studiare**.	*It is necessary **to study** in order to succeed.*

Quando piove è meglio **non uscire** senza l'ombrello.

*When it rains it's better **not to go out** without an umbrella.*

Oggi è importante **conoscere** una lingua.

*Today it's important **to know** a language.*

APPLICAZIONI PRATICHE

A. Ripetere le frasi facendo i cambiamenti indicati.

1. È necessario che *io* pesi il pacco prima di spedirlo.
   (voi / tu / Loro / lui / noi / Lei)

2. È giusto che *voi* non vogliate spendere un sacco di soldi!
   (tu / lei / io / noi / lui / loro)

3. Occorre che *io* mi rivolga all'impiegato.
   (lui / tu / noi / loro / Lei / voi)

4. È possibile che *l'espresso* arrivi entro domani.
   (Luisa / voi / tu / loro / Lei / lui)

5. Sembra che *Arturo e Silvia* ricevano una lettera al giorno.
   (voi / Enrico / tu / loro / io / Lei)

B. *Situazione: A scuola*
    Il professore dà alcuni consigli ai suoi studenti. Secondo l'esempio fare la parte dell'insegnante usando **bisogna, è necessario, è bene, è meglio.**

ESEMPIO: (Gianni) arrivare in orario.
          Gianni, è necessario che tu arrivi in orario.

1. (Mario) studiare la lezione.
2. (Tina e Maria) preparare i compiti.
3. (Enrico) non parlare durante l'esame.
4. (Voi) alzare la mano per fare una domanda.
5. (Bruno e Franco) trovare la risposta per domani.
6. (Gli studenti) non masticare (*chew*) la gomma quando parlano.
7. (Tutti) aspettare la fine della lezione per uscire.

C. *Situazione: Ipotesi*
    Secondo l'esempio, formare delle ipotesi con le seguenti frasi.

ESEMPIO: È nuvoloso; è probabile (piovere).
          È nuvoloso; è probabile che piova.

1. Non vedo Marco; è possibile (essere) ancora in biblioteca?
2. È impossibile che lui (potere) imparare il francese in dieci giorni.
3. È improbabile che Mario (avere) il raffreddore. L'ho visto stamattina!

4. Non risponde, è possibile (dormire) ancora.
5. È impossibile che tu (ripartire), sei appena arrivato!
6. È improbabile che io lo (vedere), partirò domani sera.
7. È probabile che voi (incontrarsi). Partite lo stesso giorno.
8. È possibile che loro non ci (sentire), c'è troppo rumore.

2   Congiunzioni avverbiali che richiedono il congiuntivo
(Adverbial conjunctions taking the subjunctive)

Certain adverbial conjunctions denoting purpose, condition, and time require the subjunctive in the dependent clause. The most common conjunctions are:

prima che[1] *before*		benché	
finché *until*		sebbene	*although,*
perché *so that, in order that*		quantunque	*even though*
per paura che *for fear that*		nonostante	
affinché		a meno che . . . non	
così che	*so that*	salvo che . . . non	*unless*
di modo che		senza che *without*	
in modo che		in caso che *in case*	

ESEMPI:

Non voglio uscire **per paura che piova.**
Signora, parli lentamente **affinché io La capisca.**
Vuole visitare la Spagna **sebbene non conosca** lo spagnolo.
Verrà **purché invitiate** anche il fidanzato.

APPLICAZIONI PRATICHE

D. Ripetere le seguenti frasi facendo i cambiamenti indicati.

ESEMPIO: andare a letto.   *Gli telefoneremo prima che vada a letto.*

1. Gli telefoneremo prima che *vada a riposarsi.*
   a) uscire dall'ufficio.
   b) partire per la Svizzera.
   c) incominciare a mangiare.
   d) incontrarsi con gli amici.

---

[1] When the subject of the two clauses is the same, **prima di** + *infinitive* is used instead of the subjunctive.

2. Ecco il mio indirizzo in caso che *tu voglia vedermi.*
   a) scrivermi. (voi)
   b) trovarsi a Roma. (lui)
   c) averne bisogno. (loro)
   d) non saperlo. (tu)

3. Verrò domani a meno che non *faccia troppo freddo.*
   a) essere occupato. (voi)
   b) avere tempo. (tu)
   c) nevicare.
   d) andare a teatro. (voi)

E. *Situazione: Caparbietà* (Stubbornness)
   Gildo è un giovane molto tenace. Benché sia difficile lui vuole fare molte cose. Secondo l'esempio, fare la parte di Gildo. Variare usando **benché, sebbene, quantunque** e **nonostante.**

   ESEMPIO: andare a giocare a tennis / fare troppo caldo
   Vado a giocare a tennis benché faccia troppo caldo.

   1. finire di leggere il giornale / essere in ritardo
   2. andare al negozio / non avere i soldi
   3. andare a fare la vela / piovere
   4. uscire con gli amici / dovere studiare
   5. andare all'ufficio postale / chiudere fra cinque minuti
   6. comprare questo vestito / costare di più
   7. restare a guardare la TV / essere mezzanotte
   8. non rispondere / squillare (*to ring*) il telefono

F. *Situazione: Gentilezza*
   Marta è molto gentile e cerca di aiutare tutti. Secondo l'esempio, dire che fa le seguenti azioni. Usare **affinché, di modo che,** o **perché.**

   ESEMPIO: prendo l'automobile / Gina poter andare a trovare la nonna
   Prendo l'automobile affinché Gina possa andare a trovare la nonna.

   1. vado in centro / venire anche Giulia
   2. resto in casa / i genitori poter uscire
   3. aiuto Sara / lei capire la lezione
   4. rimango a Roma / (voi) poter visitare la città
   5. vengo alla partita / andarci anche tu
   6. faccio una festa in casa / gli amici divertirsi
   7. non suono i dischi / Maria poter studiare tranquillamente

3 Espressioni indefinite che richiedono il congiuntivo
(Indefinite expressions taking the subjunctive)

The subjunctive is also used in a dependent clause introduced by one of the following indefinite expressions:

chiunque	*whoever, whomever*	qualunque (cosa)	*no matter what,*
dovunque	*wherever*	qualsiasi (cosa)	*whatever*

Dovunque lui vada, fa subito amicizia.

Qualsiasi giornale abbiano, compralo!

Chiunque incontriate, chiedete indicazioni!

Wherever he goes, he immediately makes friends.

Whatever newspaper they have, buy it!

Whomever you meet, ask for directions!

Lettura

Notizie dall'interno—di nuovo caos nei servizi postali

Roma—La vertenza sindacale° degli impiegati delle poste continua. I sindacati chiedono un nuovo aumento.° Il ministro Vittorino Colombo ha detto oggi che il governo cerca ancora di trovare una formula che eviti° il proposto sciopero di venerdì prossimo.

Milano—Nella provincia di Milano è stato arrestato° oggi, dai carabinieri, M. Tanza, postino° a Paullo da quindici anni. Quando i carabinieri sono entrati nella casa del Tanza, hanno trovato cinque grossi sacchi° di posta non recapitata.° Nei sacchi si trovavano lettere, molte raccomandate e varie riviste. Interrogato,° il Tanza ha spiegato: "La posta che arrivava era troppa e non potevo recapitarla tutta. Ma l'avrei recapitata appena possibile, forse durante l'estate quando la gente riceve meno lettere."

Ancora da Roma—Si prevede° un'altro aumento delle tariffe° postali. Dal quindici gennaio pros-

union dispute

increase, raise

would avoid

arrested
mailman

sacks / delivered

Questioned

is foreseen
rates

simo costerà 350 lire per spedire una lettera via
aerea e 180 lire per via normale. Le raccomandate
aumenteranno di 200 lire dal dieci febbraio.

Napoli—Una notizia strana ma interessante in
questi giorni di caos postale. Il signor Antonio
Cirillo ha ricevuto ieri una lettera spedita otto giorni
fa da un parente negli Stati Uniti. Non è impossibile, anche nel caos postale di oggi, che una let-
tera arrivi dopo otto giorni solamente. Lo strano° è   the strange thing
che la lettera era indirizzata al "signor Antonio
Cirillo, Via Toledo, Napoli". Per i non-napoletani
sarà interessante sapere che Via Toledo è una delle
strade più lunghe di questa città, con migliaia di
appartamenti e forse centomila abitanti. Fra tutta
questa gente il postino è riuscito a trovare il nostro
signor Cirillo e gli ha recapitato la sua lettera. A
Napoli i miracoli avvengono° ancora!   miracles happen

Ecco un ufficio postale sempre efficiente!

G. Domande sulla lettura.

1. Che cosa chiedono i sindacati?
2. Che cosa vuole evitare il governo?
3. Chi è M. Tanza?
4. Quale lavoro fa il Tanza?
5. Perché non aveva recapitato la posta il Tanza?
6. Che cosa hanno trovato i carabinieri in casa del Tanza?
7. Quando ci sarà l'aumento delle tariffe postali?
8. Di quanto aumenteranno le raccomandate?
9. Che cosa ha ricevuto il signor Cirillo?
10. Dov'è via Toledo?
11. Perché era difficile trovare il signor Cirillo?
12. Che cosa aveva dimenticato di scrivere sulla busta il parente del Cirillo?

Tirando le somme

A. Sostituire all'infinito in parentesi la forma corretta del presente congiuntivo.

1. È meglio che tu (pesare) _____ la lettera prima di spedirla.
2. Penso che la tariffa (dipendere) _____ dal peso del pacco.
3. Pensate che queste lettere (metterci) _____ tre mesi per arrivare a Pisa.
4. Negli uffici è necessario che voi (fare) _____ la coda.
5. È giusto che la posta centrale (offrire) _____ tutti i servizi.
6. È probabile che io (ricevere) _____ il vaglia domani.
7. Occorre che tu (mandare) _____ il telegramma entro oggi.
8. Prima che voi (partire) _____ legate questo pacco.
9. Bisogna che anche loro (rispettare) _____ il turno.
10. Sembra che le tariffe postali (aumentare) _____ ogni anno.

B. Volgere le seguenti frasi in forma negativa.

ESEMPIO: È possibile che Carlo arrivi domani.
           Non è possibile che Carlo arrivi domani.

1. Occorre che chiediate informazioni all'impiegato.
2. È necessario che tu spenda un sacco di soldi.
3. Bisogna che Lei scriva l'indirizzo sulla busta.
4. È giusto che i ragazzi comprino i francobolli per la collezione.
5. Sembra che la tariffa postale via aerea sia troppo cara.

C. Completare le frasi seguenti secondo l'esempio.

ESEMPIO: È giusto che tu scriva la lettera.
           Sì, ma spero che la scriva anche Luigi.

   1. È necessario che tu compri i francobolli.
   2. Può darsi che tu spenda tutti i soldi.
   3. È utile che tu veda la collezione di francobolli.
   4. È ora che tu impari le tariffe postali.
   5. Occorre che tu imbuchi la lettera.

D. Formare una nuova frase con le due frasi indicate servendosi di una delle
   seguenti congiunzioni:

   affinché   finché non   sebbene   prima che
   in modo che   per paura che   a meno che   benché

   ESEMPIO: Parlo ad alta voce. Carlo mi sente.
              Parlo ad alta voce affinché Carlo mi senta.

   1. Compro dei francobolli. Non ne ho bisogno immediatemente.
   2. Fermiamoci qui. Smette (*stops*) di piovere.
   3. Voglio rileggere quello che ho scritto. Non ci sono errori.
   4. Non esco. Incomincia a nevicare (*to snow*).
   5. Frank parla italiano molto bene. Non vive in Italia.
   6. Aiuto mia sorella. Può finire più presto.
   7. Verrò a vederti. Non sei occupato.
   8. Compriamo dei giornali. Il treno parte.

E. Usando le espressioni fra parentesi formare una nuova frase con il congiuntivo o con l'infinito.

   ESEMPIO: Loro partono. (Credo)   *Credo che loro partano.*
              Esco presto. (Penso)   *Penso di uscire presto.*

   1. Giulia finisce presto il suo lavoro. (È importante)
   2. Vi riposate se siete stanche. (È bene)
   3. Gli operai decidono di scioperare. (È possibile)
   4. La vertenza sindacale continua. (Sembra)
   5. Oggi il postino non viene. (Sembra)
   6. Domani devono partire. (È probabile)
   7. La situazione migliora rapidamente. (È improbabile)
   8. Lo mandiamo per via aerea. (È meglio)

F. Tradurre le seguenti frasi.

   1. Before going to the store I must stop by the post office.
   2. To send a telegram one must go to the main post office.

*Un postino mentre
recapita la posta.*

3. Madam, it's necessary that you buy another 200 lire stamp.
4. If you want to use a 90 lire stamp you must write fewer than five words on the card.
5. Before leaving I would like to send a cablegram to the United States.
6. Unless they hurry, they will not arrive before the bank closes.
7. If we send it air mail it's probable that it will arrive before the end of the week.
8. Whoever calls, tell him that I will return in one hour.

G. *Guida al comporre.*

Riassumere brevemente la lettura 19ª (*Notizie dall'interno*). Riscrivere il brano completando le frasi e creandone, quando è possibile, delle altre nuove.

Il ministro Colombo ha detto _____ ma la _____ degli impiegati continua ancora. A Milano, i carabinieri hanno arrestato _____ perché _____. Il postino non recapitava _____. A Napoli i miracoli _____ dato che il signor Cirillo _____.

Lo sapevate che . . . ?

1. I francobolli, in Italia, si vendono anche dal tabaccaio.
2. Se le cartoline illustrate portano soltanto i saluti (non più di cinque parole), si paga meno per spedirle.
3. Le bollette del telefono, dell'elettricità e del gas possono essere pagate all'ufficio postale.
4. Per il piccolo risparmiatore, ci sono i libretti di risparmio postale.
5. Il tabaccaio vende anche buste e fogli per lettere.
6. Sull'indirizzo, il CAP precede il nome della città.

20ª

Motori: gioie e . . . dolori

Dal meccanico

La signora Lomardi ha molta cura della sua automobile, di tanto in tanto passa dal suo meccanico e si fa controllare la vettura.

Signora Lomardi —Mi sembra che la mia macchina acceleri troppo, può farmi verificare il minimo e la frizione?

Meccanico —Dovrà aspettare qualche minuto, appena il collaudatore finisce il lavoro che sta facendo, gli farò provare la Sua auto per modificare l'accelerazione e gli farò controllare anche i freni. Vuole che la faccia anche lavare?

Signora Lomardi —Sì, grazie! Anzi, prima di lavarla mi faccia anche verificare la pressione delle ruote e controllare l'olio. Quanto tempo occorrerà per fare tutto?

Meccanico —Mezz'ora circa.

Signora Lomardi —Nel frattempo io approfitterò per fare degli acquisti; devo comprare due paia di calze e poi passerò un momento dal pollivendolo all'angolo per comprare delle uova fresche.

Meccanico —Stia tranquilla, al Suo ritorno Le farò trovare la macchina completamente a posto.

. . .

Dall'elettrauto

Non è raro vedere delle automobili ferme per un guasto sulle corsie d'emergenza delle autostrade o ai margini delle strade. Qualche volta la macchina può anche bloccarsi per le strade affollate del centro, intralciando il traffico e facendo disperare il conducente, il quale si dà subito da fare per trovare qualcuno che possa aiutarlo.

Conducente — Mi scusi, per favore, la mia mạcchina si è fermata in mezzo alla strada; è lì, proprio a un paio di metri da quell'angolo, accanto al negọzio di ferramenta.

Benzinaio — Manderò sụbito un carro-attrezzi per rimorchiarla, e così, se è possịbile, gliela faccio riparare in giornata.

Conducente — Sarà senz'altro una sciocchezza, poiché ho fatto revisionare il motore al computer lo scorso mese. Forse c'è qualche filo lento che impedisce il passaggio della corrente; ma io non so proprio dove mẹttere le mani!

Benzinaio — Farò controllare le candele e l'avviamento.

Conducente — Mi ạuguro che sia una cosa da nulla; vorrẹi potere percọrrere ancora diverse migliaia di chilọmetri prima di cambiare mạcchina.

Vocabolario

NOMI

l'accelerazione acceleration, pickup
l'avviamento starter
il benzinaio gas station attendant
la calza stocking
le candele spark plugs
il carro-attrezzi tow truck
il chilọmetro kilometer
il collaudatore tester, inspector
il conducente driver
l'elettrauto specialist of the electrical systems of a car
le ferramenta hardware
il filo wire
il freno brake
la frizione clutch
il guasto breakdown, trouble
la mano hand (*pl.* le **mani**)
il mạrgine side
il meccạnico mechanic
il metro meter
il mịnimo idling
il paio pair (*pl.* le **paia**)
il pollivẹndolo poultry dealer
la pressione pressure
la ruota wheel, tire
la sciocchezza trifle
l'uovo egg (*pl.* le **uova**)

AGGETTIVI

fermo stopped
lento slow
raro rare

VERBI

accelerare to accelerate
bloccarsi to break down
cambiạre to change
controllare to check
darsi da fare to busy oneself
disperare to despair
impedire to prevent
intralciare to interfere, to hamper
modificare to adjust
percọrrere to run
revisionare to overhaul
rimorchiare to tow
riparare to repair
verificare to check out

ALTRE PAROLE ED ESPRESSIONI

a posto fixed, in order
anzi in fact
completamente completely
di tanto in tanto every once in a while
in giornata within the day
nel frattempo in the meantime
nulla nothing

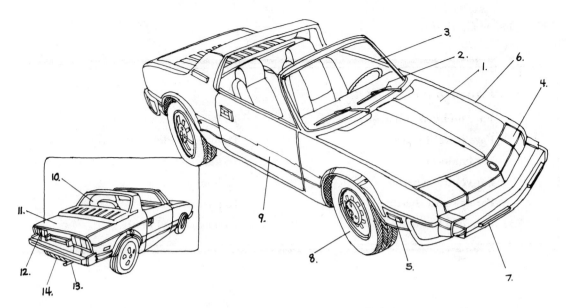

1. cofano *hood*
2. tergicristallo *windshield wiper*
3. parabrezza *windshield*
4. faro o proiettore *headlight*
5. indicatore di direzione *directional light*
6. parafango *fender*
7. paraurti *bumper*
8. pneumatico o ruota *tire*
9. portiera *door*
10. lunotto *rear window*
11. cofano (portabagagli) *trunk*
12. fanale posteriore *rear light*
13. tubo di scappamento *tailpipe*
14. serbatoio *tank*

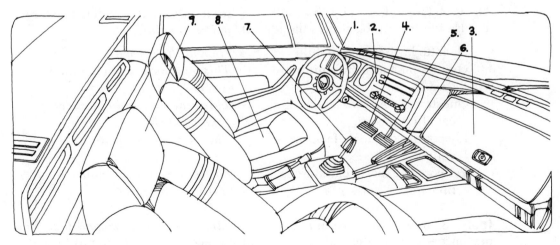

1. volante *steering wheel*
2. cruscotto *dashboard*
3. vano portaoggetti *glove compartment* (sometimes called *cruscotto*)
4. (pedale della) frizione *clutch pedal*
5. (pedale del) freno *brake pedal*
6. (pedale dell') acceleratore *gas pedal*
7. leva del cambio *shift lever*
8. sedile o poltrona *seat*
9. poggiatesta *head rest*

Proverbi e modi di dire

Fare un buco nell'acqua.	To fail in an attempt.
Fare castelli in aria.	To build castles in the air.
Far baldoria.	To make merry, to have a ball.
Far venire la barba.	To bore to death.
Fare a scaricabarile.	To pass the buck.
Fare una brutta figura.	To make a fool of oneself.

Grammatica

1 Fare causativo
(The verb *fare* followed by an infinitive)

The verb **fare** followed by an infinitive is frequently used in Italian to express a causative action. It renders the idea of *having something done*:

Ha fatto lavare l'automobile.	*He had the car washed.*
Quest'anno **facciamo ripitturare** la casa.	*This year we are having the house repainted.*
Questa volta mi **farò tagliare** i capelli più corti.	*This time I am going to have my hair cut shorter.*
L'ispettore doganale **fa aprire** le valige.	*The customs inspector has the suitcases opened.*
Per cortesia, **faccia chiudere** la finestra, c'è corrente.	*Please have the window closed; there is a draft.*

It also expresses the idea of *having* or *making someone do something*. The person performing the action is generally preceded by the preposition **a** or expressed by an indirect object pronoun:

Faccio leggere questo libro **agli studenti.**	*I am having the students read this book.*
Domani **gli farò pulire** la camera.	*Tomorrow I will make him clean his room.*

Pronouns always precede the verb **fare** except for **loro**, or, in the imperative when they are attached to it:

Facciamo riparare l'automobile.	*We are having the car fixed.*
La facciamo riparare.	*We are having it fixed.*
La facciamo riparare dal mec- canico.	*We are having the mechanic fix it.*
Gliela facciamo riparare.	*We are having him fix it.*
Facciamogliela riparare.	*Let's have him fix it.*
Gliel'abbiamo fatta riparare.	*We had him fix it.*

Note the use of reflexive pronouns with the causative **fare:**

Mario **si fa fare** un vestito dal sarto.	*Mario has the tailor make him a suit.*
Mario **se lo fa fare** dal sarto.	*Mario has the tailor make it for him.*
Mario **si è fatto fare** un vestito dal sarto.	*Mario had the tailor make him a suit.*
Mario **se l'è fatto fare** dal sarto.	*Mario had the tailor make it for him.*

APPLICAZIONI PRATICHE

A.   Ripetere le frasi seguenti secondo i cambiamenti indicati.

1. *Ci facciamo* controllare la macchina
   (io / voi / Lei / tu / lui / loro)

2. Gli *farò* modificare l'accelerazione.
   (voi / lei / tu / Loro / noi / lui)

3. Ti *faccio* verificare la pressione delle ruote.
   (noi / lui / loro / lei)

4. Il meccanico *mi fece* riparare la macchina in giornata.
   (tu / noi / lui / Lei / voi / loro)

5. *Vorreste* far lavare l'automobile?
   (lui / tu / noi / lei / Loro / Lei)

6. Io *feci* rimorchiare la macchina.
   (noi / Lei / loro / lui / voi / tu)

B.   Ripetere le frasi seguenti secondo l'esempio:

ESEMPIO: Mi faccio comprare delle calze.
           Me le faccio comprare.

1. Gli faccio controllare le candele.
2. Ti sei fatto comprare una macchina nuova.

3. Mi farò mandare il carro-attrezzi.
4. Si è fatta revisionare il motore al computer.
5. Vi facevate portare le uova.
6. Non gli ha fatto cambiare l'olio.

C. *Situazione: I piaceri della casa*
Tonio e Lina hanno appena compato una casa. Lina chiede a Tonio di fare alcune cose per la casa o di farle fare. Fare la parte di Lina secondo l'esempio:

ESEMPIO: Aggiusta la porta.
            Aggiusta la porta o falla aggiustare.

1. Attacca i quadri alla parete.
2. Pittura la camera da letto.
3. Togli la carta dalle pareti.
4. Taglia l'erba in giardino.
5. Organizza il tuo studio.
6. Pulisci il garage.
7. Taglia gli alberi.
8. Sposta (*move*) il televisore.
9. Metti i bastoni (*rods*) per le tende.
10. Lava le finestre.

D. Usare il verbo **fare** al posto delle espressioni in parentesi.

ESEMPIO: La signora (chiede al marito di) _____ guidare piano.
            La signora lo fa guidare piano.

1. (Hanno detto alla ragazza di) _____ comprare due paia di calze.
2. (Mi dice di) _____ lavare i piatti.
3. Il benzinaio (gli ha detto di) _____ aspettare un'ora.
4. (Ti ha ordinato di) _____ lasciare la macchina in officina.
5. A te e a Roberto (diranno di) _____ spedire un assegno.
6. (Gli chiediamo di) _____ restare a casa.
7. (Ti ordineranno di) _____ pagare una multa.
8. L'impiegato (ha detto loro di) _____ lasciare un anticipo.

2   Espressioni con il verbo *fare*
(Expressions with the verb *fare*)

In Italian **fare** is often used in many idiomatic expressions. Study the following:

fare attenzione (a)	*to pay attention*
fare un complimento	*to pay a compliment*
fare complimenti	*to stand on ceremony*
fare il numero	*to dial a number*
fare una domanda	*to ask a question*
fare caso	*to notice*

fare una visita	*to pay a visit*
fare male	*to hurt*
farsi male	*to get hurt*
fare le spese	*to go shopping*
farsi la doccia	*to take a shower*
farsi la barba	*to shave*
farsi il bagno	*to take a bath*
fare colazione	*to have breakfast*

Impersonal expressions:

Fa caldo.	*The weather (It) is hot.*
Fa freddo.	*The weather (It) is cold.*

3   Nomi sovrabbondanti
(Double-gender nouns)

In Italian, some masculine nouns ending in **-o** have two forms in the plural: one with the regular masculine ending in **-i** and one with an irregular feminine ending in **-a**. The two plural forms have different meanings. Generally the feminine plural indicates the object itself; the masculine form, instead, expresses a figurative sense.

DOUBLE-GENDER NOUNS

braccio *arm*	i bracci *arms (e.g., of a chair)* le braccia *arms (of a person)*
ciglio *eyelash, border, edge*	i cigli *edges* le ciglia *eyelashes*
dito *finger, toe*	i diti *fingers, toes (taken individually)* le dita *fingers (of a hand)*
fondamento *foundation*	i fondamenti *basis* le fondamenta, *foundation (of a house)*
labbro *lip*	i labbri *rim, brim* le labbra *lips*
membro *limb, member*	i membri *members (e.g., of a club)* le membra *limbs*
muro *wall*	i muri *walls* le mura *walls (of a city)*
osso *bone*	gli ossi *bones (of animals); stone (of a fruit)* le ossa *bones (of humans)*

ESEMPI:

braccio   *arm*
   a) Mi fanno male **le braccia.**   *My arms hurt.*
   b) **I bracci** della sedia sono rotti.   *The arms of the chair are broken.*

ciglio   *eyelash, edge*
   a) Maria si è truccata **le ciglia.**   *Mary made up her eyelashes.*
   b) Gli operai stanno riparando **i cigli** della strada.   *The workers are repairing the edges of the road.*

muro   *wall*
   a) Sulle vecchie **mura** di Lucca, c'è una passeggiata panoramica.   *On the walls of Lucca, there is a panoramic walk.*
   b) Dobbiamo ripitturare **i muri** della casa.   *We must repaint the walls (of each room) in the house.*

APPLICAZIONE PRATICA

E.   Tradurre la parola fra parentesi con l'espressione esatta, secondo il senso della frase.

   1. Abbiamo iniziato la costruzione della casa; (*the foundation*) _____ sono già a posto.
   2. Ho comprato due (*bones*) _____ per il cane.
   3. Il Circolo Italiano della scuola ha circa quaranta (*members*) _____.
   4. Alcune città italiane sono ancora circondate da (*walls*) _____.
   5. Carlo è caduto e si è rotto tre (*fingers*) _____.
   6. Non bisogna sedersi sui (*arms*) _____ di una sedia.
   7. Sono molto stanco e mi fanno male tutte le (*bones*) _____.
   8. Il rossetto si mette sulle (*lips*) _____.

4   Nomi con cambiamento di genere al plurale
(Nouns that change gender in the plural)

Some nouns in Italian which are masculine in the singular become feminine in the plural. Study the following:

Singular		*Plural*
il centinaio	*hundred*	le centinaia
il migliaio	*thousand*	le migliaia
il miglio	*mile*	le miglia

Singular		*Plural*
il paio	*pair*	le paia
il riso	*laughter*	le risa
l'uovo	*egg*	le uova

5 Nomi con due generi
(Nouns with two genders)

Some nouns have two forms, masculine and feminine, in the singular. Each form has a meaning of its own:

il baleno	*lightning*	la balena	*whale*
il buco	*hole*	la buca	*pit*
il foglio	*sheet of paper*	la foglia	*leaf*
il capitale	*capital (money)*	la capitale	*capital city*
il legno	*wood (for building)*	la legna	*wood (to burn)*
il fronte	*front*	la fronte	*forehead*
il panno	*cloth*	la panna	*cream*

APPLICAZIONI PRATICHE

F. Cambiare il singolare in plurale e viceversa.

1. le mani	5. il paio	9. l'osso
2. il braccio	6. le membra	10. le labbra
3. il miglio	7. il dito	11. le ciglia
4. l'uovo	8. le ali	12. le mura

G. Completare le frasi seguenti con il nome appropiato.

1. Gradirei un caffè con _____ per cortesia.
2. La distanza fra Boston e New York è di duecento _____.
3. Signorina, vorrei tre _____ con buste per via aerea.
4. Quando è andato a Roma Marco ha comprato quattro _____ di scarpe.
5. Per fare una frittata (*omelette*) servono le _____.
6. Quest'anno abbiamo comprato un po' di _____ per il camino (*fireplace*).
7. In America molte case sono di _____ mentre in Italia quasi tutte sono di mattoni (*brick*).
8. Moby Dick era una _____ famosa.
9. Per viaggiare in Europa oggi bisogna avere _____ di dollari.
10. Roma è _____ d'Italia.

Lettura

L'industria automobilistica in Italia

L'industria automobilistica impiega in Italia oltre
due milioni di persone e rappresenta un decimo
delle entrate° della bilancia commerciale.°   incomes / trade balance

    L'avvenimento più importante nel settore au-
tomobilistico è costituito dal Salone Internazionale°   International Automobile Show
di Torino. La città piemontese, sede° principale   seat, center
della Fiat, oltre ad essere considerata la "Detroit
italiana" per la produzione, è nota anche per lo stile
e l'eleganza delle sue automobili, disegnate dai
famosi Bertone e Pinin Farina.

    Ogni anno le case italiane e straniere mostrano a
Torino decine e decine° di nuovi modelli: vetture   scores
utilitarie,° di media cilindrata° e di lusso. La Fiat,   economy cars / middle-sized
che è la più grande ditta italiana, in questa oc-
casione presenta sempre un certo numero di novità:
macchine di ogni tipo, di ogni grandezza e di ogni
prezzo, dall'utilitaria più economica alla macchina
più cara. Un'altra caratteristica della Fiat è co-
stituita dalla tendenza della casa ad adeguare° con-   to adapt
tinuamente la produzione al bisogno del momento.
È per questo che la casa automobilistica torinese
(seguita anche da altre case italiane) ha lanciato
un'iniziativa° che vuole rispondere all'importante   led the way

*La Fiat produce automobili di ogni tipo: dall'utilitaria
più economica alla macchina più cara.*

problema delle fonti d'energia° e che consiste nella produzione di motori Diesel. È noto infatti che il motore Diesel è senz'altro migliore perché consuma° meno di quello a benzina, è più economico della benzina ed infine ha bisogno di minori cure.

energy sources

consumes

Sul mercato internazionale un'industria automobilistica sempre più apprezzata per le sue vetture sportive ed eleganti è l'Alfa Romeo di Milano che nel 1974 ha costruito il complesso dell'Alfa Sud vicino Napoli.

Esistono infine altre case, tra cui la Ferrari, la Lamborghini e la Maserati, che costruiscono, spesso, "su ordinazione"°, automobili velocissime e lussuose° per i pochi che possono spendere trenta e più milioni per un'automobile.

on order

luxurious

H. Domande sulla lettura.

1. Quali sono le automobili italiane più prestigiose?
2. Perché si producono automobili a gasolio? (diesel)
3. Qual' è l'avvenimento annuo più importante nel settore automobilistico?
4. Quali sono le principali case automobilistiche italiane?
5. Perché Torino è chiamata la "Detroit italiana"?
6. Che cosa si presenta al Salone di Torino?
7. Come si chiamano i due più famosi carrozzieri italiani?
8. Perché l'industria automobilistica è importante per l'Italia?
9. Quali tipi di automobili presenta la Fiat?
10. Che cosa è un'utilitaria?

I. Progetti di ricerca.

1. La Fiat in Italia: produzione, vendite, esportazione
2. La Fiat nel mondo: complessi Fiat in altre nazioni; il mercato americano

Tirando le Somme

A. Domande sul dialogo.

1. Da chi fa controllare la sua vettura la signora Lomardi?
2. Perché la signora Lomardi vuole fare verificare il minimo?
3. Che cosa sta facendo il meccanico?

4. Che cosa farà il meccanico alla macchina della signora Lomardi?
5. Cosa farà la signora Lomardi mentre il meccanico verifica la macchina?
6. Dove si fermano le automobili che si guastano per la strada?
7. Cosa succede quando una macchina si blocca per le strade del centro?
8. Dove può andare un conducente per farsi aiutare?
9. Dove ha lasciato la sua macchina il conducente?
10. Cosa manda il benzinaio?
11. Come ha fatto revisionare il motore il conducente?
12. Cosa controllerà il benzinaio?
13. Il conducente vuole cambiare macchina?

B. Secondo l'esempio, ripetere le frasi seguenti.

ESEMPIO 1:   Dove portano l'auto?
              La fanno portare in garage.

1. Dove cambiano l'olio?
2. Dove modificano l'accelerazione?
3. Dove lavano la macchina?
4. Dove riparano la frizione?
5. Dove controllano le candele?

ESEMPIO 2:   Ordinagli di restare a casa.
              No, non lo farò restare a casa!

1. Chiedile di parlare con Giulio.
2. Ordina loro di uscire subito.
3. Digli di partire oggi stesso.
4. Chiedigli di mangiare fuori.
5. Ordinale di pulire la casa.

C. Ripetere le frasi, usando il verbo **fare** secondo l'esempio.

ESEMPIO: Il signor Boni domanda al figlio di comprare il giornale.
            Il signor Boni gli fa comprare il giornale.

1. La signora Lomardi domanda al meccanico di verificare il minimo.
2. Marco domanda alla cameriera di portare il menù.
3. Domandiamo al meccanico di riparare il televisore.
4. Abbiamo detto ai pittori di pitturare la casa.
5. Chiederò al benzinaio di fare il pieno.
6. Chiedete al vigile di indicarvi la strada.
7. Il professore ha domandato agli studenti di restare un'altra ora.
8. Domanderò a mia sorella di preparare la colazione.
9. La biblioteca mi ha chiesto di riportare il libro.
10. Abbiamo chiesto al negoziante di chiamare un carro-attrezzi.

D. Ripetere le frasi usando i pronomi.

ESEMPIO: Faccio chiamare *l'idraulico* (*plumber*).
Lo faccio chiamare.

1. Ho fatto tradurre *la lettera.*
2. Farò recitare *la poesia agli studenti.*
3. Abbiamo fatto telefonare *al dottore.*
4. Dovete far venire *un giardiniere.*
5. Hai fatto aspettare *Luigi* fino alle otto di sera.
6. Faccio controllare *la pressione delle ruote al benzinaio.*
7. Fate riparare *l'orologio all'orologiaio.*
8. Faremo vedere *il museo ai ragazzi.*

E. Tradurre le seguenti frasi.

1. The teacher asked me to close the door.
2. Last year Charles was very sick and we made him repeat the year.
3. Tomorrow I am going to have my hair cut.
4. Mrs. Bianchi is going to have her car repainted.
5. Could you have Bruno come by around five o'clock?
6. Some companies have Bertone design their cars.
7. Tomorrow I must go to the dentist to have my teeth checked.
8. Mario was taking a shower so he had me answer the phone.
9. Gino, could you bring the car so we can pay a visit to aunt Lina?
10. It was very cold and he had me wear my coat and gloves.
11. I would like to have the doctor look at me because I fell and hurt my hand.
12. While we go shopping can you have the car washed?
13. Peter, please don't stand on ceremony; come in and eat with us!
14. "If you don't pay attention I will have you repeat what I said," said the teacher.
15. I asked Robert to dial the number for Rome.

F. *Guida al comporre.*

Descrivete un incidente stradale. Cercare di seguire le indicazioni per lo svolgimento (*development*).

L'incidente è avvenuto tra un auto e una motocicletta.
È avvenuto di giorno (di notte), in centro, sull'autostrada.
L'automobilista e il motociclista discutono e si accusano.
Si avvicina un poliziotto (o un vigile), il quale interroga l'automobilista e il motociclista, poi scrive alcune cose su un pezzo di carta.
Un gruppo di persone commenta l'incidente.
Fortunatamente non ci sono feriti.
Poi tutti vanno via e il traffico lungo la strada riprende come prima.

Ricapitolazione

LEZIONI 17-20

A. Completare le seguenti frasi con la forma giusta del nome indicato.

1. Per colazione mi sono fatto due (uovo) _____ con il prosciutto.
2. (osso) _____ di pollo fanno male ai cani.
3. Nel nostro circolo ci sono circa trenta (membro) _____.
4. Mario, hai già dieci (paio) _____ di scarpe e ne vuoi comprare un altro!
5. Mi dispiace Carlo, ma quello che tu dici non ha (fondamento) _____.

B. Servendosi del femminile o maschile delle parole indicate completare le seguenti frasi.

baleno   foglio   capitale   buco   legno

ESEMPIO: Per fare un vestito ci vuole _____ ma sul gelato si mette _____.
Per fare un vestito ci vuole il panno ma sul gelato si mette la panna.

1. Negli Stati Uniti molte case sono fatte di _____.
2. Moby Dick era una famosa _____ bianca.
3. Volevo attaccare il quadro ma ho fatto _____ nel muro.
4. In autunno _____ cominciano a cambiare colore.
5. Atene è _____ della Grecia.
6. D'inverno è bello sedere davanti al camino dove arde _____.
7. Gina, mi presti _____ devo scrivere un biglietto a mio fratello.
8. In un campo di golf ci sono 18 _____.

C. 1. Dare il *trapassato prossimo* dei seguenti verbi alla persona indicata.
    a) andare, volere, riparare, percorrere, migliorare (*noi*)
    b) cambiare, aumentare, mettere, adottare, fare (tu)
    c) inoltrare, temere, sperare, rivolgersi, dovere (io)

2. Dare il *trapassato remoto* dei seguenti verbi alla persona indicata.
   a) chiamare, togliere, dubitare, uscire, leggere   (*voi*)
   b) accellerare, avvertire, accettare, sedere, pesare   (*loro*)
   c) abituarsi, aumentare, provvedere, dare, riunire   (*lui*)

3. Dare il *presente congiuntivo* dei seguenti verbi alla persona indicata.
   a) impedire, impostare, rimanere, venire, costruire   (*tu*)
   b) riparare, richiedere, spedire, chiudere, affittare   (*voi*)
   c) avvertire, imbucare, trasformare, mancare, rinunciare   (*io*)

D. Tradurre le parole inglesi nelle seguenti frasi.

1. Mario (*pay attention*) _____ alla tua sorellina quando attraversate la strada.
2. Dopo aver giocato a tennis mi piace di (*take a shower*) _____.
3. Se partiamo presto potremo fermarci a (*have lunch*) _____ sul mare a Nettuno.
4. Scusi, potrei (*ask you a question*) _____?
5. Prima (*we will go shopping*) _____ e poi ci fermeremo a mangiare in una buona trattoria.
6. Quel ragazzo (*paid me a compliment*) _____.
7. Signorina (*can you dial the number for me*) _____ dell'avvocato Cecchetti?
8. Maria (*don't pay any attention to him*) _____; è uno spiritoso.
9. (*We had the car repaired*) _____ perché non funzionava bene.
10. Signorina, (*have him return*) _____ più tardi, ora sono troppo occupato.

E. Completare le seguenti frasi con la forma adatta del trapassato prossimo o del trapassato remoto, a seconda del senso della frase.

1. Dopo che gli ospiti (partire) _____ andammo a dormire.
2. Appena Carlo (arrivare) _____ andò in albergo.
3. I signori Pacini (vedere) _____ già la Francia e decisero di andare in Svizzera.
4. Siamo andati al ristorante dove (mangiare) _____ la settimana scorsa.
5. Appena io (suonare) _____ vennero ad aprire.
6. La signorina (dimenticare) _____ il biglietto a casa e ne comprò un'altro.
7. Quando (arrivare) _____ al campeggio non trovarono un posto libero.
8. Mario è andato in ospedale perché un cane lo (mordere) _____.
9. Durante l'inverno appena (finire) _____ il lavoro, Gina andava a sciare.

F. Ripetere le seguenti frasi sostituendo il pronome indicato con il soggetto fra parentesi e facendo i cambiamenti necessari.

   1. Sono contenti che *voi* veniate.   (loro)
   2. Hai bisogno che *io* vada dal giornalaio?   (tu)
   3. Siete felici che *lui* faccia un viaggio?   (voi)
   4. Ha paura che *loro* non capiscano.   (lui)
   5. Non vogliono che *tu* prenda un raffreddore.   (loro)
   6. Credo che *Marta* abbia ragione.   (io)
   7. Speriamo che *voi* lo rivediate.   (noi)
   8. È spiacente che *Maria* non sia libera.   (lei)
   9. Ti auguri che *io* finisca presto.   (tu)
  10. Siete sorpresi che *io* li riconosca?   (voi)

G. Ripetere le seguenti frasi sostituendo le espressioni indicate.

   1. Devo parlarti prima che *tu parta.*
     a) uscire da casa.
     b) sedersi a tavola.
     c) vederlo.
     d) incontrarsi con Carlo.

   2. Va in piscina sebbene *sia affollata.*
     a) non saper nuotare.
     b) l'acqua essere fredda.
     c) non avere il tempo.
     d) chiudere fra un'ora.

   3. Partiremo domani benché *faccia troppo caldo.*
     a) nevicare.
     b) piovere.
     c) le strade essere affollate.
     d) dovere lavorare ancora.

H. Completare le seguenti frasi con il congiuntivo presente.

   1. Penso che loro non (essere) _____ in casa stasera.
   2. Mio padre vuole che io (studiare) _____ la lezione ogni sera.
   3. Dovunque loro (andare) _____ si divertono sempre.
   4. È importante che tu mi (scrivere) _____ appena sei arrivato.
   5. Non credo che loro (potere) _____ uscire domani sera.
   6. Mi auguro che tutto (andare) _____ bene.
   7. Vogliono che io li (aiutare) _____ a trovare una casa.
   8. Dubito che voi (divertirsi) _____ a quella commedia.
   9. È impossibile che tu (volere) _____ arredare tutta la casa di nuovo.
  10. Volete che io vi (dare) _____ un anticipo per la moquette?
  11. È necessario che tu (portare) _____ questa lettera all'ufficio postale.
  12. Verrò anch'io al ristorante benché non (avere) _____ molta fame.

I. Completare le seguenti frasi.

1. Rimango un'altra ora affinché _____.
2. Imposta questa lettera a meno che _____.
3. Rivolgiti a quello sportello sebbene _____.
4. Spediamo la lettera via aerea in modo che _____.
5. Prendo un tassì perché _____.
6. Prenotiamo un posto prima che _____.
7. Lo ripeterò finché _____.

J. Tradurre le seguenti frasi.

1. Please have the oil and the water in the car checked.
2. The gas station attendant had the car repaired and washed.
3. Last week we had the walls of the living room repainted.
4. Two years ago they went skiing in Maine.
5. Peter lost his money but he had also bought some traveler's checks.
6. I asked him when the last train had arrived.
7. The doctor arrived as soon as they had called him.
8. I would like you to tell me exactly how much you can pay.
9. By the way, it seems that Andrea wants to buy a small house in the mountains.
10. They hope that you will not want to disturb them.
11. It's better if you put the car in the garage. It's going to snow tonight.
12. You are happy that I will stay home this week. We must repaint the shutters.
13. I don't doubt that he will be able to help you. He is a good interior decorator.
14. Whatever house you buy, you will want to transform it.
15. It seems that even in Italy they are beginning to restructure old buildings.

21ª

Al cinema

Riccardo e Piero sono appena usciti da un cinema, in cui si proietta in questi giorni un film del famoso regista Pier Paolo Pasolini. Mentre fanno un tratto di strada insieme per andare a casa, i due giovani parlano del film che hanno appena visto.

Riccardo	—Ti è piaciuto il film?
Piero	—È uno dei peggiori film che abbia visto in questi ultimi mesi!
Riccardo	—Davvero? Io l'ho trovato molto interessante!
Piero	—Non riesco a capire come ti possa piacere un film che sia stato realizzato soltanto con attori presi dalla strada e portati davanti alla macchina da presa.
Riccardo	—Ma Piero, oggi ciò che conta nel cinema non sono gli attori, bensì i temi che il regista tratta; e nel caso di questo film mi pare che il regista abbia affrontato certi aspetti di una realtà sociale che devono essere denunciati.
Piero	—Non è che io sia contrario ai film a sfondo sociale e ambientale, ma secondo me più che un dibattito, il film deve essere uno spettacolo che possa divertire, ed è indispensabile che almeno i protagonisti abbiano già recitato in altri film, altrimenti è come andare a vedere un documentario!
Riccardo	—Io penso che in un film del genere siano indispensabili dei personaggi autentici, anzi credo proprio che un personaggio, impersonato da un individuo che non abbia mai recitato, possa essere più autentico.
Piero	—E secondo te i personaggi di questo film sono autentici?
Riccardo	—Sì, tutti! E non c'è dubbio che in questo film il regista è riuscito molto bene nella rappresentazione dell'ambiente e negli effetti che esso può avere sugli individui.
Piero	—Ciò che più mi ha dato fastidio in questo film è la frammentarietà e il passaggio brusco da una scena all'altra. In questo senso

347

l'unica esperienza che mi abbia veramente entusiasmato sono i film del neorealismo, in cui sullo sfondo del secondo dopoguerra la cronaca e la denuncia di certi problemi si fondono artisticamente.

Riccardo —Come al solito, sul cinema non siamo mai d'accordo, e sono sicuro che la nostra polemica potrebbe continuare all'infinito; infatti, nonostante i tuoi commenti negativi, non posso negare che il film che abbiamo visto stasera è, secondo me, il migliore che questo regista abbia diretto.

• • •

È un pomeriggio piovoso e Carlo telefona a Giulia per invitarla ad andare al cinema.

Carlo —Ti attira l'idea di andare a vedere un film giallo? Ne danno uno in prima visione: pare che abbia avuto delle critiche molto favorevoli.

Giulia —Sì, mi piacerebbe andare al cinema, ma non condivido l'idea di vedere un film giallo. Il fatto che tu sia riuscito a convincermi a vederne uno, l'ultima volta che siamo andati al cinema, ha contribuito ad aumentare il rifiuto che ho sempre avuto per i film gialli.

Carlo —Allora potremmo andare a vedere qualche altro film interessante in un cinema d'essai magari in quello vicino alla Standa, dove danno sempre delle belle commedie americane degli anni Quaranta e degli anni Cinquanta!

Giulia —Ah, ho capito! Stai parlando del cinema Diana, quello dietro la Standa! Non sono sicura, ma credo che lo abbiano demolito. Aspetta, adesso telefono per chiedere, e poi ti richiamo.

Vocabolario

NOMI
la **critica**   review
il **cinema d'essai**   experimental (underground) cinema
il **commento**   comment
la **denuncia**   exposé
il **dibattito**   debate
il **documentario**   documentary
il **dopoguerra**   postwar period
il **dubbio**   doubt

l'**effetto**   effect
il **film giallo**   mystery film
la **frammentarietà**   fragmentary character
la **macchina da presa**   camera
il **neorealismo**   neorealism
il **personaggio**   character
la **polemica**   polemic
la **prima visione**   first showing
la **rappresentazione**   representation

la **realtà**   reality
il **regista**   director
il **rifiuto**   refusal
lo **sfondo**   background

AGGETTIVI
ambientale   environmental
brusco   abrupt
contrario   contrary
favorevole   favorable
indispensabile   indispensable
negativo   negative
piovoso   rainy

VERBI
attirare   to attract
condividere   to share
contribuire   to contribute
convincere   to convince
dare fastidio   to bother
demolire   to demolish
denunciare   to reveal
dirigere   to direct
entusiasmare   to thrill, excite
fondersi   to fuse
impersonare   to play (a role)
proiettare   to show (a film)
realizzare   to realize, to achieve

recitare   to act
richiamare   to call again
trattare   to deal with

ALTRE PAROLE ED ESPRESSIONI
continuare all'infinito   to go on
   endlessly
bensì   but, rather
del genere   of this type
magari   maybe

AGGIUNTE AL VOCABOLARIO
biglietteria   box office
cartellone   playbill
comparsa   extras
doppiaggio   dubbing
doppiato   dubbed
galleria   balcony
intervallo   intermission
maschera   usher
platea   orchestra
poltrona   seat
prossimamente   previews
schermo   screen
seconda visione   second run
sottotitoli   subtitles
spettatore   spectator

Grammatica

1   Congiuntivo passato
(The present perfect subjunctive)

The present perfect subjunctive of all verbs is formed with the present subjunctive of **avere** or **essere** + the past participle of the verb expressing the action:

	recitare	arrivare
che io	abbia recitato	sia arrivato (a)
che tu	abbia recitato	sia arrivato (a)
che lui		sia arrivato
che lei	abbia recitato	sia arrivata
che Lei		sia arrivato (a)

	recitare	arrivare
che noi	abbiamo recitato	siamo arrivati (e)
che voi	abbiate recitato	siate arrivati (e)
che loro che Loro }	abbiano recitato	siano arrivati (e)

ESEMPI:

Present subjunctive

Non so se suo zio **arrivi.**

Dubito che Carla **si ricordi** di me.

Siamo contenti che tu ci **creda.**

Mi sembra che il regista **presenti** bene la realtà.

Penso che Bruno **compri** una nuova macchina.

È bene che loro **partano** presto.

Present perfect subjunctive

Non so se suo zio **sia arrivato.**

Dubito che Carla **si sia ricordata** di me.*

Siamo contenti che tu ci **abbia creduti.***

Mi sembra che il regista **abbia presentato** bene la realtà.

Penso che Bruno **abbia comprato** una nuova macchina.

È bene che loro **siano partiti** presto.*

NOTA: *Remember that the past participle has to agree with the subject, in gender and number, for all verbs conjugated with **essere** and with a preceding direct object for verbs conjugated with **avere**.

APPLICAZIONE PRATICHE

A. Volgere le seguenti espressioni verbali alle corrispondenti forme del congiuntivo passato.

1. finisco	7. tengono	13. perde
2. vedi	8. ci dirigiamo	14. capisce
3. richiamo	9. risponde	15. vogliamo
4. ti diverti	10. imparano	16. viene
5. leggete	11. aspetti	17. va
6. convince	12. attiro	18. prende

B. Sostituire alla forma del presente quella del congiuntivo passato.

1. Dubito che lo *vedano*.
2. Speriamo che lei *capisca* tutto.
3. Credo che *demoliscano* il cinema.
4. È meglio che Eugenio *venga* al cinema.
5. Sembra che gli attori *recitino* bene.
6. È l'unica cosa che mi *entusiasmi*.

C. Ripetere usando la forma del congiuntivo passato e facendo i cambiamenti indicati.

1. È necessario che *io* gli scriva immediatamente.
   (tu / Lei / noi / voi / Loro)

2. È impossibile che *lui* vada alla spiaggia.
   (voi / tu / Maria / loro)

3. Speriamo che *il treno* non arrivi in ritardo.
   (loro / tu / Bruno / i miei amici / voi)

4. Dubitate che *loro* parlino italiano?
   (io / Frank / noi / Lei)

2 Usi del congiuntivo passato
(Uses of the present perfect subjunctive)

The present perfect subjunctive is used in a secondary clause expressing an action that was completed before the action of the main verb took place.

In the following examples, the sentences in the second column refer to a completed action, while those in the first column refer to an event yet to take place:

Present subjunctive	*Present perfect subjunctive*
Non so se Bruno **arrivi oggi** o **domani**.	Non so se Bruno **sia arrivato ieri**.
Dubito che **partano domani**.	Dubito che **siano partiti ieri**.
È possibile che Carlo **venda** l'automobile **la settimana prossima**.	È possibile che Carlo **abbia venduto** l'automobile **la settimana scorsa**.
Spero che tu lo **incontri stasera**.	Spero che tu lo **abbia incontrato questa mattina**.

APPLICAZIONI PRATICHE

D. Svolgere i due esercizi secondo gli esempi.

ESEMPIO 1:   Noi siamo andati al cinema.
             Penso che anche Roberto sia andato al cinema.

1. Noi abbiamo preferito restare a casa.
2. Noi abbiamo telefonato a Giulia per invitarla.
3. Noi siamo riusciti a convincerlo.
4. Noi abbiamo visto un film francese.
5. Noi abbiamo fatto una passeggiata dopo lo spettacolo.

ESEMPIO 2: Credi che l'attore abbia recitato bene.
No, credo che l'attore non abbia recitato bene.

1. Credi che questo regista faccia dei buoni film?
2. Credi che Luigi condivida quest'idea?
3. Credi che il film giallo entusiasmi Giulia?
4. Credi che la nostra polemica sia interessante?
5. Credi che i suoi commenti siano negativi?

E. Completare le seguenti frasi mettendo il verbo fra parentesi al congiuntivo passato.

1. Speriamo che loro (capire) _____.
2. Ho paura che lui non (essere) _____ d'accordo.
3. Temo che voi (vedere) _____ già questo film.
4. È impossibile che tu (condividere) _____ la sua opinione.
5. È giusto che io li (accompagnare) _____.
6. Benché io (vedere) _____ questo spettacolo ti accompagnerò.
7. Pensi che questo regalo Le (piacere) _____?
8. Spero che questa scena non vi (dare) _____ fastidio.
9. Credo che il regista (realizzare) _____ degli effetti stupendi.
10. Dubiti che loro (divertirsi) _____?

F. Tradurre in italiano.

1. It's better that you didn't come.
2. I think that the debate didn't convince you.
3. It's possible that they have never seen a mystery film.
4. Do you think that he acted well?
5. Do you think they sold all the tickets?

3 Congiuntivo dopo il superlativo
(The subjunctive after a superlative)

The subjunctive is always used in a dependent clause which modifies a *relative superlative*. In the first column of sentences below the superlative stands alone, but in the second column it is modified by a clause:

Simple superlative	*Modified superlative*
Carlo è **il mio migliore** amico.	Carlo è **il miglior** amico **che io abbia.**
Questo è il film **più interessante** dell'anno.	Questo è il film **più interessante che io abbia** mai **visto.**
È il libro **più costoso** della tua biblioteca?	È il libro **più costoso che abbia comprato.**

<table>
<tr><td>È il regista **più famoso** del neorealismo.</td><td>È il regista **più famoso che sia** mai **vissuto.**</td></tr>
</table>

The subjunctive is also used after certain expressions that imply a superlative degree:

unico   only
Maria è **l'unica** persona del gruppo **che sappia** cantare bene.

solo   only
Quelli gialli sono i **soli** film **che** gli **piacciano.**

niente   nothing
Non c'e **niente che** lo **entusiasmi.**

nessuno   no one
Non trovo **nessuno che possa** indicarmi la strada.

4   Congiuntivo dopo espressioni indefinite
(The subjunctive after indefinite expressions)

The subjunctive is used in a subordinate clause that refers to someone or something specific but as yet indefinite, unknown, or unidentified:

Cercano **una persona che possa** doppiare questo film.
Non posso trovare **un giardiniere che venga** ogni settimana.
Vogliamo **un'automobile che non consumi** troppo.

APPLICAZIONI PRATICHE

G. Svolgere i tre esercizi secondo gli esempi.

ESEMPIO 1:   Cosa desidera? (Casa / essere grande)
Desidero una casa che sia grande.

1. Cosa cerca? (casa / avere due garage)
2. Cosa cerca? (segretaria / parlare italiano)
3. Cosa vogliono? (impiegato / conoscere due lingue)
4. Cosa Le serve? (negozio / vendere libri stranieri)

ESEMPIO 2:   Bruno sa nuotare bene.
Bruno è l'unico che sappia nuotare bene.

1. Maria va in vacanza quest'estate.
2. Fellini è il regista che mi piace.
3. Questo ristorante ha piatti italiani.
4. I film gialli mi divertono.

ESEMPIO 3:   Qualcosa lo interessa?
Non c'è niente che lo interessi.

Qualcuno vi aiuta?
Non c'è nessuno che ci aiuti.

1. Qualcosa vi piace?
2. Qualcuno ti può accompagnare?
3. Qualcosa li convince?
4. Qualcosa lo attira?
5. Qualcuno è d'accordo?
6. Qualcuno sa recitare questa parte?

H. Completare le seguenti frasi mettendo il verbo al congiuntivo.

1. Mi serve un treno che (partire) _____ dopo le sedici.
2. Cerchiamo una casa che (avere) _____ un grande giardino.
3. Vogliamo vedere un film che non (essere) _____ noioso.
4. Conosce un attore che (recitare) _____ bene.
5. Non c'è nessuno che mi (telefonare) _____ mentre ero fuori?
6. Maria è l'unica che (venire) _____ a trovarmi quando ero malata.
7. Sono molto stanco. È il viaggio più lungo che io (fare) _____ mai.
8. Tu sei l'unico che non (ricevere) _____ la mia cartolina.
9. Bellissimo! È il miglior libro che io (leggere) _____ mai.
10. Scusi, conosce un ristorante dove si (mangiare) _____ bene e che non (costare) _____ troppo?

Lettura

Neorealismo e cinema

Il neorealismo in Italia sorge tra il 1940 e il 1945, in un momento di crisi, di guerra, di lotta° antifascista e di maggiore fiducia nelle masse popolari.° Da questo nuovo atteggiamento° verso il mondo e la società nasce l'esigenza di scoprire e di conoscere l'Italia arretrata° e povera, in cui alla cultura tradizionale si contrappone° la necessità di un mutamento profondo° che possa denunciare i problemi reali di un paese in crisi: bombardamenti,° baraccati,° partigiani,° scioperi (soprattutto di operai).

    Anche l'arte cerca di separarsi dalla cultura tradizionale, rinnovando° le proprie forme espres-

struggle
confidence in the masses
attitude

backward
is opposed
a deep change
bombings
slums / partisans

renewing

Roberto Rossellini. *Luchino Visconti.* *Vittorio De Sica.*

sive° e avvicinando i propri temi ai problemi più
urgenti offerti dalla società del dopoguerra. Il
cinema, a differenza della letteratura che era con-
dizionata° dalla vasta tradizione culturale, fu l'arte
più pronta ad esprimere in forma chiara i nuovi
contenuti del neorealismo.

Apre la stagione cinematografica del neorealismo il regista Roberto Rossellini con *Roma città
aperta,*¹ un film che attraverso uno stile documentaristico porta sugli schermi gli avvenimenti
di Roma tra il 1943 e il 1945. Nel 1946 Rossellini
realizza il secondo film del neorealismo, *Paisà.*² Un
film ad episodi° in cui si rappresentano certi sen-
timenti di comprensione° e di fratellanza° del-
l'italiano del dopoguerra. Nello stesso anno Vittorio De Sica con il film *Sciuscià*³ allarga° l'esperienza neorealistica al mondo degli adolescenti
vittime della guerra, e qualche anno dopo (1948) con
Ladri di biciclette presenta il dramma di un mondo
che cerca il proprio equilibrio in una società che
rimane insensibile° davanti allo stato d'animo°
dell'individuo. Luchino Visconti è il terzo grosso
nome del cinema del dopoguerra: nella storia dei
pescatori siciliani,° *La terra trema* (1948), si può
vedere una certa predilezione del regista per certi
aspetti estetici che saranno sviluppati° nelle opere
successive attraverso una tecnica sempre più raf-
finata.

of expression

conditioned

in episodes
understanding / brotherhood

widens

insensitive / state of mind

Sicilian fishermen

developed

---

¹ **Roma città aperta:** *Rome, Open City.* An "open city" during World War II was a city with no
military installations or defenses.
² **Paisà:** In dialect, an abbreviation of *paesano* referring to someone coming from the same *paese*
(town or country).
³ **Sciuscià:** In Neapolitan dialect, an approximation of the English word *shoeshine.* It refers to the
young boys who worked as shoeshiners during the American occupation of the city.

I.   Domande sulla lettura.

1. Che cosa è il neorealismo?
2. Quando sorge il neorealismo in Italia?
3. Quali sono i problemi in Italia alla fine della guerra?
4. Come cerca di distinguersi l'arte dalla cultura tradizionale?
5. Chi fu il primo regista neorealista?
6. Che cosa presenta *Roma città aperta*?
7. Che cosa presenta De Sica in *Sciuscià*?
8. Che cosa significa "sciuscià"?
9. Quali sono i tre grossi registi del neorealismo italiano?
10. Che cosa si nota nei film di Visconti?

J.   Ricerche supplementari.

1. Fare un elenco di alcuni registi italiani e dei loro film. (Taviani, Wertmuller, Fellini, Pasolini, Antonioni, Bertolucci).
2. Famosi attori italiani.
3. Il "western" all'italiana.

K.   Componimento orale o scritto.

1. Che cosa pensa Lei dei film contemporanei? Quali preferisce?
2. Su che cosa farebbe un film Lei?

Tirando le Somme

A.   Domande sul dialogo.

1. Chi è Pier Paolo Pasolini?
2. Di cosa parlano Riccardo e Piero?
3. Con che tipo di attori è stato realizzato il film?
4. Secondo Riccardo, cosa conta oggi nel cinema?
5. Che cosa ha dato più fastidio a Piero?
6. Qual'è l'unica esperienza che in questo senso abbia entusiasmato Piero?
7. Nonostante i commenti di Piero, cosa pensa Riccardo del film che ha appena visto?
8. Che tipo di film vuol vedere Carlo?
9. Piacciono a Giulia i film gialli?
10. Ha già visto Giulia altri film gialli?
11. Cosa propone infine Carlo?
12. Che tipo di film danno al cinema Diana?

B.   Usare la forma corretta del congiuntivo al posto dell'infinito in parentesi.

1. È il film peggiore che io (vedere) _____ negli ultimi mesi.

2. Sei l'unica persona con cui io non (andare) _____ d'accordo.
3. Non riesco a capire come tu (potere) _____ apprezzare uno spettacolo del genere.
4. È l'unico regista che negli ultimi anni (affrontare) _____ questo tema.
5. Pensi che in un film un individuo che non (recitare) _____ mai possa essere più autentico?
6. Non mi pare che i nostri amici (capire) _____ il film che hanno visto ieri sera.
7. Penso che oggi nel cinema il regista (essere) _____ più importante degli attori.
8. Dopo aver visto quel film giallo, credo che il mio rifiuto per questo genere di film (aumentare) _____.

C. Completare le seguenti frasi usando una forma del congiuntivo passato.

1. Non c'è nulla che _____.
2. Sei la sola persona che _____.
3. Incominciamo a mangiare benché _____.
4. Siamo felici che _____.
5. Credo che tu _____.

D. Tradurre le seguenti frasi.

1. I hope that you have understood me.
2. They are very happy that you have invited them to go with you.
3. I doubt that he has already learned to speak so well.
4. This is certainly one of the best films he has produced.
5. Do you think that the director succeeded in achieving his aims?
6. Let's look for a film that is interesting and enjoyable at the same time.
7. This is the only negative review that I have read.
8. That is the most negative character he has ever played.
9. Let's look for a seat that is not too close to the screen.
10. Do you think they went (sat) in the orchestra? I don't see them here.

Lo sapevate che . . . ?

1. Quando la maschera accompagna lo spettatore alla sua poltrona, bisogna lasciare una piccola mancia.
2. In molti cinema italiani è permesso fumare.
3. Generalmente in Italia il film è diviso in due o più tempi.
4. Durante l'intervallo, fra i tempi, dei venditori girano per la sala e vendono gelati, bibite, ecc.
5. Quando si passa davanti ad una persona già seduta è cattiva educazione volgere le spalle.

22ª

L'abbigliamento

In un negozio elegante d'abbigliamento maschile, un cliente di mezza età che è stato invitato ad un matrimonio, chiede al commesso di aiutarlo nella scelta di un abito per l'occasione.

Commesso	—Ha già qualche idea sul tipo di taglio e sul colore? Vuole qualcosa sul tipo di quelli esposti in vetrina?
Cliente	—Non li ho visti! Quali?
Commesso	—Gli ultimi arrivi che sono esposti in vetrina; pensavo che li avesse già visti. Allora li vuol vedere adesso?
Cliente	—No, guardi, lasci stare. Io preferirei qualcosa di elegante ma classico. Lei, cosa mi consiglia?
Commesso	—Visto che andiamo verso l'estate, io Le suggerirei un vestito chiaro, color avorio o *beige*, e con il gilè di colore diverso per rendere l'insieme più attuale; qualora desiderasse uno 'spezzato', ne abbiamo alcuni da cerimonia veramente belli: giacca a quadri con fondo azzurro, pantaloni azzurri, camicia color crema e una cravatta che si adatti.
Cliente	—Anche se l'idea dello 'spezzato' mi attira molto, credo che per una persona della mia età si adatti meglio il vestito chiaro, e magari col gilè di colore diverso!
Commesso	—Secondo me, per seguire la moda non ci sono limiti d'età! Anzi, la moda aiuta a rimanere giovani.
Cliente	—Magari fosse vero!

• • •

Nella sartoria di Rosa e Margherita si lavora intensamente: le due sorelle aiutano le clienti nella scelta dei modelli che indosseranno durante le vacanze estive, mentre le apprendiste cuciono (a mano e a macchina) ogni giorno per lunghe ore. Una delle clienti più assidue qualche giorno prima della partenza per le vacanze decide di voler dare un ulteriore tocco al suo fornitissimo guardaroba, quindi corre a chiedere aiuto alle due sarte.

Rosa	—Signora, credevo che fosse già partita per le vacanze!
Signora Castorini	—No, no, ho rimandato la partenza di una settimana. Scoprire all'ultimo momento che il mio guardaroba estivo non era a posto è stato terribile.
Margherita	—Ma pensavo che avesse sistemato tutto già da tempo! Di cosa ha bisogno?
Signora Castorini	—Vorrei che mi accorciaste la gonna di quel completo verde che mi avete confezionato l'anno scorso; poi vorrei che di questa stoffa mi faceste un vestito con le maniche lunghe per le serate meno calde. Inoltre questa camicetta di seta mi sta piuttosto larga e, se fosse possibile, vorrei che me la stringeste di qualche centimetro.
Rosa	—Non immaginavo che avesse tante cose da mettere a posto; anzi, quando l'ho vista arrivare, pensavo che fosse venuta a salutarci! Purtroppo in questo periodo abbiamo molto lavoro e dobbiamo seguire il turno delle consegne.
Margherita	—E poi lavorare in fretta è pericoloso, perché si rischia di far male il lavoro. Magari fosse venuta prima. . . !
Signora Castorini	—Mi dispiace, non immaginavo che fossero così occupate!
Rosa	—Beh, faremo del nostro meglio per accontentarla!

Vocabolario

NOMI
l'**abbigliamento** clothing
l'**abito** suit, dress
la **cerimonia** ceremony
il **completo** suit
la **consegna** delivery
la **cravatta** tie
il **fondo** background
il **gilè** vest
il **guardaroba** wardrobe
la **manica** sleeve

il **matrimonio** wedding
il **modello** model
i **pantaloni** pants
la **sarta** dressmaker
la **sartoria** tailoring shop
lo '**spezzato**' coordinated coat and pants
il **taglio** cut
il **tocco** touch
il **turno** turn
gli **ultimi arrivi** latest arrivals

AGGETTIVI
attuale   stylish, up-to-date
avorio (colore)   off-white
crema (colore)   cream-colored
esposto   on display
fornito   well-stocked
ulteriore   further

VERBI
accorciare   to shorten
adattare   to fit, to match
confezionare   to manufacture
cucire (a macchina)   to machine sew
cucire (a mano)   to hand sew

immaginare   to imagine
mettere a posto   to adjust, to alter
rischiare   to risk
salutare   to greet
stringere   to take in (a suit or dress)

ALTRE PAROLE ED ESPRESSIONI
abito da cerimonia   formal attire
a quadri   plaid
da tempo   already, a while ago
di mezza età   middle-aged
in fretta   in a hurry
qualora   if, in case
rendere l'insieme   to make the outfit

AGGIUNTE AL VOCABOLARIO: L'ABBIGLIAMENTO

le **calze**   stockings
i **calzini**   socks
il **cappello**   hat
il **cappotto**   coat
la **cinta**   belt
la (**giacca**) **ad un petto**   single-breasted (jacket)
la (**giacca**) **a doppio petto**   double-breasted (jacket)
la **gonna**   skirt
il **golf**   cardigan sweater
l'**impermeabile** (*m.*)   raincoat
la **maglia**   sweater
la **misura**   size; **su misura**   custom-made
le **scarpe**   shoes
la **sciarpa**   scarf
il **tailleur**   woman's suit
la **tasca**   pocket
il **taschino**   breast pocket

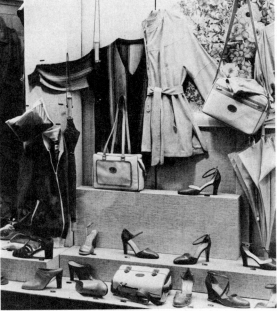

Le novità della stagione in una vetrina di via Montenapoleone.

Proverbi e modi di dire

Avere un asso nella manica.	To have an ace up one's sleeve.
Sbottonarsi.	To come out of one's reserve; to open up.
Nạscere con la camicia.	To be born lucky; to be born with a silver spoon in one's mouth.
Attaccare il cappello al chiodo.	To settle down (especially in a wealthy marriage).
Ẹssere di mạnica larga.	To be lenient; to be generous.
Un altro paio di maniche.	A horse of another color.

Grammatica

1 Forme dell'imperfetto del congiuntivo
(Forms of the imperfect subjunctive)

The imperfect subjunctive is the only simple past tense in the subjunctive mood. To form the imperfect subjunctive drop the infinitive endings and add the following endings to the stem:

	salutare	correre	cucire
che io	salutassi	corressi	cucissi
che tu	salutassi	corressi	cucissi
lui che lei Lei }	salutasse	corresse	cucisse
che noi	salutassimo	corressimo	cucissimo
che voi	salutaste	correste	cuciste
che loro Loro }	salutassero	corressero	cucissero

Note that:

▶ The endings for the three conjugations are practically the same except for the first vowel of the ending, which corresponds to the infinitive ending.
▶ There is only one set of endings for all verbs in **-ire**.

Forme irregolari

Very few verbs have an irregular stem in the imperfect subjunctive. Here are a few of the most common ones:

essere	stare	bere	dire	dare
fossi	stessi	bevessi	dicessi	dessi
fossi	stessi	bevessi	dicessi	dessi
fosse	stesse	bevesse	dicesse	desse
fossimo	stessimo	bevessimo	dicessimo	dessimo
foste	steste	beveste	diceste	deste
fossero	stessero	bevessero	dicessero	dessero

APPLICAZIONI PRATICHE

A. Ripetere le frasi seguenti coniugando l'imperfetto congiuntivo secondo il modo indicato.

1. Pensavo che *loro* rimandassero la partenza.
   (Tu / noi / Lei / voi / lui / lei)

2. Credevano che *noi* mangiassimo ogni domenica al ristorante.
   (Lui / tu / voi / io / Loro / lei)

3. Non immaginava che *tu* avessi tanti vestiti.
   (Voi / io / Lei / noi / lei / Loro)

4. Sperava che *io* andassi subito a casa.
   (Tu / lei / Loro / noi / voi / Lei)

B. Dare l'imperfetto congiuntivo dei verbi indicati.

1. *io*: partire, volere, mettere, cucire, parlare, credere
2. *tu*: prendere, essere, aiutare, finire, ridere, adattare
3. *lui / lei*: mancare, vedere, criticare, correre, rischiare, partire
4. *noi*: prenotare, cucire, dovere, dare, chiudere, preferire
5. *voi*: ordinare, salutare, spedire, aumentare, temere, rivolgersi
6. *loro*: imbucare, dipendere, crescere, chiarire, proteggere, scoprire

C. Leggere le seguenti frasi sostituendo con il verbo fra parentesi.

1. Credevo che *leggesse*. (studiare)
2. Bisognava che loro *imbucassero la lettera*. (scrivere)
3. Pensava che tu *venissi* a piedi. (andare)
4. Non immaginavo che tu *viaggiassi* tanto. (spendere)
5. Era meglio se voi lo *ascoltaste*. (vedere)
6. Dubitavamo che loro *mangiassero*. (fumare)
7. Pensavi che io *incominciassi* alle otto. (finire)
8. Non credeva che *nevicasse*. (piovere)

9. Voleva che voi gli *raccontaste* tutto.   (dire)
10. Vi sembrava che *capissimo*?   (essere d'accordo)

2   Usi dell'imperfetto del congiuntivo
(Uses of the imperfect subjunctive)

The imperfect subjunctive is used in a subordinate clause when the verb of the main clause is in the past. It generally indicates an action *simultaneous* with another past action:

Present subjunctive	*Imperfect subjunctive*
Credo che non **sia** contento del nuovo vestito.	**Credevo** che non **fosse** contento del nuovo vestito.
Vuole che gli **compri** un giornale.	**Voleva** che gli **comprassi** un giornale.
Bisogna che voi **andiate** da una buona sarta.	**Bisognava** che voi **andaste** da una buona sarta.
Penso che questa cravatta **si adatti** bene alla giacca.	**Pensavo** che questa cravatta **si adattasse** bene alla giacca.

In the examples above, note that the first group of sentences have the verb of the main clause in the present; thus, the verb of the dependent clause is in the present subjunctive. The second group of sentences expresses the same conditions, but in the past; thus, the verb in the dependent clause is in the imperfect subjunctive.

The imperfect subjunctive is also used in the dependent clause when the verb of the main clause is in the conditional:

Penserei che tu non **avessi** molto da fare.	*I would think that you didn't have a lot to do.*
Vorrebbe che la figlia **andasse** all'università.	*He would like his daughter to go to the university.*
Bisognerebbe che tu ti *svegliassi* più presto.	*It would be necessary for you to wake up earlier.*

APPLICAZIONI PRATICHE

D. Sostituire all'infinito in parentesi il congiuntivo imperfetto.

1. Speravo che il commesso mi (aiutare) _____ nella scelta della cravatta.
2. Mio padre desiderava che io gli (comprare) _____ una camicia nuova.
3. Non pensavo che in questo negozio ci (essere) _____ dei pantaloni così eleganti.

4. Il commesso credeva che il cliente (volere) _____ seguire la moda.
5. Cristina sperava che la sarta le (accorciare) _____ la gonna.
6. Avevo l'impressione che l'uomo (desiderare) _____ comprare uno 'spezzato'.
7. Speravamo che il negozio non (chiudere) _____ prima delle cinque.
8. Pensavo che (essere) _____ necessario leggere prima la critica.
9. Ti sembrava che lui (avere) _____ torto?
10. Credevamo che loro (venire) _____ a salutarci.
11. Temevate che noi (essere) _____ stanchi dopo la lunga passeggiata.
12. Pensavi che loro (volere) _____ costruirsi una casa in campagna?

E. Rispondere alle seguenti domande con una frase completa.

1. Volevi che io ti mostrassi la città o la campagna?
2. Volevi che il cameriere portasse il menù o la lista dei vini?
3. Desideravi che io ti accompagnassi alla partita?
4. Preferivi che andassimo a vedere un "western" o un film giallo?
5. Credevi che il regista fosse Antonioni o Fellini?
6. Volevi che io pagassi il conto?

F. Rispondere alle seguenti domande servendosi del congiuntivo, secondo l'esempio.

ESEMPIO 1:   Paolo ha studiato la lezione?
             Sì, perché volevo che la studiasse.

1. I ragazzi hanno lavato l'automobile?
2. Giulio non è andato al cinema?
3. Maria ha telefonato alla sarta?
4. Il sarto ti ha accorciato la gonna?
5. È ritornato presto Sergio?

ESEMPIO 2:   Non ho scritto a Franca.
             No? ma bisognava che tu le scrivessi!

1. Non ho visto il nuovo film di Fellini.
2. Non ho prenotato i biglietti per il teatro.
3. Non ho comprato il vestito per il matrimonio.
4. Non ho veduto l'intervista con il Ministro.
5. Non ho ordinato i tortellini.

ESEMPIO 3:   Li hai visti? (partire)
             Sì, li ho visti prima che partissero.

1. Hai parlato con Gina?   (uscire).
2. Hai fatto una passeggiata   (piovere).
3. Gli hai telefonato?   (andare a dormire).
4. Glielo hai domandato?   (parlarmene).
5. Sei andato all'ufficio postale?   (chiudere).

3   Forme e usi del trapassato del congiuntivo
(Forms and uses of the pluperfect subjunctive)

The pluperfect subjunctive is formed with the imperfect subjunctive of the auxiliary verb, **avere** or **essere,** + the past participle of the main verb:

	decidere	arrivare
che io	avessi deciso	fossi arrivato (a)
che tu	avessi deciso	fossi arrivato (a)
che lui		fosse arrivato
che lei	avesse deciso	fosse arrivata
che Lei		fosse arrivato (a)
che noi	avessimo deciso	fossimo arrivati (e)
che voi	aveste deciso	foste arrivati (e)
che loro	avessero deciso	fossero arrivati (e)
che Loro		

ESEMPI:

> Credevamo che **fossero** già **arrivati.**
> Non pensavo che **avessi** deciso di andare.
> Credevate che la critica **fosse stata** troppo negativa?
> Mi sembrava che lui **avesse** già **veduto** quel film.

The pluperfect subjunctive is used in a dependent clause that expresses an action completed before the action of the main verb. In the following examples note that with respect to the verb in the main clause, the action of the verb in the dependent clause had already taken place:

Non sapevo che Maria **fosse** già **partita.**	*I didn't know that Mary **had already left.***
Credevo che **si fossero incontrati** a Firenze l'anno scorso.	*I thought **they had met** in Florence last year.*
Benché **avesse** già **veduto** il film la settimana scorsa, mi accompagnò.	*Although he **had already seen** the film last week, he accompanied me.*

APPLICAZIONI PRATICHE

G. Sostituire all'infinito in parentesi il trapassato congiuntivo.

1. Credevo che Lei (partire) _____ .
2. Tutti pensavano che la signora (andare) _____ in vacanza.
3. Immaginavano che la cliente (venire) _____ a salutarle.
4. Dubitavamo che (essere) _____ quella la ragione della visita.
5. Pensavate che le apprendiste (finire) _____ il loro lavoro?

6. Non pensava che la cliente (decidere) _____ di dare un ulteriore tocco al guardaroba.
7. Non immaginava che il sarto (stringere) _____ il vestito.
8. Credevi che il regista (fare) _____ del suo meglio.
9. Mi sembrava che l'attore (impersonare) _____ la sua parte molto bene.
10. Era impossibile che loro (trovare) _____ già un posto per la macchina!

H. Ripetere le frasi seguenti volgendole al passato secondo l'esempio.

ESEMPIO 1: È impossibile che sia arrivata.
Era impossibile che fosse arrivata.

1. È bene che lo abbiate letto.
2. È difficile che ti abbia sentito.
3. È difficile che mi abbiate creduto.
4. È giusto che lo abbiamo criticato.

ESEMPIO 2: La sarta non ha ancora finito il tailleur.
Credevo che lo avesse già finito!

1. Non abbiamo ancora comprato il cappotto.
2. Non siete ancora andati al negozio.
3. Non me ne ha ancora parlato.
4. Non hanno ancora imbucato la lettera.

Lettura

La moda italiana, oggi

Nell'industria italiana, quello della moda è un settore in espansione,° e certamente in questo momento l'Italia, fedele° ad una sua tradizione di gusto e di eleganza, continua almeno in questo settore ad essere ad uno dei primi posti. Durante tutto l'anno, soprattutto nelle grandi città come Roma, Milano, Firenze, Torino, si tengono° numerose manifestazioni di moda,° poiché le case di alta moda con grande anticipo sulle stagioni presentano i nuovi modelli. Così a ottobre i grandi sarti presentano, in queste manifestazioni, le novità per la prossima estate, e in primavera presentano i modelli per

expanding
faithful

are held
fashion shows

l'inverno. In queste occasioni le case di moda non perdono un colpo,° e il successo dei nuovi modelli dipende da come il modellista° (oggi detto anche stilista) ha interpretato le nuove tendenze della stagione. La clientela è vasta: c'è la signora non più giovanissima che aspetta il modello dal tono giusto che, senza avere nulla di straordinario, dia la sensazione della novità. Motivi più freschi,° e talvolta un po' eccentrici, vestiranno le più giovani; per loro ci saranno tessuti stampati:° frutta tropicale sul fondo nero o anche ispirati° alla moda degli anni '40.

Agli uomini invece è offerta sempre di più una moda che tende a creare soprattutto per l'estate modelli informali: pantaloni grezzi, camicia a righe° o a quadretti,° casacca di lino grezzo° che riprenda° gli stessi colori e gli stessi motivi classici della camicia. Sempre nel campo maschile,° dopo anni di moda pronta° e di abiti fatti in serie,° ritorna di moda la confezione su misura.° Anche i giovani hanno scoperto che gli abiti fatti dai sarti sono. . . . un'altra cosa.

Tutte queste iniziative nel campo della moda, oltre che per gli Italiani che amano vestirsi elegantemente, sono organizzate anche per i compratori° stranieri, soprattutto americani, canadesi e giapponesi,° ma anche tedeschi,° svizzeri° e inglesi.° Da anni infatti le firme° dei grandi sarti italiani sono note nel mondo intero.

Glossary (right margin):

- *don't let any opportunity pass them by*
- *fashion designer*
- *Younger themes*
- *prints*
- *inspired*
- *striped*
- *checked / unbleached linen jacket / recaptures*
- *male sector*
- *ready-to-wear / factory-made*
- *custom-tailored*
- *buyers*
- *Japanese / German / Swiss / English*
- *signatures*

*Una nota casa di moda
in via Montenapoleone a Milano.*

*Dopo anni di moda pronta, i giovani hanno
riscoperto la confezione su misura.*

I. Domande sulla lettura.

   1. Quale settore dell'industria italiana è in espansione?
   2. Dove si tengono le manifestazioni di moda?
   3. Quando presentano i nuovi modelli le grandi case?
   4. Quando si vedono i nuovi modelli per l'estate? e quelli per l'inverno?
   5. Che cosa deve saper interpretare il modellista?
   6. Quali modelli preferiscono le signore più giovani?
   7. In che cosa consiste la moda estiva per l'uomo?
   8. Che cosa hanno scoperto i giovani?
   9. Per chi sono organizzate queste iniziative della moda?
   10. Dove sono noti i grandi sarti italiani?

J. *A voi la parola.*

1. Segue la moda Lei?
2. Come preferisce vestire?
3. Cosa porta d'estate? e d'inverno?
4. Conosce il nome di qualche grande sarto italiano?
5. Le piace la nuova moda maschile? e quella femminile?
6. Pensa che seguire la moda sia più importante per un uomo o per una donna?
7. Quali riviste di moda conosce?

Tirando le somme

A. Domande sul dialogo.

1. Perché il cliente ha deciso di comprarsi un abito?
2. Che tipo di abito vorrebbe comprarsi il cliente?
3. Cosa suggerisce il commesso?
4. Perché il cliente non compra lo 'spezzato'?
5. Secondo il commesso ci sono limiti di età per seguire la moda?
6. Perché la signora Castorini ha rimandato la partenza?
7. Perché chiede alle sarte di stringere la camicetta di seta?
8. Cosa pensava Rosa quando l'ha vista arrivare?
9. Perché secondo Margherita lavorare in fretta è pericoloso?
10. Nonostante siano molto occupate, cosa dicono le due sarte alla signora Castorini?

B. Completare con la forma corretta dell'imperfetto congiuntivo.

1. Il commesso credeva che io (volere) _____ comprare un cappotto.
2. Pensavi che io (preferire) _____ il vestito a doppio petto?
3. Volevano che tu li (accompagnare) _____ a fare le spese.
4. Con quel vestito bisognava che lui (portare) _____ una camicia a righe.
5. Pensava che tu (essere) _____ un'indossatrice.
6. Era meglio che tu non (seguire) _____ quella moda.
7. Non sapevano che lui (essere) _____ un gran sarto francese.
8. Volevano visitare una città dove (tenersi) _____ una manifestazione di moda.
9. Non sapevate che l'Italia (essere) _____ un centro della moda?
10. Non voleva che lui (copiare) _____ dal suo vicino.

C. Tradurre le seguenti frasi.

1. They hoped that we had seen the new collection.
2. Mrs. Castorini was afraid that the dressmaker had not altered her suit.
3. I was hoping that you had not gone to the store already because I needed a few things.
4. Weren't you able to find anything you liked in the store?
5. We didn't know at what time they had left.
6. I wanted it to be a wonderful weekend but it rained the whole time.
7. It seemed impossible that we had traveled for two weeks.
8. I wanted you to return and stay with us for a week.
9. You didn't imagine that I still had so many things to do, did you?
10. I can't decide whether to buy a double-breasted suit or a matching jacket and slacks. Which one do you think I should get?
11. Did you see the latest arrivals? There's nothing that suits me!
12. I haven't seen anything on display that I like.
13. Today men tend to dress more informally.
14. I wanted to buy a cardigan for my cousin but I didn't know her size.

Spettącoli all'aperto

I signori Cantarella sono due 'patiti' dell'ǫpera lịrica. A Parma, dove
ạbitano hanno la fortuna di avere il Regio, uno dei teatri lịrici più pre-
stigiosi, in cui ogni anno si allestịscono degli ǫttimi spettạcoli, D'estate,
quando il teatro della loro città è chiuso, i Cantarella trǫvano ugualmente il
modo per assịstere alla rappresentazione di qualche ǫpera. A causa di un
ritardo postale hanno ricevuto soltanto oggi il programma del fẹstival che ogni
anno si tiene in un teatro all'aperto di Torre del Lago (Lucca), città di Giacomo
Puccini.[1]

Signor C. —È un vero peccato! Se avẹssimo ricevuto prima il programma
del fẹstival, avremmo potuto prenotare in tempo i biglietti per
la rappresentazione di stasera.

Signora C. —Se l'avẹssimo saputo prima, avremmo potuto telefonare
all'Ente del Turismo di Torre del Lago. Dovrebbe ẹssere interessante questa nuova edizione della *Tosca* allestita con un
cast di giǫvani.

Signor C. —Secondo me, c'è ancora qualche possibilità: se per esẹmpio
partịssimo alle tre del pomeriggio, arriveremmo a Torre del
Lago verso le sei; andiamo sụbito al botteghino e chiediamo se
c'è ancora qualche biglietto o se è stata disdetta qualche prenotazione.

Signora C. —Altrimenti possiamo fare come abbiamo fatto due anni fa a
Roma per la rappresentazione della *Norma* alle Terme di
Caracalla!

Signor C. —Pensi che avremo fortuna anche questa volta?

Signora C. —Possiamo tentare! Prima dell'inizio dello spettạcolo ci met-
tiamo all'ingresso del teatro e magari troviamo qualcuno che

---

[1] **Giacomo Puccini (1858–1924):** An Italian composer born in Lucca. He is famous for *La Bohème,*
Tosca, and *Madama Butterfly.*

ARENA DI VERONA

Ente Autonomo
Cinquantaseiesima Stagione Lirica · 13 Luglio - 2 Settembre 1978

PRIMA GRADINATA
L. 6.500

Serie A

18

12 AGOSTO 1978

№ 2918

Da conservare per eventuali controlli

Il biglietto è valido soltanto
riferisce. Se per il maltempo la
del suo inizio il biglietto verrà
dell'Arena entro le ore 12 del
viene invece sospesa dopo l'

Le billet est valable seulemen
rapporte. Si à cause du mauv
due avant le commencement d
remboursé entre midi du jo
contraire si la représentation
le billet ne sera plus rembo

Each ticket is only valid for the performance referred to
bad weather, the performance has to be cancelled before it actually
begins, the cost of the ticket will be refunded on application to the
Arena Booking Office, made by 12 noon on the following day. If, on
the other hand, the performance is sospended after the commencement,
the ticket will not be given back.

Die Eintrittskarte gilt nur für die Vorstellung, auf welche sich dieselbe
bezieht. Falls wegen schlecten Wetters die Vorstellung vor dem
Anfang abgesagt werden sollte, so wird die Eintrittskarte, auf Wunsch,
von der Kasse der Arena bis 12 Uhr des darauffolgenden Tages, rückver-
güet werden. Wenn jedoch die Vorstellung nach Ihren Beginn unterbro-
chen werden sollte, kann die Eintrittskarte nich rückvergütet werden.

all'ultimo momento ha cambiato idea e vuole vendere il proprio biglietto.

Signor C. —Sono sicuro che in qualche modo riusciremo a trovare dei biglietti. L'ideale sarebbe, se riuscissimo a trovare posto anche
in albergo, perché io non ho voglia di guidare dopo lo
spettacolo.

Signora C. —Già! Allora sarebbe meglio se vi restassimo due notti! Così
domani sera potremmo assistere alla rappresentazione della
Fanciulla del West, e ripartiremmo per Parma lunedì mattina
presto, in tempo perché tu possa essere in ufficio alle nove.

• • •

Da giugno a settembre negli anfiteatri greci e romani sparsi per l'Italia si
rappresentano tragedie classiche, commedie d'ogni genere (Plauto, Shake-

speare, Goldoni), fino alle esperienze più recenti del teatro d'avanguardia. I giovani di solito sono tra i frequentatori più assidui. Eccone un gruppo sulla gradinata dell'anfiteatro 'grande' di Pompei in attesa dell'inizio della rappresentazione delle *Troiane*.

Giulia	—Se fossimo venuti prima, avremmo trovato certamente dei posti più vicini alla scena!
Elena	—Se anche la gradinata fosse numerata, sarebbe più facile e più comodo per tutti, perché ognuno avrebbe il numero del proprio posto scritto sul biglietto!
Claudio	—Ma se ci spostassimo verso il centro, forse vedremmo meglio!
Aldo	—No, è meglio restare qui! Questo è un teatro piccolo (anche se si chiama 'grande') e la scena si vede bene da qualunque posto. Se fossimo in un teatro grande, sarebbe diverso!
Elena	—Per esempio, vi ricordate qualche anno fa durante la rappresentazione di *Medea* al teatro greco di Siracusa, come sembravano piccoli gli attori visti dal nostro posto?
Giulia	—Sì, ma l'acustica era perfetta!
Aldo	—D'altra parte per le nostre possibilità economiche i posti più accessibili sono le gradinate non numerate.
Elena	—Certo che se io fossi ricca, andrei sempre a sedere in una poltrona delle prime file!

Vocabolario

NOMI
l'acustica   acoustics
l'anfiteatro   amphitheater
l'avanguardia   avant-garde
il botteghino   box office
la fanciulla   girl, maiden
la fila   row
la fortuna   luck
la gradinata   tier (of seats)
l'opera (lirica)   (lyric) opera
la tragedia   tragedy

AGGETTIVI
accessibile   accessible
numerato   numbered

proprio   own
sparso   scattered

VERBI
allestire   to prepare
avere la fortuna di   to be lucky enough to
cambiare idea   to change one's mind
disdire   to cancel
spostare   to move

ALTRE PAROLE ED ESPRESSIONI
è un vero peccato   it's really a shame
in attesa di   waiting for
ugualmente   still, just the same

Proverbi e modi di dire

Canta che ti passa.	Sing the blues away; whistle while you work.
Cantarla ai sordi.	To talk to a brick wall.
Lasciar cantare qualcuno.	To disregard someone's criticism or complaints; to let someone rant and rave.
Cantar vittoria.	To rejoice in an achievement.
Cantarla chiara.	To speak one's mind; to spell something out.

Grammatica

1 Periodo ipotetico
(Contrary-to-fact statements)

The *periodo ipotetico* (contrary-to-fact statement) expresses an hypothesis, something that is uncertain, or a condition that is contrary to fact.

In the following two groups of sentences, those on the left express a real or certain possibility. In this case the *present* or the *future* is used. The sentences on the right express a strong doubt or uncertainty, or imply that what is expressed is not a real fact. In these instances the *subjunctive* is used:

Indicative

Se **andrà** in vacanza, **non ritornerà** prima di luglio.

*If **he goes** on vacation, **he will not return** before July.*

Se **abbiamo** fame, **mangeremo.**

*If **we are** hungry, **we will eat.***

Se **piove, porterò** l'ombrello.

*If **it rains, I'll take** the umbrella.*

Se **avrò** tempo, **visiterò** anche Bologna.

*If **I have** the time, **I'll also visit** Bologna.*

Subjunctive

Se **andasse** in vacanza, non **ritornerebbe** prima di luglio.

*If **he were to go** on vacation, **he would not return** before July.*

Se **avessimo** fame, **mangeremmo.**

*If **we were** hungry, **we would eat.***

Se **piovesse, porterei** l'ombrello.

*If **it were to rain, I would take** the umbrella.*

Se **avessi** tempo, **visiterei** anche Bologna.

*If **I had** the time, **I would also visit** Bologna.*

When the *if* clause denotes a condition contrary to fact, its verb is in the *imperfect subjunctive*. The verb of the main (result) clause must then be in the *present conditional*:

> **Se** + *imperfect subjunctive* + (**allora**) + *present conditional*

Se **facesse** bel tempo **potremmo** fare una gita.
Se **fossi** ricco **farei** un viaggio intorno al mondo.
Se **non fosse** occupato **verrebbe** anche lui.

If the sentence refers to a past action, the tenses used will be the *pluperfect subjunctive* in the *if* clause and the *conditional past* in the result clause:

> **Se** + *pluperfect subjunctive* + (**allora**) + *past conditional*

Se mi **avessi telefonato, sarei venuto** a prenderti.	*If you had called me, I would have come to pick you up.*
Se **non** mi **avessi detto** che eri americano, non l'**avrei** mai in-dovinato.	*If you hadn't told me that you were an American, I would have never guessed it.*
Se **fossimo stati** liberi, ci **sarebbe piaciuto** venire a teatro con voi.	*If we had been free, we would have liked to go to the theater with you.*
Se **avessi saputo** che c'era tanto traffico, **sarei uscito** prima.	*If I had known that there was so much traffic, I would have gone out before.*

APPLICAZIONI PRATICHE

A. *Situazione: Castelli in aria*

Mario e Gina si sono appena sposati. Come è naturale fanno castelli in aria pensando a tutto quello che potrebbero fare se avessero più cose. Secondo l'esempio, esprimere i loro sogni (*dreams*) usando il periodo ipotetico.

ESEMPIO: essere ricchi / fare un lungo viaggio
Se fossimo ricchi faremmo un lungo viaggio.

1. avere un giardino grande / fare costruire una piscina.
2. avere i soldi / volere una cucina moderna
3. esserci più spazio / costruire uno studio
4. lavorare di meno / divertirsi di più
5. la casa essere più grande / invitare tutti gli amici ad una festa
6. guadagnare di più / cercare una casa più grande

B. Pattern Drill

ESEMPIO 1:   Conosce l'italiano Lei?
              Se conoscessi l'italiano non sarei qui.

1. È annoiato Lei?   4. Ha fame Lei?
2. È malato Lei?   5. È stanco Lei?
3. È ricco Lei?   6. È pigro Lei?

ESEMPIO 2:   Va all'opera Lei? (esserci)
              Se ci fosse l'opera ci andrei.

1. Va in biblioteca? (esserci)
2. Conosce molte lingue? (viaggiare di più)
3. Esce stasera? (finire il lavoro)
4. Viene a vedermi? (avere il tempo)
5. Parla con Giovanni? (vederlo)
6. Va a ballare con Maria? (accettare)

C. *Situazione: Alternative*
Alcuni studenti discutono su quello che farebbero se non fossero studenti.
Esprimere la scelta di ciascuno usando il condizionale del verbo indicato.

ESEMPIO: Gianni   (fare il giocatore di calcio)
            Se non fossi studente, farei il giocatore di calcio.

 1. Maria   (suonare il piano)
 2. Sergio   (essere attore)
 3. Gino e Mario   (fare il giornalista)
 4. Bianca   (fare la segretaria)
 5. Tu   (fare il negoziante)
 6. Oscar   (fare il sarto)
 7. Noi   (viaggiare per il mondo)
 8. Pino e Gilda   (lavorare in campagna)
 9. Franca   (fare la maschera)
10. Gerardo   (fare il cuoco)

D. *Dialogo: Possibilità di scelta*
Chiedere al vostro compagno o alla vostra compagna di classe di scegliere
fra le attività indicate.

ESEMPIO: fare il dottore o il farmacista
            Lei: Se tu avessi la scelta, faresti il dottore o il farmacista?
            Compagno: Se avessi la scelta, farei il dottore.

1. essere ricco (ricca) o bello (bella)
2. sposarsi o restare scapolo (*single*)
3. andare in Italia o in Germania
4. vivere in città o nei sobborghi (*suburbs*)
5. fare lo sport o la politica

6. giocare a tennis o fare la vela
7. comprare un vestito su misura o confezionato
8. vedere un film giallo o un western
9. leggere un romanzo o dei fumetti (*comics*)
10. ascoltare della musica classica o del jazz
11. comprare un'automobile o un motoscafo
12. avere del denaro o degli amici

E. *A voi la parola.*
   Rispondere alle seguenti domande con una frase completa.

   1. Cosa direbbe se potesse parlare con il Presidente?
   2. Cosa vedrebbe se potesse visitare l'Italia?
   3. Cosa farebbe se la sua fidanzata fosse timida?
   4. Cosa direbbe se Le offrissero un pranzo gratuito?
   5. Se potesse andare all'opera, cosa vorrebbe vedere?
   6. Cosa avrebbe fatto se non avesse potuto prenotare i biglietti?
   7. Se fosse milionario, come spenderebbe i soldi?
   8. Se potesse scegliere, viaggerebbe in prima o in seconda classe?

2   Concordanza dei tempi
(Sequence of tenses)

The following points should be kept in mind for all sentences containing a verb in the subjunctive mood:

1. If the verb of the main clause is in the *present*, *future*, or *imperative*, the *present subjunctive* or *present perfect subjunctive* is used in the subordinate clause. The use of the *present subjunctive* or *present perfect subjunctive* depends on whether the two actions expressed were simultaneous or not. Note the tenses used in the examples in the following table:

Main action *Present, future,* or *imperative*	*Subordinate action* *Present subjunctive*
È impossibile **Ditegli** **Crederò**	che **parta** domani. che lo **vada** a vedere. che tu non **voglia** venire.

Main action *Present, future,* or *imperative*	*Subordinate action* *Past subjunctive*
È impossibile **Crederò**	che **sia** già **partita**. che tu non **abbia voluto** venire.

2. If the verb of the main clause is in a *past tense* or the *conditional*, the *imperfect subjunctive* or *pluperfect subjunctive* is used in the subordinate clause. The *pluperfect subjunctive* is used if the action of the verb in the subordinate clause was completed prior to the action portrayed in the main clause:

Main action Past tense or *conditional*	Subordinate action Imperfect subjunctive
Non **sapevo**	che **prenotasse** i biglietti.
Non **vorrei**	che **arrivassero** prima di noi.

Main action Past tense or *conditional*	Subordinate action Pluperfect subjunctive
Non **sapevo**	che **avesse** già **prenotato** i biglietti.
Non **vorrei**	che **fossero** già **arrivati**.

Lettura

I teatri lirici italiani

Il Settecento è considerato il periodo d'oro dei teatri lirici italiani. Nel 1737 s'inaugura° il teatro San Carlo di Napoli, nel 1740 il teatro Regio di Torino, nel 1757 il teatro Comunale di Bologna, nel 1763 il teatro La Fenice di Venezia, nel 1778 La Scala di Milano e numerosi altri teatri grandi e piccoli. Nonostante sin dalla nascita° questi teatri abbiano sempre sofferto° crisi economiche e amministrative, sono sempre riusciti a rimanere attivi e continuano a mantenere tutto il loro prestigio, grazie soprattutto agli sforzi° sostenuti dagli amatori° della lirica, i quali li considerano dei veri e propri templi° sacri.

    Sia per le spettacolari produzioni° di opere, di concerti e di balletti,° sia per la fama degli artisti che si sono esibiti° sul palcoscenico° della Scala, da oltre duecento anni questo teatro è considerato il più famoso del mondo. Gran parte della sua fama è dovuta anche alla bravura° del Piermarini, l'architetto che nel Settecento curò° il progetto del

is inaugurated

since the beginning
suffered

efforts / lovers
temples
spectacular productions
ballets
exhibited / stage

skill
took care of

Un concerto al teatro La Scala di Milano.

teatro, creando le perfette linee architettoniche°   architectural
della splendida sala e una perfetta acustica.

    D'estate invece gli amatori dell'opera lirica as-
sistono agli spettacoli allestiti all'aperto un po' in
tutta Italia. Grandiosi sono soprattutto gli spettacoli
dati all'Arena di Verona, le cui gradinate possono
accogliere° oltre ventimila spettatori, e alle Terme di   seat
Caracalla di Roma, il famoso edificio costruito
durante l'impero di Caracalla e usato per i bagni
pubblici.

    F.   Domande sulla lettura.

      1. Quale secolo è considerato il migliore per i teatri lirici italiani?
      2. Qual'è uno dei primi teatri lirici italiani?
      3. Che cosa hanno sofferto questi teatri?
      4. Chi li considera dei templi sacri?
      5. Quale teatro italiano è considerato il più famoso?
      6. Chi era il Piermarini?
      7. Perché la Scala è famosissima?
      8. Durante l'estate dove possono andare gli amatori di musica lirica?
      9. Quando furono costruite le Terme di Caracalla?
    10. Perché si chiamano Terme?

G. Argomenti di discussione.

1. È mai stato all'opera Lei?
2. Quali compositori preferisce? Quali opere?
3. C'è un teatro lirico nella Sua città?
4. Quali opere si rappresentano?
5. È molto caro andare all'opera?
6. Durante l'estate ci sono rappresentazioni liriche?
7. Quali sono i cantanti lirici italiani più famosi? e americani?

H. Argomenti di ricerca.

1. Trovi delle informazioni su uno dei seguenti compositori e ne faccia una breve presentazione.

Verdi   Mascagni
Puccini   Leoncavallo
Rossini   Bellini

2. Parli di uno dei seguenti famosi cantanti di opera.

Enrico Caruso   Maria Callas   Mario Lanza
Renata Tebaldi   Luciano Pavarotti   Franco Corelli
Beverly Sills   Mario Del Monaco   Mirella Freni

Tirando le somme

A. Domande sul dialogo.

1. Dove si allestiscono gli spettacoli lirici a Parma?
2. Cosa si tiene ogni anno a Torre del Lago?
3. Perché i signori Cantarella non hanno potuto prenotare i biglietti per la rappresentazione di stasera?
4. A che ora pensano di partire i Cantarella per Torre del Lago?
5. Cosa hanno fatto due anni fa i Cantarella per la rappresentazione della *Norma*?
6. Perché i Cantarella vogliono mettersi all'ingresso del teatro prima dell'inizio dello spettacolo?
7. Quando vorrebbero ritornare a Parma i Cantarella?
8. Cosa si rappresenta negli anfiteatri greci e romani da giugno a settembre?
9. Cosa si rappresenta nell'anfiteatro 'grande' di Pompei?
10. Perché gli spettatori seduti sulle gradinate non sono contenti?

Il teatro greco di Segesta, Sicilia.

11. Dove è stata rappresentata la tragedia *Medea* qualche anno fà?
12. Com'è l'acustica del Teatro greco di Siracusa?
13. Cosa farebbe Elena se fosse ricca?

B. Sostituire agli infiniti in parentesi le forme corrette del congiuntivo trapassato e del condizionale passato, secondo l'esempio.

ESEMPIO: Se i signori Cantarella (ricevere) _____ il programma del festival, (andare) _____ all'opera.
Se i signori Cantarella avessero ricevuto il programma del festival, sarebbero andati all'opera.

1. Se il teatro (allestire) _____ una nuova edizione della *Tosca*, noi (assistere) _____ allo spettacolo.
2. Se i Cantarella (partire) _____ alle tre, (arrivare) _____ a Torre del Lago alle sei.
3. Se noi (andare) _____ subito al botteghino, (trovare) _____ i biglietti.
4. Se tu (telefonare) _____ ieri, l'ente del turismo (accettare) _____ la prenotazione.

5. Se io (riuscire) _____ a trovare posto in albergo, la vacanza (essere) _____ più comoda.
6. Se i ragazzi (arrivare) _____ in tempo, (vedere) _____ tutto lo spettacolo.
7. Se noi (spostarsi) _____ (essere) _____ più comodi.
8. Se Elena (avere) _____ più soldi, (comprare) _____ un biglietto per una poltrona delle prime file.

C. Volgere al passato le seguenti frasi, secondo l'esempio.

ESEMPIO: Se *allestissero* un ottimo spettacolo, *andremmo* a vederlo.
            Se *avessero allestito un ottimo spettacolo, saremmo andati a vederlo.*

1. Se *rappresentassero* una tragedia greca, *andrei* a vederla.
2. Se *fossimo* più vicini alla scena, *vedremmo* meglio.
3. Se i biglietti *fossero* numerati, *sarebbe* meglio per gli spettatori.
4. Se *restassimo* qui, non *vedremmo* niente.
5. Se tu *partissi* di mattina presto, *arriveresti* in tempo per andare in ufficio.
6. Se *fossi* ricco, *comprerei* una grande casa.

D. Sostituire all'infinito in parentesi la forma verbale conveniente.

1. Sono andato a comprare i biglietti per lo spettacolo; speravo che (costare) _____ poco, ma i prezzi quest'anno sono aumentati.
2. Se voi (partire) _____ ieri mattina, a quest'ora (arrivare) _____ a Bari.
3. Non credevo che tu (amare) _____ l'opera; se tu me lo (dire) _____ prima, ieri sera io ti (invitare) _____ a venire all'opera.
4. Tu (essere) _____ sorpreso, se ora ti (dire) _____ che lo spettacolo non mi è piaciuto?
5. Se negli anfiteatri l'acustica non (essere) _____ perfetta, (essere) _____ necessari i microfoni.

E. Tradurre le seguenti frasi.

1. If I had known that you were also coming, I would have bought three tickets.
2. It's better in the front row; you can see the stage much better from there.
3. I hope we will be lucky enough to find someone who is selling his tickets.
4. On the other hand, I don't think they really liked the tragedy.
5. Do you think they might be lost? They should have arrived already.
6. We are sorry that you had to cancel your visit.

7. This is the first ballet you have seen? I am glad that you could come.
8. It was the most beautiful aria I had ever heard.
9. We didn't know that they were also lovers of German opera.
10. If you had seen them you would have recognized them.
11. It would be ideal if you could go to Europe by ship.
12. If we had arrived earlier, we could have found better seats.
13. It would be better if you could stay two weeks. Then you could see *Aida* at the Baths of Caracalla.
14. If we had taken our trip in July, we could have gone to Verona to see the opera.

Turisti a Firenze

Verso le nove di sera un gruppo di turisti, accompagnati dalla guida, arrivano a Firenze e vanno subito in albergo. Occupano le loro camere e, dopo essersi riposati un momento, si ritrovano tutti giù nel salone dell'albergo, dove la guida, un giovane studente di lingue straniere, illustra l'itinerario del soggiorno fiorentino e risponde alle domande che gli vengono fatte.

La guida	—Come sapete, qui a Firenze ci sono molte cose da vedere; ed io in questi due giorni starò con voi più del solito, perché possiate vedere il più possibile.
Una turista	—Cosa vedremo d'interessante domani mattina?
La guida	—Di mattina visiteremo il Duomo, il Campanile di Giotto e il Battistero. All'ora di pranzo sarete liberi, così se avete qualcosa da fare o qualcuno da vedere potete approfittare di quelle ore; poi verso le quattro del pomeriggio ci rivedremo in albergo. Se qualcuno di voi volesse venire con me a mangiare nella mia trattoria preferita, è libero di farlo!
Un turista	—Cosa si mangia di buono in quella trattoria?
La guida	—Sono tutte specialità a base di verdura; minestre, zuppe, insalate miste ecc., non so per Lei, ma per me mangiare verdura è essenziale.
Un turista	—No, io preferisco andare in un posto dove possa mangiare qualcosa di più sostanzioso, magari una bistecca alla fiorentina!
Un'altra turista	—Io invece vorrei venire con Lei in quella trattoria, perché a me le verdure piacciono molto, e poi sto seguendo una dieta vegetariana.
La guida	—Nel pomeriggio visiteremo Piazza della Signoria e la Galleria degli Uffizi.
Un turista giovane	—E la sera c'è qualcosa di bello da fare?
La guida	—Spesso ci sono dei concerti, oppure Le posso indicare qualche sala da ballo o anche qualche discoteca.

Un turista giovane	—A chi bisogna rivolgersi per i biglietti?
La guida	—Basta telefonare al Teatro della Pergola.
Un turista	—Pensa che avremo tempo di visitare la Chiesa di Santa Croce? A me interesserebbe molto vedere la tomba di Dante, quella di Michelangelo, quella di Galileo Galilei e quelle degli altri illustri personaggi che sono in Santa Croce.
La guida	—La visita alla Chiesa di Santa Croce è prevista per domani pomeriggio. Di mattina visiteremo Palazzo Pitti e i giardini Boboli e nel pomeriggio andremo a Santa Croce e poi a Piazzale Michelangelo. Intanto ho qualcosa da precisare a proposito della tomba di Dante: bisogna tenere presente infatti che quella tomba è vuota, poiché Dante fu sepolto a Ravenna dove morì in esilio.

• • •

Mauro Cardelli, uno studente dell'Università di Salerno, ha ottenuto dalla sua università un viaggio-premio di due settimane da trascorrere a Firenze. Alla "casa dello studente" dove alloggia ha modo di conoscere ogni giorno ragazzi e ragazze della sua età che studiano e vivono a Firenze.

Valeria	—Mauro, ti presento una mia collega: Anna Maria Salvi, che come te studia lettere.
Mauro	—Molto piacere, Mauro Cardelli!
Anna Maria	—Piacere! Studi a Firenze anche tu?
Mauro	—No, io studio a Salerno; in un certo senso io sono in vacanza, ma vorrei approfittare per cercare del materiale per la mia tesi di estetica contemporanea. Stai facendo la tesi anche tu?
Anna Maria	—No, io non ho ancora deciso su cosa farla; non so se chiederla al professore di latino o a quello di storia medievale.
Valeria	—Hai trovato qualcosa di utile in biblioteca?
Mauro	—Chi? Io?
Valeria	—Sì, proprio tu!
Mauro	—Veramente in questi giorni in biblioteca ci sono andato poco, ma ho visto alcune mostre molto interessanti; per esempio stamattina ho visto quella di Chagall a Palazzo Pitti: assolutamente splendida!
Anna Maria	—Alle mostre c'è sempre qualcosa d'interessante da vedere, e poi le trovo molto stimolanti.
Mauro	—A proposito di sensazioni stimolanti: avete qualcosa da fare stasera? Dove possiamo andare per finire la serata in allegria?
Valeria	—Possiamo andare tutti a ballare in una discoteca!

Vocabolario

NOMI
la **bistecca**   steak
il **campanile**   bell tower
il **collega**   colleague
la **dieta**   diet
la **discoteca**   discotheque
l'**esilio**   exile
il **materiale**   material
la **mostra**   exhibit
il **piazzale**   square
la **sala da ballo**   ballroom
la **tomba**   tomb
il **viaggio-premio**   free trip
la **zuppa**   soup

AGGETTIVI
contemporaneo   contemporary
fiorentino   Florentine
illustre   famous
indeciso   undecided
sepolto   buried

sostanzioso   substantial
stimolante   stimulating
vegetariano   vegetarian
vuoto   empty

VERBI
alloggiare   to live
approfittare   to take advantage
avere modo di   to have the opportunity
to
illustrare   to illustrate
precisare   to specify, to point out
ritrovarsi   to meet again
tenere presente   to keep in mind; to be
aware of

ALTRE PAROLE ED ESPRESSIONI
giù   down; downstairs
il più possibile   as much as possible
intanto   in the meantime, meanwhile

Vista del Ponte Vecchio, Firenze.

Proverbi e modi di dire

Farsi vivo.	To show up.
Venire la voglia di . . .	To suddenly feel like . . .
Non mi par vero di . . .	I can't wait to . . . ; I can hardly believe . . .
Aver torto marcio.	To be dead wrong.
Ingannare il tempo.	To kill time.

Grammatica

1 Usi particolari dell'aggettivo *qualche*
(Special uses of the adjective *qualche*)

Qualche cosa di + aggettivo

When **qualche cosa (qualcosa)** is followed by an adjective it takes the preposition **di.** In a similar way, **niente** followed by an adjective also takes **di:**

Hai visto **qualche cosa di nuovo?**
No, non ho visto **niente di nuovo.**

Ciao Mamma, **c'è qualche cosa di buono** da mangiare?
Mario, c'è **qualcosa d'interessante** stasera in tivvù?

Qualche cosa da + verbo

When **qualche cosa (qualcosa, cosa)** is followed by a verb, it takes the preposition **da.** Similarly, **niente, nessuno,** and **qualcuno** followed by a verb take the preposition **da:**

Carla, ha **qualcosa da fare** questo pomeriggio?
Stasera non ho proprio **niente da leggere.**

C'è **qualcuno da visitare** oggi?
Conosci **nessuno da invitare** con Gina, sabato prossimo?

APPLICAZIONI PRATICHE

A. Modificare la frase cambiando l'aggettivo.

ESEMPIO: Ho qualcosa d'importante da dirti   (interessante).
Ho qualcosa d'interessante da dirti.

1. Hai qualcosa di speciale da fare?   (particolare)
2. C'è qualcosa di buono da mangiare?   (sostanzioso)
3. Abbiamo qualcosa di facile da leggere.   (difficile)
4. Non c'è niente di moderno da vedere?   (antico)

B. Modificare la frase cambiando il verbo.

ESEMPIO: C'è qualcosa da fare?   (leggere)
C'è qualcosa da leggere?

1. Hai qualcuno da vedere?   (visitare)
2. Avete qualcosa da mangiare?   (bere)
3. Ha qualcosa da dirmi?   (mostrarmi)
4. C'è qualcuno da incontrare?   (salutare)

C. Completare le seguenti frasi con la preposizione adatta.

1. Vedi quella signora che entra? È molto famosa. Ha scritto qualcosa
_____ molto importante.
2. Hai sentito niente _____ interessante?
3. Credi che sia un film _____ vedere?
4. Mi dispiace ma non ho niente _____ buono _____ raccomandarLe.
5. Conosci dei ragazzi simpatici _____ invitare?
6. Abbiamo ancora molte cose _____ vedere e ci sono rimasti soltanto
due giorni.

D. Completare con la preposizione **di** o **da** e un aggettivo o un verbo.

1. Hai portato qualche cosa _____ per questa sera?
2. Questo è un libro _____ con molta attenzione.
3. Non ho trovato niente _____ in quel ristorante.
4. C'è qualche cosa _____ in questa città?
5. Ragazzi, niente _____ per domani.

E. Rispondere negativamente o affermativamente secondo l'esempio.

ESEMPIO: Hai trovato qualcosa da vedere?
Non ho trovato niente da vedere.

Non c'è niente d'interessante?
Sì, c'è qualcosa d'interessante.

1. Cerchi qualcosa da mangiare?

2. Avete qualche cosa da vedere ancora?
3. Trovi qualche cosa di simpatico in Paolo?
4. Mi dai qualcosa di leggere?
5. Hanno qualcosa d'interessante da fare?
6. Non c'è niente di urgente da scrivere?
7. Ho qualche cosa da correggere.

2 Altri usi particolari delle preposizioni *di* e *da*
(Other uses of the prepositions *di* and *da*)

Certain compond nouns in Italian are formed with the prepositions **di** and **da**. Each preposition lends a particular meaning to the noun:

1. The preposition **da** + *verb* / *noun* indicates the *use* one makes of the object:

   ferro da stiro   *iron* (lit., *iron for pressing*)
   tazzina da caffè   *coffee cup* (lit., *cup for coffee*)
   cucchiaino da tè   *teaspoon* (lit., *spoon for tea*)
   bicchiere da vino   *wineglass* (lit., *a glass for wine*)

   A list of common compound nouns using the preposition **da** follows:

   bicchiere da birra   *beer glass*
   bicchiere da cognac   *cognac glass*
   bicchierino da liquore   *liqueur glass*
   costume da bagno   *bathing suit*
   cucchiaino da gelato   *ice cream spoon*
   macchina da scrivere   *typewriter*
   macchina da corsa   *racing car*
   macchina da presa   *movie camera*
   occhiali da vista   *prescription glasses*
   occhiali da sole   *sunglasses*
   piatto da frutta   *dessert* / *fruit plate*
   piatto da insalata   *salad plate*
   scarpe da neve   *snowshoes*
   scarpe da tennis   *tennis shoes*

2. The preposition **di** + *noun* indicates the *material* the object is made of or the *substance* it contains:

   tazzina di caffè   *cup of coffee*
   cucchiaino di tè   *a teaspoonful of tea*
   bicchiere di vino   *a glass of wine*

APPLICAZIONI PRATICHE

F. Completare le frasi con il sostantivo adatto.

1. Fa molto caldo e vorrei proprio un _____ birra.
2. Sono andato al negozio per comprarmi una _____. Non so se prendere un Olivetti o una Smith Corona.
3. La Ferrari è una splendida _____ corsa.
4. Sono a dieta, prenderò soltanto un _____ gelato.
5. Quest'anno voglio imparare a sciare. Mi serve un paio di _____ neve.
6. Mi piacerebbe venire al mare con voi ma ho dimenticato il _____ bagno.
7. Avvocato, gradirebbe un _____ liquore?
8. Dopo mangiato gli italiani prendono sempre una _____ caffè.
9. Carla, hai messo i bicchieri per l'acqua ma hai dimenticato quelli _____ vino.
10. Mario, il _____ stiro non funziona. Puoi aggiustarlo tu?

Tirando le somme

A. Domande sul dialogo.

1. Dove si ritrovano i turisti dopo essersi riposati un momento?
2. Cosa illustra la guida ai turisti?
3. Cosa visiteranno i turisti domani mattina?
4. Che tipo di specialità cucinano nella trattoria preferita dalla guida?
5. Perché una turista preferisce andare a mangiare con la guida?
6. C'è qualcosa di bello da fare la sera?
7. Ricorda qualche illustre personaggio sepolto in Santa Croce?
8. Che cosa ha da precisare la guida a proposito di Dante?
9. Cosa ha ottenuto Mauro Cardelli dall'Università di Salerno?
10. Chi ha conosciuto Mauro alla "casa dello studente"?
11. Che tipo di tesi sta facendo Mauro?
12. Anche Anna Maria sta facendo la tesi?
13. Cosa ha visto Mauro in questi giorni?
14. Com'è la mostra di Chagall a Palazzo Pitti?
15. Dove finiscono la serata Valeria, Mauro e Anna Maria?

B. Completare usando la forma corretta degli indefiniti.

1. C'è _____ d'interessante da fare stasera?
2. Vuoi andare a ballare stasera? No preferirei fare _____ di più tranquillo.

3. Mauro non ha _____ da dire.
4. Se oggi avete _____ da fare, possiamo vederci domani.
5. Non hai _____ da portare alla festa?
6. In questo museo non c'è _____ di bello!

C. Tradurre le seguenti frasi.

1. Are there many things to see and do in Rome?
2. Was there something new you wanted to tell me?
3. What do they cook that's interesting in that restaurant?
4. I would really prefer something more substantial to eat.
5. I have just bought these six coffee cups. What do you think of them?
6. If you want to visit Dante's tomb, remember that he was buried in Ravenna.
7. Did you buy something useful when you went to the market?
8. Before you start writing your thesis you should buy a typewriter.
9. Isn't there anything to do in this town after eight o'clock?
10. When we go to Amalfi there will be many things to do: we can sail, swim, go for rides, or simply walk and enjoy all there is to see.

D. *Guida al comporre: Una città che ho visitato recentemente*
Riscrivete le frasi seguenti completandole e createne, quando è possibile, delle altre nuove.

L'estate scorsa sono andato a _____ con _____.
Ci siamo fermati _____.
Il tempo era _____.
La città è grande, ma non c'era _____.
I musei avevano delle belle opere di _____.
Siamo andati anche a teatro a vedere _____.
La cosa che più mi è piaciuta _____.
Ho conosciuto delle persone molto _____.
Spero un giorno di poter (Non credo che ritornerò) _____.
È stata (o non è stata) una bella esperienza, perché _____.

Ricapitolazione

LEZIONI 21-24

A. Completare le seguenti frasi usando **di** o **da** a seconda del senso.

1. Carlo, mi prendi un bicchiere _____ vino, questo è troppo grande.
2. Fa tanto caldo, vorrei proprio un bicchiere _____ birra.
3. C'è troppo sole, dove sono i miei occhiali _____ sole?
4. Ho comprato un nuovo paio di scarpe _____ tennis, le altre erano rotte.
5. È stato uno spettacolo interessantissimo, avresti dovuto portare la tua macchina _____ presa.
6. Sono a dieta, dammi soltanto un cucchiaino _____ gelato.
7. Maria, per cortesia prendi il piatto _____ frutta che è nel frigorifero.
8. Oggi fa troppo caldo per usare il ferro _____ stiro.
9. Signora, gradisce un bicchierino _____ liquore dopo il caffè?
10. Che bel costume _____ bagno! dove l'hai comprato?
11. C'è qualcosa _____ vedere stasera?
12. Bruno, c'è niente _____ mangiare?

B. Completare le seguenti frasi con **di** o **da** e un aggettivo o un verbo.

1. Quando eri a Firenze hai visto qualche cosa _____?
2. Questa è una cosa _____?
3. Non c'è nessuno _____?
4. Non hai niente _____?
5. Conoscete qualcuno _____?

C. Mettere i seguenti verbi al congiuntivo passato, nella persona indicata.

1. approfittare, ritrovarsi, trattare, diminuire, dare (*tu*)
2. essere, tenersi, sviluppare, potere, dire (*lui*)
3. copiare, avere, fare, adattare, mettere (*loro*)
4. cucire, dire, augurarsi, sostenere, dovere (*noi*)

D. Mettere i seguenti verbi all'imperfetto congiuntivo, nella persona indicata.

1. rischiare, essere, dire, richiamare, demolire   (*voi*)
2. bere, allargare, condividere, sviluppare, avere   (*io*)
3. impegnarsi, vivere, spostare, dare, finire   (*tu*)
4. alloggiare, convincere, spostare, confezionare, stare   (*loro*)
5. ritrovarsi, recitare, cucire, correre, volere   (*noi*)

E. Completare la frase usando la forma adatta del verbo all'imperfetto congiuntivo.

1. Credevo che il libro (trovarsi) _____ in camera mia.
2. Dubitavo che tu lo (vedere) _____.
3. Temevano che voi non (venire) _____.
4. Era impossibile che loro (essere) _____ sorelle!
5. Pensavi che lui (divertirsi) _____?
6. Sembrava che (volere) _____ piovere.
7. Era l'unico che non (scrivere) _____ mai.
8. Cercavano un impiegato che (parlare) _____ l'inglese e il francese.

F. Completare le seguenti frasi con il tempo del condizionale o del congiuntivo richiesto dal senso della frase.

1. Se dovesse piovere io non (uscire) _____.
2. Se (studiare) _____ avresti imparato qualche cosa.
3. Se (essere) _____ più caldo andrei al mare.
4. Se Maria partisse, io la (accompagnare) _____.
5. Se avessimo avuto il tempo, (visitare) _____ anche Venezia.
6. Se tu mi (chiamare) _____ sarei venuto a prenderti.
7. Se avessimo i soldi, (allargare) _____ la cucina.
8. Se la casa (essere) _____ più grande vi avremmo invitati a restare con noi.
9. Se (fare) _____ vedere un film di Pasolini ci sarei andato.
10. Se il botteghino fosse aperto io (comprare) _____ i biglietti.

G. Completare le seguenti frasi mettendo il verbo fra parentesi al congiuntivo passato.

1. Credo che quell'attore (recitare) _____ molto bene.
2. Spera che tu (capire) _____ la situazione.
3. Credi che il regalo le (piacere) _____?
4. Dubito che lui (entusiasmarsi) _____ molto.
5. Sembra che il film (finire) _____, la gente sta uscendo.
6. Mi sorprende che loro non (vedere) _____ mai un film giallo.
7. Mi sembra che Giulio (prenotare) _____ già i biglietti.
8. Sono contento che tu non (dare fastidio) _____ agli zii.
9. È l'unico attore che (recitare) _____ veramente bene.
10. Pensi che Pasolini (fare) _____ dei buoni film?

H. Completare le seguenti frasi.

    1. È la casa più antica che _____.
    2. Cercavano una persona che _____.
    3. Non abbiamo veduto nessuno che _____.
    4. È la sola cosa che _____.
    5. Non c'è niente che _____.
    6. Era il peggior albergo che _____.
    7. Siamo andati nell'unica trattoria che _____.
    8. È stato il viaggio più lungo che _____.

I. Completare le seguenti frasi mettendo il verbo fra parentesi al tempo del congiuntivo richiesto dal senso della frase.

    1. Era il regista più famoso che (vivere) _____ mai.
    2. Questo è il migliore museo che io (vedere) _____ fino ad oggi.
    3. I western erano gli unici film che lo (entusiasmare) _____.
    4. Cercavano un'automobile che non (consumare) _____ troppo.
    5. Non so se Carlo e Maria (arrivare) _____ ieri.
    6. Non credete che loro (sapere) _____ parlare l'italiano?
    7. È possibile che lei (partire) _____ la settimana scorsa.
    8. Dubitavo che quella scena vi (piacere) _____.
    9. Non potei trovare nessuno che mi (indicare) _____ un buon albergo.
    10. Cerco un paio di pantaloni che (andare) _____ bene con questa giacca.
    11. Non immaginavo che loro (avere) _____ tanti vestiti.
    12. Pensavo che quella cravatta (adattarsi) _____ bene allo spezzato.
    13. Volevate che il cameriere vi (portare) _____ la frutta o un dolce.
    14. Bisognava che tu (vedere) _____ l'intervista alla tivvù per capire la nostra discussione.
    15. Pensi che loro (finire) _____ il lavoro per domani?

J. Tradurre le seguenti frasi.

    1. Did you think that they had bought tickets for the orchestra?
    2. If you could fit this suit, I would buy it.
    3. Did he think we ate at that restaurant every evening?
    4. It would be necessary for you to buy a sweater.
    5. I thought that they were going to meet in Taormina.
    6. He thought that you were a fashion model.
    7. If you earned more you could spend more.
    8. It seemed impossible that she would have bought five pairs of shoes.
    9. If you had the choice, would you go to the sea or stay at home?
    10. I didn't know that he had already seen that film.
    11. If you had left earlier you would not have to stay in line for the tickets.
    12. In a city like Rome there is always something interesting to see.

Itinerario Culturale

1°

Geografia dell'Italia

Charles Glass è uno studente americano, e studia italiano all'università di Roma. Quando non ci sono lezioni, Charles viaggia attraverso° l'Italia, e spesso nelle lettere agli amici parla delle bellezze naturali del paese.°

through

natural beauties of the country

Stresa, 19 ottobre 1980

Cara Susan,

    L'Italia è splendida! Amo° l'arte, la gente, la cucina e soprattutto° il paesaggio.° Adesso sono all'aperto, in un bar di Stresa sul Lago Maggiore, e la vista del lago° è meravigliosa. Il Lago Maggiore, come il Lago di Lugano, il Lago di Como e il Lago di Garda, è vicino alle Alpi. Questa alta catena di montagne° separa l'Italia dalla Francia, dalla Svizzera, dall'Austria e dalla Jugoslavia. Anche la catena degli Appennini è meravigliosa e in tutta la penisola da nord a sud ci sono splendidi paesaggi.

I love
above all / landscape

view of the lake

high chain of mountains

    Le spiagge° sono meravigliose e il mare, generalmente caldo, ha colori diversi: ad est il verde chiaro° dell'Adriatico, a sud-est il verde-blu del mar Ionio, a sud il blu del Mediterraneo, ad ovest l'azzurro chiaro° del mar Tirreno e del mar Ligure. Famose per la bellezza e per le spiagge sono le due grandi isole° italiane: la Sicilia e la Sardegna. Ci sono anche numerose piccole isole

beaches

bright green

bright blue

islands

famose per le bellezze naturali e per il turismo: nell'Adriatico le isole Tremiti, nel mare Tirreno ci sono l'isola d'Elba, le isole di Capri e di Ischia davanti al Golfo di Napoli, e le isole Eolie con il vulcano Stromboli a nord della Sicilia.

Nell'Italia settentrionale° e nell'Italia centrale ci sono numerosi fiumi.° Il Po è il fiume principale: nasce° dalle Alpi occidentali,° attraversa° Torino, la pianura padana° e sbocca° nel mare Adriatico. Dalle Alpi centro-orientali° nasce l'Adige, attraversa Trento e Verona, e sbocca nel mare Adriatico. L'Arno e il Tevere nascono dall'Appennino toscano e prima di sboccare nel mar Tirreno l'Arno attraversa Arezzo, Firenze e Pisa, mentre il Tevere attraversa Roma.

In Italia il turista trova bellezze naturali, ricche di contrasti e bellezze artistiche, ricche di storia.

Ma adesso smetto di° scrivere,° perché c'è il cameriere per l'ordinazione!°

northern
rivers
is born, rises / western / crosses
Po valley / flows into
middle eastern

I'll stop / to write
order

Ciao!
Charles

A. Domande sulla lettura.

1. Quali mari circondano l'Italia?
2. Ci sono molti laghi in Italia? Quali?
3. In Italia ci sono quattro fiumi importanti. Quali città attraversano?
4. Quali sono le due grandi isole italiane? Dove sono?
5. Quali sono le isole famose del golfo di Napoli?
6. Quante catene montuose ci sono in Italia?
7. La catena settentrionale separa l'Italia da quali paesi?
8. Il Po attraversa quale pianura?

B. Ricerche geografiche.
Trovare sulla carta geografica.

1. I tre vulcani italiani. Indicare quali sono sempre attivi.
2. Le principali città italiane.
3. I principali porti italiani.
4. Le seguenti città turistiche: Venezia, Firenze, Capri, Sorrento, Taormina.
5. Alcuni luoghi storici che Lei conosce.

C. Richerche supplementari.
Trovare dei luoghi negli Stati Uniti il cui nome deriva da qualche città italiana.

2°

La scuola in Italia

La scuola italiana è molto diversa da quella degli Stati Uniti. Dopo i cinque anni di scuola elementare, i ragazzi e le ragazze dagli undici ai quattordici anni frequentano° la scuola media dell'obbligo;° alla fine dei tre anni danno un esame ed ottengono la 'licenza media'. Dopo la scuola media molti giovani lasciano la scuola per imparare un mestiere;° la maggioranza° però continua gli studi, frequentando la scuola media superiore.

attend / junior high school (compulsory)

trade / majority

Questo terzo periodo di studi dura° di solito cinque anni. Il programma di studi è difficile e preciso,° ed offre diverse possibilità: il 'liceo classico' e il 'liceo scientifico' preparano gli studenti in molte materie°, offrendo loro la possibilità di accedere° a tutte le facoltà universitarie. L'istituto tecnico° e commerciale permette di diventare° ragioniere,° geometra° o perito° (industriale, nautico e agrario), permettendo anche di accedere alla facoltà di economia e commercio,° o anche ad altre facoltà dell'università. All'istituto magistrale° i giovani studiano per diventare maestri elementari; se vogliono, possono poi continuare a studiare all'università dove ricevono la laurea in lettere, in lingue straniere o in pedagogia. Dopo i tre anni di scuola media gli studenti possono anche andare al liceo artistico, ai conservatori musicali e agli istituti professionali per l'artigianato,° per il turismo e per il commercio.

lasts

exact

(academic) subjects / to enter
technical school
to become / accountant, bookkeeper
surveyor, geometer / expert

school of business and economics
teachers training college

handicraft

Nella scuola elementare e media (dell'obbligo e superiore) gli studenti alla fine dell'anno scolastico devono ottenere la sufficienza° in tutte le materie, altrimenti non possono continuare e devono ripetere l'anno.

passing grade

Le università italiane sono pubbliche e le tasse° sono basse. Generalmente, gli studenti non seguono corsi generali (che hanno già seguito al liceo) ma, iscrivendosi° alla facoltà desiderata, dal primo anno seguono corsi relativi agli° studi di quella facoltà.

tuition

registering
related to . . .

Ragazzi in una scuola elementare di Verona.

A. Domande sulla lettura.

    1. Quanti anni durano le scuole elementari in Italia?
    2. Come si chiama la scuola dopo quella elementare?
    3. Quanti anni durano gli studi obbligatori?
    4. Quanti cicli di studio ci sono in Italia?
    5. Quali sono i cicli di studio in Italia?
    6. Per che cosa l'istituto magistrale prepara?
    7. Che cosa studiano nel conservatorio musicale?
    8. Perché sono basse le tasse nelle università italiane?

B. Argomenti di ricerca.

    1. Paragonare (*Compare*) l'istruzione obbligatoria italiana e quella americana (anni di studio, materie studiate, durata dell'anno scolastico, esami, ecc.).
    2. Quali sono le differenze fra il sistema universitario italiano e quello americano? (specializzazione, durata degli studi, frequenza alle lezioni, tipi di esami, tipi di laurea, ecc.).

3°

Lo stato e i partiti

Il primo articolo della Costituzione italiana dice che
"l'Italia è una Repubblica fondata° sul lavoro". Il   established
popolo italiano scelse questa forma di governo
mediante° il referendum del 1946, subito dopo la   by means of
Seconda Guerra mondiale.

    Il Capo dello Stato° è il Presidente della   head of state
Repubblica, ed è eletto° non direttamente dal   is elected
popolo ma dai membri del Parlamento, per un
periodo di sette anni. A differenza degli Stati Uniti
dove il Presidente esercita° il potere esecutivo, il   exercises
Presidente della Repubblica in Italia non ha poteri
troppo vasti ma esprime l'unità dello Stato.

    La Camera dei Deputati° e il Senato, che for-   House of Representatives
mano il Parlamento, esercitano il potere legislativo
creando le norme° per governare il paese; il Primo   rules, laws
Ministro (o Presidente del Consiglio dei Mini-   Prime Minister (*or* President of the
stri)° ed i ministri esercitano il potere esecutivo at-   Council of Ministers)
tuando° le norme. La corte° esercita il potere   putting into effect, applying / Supreme
giudiziario e i giudici° applicano le leggi nelle con-   Court   judges
troversie. Per governare, il Primo Ministro ha
bisogno del voto di fiducia° del Parlamento. Se il   vote of confidence
Parlamento non dà il voto di fiducia, il governo
cade.° In questo caso il Presidente della Repub-   falls
blica chiede ad una nuova persona di formare un
nuovo governo che la maggioranza del Parlamento
deve approvare.

    Lo Stato italiano e la Costituzione italiana
permettono la formazione e l'attività di più partiti
politici.° I partiti principali nel Parlamento italiano   political parties
sono:

Democrazia cristiana (DC) *Christian Democratic
Party*
È un partito democratico moderato. Dal 1946 ad
oggi è il partito di maggioranza e di governo.
Votano per la DC molti industriali, la classe media, i
contadini e molti operai° cattolici.   workers

Democrazia proletaria (DP) *Proletarian Democ-
racy*
È un partito di sinistra. Votano per la DP molti

operai e studenti dei gruppi che erano extraparlamentari.°

movements formerly not represented in Parliament

Destra nazionale (DN) *National Right (Wing)*
Partito neo-fascista di destra. Formato nel 1976 da membri che appartenevano al MSI.

Movimento sociale italiano (MSI) *Italian Social Movement*
Partito neo-fascista di destra. È un partito che crede nell'autorità assoluta dello Stato e nel potere centralizzato.°

centralized power

Partito comunista italiano (PCI) *Italian Communist Party*
Partito di maggioranza della sinistra italiana. Potere fondato° sui sindacati. Crede all'evoluzione della cultura in senso marxista. Molti intelletualli italiani, giornalisti e scrittori votano per il PCI.

founded

Partito liberale italiano (PLI) *Italian Liberal Party*
Partito moderato della borghesia industriale. Difende l'iniziativa privata° e l'economia libera. È un partito di centro e anticomunista.

private enterprise

Una cerimonia ufficiale in occasione della festa della Repubblica.

Partito radicale (PR)   *Radical Party*
Partito con tendenze° di sinistra. Vuole risolvere i   with . . . tendencies
problemi della società e ha difeso la questione
dell'aborto e del divorzio in Italia. Molti intellettuali che erano nel PCI votano ora per il PR.

Partito repubblicano italiano (PRI)   *Italian Re-*
publican Party
Partito regionalista di centro-sinistra. Riformista e
progressista.

Partito socialista italiano (PSI)   *Italian Socialist*
Party
Partito di sinistra ma indipendente dal marxismo
russo.° Partito tradizionale degli operai italiani e di   Russian
molti intellettuali di sinistra.

Partito socialista democratico italiano (PSDI)   *Ital-*
ian Social Democratic party
A destra del PSI. Include molti marxisti ortodossi.

A.   Domande sulla lettura.

1. Quanti partiti ci sono in Italia?
2. Che forma di governo ha l'Italia?
3. Ricordi qualche partito di destra?
4. Quali sono i principali partiti della sinistra?
5. Per quanto tempo è eletto il Presidente della Repubblica?
6. Chi esercita il potere esecutivo?
7. Che cosa fa la Corte?
8. Di che cosa ha bisogno il Primo Ministro per governare?
9. Quale altro titolo ha il Primo Ministro?
10. Quali sono i principali partiti italiani?
11. Perché il Presidente della Repubblica non ha poteri molto vasti?
12. Perché ci sono tanti partiti in Italia?
13. Quale gruppo rappresenta il Partito Liberale Italiano?

B.   Argomenti di Ricerca.

1. Spiegare le differenze fra il sistema politico italiano e quello americano.
2. In Italia esistono molti partiti. Perché?
3. Descrivere il ruolo differente del presidente americano e di quello italiano (modo di elezione, durata della carica, poteri, ecc.).

4°

Scienziati° italiani di ieri e di oggi

Scientists

Accanto all'illustre tradizione artistica, musicale e letteraria° è sempre esistita in Italia una prestigiosa tradizione di studi scientifici che, ancora oggi, continua a rimanere alta. I nomi di Leonardo da Vinci (1452–1519), artista e scienziato, o di Galileo Galilei (1564–1642), matematico,° fisico e astronomo sono noti a tutti. Questi uomini aprirono un'epoca scientifica nuova. Dobbiamo anche ricordare scienziati come Luigi Galvani (1737–1798), professore di anatomia all'Università di Bologna, che fece i primi esperimenti con l'elettricità e Alessandro Volta (1745–1827) che inventò la pila elettrica.°

literary

mathematician

battery

Uno dei più grandi scienziati italiani del Novecento è Guglielmo Marconi (1874–1937), inventore del telegrafo senza fili,° della radio e della televisione. Marconi fece numerosi esperimenti anche in America, riuscendo a stabilire dal Newfoundland (Canada) alcuni contatti radio con l'Inghilterra.° Nel 1909, Marconi ricevette il premio

wireless telegraph

England

Il famoso telescopio di Galileo.

Nobel per la fisica. Un altro premio Nobel per la fisica lo ha ricevuto Enrico Fermi nel 1938. Fermi produsse la prima reazione atomica a catena,° un   atomic chain reaction
esperimento che ha permesso di costruire poi, la prima bomba atomica. Nel 1938 Fermi, noto antifascista, si trasferì negli Stati Uniti dove insegnò prima alla Columbia University (New York) e poi all'Università di Chicago. Un'altro fisico, Emilio Segrè si trasferì anche negli Stati Uniti nel 1938 e insegnò a Berkeley. Durante la Seconda Guerra mondiale Segrè fece parte del gruppo che costruì la prima bomba atomica e con i suoi esperimenti ha creato nuovi elementi radioattivi.°   radioactive elements

O. Domande sulla lettura.

1. Quali altre tradizioni ha l'Italia, oltre a quella artistica?
2. Chi era Leonardo da Vinci?
3. Che cosa fece Galileo Galilei?
4. Qual è l'importanza di Galvani?
5. Che cosa inventò Alessandro Volta?
6. Perché Marconi ricevette il premio Nobel?
7. Qual è l'importanza di Enrico Fermi?
8. Perché Enrico Fermi si trasferì negli Stati Uniti?
9. Di quale gruppo fece parte Emilio Segrè?

Leonardo da Vinci.

Guglielmo Marconi.

5°

La Sicilia

La Sicilia, la più estesa° (25.798 Kmq.) tra le regioni italiane e con una popolazione di 6 milioni di abitanti,° è un'isola a forma triangolare da cui forse le derivò° l'antico nome di Trinacria. L'isola sorge in mezzo al Mediterraneo all'estremità della penisola italiana come un ponte° tra l'Europa e l'Africa, ed è separata dal resto dell'Italia dallo stretto° di Messina che in alcuni punti è largo solamente tre chilometri.

Nell'ottavo secolo con la colonizzazione greca che inizia con la fondazione di Naxos e di Siracusa, la Sicilia entra nella storia; poi furono fondate° Selinunte (secolo VII), Agrigento (secolo VI) e gli altri importanti centri in cui fiorì° la civiltà° greca. Nel VI secolo i Cartaginesi,° che in quel periodo occupavano la costa occidentale della Sicilia, fondarono Palermo. Poi la Sicilia divenne parte dell'impero° romano e dopo la caduta° dell'impero fu dominata dagli Arabi che contribuirono ad arricchire° la civiltà della Sicilia con nuove esperienze politiche, religiose e culturali. Sotto la dominazione dei Normanni° e soprattutto con Federico II l'isola raggiunse il massimo della prosperità, e Palermo, capitale del regno, diventa un centro culturale raffinato e d'avanguardia. È questo il periodo in cui fiorisce la poesia siciliana (in volgare aulico°) e in cui si edificano° artistici e preziosi monumenti: la Cappella° Palatina di Palermo, il Duomo di Cefalù e quello di Monreale. Accanto alle famose opere d'arte del raffinato Medioevo° siciliano, esistono, sempre di questo stesso periodo, forme d'arte più semplici ma ugualmente autentiche, che rivivono ancora nel borgo° dominato dal castello di Federico II d'Aragona a Montalbano Elicona, nei riti pastorali di San Piero Patti, fra gli artigiani° di Tortorici.

Alla fine del XV secolo la scoperta° dell'America ha spostato gli interessi° del mondo fuori dei limiti del Mediterraneo. Da allora la Sicilia è rimasta tagliata fuori° dai grandi interessi commerciali internazionali, che l'hanno in un certo senso isolata.

large

inhabitants

derives

bridge
strait

founded

flourished / civilization
Carthaginians

empire / fall

to enrich

Normans

literary Italian
were built
Chapel

Middle Ages

village

handicrafts

discovery
interests, concerns

left out

Tuttavia il contributo dei popoli dominatori° (Greci,   ruling
Fenici,° Cartaginesi, Romani, Bizantini,° Arabi, Nor-   Phoenicians / Byzantines
manni, Svevi,° Francesci e Spagnoli) è ancora vivo   Swabians
nelle mille manifestazioni del folklore siciliano,
legato all'anima stessa° degli abitanti, alla loro con-   tied to the very soul
cezione° della vita e alla coscienza della propria   conception
civiltà. Nel corso dell'anno sono infatti numerose e
interessanti le manifestazioni folkloristiche che
sottolineano° la vita e le tradizioni della Sicilia: il   emphasize
Carnevale° di Acireale, la Sagra del Mandorlo in   Mardi Gras
fiore ad Agrigento,° la Sagra della zagara° a S.   Feast of the Flowering Almond Tree /
Flavia, la Sagra del carretto° siciliano a Trecastagni,   orange blossom   cart
la festa del pesce nel mare di Acitrezza.

*Il chiostro della Cattedrale
di Monreale.*

Sono tutti questi elementi che contribuiscono a fare della Sicilia un'isola mitica° e ricca di fascino,° le cui città e paesi, tutti bellissimi, sono un'ambita meta° turistica. La prima città che appare al visitatore° che arriva in Sicilia in nave-traghetto° o in aliscafo dopo aver percorso la penisola fino a Villa San Giovanni è Messina, protetta dal verde delle pinete° dei monti Peloritani e aperta al mare azzurro e profondo dello stretto omonimo.° Sulla costa nord dell'isola c'è Palermo, una città che vive nel contrasto di un passato aristocratico e di un presente nuovo e inquieto.° Circondate da una natura perfetta e in armonia con la bellezza delle loro rovine° sono le due antiche colonie greche di Segesta e di Selinunte. Ricche di storia, di templi e di resti millenari° sono Agrigento e Siracusa. C'è poi Taormina che per la bellezza e la grandiosità° dei suoi panorami e per lo splendore dei suoi colori è da anni una famosa località di soggiorno. Sullo sfondo della cittadina° c'è l'Etna, il maggiore vulcano attivo tra quelli europei, conosciuto anche dagli antichi° e ritenuto° la fucina° di Vulcano e dei Ciclopi.° Moderna e attivissima è Catania, una città che nel processo di trasformazione economica della Sicilia ha raggiunto livelli molto elevati, soprattutto nell'industria. Ed è proprio attraverso lo sviluppo industriale che i Siciliani sperano di uscire dall'isolamento; ciò permetterebbe all'isola di diventare un paese moderno, di cambiare certi costumi° e di risolvere in parte alcuni problemi sociali.

Pur guardando al futuro industriale come mezzo° per il suo sviluppo economico, la Sicilia rivela sempre il suo passato di protagonista di diversi momenti storici e rimane il punto d'incontro° di culture diverse e spesso contrastanti. Il contrasto è del resto una caratteristica tipica di questa terra; accanto alla solitudine di alcuni luoghi,° ai paesaggi arcaici, ai templi, ai castelli arabo-normanni, c'è l'attività industriale e tecnica di alcuni nuovi centri: stabilimenti siderurgici,° raffinerie di petrolio,° industrie di automobili. Il contrasto è anche nel carattere del popolo siciliano: intelligente, appassionato e problematico, oltre che nell'apparenza fisica:° accanto ai tipi bruni dagli occhi scuri° e intensi ne esistono altri di chiara origine normanna

---

mythical / charm

a desirable goal
visitor / by ferryboat

pine forests
of the same name

unsettled
ruins

remains thousands of years old
grandeur

small town
ancients
considered to be / forge / Cyclops

habits

as a means

crossroads

places

steel works / oil refineries

physical appearance / with dark eyes

che hanno capelli biondi e occhi azzurri. Di contrasto si può infine parlare a proposito della gente
semplice e ospitale,° in contrapposizione° alle   hospitable / opposed to
immagini spiacevoli° della mafia offerte dalla   unpleasant images
stampa e dal cinema i quali, creando facili malin-
tesi,° hanno contribuito a fare di questo complesso   misunderstandings
problema un pesante preconcetto° sociale.   prejudice

A. Domande sulla lettura.

    1. Quando entra nella storia la Sicilia?
    2. Con chi la Sicilia raggiunge il massimo della prosperità?
    3. Dove si trova la Sicilia?
    4. Quali popoli dominarono l'isola?
    5. Quali sono le principali manifestazioni folkloristiche siciliane?
    6. In quale città arriva il visitatore dall'Italia?
    7. Quali sono le città siciliane più famose?
    8. Cosa pensavano gli antichi che ci fosse nell'Etna?
    9. Come sperano i siciliani di uscire dal loro isolamento?
   10. Quali sono i contrasti che si vedono in Sicilia?

B. Argomenti di ricerca.

    1. I vari popoli che hanno invaso e si sono stabiliti in Sicilia.
    2. Il folklore siciliano. Il teatro dei pupi.
    3. L'emigrazione siciliana.
    4. Le caratteristiche e le tradizioni che gli emigranti siciliani conser-
        vano.
    5. I siciliani in America.

Agrigento: il tempio della Concordia.

6°

Ritratto di un fiorentino: Dante Alighieri

Dante Alighieri nacque a Firenze nel 1265 da famiglia borghese di nobili origini, e a Firenze visse fino al 1302 quando fu mandato in esilio per motivi politici. Morì a Ravenna nel 1321 senza potere rivedere° la sua città. — to see again

L'esperienza più importante della sua giovinezza° è descritta nella *Vita Nuova*, in cui Dante celebra in versi e in prosa° il suo amore° per Beatrice. Egli racconta che quando vide Beatrice per la prima volta aveva poco più di nove anni e Beatrice ne aveva circa otto. Nove anni dopo Dante la rivide e fu preso da grande e puro° amore per lei. Beatrice, morta giovanissima nel 1290, divenne° per il poeta l'ispiratrice° della sua poesia° e della sua devozione di cristiano.°

— youth
— in verses and in prose / love
— pure
— became
— inspirer / poetry, poem
— Christian devotion

Alcuni anni dopo Dante scrisse il *Convivio*,° un'opera di carattere filosofico° con cui Dante intendeva offrire un banchetto spirituale° e diffondere il sapere;° l'opera affronta infatti problemi di metafisica,° di astrologia,° di politica e di morale.°

— The Banquet
— philosophical
— spiritual banquet
— to spread knowledge
— metaphysics / astrology / morals

Durante l'esilio Dante scrisse in versi il suo grandioso capolavoro,° la *Divina Commedia*,° divisa° in tre parti: Inferno,° Purgatorio,° Paradiso.° In questo suo viaggio attraverso il regno dei morti,° il poeta descrive le persone incontrate, le loro pene, le loro speranze e le loro gioie. Dante, guidato da Virgilio, comincia il suo viaggio in una 'selva oscura' e tra innumerevoli pericoli e paure° arriva al centro della terra; da lì il poeta comincia a salire sul monte del Purgatorio, che a forma di cono° sorge dal mare e sulla cui cima c'è la verde pianura del Paradiso terrestre, dove Dante rivede Beatrice. Il grande amore per Beatrice e la speranza di poterla raggiungere dopo la morte° hanno permesso a Dante di accogliere nella sua filosofia° il concetto cristiano° della vita terrena come preparazione alla vita eterna. L'opera riassume° tutte le esperienze umane,° politiche e religiose, attraverso la rappresentazione dell'uomo impegnato nella lotta tra il bene e il male.°

— masterpiece / Divine Comedy
— divided / Hell / Purgatory / Heaven
— the kingdom of the dead
— innumerable dangers and fears
— shaped like a cone
— death
— philosophy
— the Christian concept
— summarizes
— human
— good and evil

*Dante Alighieri: gloria
della letteratura italiana.*

Dante chiamò il suo poema *Commedia* perché
considerava che lo stile e il contenuto della sua
opera corrispondevano° ad un livello meno elevato   corresponded
di quello della "tragedia"; egli volle che il suo
poema fosse capito da tutti, perciò lo scrisse—come
aveva fatto per la *Vita Nuova* e per il *Convivio*—in
italiano, cioè nella lingua parlata, piuttosto che in
latino che era la lingua in cui scrivevano i letterati°   men of letters
del tempo e di cui si era servito° anche Dante per   had used
alcune sue opere. Furono i suoi commentatori° a   commentators
chiamarla *Divina* per esaltare° la grandezza e la   to praise
bellezza dell'opera.

Per l'universalità della sua opera, per la poten-
za° dei contenuti, per la perfezione della forma,   the power
Dante Alighieri, uno dei più grandi poeti del
mondo, è considerato la gloria della letteratura
italiana; e come tale, il suo nome rappresenta ufficialmente la cultura del paese nel mondo, attraverso le numerose istituzioni sorte per la diffusione della cultura italiana all'estero.

A. Domande sulla lettura.

1. Dove nacque Dante Alighieri?
2. Quando fu mandato in esilio?
3. Dov'è sepolto Dante?
4. Cosa è la *Vita Nuova*?
5. Chi era Beatrice?
6. Quale opera di Dante ha carattere filosofico?
7. In quante parti è divisa la *Divina Commedia*?
8. Chi è la guida di Dante?
9. Come è presentato il Purgatorio nella *Divina Commedia*?
10. Chi rivede Dante in Paradiso?
11. Perché Dante chiamò la sua opera "Commedia"?
12. Perché Dante è considerato la gloria della letteratura italiana?

B. Argomenti di ricerca.

1. Dante e le sue opere.
2. Firenze all'epoca di Dante. La politica e la cultura.
3. Virgilio: quando scrisse, quando visse.

Appendix A

Italian sounds[1]

Vocali
(Vowels)

The five vocalic symbols in Italian correspond to seven distinct sounds.[2] These vowels can be classified as *open* or *closed*, depending upon the position of the tongue, lowered or raised, which in turn determines the opening of the oral cavity.

The sound of the Italian vowels is never prolonged as in English; they are always short and clear-cut.

a   This letter always represents the vowel **a**, the most open vowel. It has a sound very similar to English /a/ in *father*, but much shorter:

fama	pala	Anna	casa	rana	cava
tana	mamma	papà	gara	frana	Zama

e[3]   Approximately like English /ey/ in *they*, but without the final /yi/ glide:

mele	pere	sere	vene	fede	rete
bere	venti	tre	se	cene	veleno

---

[1] In order to facilitate the pronunciation of unfamiliar sounds, the phonetic transcription of the most unfamiliar ones will appear in brackets beside the corresponding graphic symbol. In this we have used the symbols of the IPA (International Phonetic Alphabet).

[2] The distinction between open and closed vowels is particularly noticeable in the speech of the central regions of Tuscany, Umbria, and Lazio, and is also present in the language of the most educated persons. We must add, however, that in more recent years, because of the increase in the demographic movement, and the impact of mass media communications (radio and television), such distinctions are slowly disappearing or at least are becoming much less noticeable.

[3] In most cases the distinction between the two types of vowels (e/ɛ/, o/ɔ/) can be determined from the etymology of the word. One rule that can be generally applied is that vowels found in an unaccented syllable are always more closed than those found in an accented syllable.

e [ɛ] This is a slightly more opened vowel than the preceding. Its sound falls between that of English /e/ in *Ben* and /a/ in *ban*. The tongue is in a slightly higher position than in *Ben*:

ero	pesca	tesi	feste	tempo
bene	finestra	bello	perle	è

i Similar to English /ē/ in *fee*. The tongue height and lip position are similar in the two languages. The main difference is the lack of an off-glide in the Italian vowel.

lini	pini	dividere	vinti	miri
tini	zii	fini	crini	divi

o Somewhat similar to English /ō/ in *boat*, but without the final off-glide. The Italian vowel is also somewhat more rounded than its English counterpart:

torre	volgo	volto	coda	passo
rotto	corto	sopra	sordo	sotto
tombola	tondo	tonfo		

o [ɔ] Similar to English /ȯ/ in *bought* but with a somewhat higher tongue position in Italian:

rocca	nodo	collo	fossa	coppa
forte	nolo	tonaca	toni	tolto
porgere	poro	porta	modo	flotta

u Like the English *oo* sound in *shoot*. Approximately the same tongue height but with a greater rounding of the lips for the Italian sound:

muto	fumo	fuso	frusta	gusto
burro	busto	tubo	cupo	sugo

Comparison of Italian and English vowel phonemes

Italian		*English*		
/i/	ditta	/ē/		fee
/e/	legge	/ā/		bait
/ɛ/	leva	/e/	/a/	bet, bat
/a/	casa	/ə/		mother
/ɔ/	fossa	/ȯ/		bought
/o/	monte	/ō/		boat
/u/	mulo	/u̇/	/ü/	put, boot

Consonanti
(Consonants)[1]

Consonants are sounds produced by regulating the flow of air through the oral canal (mouth and throat). The organs (as illustrated in the diagram below) used in pronunciation are: the lips, the tongue, the teeth, the palate, and the velum (soft part of the palate).

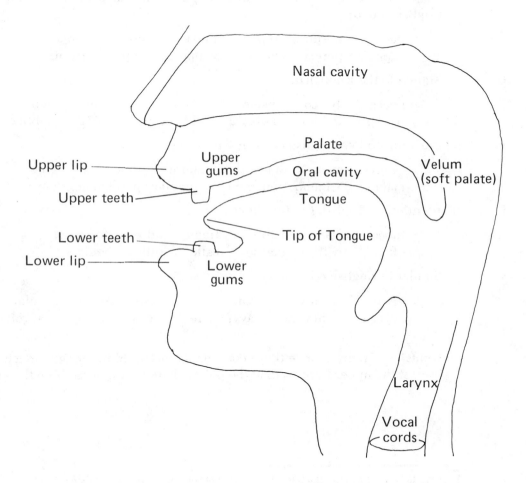

---

[1] Most Italian consonants can also be doubled. They are produced in the same manner as the single consonants but with much greater force. They are never found at the beginning of a word, and can only occur between two vowels or between a vowel and the consonants l or **r**. These variants (**DCE** = Double Consonant Equivalent) will be introduced after the corresponding single consonant.

In Italian there are twenty-one[1] consonant phonemes which, according to the organ used in the pronunciation (point of articulation) can be divided into:

Labials: in the bilabial position, the upper and the lower lip are pressed together. In the labio-dental position (**f, v**) the lower front teeth touch the upper lip.

p   Same as the English *p* but without the puff of air that sometimes follows the English sound:

	pane	posto	pipa	pupa	pepe	copia
DCE	cappa	poppa	tappo	zoppo	zuppa	coppia

b   Similar to the English *b*:

	bocca	becco	bacio	orbo	tabù	lobo
DCE	babbo	gobbo	abbazia	abboccare	ebbro	rabbia

m   Pronounced like English *m* in *mother, meek*:

	campo	mosca	amo	camino	timo	temo
DCE	mamma	Mimmo	tenemmo	cammino	perdemmo	lemme

f   Identical to English *f* in *fan, force*:

	fuoco	fifa	fato	fiume	tufo	fosso
DCE	effe	griffo	graffio	caffe	tuffo	goffo

v   Similar to English *v* in *voice*:

	vivo	vai	vita	vaso	bevi	volo
DCE	avvocato	avviare	avvicinare	tivvù	bevvi	avvolgere

Dentals: To prcnounce these consonants the tip of the tongue touches the back of the upper front teeth at the point where they emerge from the gums.[2]

---

[1] We have not included the letter **h** in our list of consonants since in Italian this letter is a purely graphic sign with no phonetic value whatsoever. When it is found at the beginning of a word (**ho, hanno, hai**) it is completely silent. It will also be found, as indicated further on, after **c** and **g**, before the vowels **e** and **i** to represent the dorso-velar phoneme (**oche, chi, aghi, leghe**).

[2] Most Italian dental sounds (**t, d, n, l, s, z**) are approximately like the English equivalents. The main difference lies in the fact that in English, in order to produce these sounds, the tip of the tongue touches or approaches the ridge behind the upper front teeth (apico-alveolar), while in Italian the point of contact is slightly lower, the tip of the tongue touching the back of the upper front teeth where they emerge from the gums (apico-dental).

| t | Approximately like the English *t*. However no puff of air follows the Italian consonant: |

	tono	tana	tanto	tuta	bruto	tino
DCE	tutto	tatto	frutta	tutta	brutto	dritto

| d | Similar to the English *d* but without the puff of air that sometimes follows the English sound: |

	dono	dopo	dado	tenda	donde	cade
DCE	addio	reddito	additare	addolcire	caddero	cadde

| n | Same as the English *n*; in Italian, however, the point of contact is slightly lower than in English: |

	sano	cane	pani	pena	nono	dona
DCE	sanno	canne	panni	penna	nonno	donna

Italian **n** also has a dorso-velar variant [ŋ] where the dorsal part of the tongue touches the soft palate, while the tip is lowered in a relaxed position. This sound, similar to the English *n* in *sing* occurs before velar **c** and **g**.

banco	banca	ancora	conca	angolo	tango
tengo	rango	fango	lungo	anche	anca

| l | Similar to English *l* in *look*, but pronounced farther forward in the mouth with the tip of the tongue touching to the back of the upper front teeth: |

	ala	leva	lago	pala	pelo	polo
DCE	alla	collo	nella	palla	pelle	pollo

| r | Italian **r** has no equivalent in the English sound system. The Italian **r** is a trill consonant produced by vibrating the tip of the tongue against the upper front gums. It is somewhat similar to English *tt* in *latter* or *dd* in *ladder*: |

	tre	troppo	truppa	arte	cura	rosa	remo
DCE	morra	torre	terra	carro	serra	torre	porre

| s | Similar to English *s* in *saw* and *see*: |

	sella	senza	aspetto	casa	cosa
DCE	sasso	cassa	fosso	passo	mosso

| s [z] | Voiced sibilant. Similar to English *z* or *s* in *zero* and *rose*. Even though the distinction between the two sounds in intervocalic position has become less marked, Italian retains voiced **s** before the consonants **b, d, g, m, n, l, r, v**: |

rosa	poesia	caso	uso	isola	viso	sbaglio
snello	slip	sdoppiare	sradicare	sgorbio	smania	svago

| z [ts] | Sometimes voiceless, as the English *ts* of *boats*: |

zappa	zuppa	zio	zitto	grazie	zucchero

Voiceless also in the double consonant group:

pezzo   pizza   prezzo   sozzo

z [ds]   Graphically identical to the above, it is voiced and pronounced like English *ds* in *beds*:

zeta   zona   zaino   zero   zelo   pranzo

It also appears as a double consonant:

rozzo   mezzo   razzo   pettegolezzo

Palatal (lamino-alveolar):   to produce these sounds the tongue blade, or area behind the tip, touches the ridge behind the upper teeth.

c + e [tʃ]   Similar to English *ch* in *chin*, but without the pronounced puff of air that fol-
c + i   lows the English phoneme. This Italian sound is found only when **c** is followed by the vowels **e**, or **i**:

voce   cena   cacio   invece   cine
caccia   bocce   acciuga   rocce   laccio

g + e [dʒ]   Same as English *g* in *gin* and *j* in *job*:
g + i

già   giù   agile   gente   giro
DCE   maggio   assaggiare   oggi   raggio   logge

sc + e [ʃ]   Same as English *sh* in *shy, shoe*:
sc + i

scena   esce   scempio   pesce   scendere
mesce   scelto   sceriffo   nasce   fasce

scimmia   ascia   sci   sciagura   sciocco
usci   sciame   scialle   finisci   uscire

gl + i [λ]   No real English equivalent. It is somewhat similar to English /ly / in *million* or *William* uttered with an over-rapid pronunciation. The Italian sound is articulated by placing the tongue in the normal position for the letter **l** and then pressing against the ridge behind the upper teeth with the blade of the tongue:

gli   figlio   soglia   moglie   veglio   maglia
sbaglio   aglio   coglie   svegliare   giglio   raglio

gn [ɲ]   No real English equivalent. It is somewhat similar to English / ny / in *onion* or *canyon*, but once again with an over-rapid pronunciation.

regno   gnocco   pugno   cagna   lagnare
ogni   fogne   ognuno   pugni   lagne

Dorso-velar: To articulate these consonants the back part of the tongue touches the velum (soft palate).

c + a, o,
u, cons.
[k]
ch + e, i

Same as the English *k*. When **ch** is followed by **i** it has a somewhat advanced position of articulation, similar to English *k* in *key*:

cane	cantare	cameriere	casa	conto
coro	poco	roco	cupo	cura
credo	Crodo	Clelia	Clara	che
anche	tasche	chi	chilo	chiave

DCE

acca	tocca	lacca	pacco	tacco
accordare	occupare	accudire	accreditare	accrescere
accluso	pacchi	occhi	secche	stecche

q(u) + a,
e, i, o [k]

Same as English /kw/ in *quaint* and *quorum*:

quasi	quanto	qualche	quello	questo
dovunque	quiz	quinto	qui	quota

g + a, o,
u, cons.
[g]
gh + e, i

Same as English *g* in *gain* or *gun*. When **gh** is followed by **i** it has a somewhat advanced position of articulation:

gatto	toga	gara	governo	gondola
rogo	gusto	guanto	gufo	rughe
larghe	leghe	ghiaccio	laghi	aghi
grazie	grave	grosso		

Fonemi e grafia
(Phonemes and the writing system)

Italian spelling is in an almost perfect one-to-one relationship to its phonemes. Once the basic phonemes are mastered, the students will be able to pronounce any unfamiliar word they might encounter in the course of their reading.

Phoneme	*Spelling*
[i]	i
[e]	e
[ɛ]	e
[a]	a

Phoneme	*Spelling*
[ɔ]	o
[o]	o
[u]	u
[p]	p
[b]	b
[t]	t
[d]	d
[k]	c, ch, q
[g]	g, gh
[f]	f
[v]	v
[z]	z, s
[tʃ]	c + i, e; ci + o, a, u
[dʒ]	g + i, e; gi + o, a, u
[s]	s
[ʃ]	sc + e, i; sci + a, o, u
[l]	l
[λ]	gli
[r]	r
[m]	m
[n]	n
[ɲ]	gn

Appendix B
Regular verbs

	INFINITO			
	I	II	III	III/-isc-
	parl-**are**	vend-**ere**	part-**ire**	fin-**ire**
	to speak	*to sell*	*to leave*	*to finish*

	INDICATIVO			
Presente	parl-o	vend-o	part-o	fin-isc-o
	parl-i	vend-i	part-i	fin-isc-i
	parl-a	vend-e	part-e	fin-isc-e
	parl-iamo	vend-iamo	part-iamo	fin-iamo
	parl-ate	vend-ete	part-ite	fin-ite
	parl-ano	vend-ono	part-ono	fin-isc-ono
Passato prossimo	ho parlato	ho venduto	sono partito (a)	ho finito
	hai parlato	hai venduto	sei partito (a)	hai finito
	ha parlato	ha venduto	è partito (a)	ha finito
	abbiamo parlato	abbiamo venduto	siamo partiti (e)	abbiamo finito
	avete parlato	avete venduto	siete partiti (e)	avete finito
	hanno parlato	hanno venduto	sono partiti (e)	hanno finito
Imperfetto	parl-avo	vend-evo	part-ivo	fin-ivo
	parl-avi	vend-evi	part-ivi	fin-ivi
	parl-ava	vend-eva	part-iva	fin-iva
	parl-avamo	vend-evamo	part-ivamo	fin-ivamo
	parl-avate	vend-evate	part-ivate	fin-ivate
	parl-avano	vend-evano	part-ivano	fin-ivano
Trapassato prossimo	avevo parlato	avevo venduto	ero partito	avevo finito
	avevi parlato	avevi venduto	eri partito	avevi finito
	aveva parlato	aveva venduto	era partito	aveva finito
	avevamo parlato	avevamo venduto	eravamo partiti	avevamo finito
	avevate parlato	avevate venduto	eravate partiti	avevate finito
	avevano parlato	avevano venduto	erano partiti	avevano finito
Passato remoto	parl-ai	vend-ei (-etti)	part-ii	fin-ii
	parl-asti	vend-esti	part-isti	fin-isti
	parl-ò	vend-è (-ette)	part-ì	fin-ì
	parl-ammo	vend-emmo	part-immo	fin-immo
	parl-aste	vend-este	part-iste	fin-iste
	parl-arono	vend-erono (-ettero)	part-irono	fin-irono

Trapassato remoto	ebbi parlato	ebbi venduto	fui partito (a)	ebbi finito
	avesti parlato	avesti venduto	fosti partito (a)	avesti finito
	ebbe parlato	ebbe venduto	fu partito (a)	ebbe finito
	avemmo parlato	avemmo venduto	fummo partiti (e)	avemmo finito
	aveste parlato	aveste venduto	foste partiti (e)	aveste finito
	ebbero parlato	ebbero venduto	furono partiti (e)	ebbero finito
Futuro	parl-erò	vend-erò	part-irò	fin-irò
	parl-erai	vend-erai	part-irai	fin-irai
	parl-erà	vend-erà	part-irà	fin-irà
	parl-eremo	vend-eremo	part-iremo	fin-iremo
	parl-erete	vend-erete	part-irete	fin-irete
	parl-eranno	vend-eranno	part-iranno	fin-iranno
Futuro anteriore	avrò parlato	avrò venduto	sarò partito (a)	avrò finito
	avrai parlato	avrai venduto	sarai partito (a)	avrai finito
	avrà parlato	avrà venduto	sarà partito (a)	avrà finito
	avremo parlato	avremo venduto	saremo partiti (e)	avremo finito
	avrete parlato	avrete venduto	sarete partiti (e)	avrete finito
	avranno parlato	avranno venduto	saranno partiti (e)	avranno finito

CONGIUNTIVO

Presente	parl-i	vend-a	part-a	fin-isc-a
	parl-i	vend-a	part-a	fin-isc-a
	parl-i	vend-a	part-a	fin-isc-a
	parl-iamo	vend-iamo	part-iamo	fin-iamo
	parl-iate	vend-iate	part-iate	fin-iate
	parl-ino	vend-ano	part-ano	fin-isc-ano
Passato	abbia parlato	abbia venduto	sia partito (a)	abbia finito
	abbia parlato	abbia venduto	sia partito (a)	abbia finito
	abbia parlato	abbia venduto	sia partito (a)	abbia finito
	abbiamo parlato	abbiamo venduto	siamo partiti (e)	abbiamo finito
	abbiate parlato	abbiate venduto	siate partiti (e)	abbiate finito
	abbiano parlato	abbiano venduto	siano partiti (e)	abbiano finito
Imperfetto	parl-assi	vend-essi	part-issi	fin-issi
	parl-assi	vend-essi	part-issi	fin-issi
	parl-asse	vend-esse	part-isse	fin-isse
	parl-assimo	vend-essimo	part-issimo	fin-issimo
	parl-aste	vend-este	part-iste	fin-iste
	parl-assero	vend-essero	part-issero	fin-issero
Trapassato	avessi parlato	avessi venduto	fossi partito (a)	avessi finito
	avessi parlato	avessi venduto	fossi partito (a)	avessi finito
	avesse parlato	avesse venduto	fosse partito (a)	avesse finito
	avessimo parlato	avessimo venduto	fossimo partiti (e)	avessimo finito
	aveste parlato	aveste venduto	foste partiti (e)	aveste finito
	avessero parlato	avessero venduto	fossero partiti (e)	avessero finito

CONDIZIONALE

Presente	parl-erei	vend-erei	part-irei	fin-irei
	parl-eresti	vend-eresti	part-iresti	fin-iresti
	parl-erebbe	vend-erebbe	part-irebbe	fin-irebbe
	parl-eremmo	vend-eremmo	part-iremmo	fin-iremmo
	parl-ereste	vend-ereste	part-ireste	fin-ireste
	parl-erebbero	vend-erebbero	part-irebbero	fin-irebbero
Passato	avrei parlato	avrei venduto	sarei partito (a)	avrei finito
	avresti parlato	avresti venduto	saresti partito (a)	avresti finito
	avrebbe parlato	avrebbe venduto	sarebbe partito (a)	avrebbe finito
	avremmo parlato	avremmo venduto	saremmo partiti (e)	avremmo finito
	avreste parlato	avreste venduto	sareste partiti (e)	avreste finito
	avrebbero parlato	avrebbero venduto	sarebbero partiti (e)	avrebbero finito

IMPERATIVO

—	—	—	—
parl-a (tu)!	vend-i (tu)!	part-i (tu)!	fin-isc-i (tu)!
parl-i (Lei)!	vend-a (Lei)!	part-a (Lei)!	fin-isc-a (Lei)!
parl-iamo!	vend-iamo!	part-iamo!	fin-iamo!
parl-ate!	vend-ete!	part-ite!	fin-ite!
parl-ino!	vend-ano!	part-ano!	fin-isc-ano!

INFINITO

Presente	parl-are	vend-ere	part-ire	fin-ire
Passato	aver parlato	aver venduto	essere partito (a,i,e)	aver finito

PARTICIPIO

Passato	parl-ato	vend-uto	part-ito	fin-ito

GERUNDIO

Presente	parl-ando	vend-endo	part-endo	fin-endo
Passato	avendo parlato	avendo venduto	essendo partito	avendo finito

Appendix C

The verbs *essere* and *avere*

Conjugation of *essere* (to be)

INDICATIVO

Presente	Passato prossimo	Imperfetto	Trapassato prossimo
sono	sono stato (a)	ero	ero stato (a)
sei	sei stato (a)	eri	eri stato (a)
è	è stato (a)	era	era stato (a)
siamo	siamo stati (e)	eravamo	eravamo stati (e)
siete	siete stati (e)	eravate	eravate stati (e)
sono	sono stati (e)	erano	erano stati (e)

Passato remoto	Trapassato remoto	Futuro	Futuro anteriore
fui	fui stato (a)	sarò	sarò stato (a)
fosti	fosti stato (a)	sarai	sarai stato (a)
fu	fu stato (a)	sarà	sarà stato (a)
fummo	fummo stati (e)	saremo	saremo stati (e)
foste	foste stati (e)	sarete	sarete stati (e)
furono	furono stati (e)	saranno	saranno stati (e)

CONGIUNTIVO

Presente	Passato	Imperfetto	Trapassato
sia	sia stato (a)	fossi	fossi stato (a)
sia	sia stato (a)	fossi	fossi stato (a)
sia	sia stato (a)	fosse	fosse stato (a)
siamo	siamo stati (e)	fossimo	fossimo stati (e)
siate	siate stati (e)	foste	foste stati (e)
siano	siano stati (e)	fossero	fossero stati (e)

CONDIZIONALE / IMPERATIVO

Presente	Passato	Positivo	Negativo
sarei	sarei stato (a)	—	—
saresti	saresti stato (a)	sii (tu)!	non essere!
sarebbe	sarebbe stato (a)	sia (Lei)!	non sia!
saremmo	saremmo stati (e)	siamo!	non siamo!
sareste	sareste stati (e)	siate!	non siate!
sarebbero	sarebbero stati (e)	siano!	non siano!

INFINITO / PARTICIPIO / GERUNDIO

Presente	Passato	Presente	Passato	Presente	Passato
essere	essere stato (a,i,e)	—	stato (a,i,e)	essendo	essendo stato (a,i,e)

Conjugation of *avere* (to have)

INDICATIVO

Presente	*Passato prossimo*	*Imperfetto*	*Trapassato prossimo*
ho	ho avuto	avevo	avevo avuto
hai	hai avuto	avevi	avevi avuto
ha	ha avuto	aveva	aveva avuto
abbiamo	abbiamo avuto	avevamo	avevamo avuto
avete	avete avuto	avevate	avevate avuto
hanno	hanno avuto	avevano	avevano avuto

Passato remoto	*Trapassato remoto*	*Futuro*	*Futuro anteriore*
ebbi	ebbi avuto	avrò	avrò avuto
avesti	avesti avuto	avrai	avrai avuto
ebbe	ebbe avuto	avrà	avrà avuto
avemmo	avemmo avuto	avremo	avremo avuto
aveste	aveste avuto	avrete	avrete avuto
ebbero	ebbero avuto	avranno	avranno avuto

CONGIUNTIVO

Presente	*Passato*	*Imperfetto*	*Trapassato*
abbia	abbia avuto	avessi	avessi avuto
abbia	abbia avuto	avessi	avessi avuto
abbia	abbia avuto	avesse	avesse avuto
abbiamo	abbiamo avuto	avessimo	avessimo avuto
abbiate	abbiate avuto	aveste	aveste avuto
abbiano	abbiano avuto	avessero	avessero avuto

CONDIZIONALE   IMPERATIVO

Presente	*Passato*	*Positivo*	*Negativo*
avrei	avrei avuto	—	—
avresti	avresti avuto	abbi (tu)!	non avere!
avrebbe	avrebbe avuto	abbia (Lei)!	non abbia!
avremmo	avremmo avuto	abbiamo!	non abbiamo!
avreste	avreste avuto	abbiate!	non abbiate!
avrebbero	avrebbero avuto	abbiano!	non abbiano!

INFINITO   PARTICIPIO   GERUNDIO

Presente	*Passato*	*Presente*	*Passato*	*Presente*	*Passato*
avere	aver avuto	avente[1]	avuto	avendo	avendo avuto

[1] This form is rarely used.

Appendix D
Irregular verbs

The following group of verbs present some irregularity in certain tenses. Those tenses that are conjugated regularly do not appear in the list.

1. **andare,** to go

   pres. ind.: vado, vai, va, andiamo, andate, vanno
   imperfetto: andavo, andavi, andava, andavamo, andavate, andavano
   futuro: andrò, andrai, andrà, andremo, andrete, andranno
   condizionale: andrei, andresti, andrebbe, andremmo, andreste, andrebbero
   cong. pres.: vada, vada, vada, andiamo, andiate, vadano

2. **bere,** to drink

   pres. ind.: bevo, bevi, beve, beviamo, bevete, bevono
   imperfetto: bevevo, bevevi, beveva, bevevamo, bevevate, bevevano
   pass. rem.: bevvi, bevesti, bevve, bevemmo, beveste, bevvero
   futuro: berrò, berrai, berrà, berremo, berrete, berranno
   condizionale: berrei, berresti, berrebbe, berremmo, berreste, berrebbero
   cong. pres.: beva, beva, beva, beviamo, beviate, bevano
   cong. imp.: bevessi, bevessi, bevesse, bevessimo, beveste, bevessero
   imperativo: bevi, beva, beviamo, bevete, bevano
   part. pass.: bevuto
   gerundio: bevendo

3. **dare,** to give

   pres. ind.: do, dai, dà, diamo, date, danno
   pass. rem.: diedi (detti), desti, diede (dette), demmo, deste, diedero (dettero)
   futuro: darò, darai, darà, daremo, darete, daranno
   condizionale: darei, daresti, darebbe, daremmo, dareste, darebbero
   cong. pres.: dia, dia, dia, diamo, diate, diano
   cong. imp.: dessi, dessi, desse, dessimo, deste, dessero
   part. pass.: dato
   gerundio: dando

4. **dire,** to say, to tell

> *pres. ind.:* dico, dici, dice, diciamo, dite, dicono
> *imperfetto:* dicevo, dicevi, diceva, dicevamo, dicevate, dicevano
> *pass. rem.:* dissi, dicesti, disse, dicemmo, diceste, dissero
> *futuro:* dirò, dirai, dirà, diremo, direte, diranno
> *condizionale:* direi, diresti, direbbe, diremmo, direste, direbbero
> *cong. pres.:* dica, dica, dica, diciamo, diciate, dicano
> *cong. imp.:* dicessi, dicessi, dicesse, dicessimo, diceste, dicessero
> *imperativo:* di', dica, diciamo, dite, dicano
> *part. pass.:* detto
> *gerundio:* dicendo

5. **dovere,** to have to, must

> *pres. ind.:* devo, devi, deve, dobbiamo, dovete, devono
> *futuro:* dovrò, dovrai, dovrà, dovremo, dovrete, dovranno
> *cong. pres.:* debba, debba, debba, dobbiamo, dobbiate, debbano
> *condizionale:* dovrei, dovresti, dovrebbe, dovremmo, dovreste, dovrebbero

6. **fare,** to do, to make

> *pres. ind.:* faccio, fai, fa, facciamo, fate, fanno
> *imperfetto:* facevo, facevi, faceva, facevamo, facevate, facevano
> *pass. rem.:* feci, facesti, fece, facemmo, faceste, fecero
> *futuro:* farò, farai, farà, faremo, farete, faranno
> *condizionale:* farei, faresti, farebbe, faremmo, fareste, farebbero
> *cong. pres.:* faccia, faccia, faccia, facciamo, facciate, facciano
> *cong. imp.:* facessi, facessi, facesse, facessimo, faceste, facessero
> *imperativo:* fa, faccia, facciamo, fate, facciano
> *part. pass.:* fatto
> *gerundio:* facendo

7. **morire,** to die

> *pres. ind.:* muoio, muori, muore, moriamo, morite, muoiono
> *cong. pres.:* muoia, muoia, muoia, moriamo, moriate, muoiano
> *part. pass.:* morto

8. **piacere,** to like, to please

> *pres. ind.:* piaccio, piaci, piace, piacciamo, piacete, piacciono
> *pass. rem.:* piacqui, piacesti, piacque, piacemmo, piaceste, piacquero
> *cong. pres.:* piaccia, piaccia, piaccia, piacciamo, piacciate, piacciano
> *part. pass.:* piaciuto

9. **potere,** to be able to, can, may

> *pres. ind.:* posso, puoi, può, possiamo, potete, possono
> *futuro:* potrò, potrai, potrà, potremo, potrete, potranno
> *condizionale:* potrei, potresti, potrebbe, potremmo, potreste, potrebbero
> *cong. pres.:* possa, possa, possa, possiamo, possiate, possano

10. **rimanere,** to stay, to remain

   pres. ind.: rimango, rimani, rimane, rimaniamo, rimanete, rimangono
   pass. rem.: rimasi, rimanesti, rimase, rimanemmo, rimaneste, rimasero
   futuro: rimarrò, rimarrai, rimarrà, rimarremo, rimarrete, rimarranno
   condizionale: rimarrei, rimarresti, rimarrebbe, rimarremmo, rimarreste,
      rimarrebbero
   cong. pres.: rimanga, rimanga, rimanga, rimaniamo, rimaniate, rimangano
   imperativo: rimani, rimanga, rimaniamo, rimanete, rimangano
   part. pass.: rimasto

11. **salire,** to go up, to climb

   pres. ind.: salgo, sali, sale, saliamo, salite, salgono
   cong. pres.: salga, salga, salga, saliamo, saliate, salgano

12. **sapere,** to know

   pres. ind.: so, sai, sa, sappiamo, sapete, sanno
   pass. rem.: seppi, sapesti, seppe, sapemmo, sapeste, seppero
   futuro: saprò, saprai, saprà, sapremo, saprete, sapranno
   condizionale: saprei, sapresti, saprebbe, sapremmo, sapreste, saprebbero
   cong. pres.: sappia, sappia, sappia, sappiamo, sappiate, sappiano

13. **scegliere,** to choose

   pres. ind.: scelgo, scegli, sceglie, scegliamo, scegliete, scelgono
   pass. rem.: scelsi, scegliesti, scelse, scegliemmo, sceglieste, scelsero
   cong. pres.: scelga, scelga, scelga, scegliamo, scegliate, scelgano
   part. pass.: scelto

14. **sedere,** to sit down

   pres. ind.: siedo, siedi, siede, sediamo, sedete, siedono
   cong. pres.: sieda, sieda, sieda, sediamo, sediate, siedano
   imperativo: siedi, sieda, sediamo, sedete, siedano

15. **stare,** to stay, to be

   pres. ind.: sto, stai, sta, stiamo, state, stanno
   pass. rem.: stetti, stesti, stette, stemmo, steste, stettero
   futuro: starò, starai, starà, staremo, starete, staranno
   condizionale: starei, staresti, starebbe, staremmo, stareste, starebbero
   cong. pres.: stia, stia, stia, stiamo, stiate, stiano
   cong. imp.: stessi, stessi, stesse, stessimo, steste, stessero
   imperativo: sta, stia, stiamo, state, stiano

16. **tenere,** to keep, to hold

   pres. ind.: tengo, tieni, tiene, teniamo, tenete, tengono
   pass. rem.: tenni, tenesti, tenne, tenemmo, teneste, tennero

futuro: terrò, terrai, terrà, terremo, terrete, terranno
condizionale: terrei, terresti, terrebbe, terremmo, terreste, terrebbero
cong. pres.: tenga, tenga, tenga, teniamo, teniate, tengano

17. **tradurre,** to translate

pres. ind.: traduco, traduci, traduce, traduciamo, traducete, traducono
imperfetto: traducevo, traducevi, traduceva, traducevamo, traducevate, traducevano
pass. rem.: tradussi, traducesti, tradusse, traducemmo, traduceste, tradussero
futuro: tradurrò, tradurrai, tradurrà, tradurremo, tradurrete, tradurranno
condizionale: tradurrei, tradurresti, tradurrebbe, tradurremmo, tradurreste, tradurrebbero
cong. pres.: traduca, traduca, traduca, traduciamo, traduciate, traducano
part. pass.: tradotto

18. **uscire,** to go out

pres. ind.: esco, esci, esce, usciamo, uscite, escono
cong. pres.: esca, esca, esca, usciamo, usciate, escano

19. **volere,** to wish, to want

pres. ind.: voglio, vuoi, vuole, vogliamo, volete, vogliono
pass. rem.: volli, volesti, volle, volemmo, voleste, vollero
futuro: vorrò, vorrai, vorrà, vorremo, vorrete, vorranno
condizionale: vorrei, vorresti, vorrebbe, vorremmo, vorreste, vorrebbero
cong. pres.: voglia, voglia, voglia, vogliamo, vogliate, vogliano

Appendix E

Verbs irregular in the past absolute and the past participle

The following verbs are subject to stem changes in the **io, lui,** and **loro** forms of the past absolute and in the past participle. All other persons and tenses are conjugated regularly.

Infinito	*Passato remoto*	*Participio passato*
accendere, *to turn on, to light up*	accesi	acceso
accorgersi, *to become aware*	(mi) accorsi	accorto
aggiungere, *to add*	aggiunsi	aggiunto
apparire, *to appear*	apparsi	apparso
appendere, *to hang up*	appesi	appeso
apprendere, *to learn*	appresi	appreso
aprire, *to open*	aprii	aperto
ardere, *to burn*	arsi	arso
assumere, *to assume*	assunsi	assunto
chiedere, *to ask*	chiesi	chiesto
chiudere, *to close*	chiusi	chiuso
commettere, *to commit*	commisi	commesso
comprendere, *to understand*	compresi	compreso
concedere, *to grant*	concessi	concesso
condividere, *to share*	condivisi	condiviso
condurre, *to lead, to drive*	condussi	condotto
conoscere, *to know, to meet*	conobbi	conosciuto
confondere, *to confuse*	confusi	confuso
contrapporre, *to oppose*	contrapposi	contrapposto
convincere, *to convince*	convinsi	convinto
correre, *to run*	corsi	corso
corrispondere, *to correspond*	corrisposi	corrisposto
costringere, *to oblige*	costrinsi	costretto
cuocere, *to cook*	cossi	cotto

Infinito	*Passato remoto*	*Participio passato*
decidere, *to decide*	decisi	deciso
descrivere, *to describe*	descrissi	descritto
diffondere, *to diffuse*	diffusi	diffuso
dipingere, *to paint*	dipinsi	dipinto
dirigere, *to direct*	diressi	diretto
discutere, *to discuss*	discussi	discusso
disdire, *to cancel*	disdissi	disdetto
distinguere, *to distinguish*	distinsi	distinto
divenire, *to become*	divenni	divenuto
dividere, *to divide*	divisi	diviso
esprimere, *to express*	espressi	espresso
fingere, *to pretend*	finsi	finto
fondere, *to fuse, to melt*	fusi	fuso
friggere, *to fry*	frissi	fritto
giungere, *to arrive*	giunsi	giunto
intendere, *to mean*	intesi	inteso
intervenire, *to intervene, to become involved*	intervenni	intervenuto
invadere, *to invade*	invasi	invaso
leggere, *to read*	lessi	letto
mettere, *to put*	misi	messo
mordere, *to bite*	morsi	morso
muovere, *to move*	mossi	mosso
nascere, *to be born*	nacqui	nato
nascondere, *to hide*	nascosi	nascosto
occorrere, *to be lacking, to need*	occorsi	occorso
offrire, *to offer*	offrii	offerto
parere, *to seem*	parsi	parso
percorrere, *to travel, to cross*	percorsi	percorso
perdere, *to lose*	persi	perso
permettere, *to allow*	permisi	permesso
persuadere, *to convince, to persuade*	persuasi	persuaso
piangere, *to cry*	piansi	pianto
porgere, *to hand over*	porsi	porto
prendere, *to take*	presi	preso
promettere, *to promise*	promisi	promesso
promuovere, *to promote*	promossi	promosso

Infinito	*Passato remoto*	*Participio passato*
proporre, *to propose*	proposi	proposto
proteggere, *to protect*	protessi	protetto
provenire, *to come from*	provenni	provenuto
pungere, *to sting*	punsi	punto
radere, *to shave*	rasi	raso
raggiungere, *to reach*	raggiunsi	raggiunto
reggere, *to hold, to bear*	ressi	retto
rendere, *to return, to render*	resi	reso
riassumere, *to resume,*	riassunsi	riassunto
to summarize		
richiedere, *to request*	richiesi	richiesto
ridere, *to laugh*	risi	riso
ridiscendere, *to come down again*	ridiscesi	ridisceso
ridurre, *to reduce*	ridussi	ridotto
rimanere, *to stay, to remain*	rimasi	rimasto
riprendere, *to take back*	ripresi	ripreso
risolvere, *to resolve*	risolvei / risolsi	risolto
rispondere, *to answer*	risposi	risposto
rivolgersi, *to ask, to turn to*	(mi) rivolsi	rivolto
scegliere, *to choose*	scelsi	scelto
scendere, *to descend,*	scesi	sceso
to go (come) down		
scoprire, *to discover*	scoprii	scoperto
scrivere, *to write*	scrissi	scritto
smettere, *to stop (doing something)*	smisi	smesso
sospendere, *to suspend,*	sospesi	sospeso
to stop momentarily		
spargere, *to spread*	sparsi	sparso
spendere, *to spend*	spesi	speso
spingere, *to push*	spinsi	spinto
stringere, *to tighten, to shake*	strinsi	stretto
succedere, *to happen*	successi	successo
togliere, *to remove*	tolsi	tolto
trascorrere, *to spend (time)*	trascorsi	trascorso
vedere, *to see*	vidi	visto
vivere, *to live*	vissi	vissuto

Vocabulary

Articles, contractions, and identical cognates are generally omitted from this vocabulary. The circle (°) before a verb in the Italian-English vocabulary and the asterisk (*) after a verb in the English-Italian vocabulary indicates that it is conjugated with **essere.** Irregular verbs are indicated by (*irr.*) and can be found in Appendix C, D, or E. Idiomatic expressions are listed under the main word of the expression. The mark (.) under a vowel indicates that the stress falls on that particular syllable. The following abbreviations are used:

adj.	adjective
adv.	adverb
conj.	conjugated
dem.	demonstrative
disj.	disjunctive
dir.	direct
excl.	exclamation
f.	feminine
fam.	familiar
form.	formal
indef.	indefinite
irr.	irregular
interr.	interrogative
invar.	invariable
m.	masculine
obj.	object
pl.	plural
poss.	possessive
pron.	pronoun
refl.	reflexive
rel.	relative
sing.	singular

Italian-English

a at, to, in
abbandonare to leave, to abandon
abbastanza enough, sufficiently
abbigliamento (maschile)
  (*m.*) (men's) attire
abbondante (*adj.*) abundant
abile (*adj.*) able, capable
abitante (*m. and f.*) inhabitant
abitare to live, to reside in
abitazione (*f.*) dwelling
abito (*m.*) suit
abitudine (*f.*) habit
abruzzese (*adj.*) from the
  Abruzzi region
°**accadere** to happen
accanto beside
°**accedere** to lead to, to enter
accelerare to accelerate
acceleratore (*m.*) gas pedal
accelerazione (*f.*) acceleration
accelerato (*m.*) train that makes
  frequent stops
accendere (*irr.*) to light, to turn
  on
acceso (*adj.*) lighted, turned on
accessibile (*adj.*) accessible
accesso (*m.*) access, entrance
accettare to accept
acciaio (*m.*) steel;
  d'acciaio made of steel
acciuga (*f.*) anchovy
accogliere (*irr.*) to welcome
accomodarsi to make oneself at
  home, to feel welcome
accompagnare to accompany
accontentare to make happy

accorciare to shorten
accordo (*m.*) agreement;
  d'accordo agreed
accuratamente accurately
acqua (*f.*) water
acquistare to buy
acquisto (*m.*) purchase
acustica (*f.*) acoustics
adattare to adapt
adatto (*adj.*) suitable
addio (*m.*) farewell
addirittura really! (*in
  exclamations*)
adeguare to conform, to adapt
adesso now
adolescente (*m. and
  f.*) adolescent
adottato (*adj.*) adopted
aereo (*m.*) airplane
aeronautica (*f.*) Air Force
aeroporto (*m.*) airport
affare (*m.*) business
affascinare to fascinate
affascinante (*adj.*) fascinating
affatto entirely; not at all (*in a
  negative sentence*)
affermarsi to assert oneself
affinché so that, in order that
affittare to rent, to lease
affitto (*m.*) rent, rental
afflitto da (*adj.*) afflicted by
affollare to crowd
affollato (*adj.*) crowded
affrontare to face, to confront
agente (*m. and f.*) agent
agenzia (*m.*) agency

agenzia di viaggi (*f.*) travel
  agency
aggiungere (*irr.*) to add
aggredire to attack
aggressione (*f.*) aggression,
  attack
aglio (*m.*) garlic
agnolotti (*m.*) ravioli filled with
  meat
agosto (*m.*) August
agrario (*adj.*) agrarian
agricoltura (*f.*) agriculture
aiutare to help
aiuto (*m.*) help
albergo (*m.*) hotel
albero (*m.*) tree
alcuno (*adj.*) some, a few
alimentazione a gasolio
  (*f.*) diesel drive
aliscafo (*m.*) hydrofoil
allacciare to tie, to establish
allargare to widen
allegro (*adj.*) cheerful, merry
allestire to prepare
alloggiare to accommodate, to
  give lodging, to stay
allora then, at that time
almeno at least
Alpi (*f. pl.*) Alps
alternarsi to alternate, to take
  turns
alto (*adj.*) tall, high; **in alto** on
  top, up high
altrimenti otherwise
alzare to lift (up), to raise
alzarsi to get up

amare   to love
amatore (*m.*)   amateur, lover
all'amatriciana   in the "amatriciana" style
ambasciata (*f.*)   embassy
ambientale (*adj.*)   environmental
ambiente (*m.*)   environment
ambito (*adj.*)   desirable
ambulanza (*f.*)   ambulance
amico (*m.*)   friend
ammettere (*irr.*)   to admit (*conj. like* **mettere**)
amministrativo (*adj.*)   administrative
amministrazione (*f.*)   administration
ammobiliato (*adj.*)   furnished
ammontare (*m.*)   amount
amore (*m.*)   love
ampio (*adj.*)   wide, spacious
anatomia (*f.*)   anatomy
anche   also, too, even
ancora   still, yet; **non ... ancora**   not yet
andare (*irr.*)   to go; **andare a genio**   to like
andata (*f.*)   going, one-way trip
anfiteatro (*m.*)   amphitheater
anglo-sassone (*adj.*)   Anglo-Saxon
angolo (*m.*)   corner; **all'angolo**   on the corner
anima (*f.*)   soul, spirit
animo (*m.*)   mind, heart
anno (*m.*)   year
annoiarsi   to be bored, to get bored
annuale (*adj.*)   yearly
annunciare   to announce
annunciatore (*m.*)   announcer; **annunciatrice** (*f.*)
annuncio (*m.*)   announcement; **annuncio economico** (*m.*)   business notice, ad
antibiotico (*m.*)   antibiotic
anticipo (*m.*)   advance payment
antico (*adj.*)   ancient
antifascista (*adj.*)   anti-fascist
antipasto (*m.*)   hors d'oeuvre
antirabbica (*f.*)   antirabic
anzi   and even, on the contrary
anziano (*adj.*)   elderly
aperitivo (*m.*)   aperitif, before-dinner drink

aperto (*adj.*)   open; **all'aperto**   in the open, outdoors
apparenza (*f.*)   appearance
apparire (*irr.*)   to appear
appartamento (*m.*)   apartment
appartenere (*irr.*)   to belong
appassionato (*adj.*)   keen
appena   as soon as
Appennini (*m. pl.*)   the Apennines
appetito (*m.*)   appetite; **buon appettito**   enjoy your meal
applaudire   to applaud
applicare   to apply
apprendere   to learn (*conj. like* **prendere**)
apprendista (*m. and f.*)   to apprentice
apprezzare   to appreciate
approfittare   to take advantage
approvare   to approve
appuntamento (*m.*)   appointment, date
aprile (*m.*)   April
appunto (*m.*)   note
appunto   exactly
aprire (*irr.*)   to open; **aprire un'inchiesta**   to make an inquiry
arabo (*adj.*)   Arab
aragosta (*f.*)   lobster
arancione (*adj.*)   orange
arbitro (*m.*)   referee
arcaico (*adj.*)   archaic
archeologia (*f.*)   archeology
architetto (*m.*)   architect
architettonico (*adj.*)   architectural
architettura (*f.*)   architecture
ardere (*irr.*)   to burn
argento (*m.*)   silver
argomento (*m.*)   subject, topic
aria (*f.*)   air
aria condizionata (*f.*)   air conditioning
aristocratico (*adj.*)   aristocratic
armonia (*f.*)   harmony
arrabbiato (*adj.*)   angry
arrangiarsi   to manage
arredamento (*m.*)   furnishings
arredare   to furnish
arredatore (*m.*)   interior decorator
arretrato (*adj.*)   backward

arricchire   to enrich
°**arrivare**   to arrive
arrivederla   good-bye
arrivo (*m.*)   arrival
arrostire   to roast, to grill
arte (*f.*)   art
articolazione (*f.*)   articulation
articolo (*m.*)   article, item; **articoli da (di) cucina**   kitchen utensils
artigianato (*m.*)   handicraft
artificialmente   artificially
artista (*m. and f.*)   artist
artistico (*adj.*)   artistic
ascensore (*m.*)   elevator
ascesa (*f.*)   climb, ascent
asciutto (*adj.*)   dry
ascoltare   to listen
aspettare   to wait for
aspetto (*m.*)   appearance
assai   a lot, much
assegno (*m.*)   check
assennato (*adj.*)   sensible, judicious
assicurare   to insure
assicurata (*f.*)   registered letter
assicurazione (*f.*)   insurance
assiduo (*adj.*)   constant
assistere   to assist
associare   to associate
associazione (*f.*)   association
assoluto (*adj.*)   absolute; **in assoluto**   absolutely
assumere (*irr.*)   to assume, to take on, to hire
astrologia (*f.*)   astrology
astronomo (*m.*)   astronomer
atmosfera (*f.*)   atmosphere
atmosferico (*adj.*)   atmospheric
atomico (*adj.*)   atomic
atrio (*m.*)   atrium, entrance hall
attempato (*adj.*)   elderly, gray-haired
attento (*adj.*)   careful
attenzione (*f.*)   attention
atterraggio (*m.*)   landing
atterrare   to land
attesa (*f.*)   wait; **(in) attesa di**   waiting for
attirare   to attract
attivo (*adj.*)   active
attore (*m.*)   actor
attorno   around
attraversare   to cross

attraverso through
attrezzatura (*f.*) equipment, services
attrice (*f.*) actress
attuale (*adj.*) actual, present
attuare to carry out
augurarsi to hope, to wish
aula (*f.*) hall, classroom
aulico (*adj.*) courtly
aumentare to increase
autenticità (*f.*) authenticity
autentico (*adj.*) genuine, authentic
autista (*m. and f.*) driver
automobile (*f.*) car
autobus (*m.*) bus
automobilista (*m. and f.*) motorist
autonoleggio (*m.*) car rental
autorimessa (*f.*) garage
autorità (*f.*) authority; **le autorità** authorities, people in charge
autostop (*m.*) hitchhiking
autostoppista (*m. and f.*) hitchhiker
autostrada (*f.*) highway
autostradale (*adj.*) highway
autovettura (*f.*) car, automobile
autunno (*m.*) autumn
avanguardia (*f.*) vanguard
avere (*irr.*) to have
aviatore (*m.*) flyer
avorio ivory
avvenimento (*m.*) event
avvenire to happen (*conj. like* **venire**)
avvertire to inform, to warn
avviamento (*m.*) beginning, vocational training school
avvicinarsi to approach
avvisare to warn
avvicendarsi sul palcoscenico to follow each other on the stage
avvocato (*m.*) lawyer
azienda (*f.*) business, firm
aziendale (*adj.*) business
azione (*f.*) action, act
azzurro (*adj.*) blue, sky-blue

babbo (*m.*) dad
baffi (*m. pl.*) mustache
bagnante (*m. and f.*) bather

bagnare to wet
bagno (*m.*) bath, bathroom
balcone (*m.*) balcony
ballare to dance
ballerina (*f.*) dancer
balletto (*m.*) ballet
ballo (*m.*) dance; **ballo in costume** masked ball
bambina (*f.*) little girl
bambino (*m.*) child
banca (*f.*) bank
bancarella (*f.*) booth, stall
banchetto (*m.*) banquet
banco (*m.*) desk
baraccati (*m. pl.*) people living in sheds
barba (*f.*) beard
barbiere (*m.*) barber
barca (*f.*) boat
barzelletta (*f.*) joke
a base di made of, with
basilico (*m.*) basil
basso (*adj.*) low, short
basta enough
batteria (*f.*) battery
battuto (*adj.*) beaten, wrought
beato (*adj.*) happy
bellezza (*f.*) beauty; **che bellezza!** how nice!
bello (*adj.*) nice, beautiful
benché although
benino so-so
bensì but, rather
benzina (*f.*) gasoline
benzinaio (*m.*) gas station attendant
bere (*irr.*) to drink
bevanda (*f.*) drink
bibita (*f.*) soft-drink
bianco (*adj.*) white
bicicletta (*f.*) bicycle; **bicicletta da corsa** (*f.*) racing bicycle
biglietteria (*f.*) box office
biglietto (*m.*) ticket
bilancia commerciale (*f.*) balance of trade
bilancio (*m.*) budget
biologia (*f.*) biology
biondo (*adj.*) blonde
birra (*f.*) beer
biscotto (*m.*) biscuit, cookie
bisogna it is necessary
bisognare to be necessary
bistecca (*f.*) steak

bisticcio (*m.*) argument
bloccare to block, to stop
bocciare to fail
bollettino meteorologico (*m.*) weather forecast
bomba (*f.*) bomb
bombardamento (*m.*) bombing
borghese (*m.*) bourgeois, middle-class person
borghesia (*f.*) middle class
borgo (*m.*) village
borsa (*f.*) purse; **borsa nera** (*f.*) black market
borsetta (*f.*) handbag
bosco (*m.*) woods
botteghino (*m.*) box office
bottiglia (*f.*) bottle
boxe (*f.*) boxing
braccio (*m.*) arm (*pl.* **i bracci, le braccia**)
braciola (*f.*) chop
bravo (*adj.*) good
bravura (*f.*) skill
breve (*adj.*) short, brief
brevetto (*m.*) patent
brioscia (*f.*) sweet roll
briglia (*f.*) bridle
brillante (*adj.*) brilliant, shining
brodo (*m.*) broth, soup
bruno (*adj.*) brown
brusco (*adj.*) sharp, harsh
brutto (*adj.*) ugly
buca (postale) (*f.*) mailbox
buono (*adj.*) good
bussare to knock, to ring
bussola (*f.*) compass

cabina telefonica (*f.*) telephone booth
cablogramma (*m.*) cablegram
caciucco (*m.*) seafood stew
°**cadere** (*irr.*) to fall
caduta (*f.*) fall
caffè (*m.*) coffee
calamaretti (*m. pl.*) calamary, squid
calamità (*f.*) misfortune, disaster
calcio (*m.*) kick, soccer
calcolatore (*m.*) calculator
caldo (*adj.*) warm
calza (*f.*) stocking
cambiare to change; **cambiare idea** to change one's mind

camera (*f.*) room; **camera da letto** bedroom; **Camera dei Deputati** House of Representatives; **camera matrimoniale** room with double bed
cameriera (*f.*) waitress, maid
cameriere (*m.*) waiter
camice (*m.*) overalls
camicetta (*f.*) blouse
camicia (*f.*) shirt
caminetto (*m.*) fireplace
camionista (*m.*) truckdriver
campagna (*f.*) fields, country
campanello (*m.*) bell
campanile (*m.*) bell tower
campeggio (*m.*) camping
campionato (*m.*) championship
campo (*m.*) field; **campo sportivo** sports field, stadium
canadese (*adj.*) Canadian
canale televisivo (*m.*) TV channel
cancellare to erase
candela (*f.*) candle
cane (*m.*) dog
cannelloni (*m. pl.*) big macaroni
canone (*m.*) fee, tax
canzone (*f.*) song
caos (*m.*) chaos
capace di accogliere can seat
capire (-isc) to understand
capitale (*f.*) capital
capitalismo (*m.*) capitalism
Capo dello Stato (*m.*) head of State
capolavoro (*m.*) masterpiece
cappella (*f.*) chapel
cappello (*m.*) hat
cappotto (*m.*) overcoat
cappuccino (*m.*) coffee with frothy milk
carattere (*m.*) character, disposition
caratteristico (*adj.*) characteristic, typical
caratteristica (*f.*) characteristic, distinctive feature
carburante (*m.*) fuel
carciofo (*m.*) artichoke
carica (*f.*) charge
carne (*f.*) meat; **carne di vitello** veal; **carne di manzo** beef

carnevale (*m.*) Mardi Gras
caro (*adj.*) dear, expensive
carretto (*m.*) cart
carro-attrezzi (*m.*) tow truck
carrozziere (*m.*) (automotive) bodymaker
carta (*f.*) paper; **carta di credito** (*f.*) credit card; **carta da parati** (*f.*) wallpaper
cartaginese (*adj.*) Carthaginian
cartellone (*m.*) play-bill; **cartellone pubblicitario** (*m.*) advertising poster
cartolina (*f.*) greeting card, postcard
cartone animato (*m.*) cartoon
casa (*f.*) house, home
casacca di lino (*f.*) linen jacket
cascina (*f.*) dairy farm
caso (*m.*) helmet
casella postale (*f.*) post office box
casello (*m.*) tollbooth
caso (*m.*) case
cassiera (*f.*) cashier
castello (*m.*) castle
catena (*f.*) chain, (mountain) chain
causa (*f.*) cause; **a causa di ...** because of ...
cavallo (*m.*) horse
celebrare to celebrate
celeste (*adj.*) light blue
cena (*f.*) supper, light evening meal
cenare to have supper
centrale (*adj.*) central
centralinista (*m. and f.*) telephone operator
centralino (*m.*) operator
centro (*m.*) downtown; *also:* **in centro**
centro-orientale (*adj.*) Middle Eastern
centro-sinistra (*m.*) center-left coalition
cercare to look for, to try
cerimonia (*f.*) ceremony
certo, certamente certainly
certo (*adj.*) certain
cetriolo (*m.*) cucumber
che which, whom, who (*rel. pron.*); what, which (*interr. adj.*); what a ... ! (*excl.*); that (*conjunction*); **che cosa** what

chi who
chiacchierare to chatter, to talk
chiamare to call
chiamata (*f.*) (telephone) call
chiarire to clarify
chiaro (*adj.*) light, clear
chiedere (*irr.*) to ask for
chiesa (*f.*) church
chilo (*m.*) kilogram
chilometraggio (*m.*) kilometrage
chiostro (*m.*) cloister, monastery, convent
chirurgia (*f.*) surgery
chitarra (*f.*) guitar
chiuso (*adj.*) closed
ci (ce) us, to us; there (*adv.*); **c'è** there is
ciao hi, bye, bye-bye
ciascuno (*adj.*) each; (*pron.*) each, each one
cibo (*m.*) food
ciclismo (*m.*) cycling
ciclista (*m. and f.*) cyclist
ciclo (*m.*) cycle
ciclope (*m.*) Cyclops
cilindrata (*f.*) cylinder displacement
cima (*f.*) peak, mountain top
cinema (*m.*) cinema, movies; **cinema d'essai** experimental (underground) cinema
cinematografico (*adj.*) cinematographic, film
cintura (*f.*) belt
ciò that, this, it
cioccolato (*f.*) hot chocolate
cioccolato (*m.*) chocolate
cioè that is, in other words
circa about, around
circolazione (*f.*) traffic
circondare to surround
circostanza (*f.*) circumstance
città city
cittadina (*f.*) small town
cittadino (*m.*) citizen
civiltà (*f.*) civilization
clacson (*m.*) horn
classe (*f.*) class
classico (*adj.*) classical
cliente (*m. and f.*) customer, client
clima (*m.*) climate
coabitare to live together
codice stradale (*m.*) traffic laws

cognato (*m.*)   brother-in-law;
  cognata (*f.*)   sister-in-law
cognome (*m.*)   last name,
  surname
colazione (*f.*)   breakfast, lunch,
  luncheon
collaudatore (*m.*)   tester,
  inspector
collega (*m. and f.*)   colleague
collezione (*f.*)   collection
collezionista (*m. and f.*)
  collector
collina (*f.*)   hill
colonia (*f.*)   colony
colonizzazione (*f.*)   colonization
colore (*m.*)   color
coloro   those, those who (*dem.
  pron. pl.*)
colpito (*adj.*)   hit
colpo (*m.*)   blow
come   as, like
come sta?   How are you?
comico (*adj.*)   amusing, comic
comignolo (*m.*)   chimney
cominciare   to begin
commedia (*f.*)   play
commemorativo (*adj.*)
  commemorative
commento (*m.*)   comment
commercialista (*m. and f.*)
  graduate in commerce
commercio (*m.*)   commerce,
  business
commesso (*m.*)   clerk, salesman
commettere (*irr.*)   to commit
  (*conj. like* **mettere**)
comodo (*adj.*)   comfortable
compagno di classe (*m.*)
  classmate
comparsa (*f.*)   extra (*in a play*)
compiere   to do
complesso (*m.*)   plant
completamente   completely
completare   to complete
completo (*adj.*)   complete; **al
  completo**   full
completo (*m.*)   suit
composto (*adj.*)   made up,
  composed
comprare   to buy
compratore (*m.*)   buyer
comprensione (*f.*)
  understanding

comprendere (*irr.*)   to include,
  to understand (*conj. like*
  prendere)
comprensivo (*adj.*)
  understanding
compressa (*f.*)   tablet, pill
Comune (*m.*)   Town Hall
comunicare   to communicate
con   with
concentrato (*adj.*)   concentrated
concetto (*m.*)   concept
concezione (*f.*)   conception
concretamente   concretely
conciliare   to reconcile
condire   to season
condividere (*irr.*)   to share
condizionare   to condition
conducente (*m.*)   driver (*of a bus
  or other means of public
  transportation*)
condurre (*irr.*)   to lead
confederazione
  (*f.*)   confederation
confezionare   to sew
confezione (per donna) (*f.*)
  women's apparel; **confezione
  su misura** (*f.*)   custom-tailored
confondersi (*irr.*)   to mingle, to
  confuse onself
confortevole (*adj.*)   comfortable
confronto (*m.*)   comparison; **(in)
  confronto a**   compared to
congenito (*adj.*)   congenital
congestionato (*adj.*)   congested
congratulazioni (*f.*)
  congratulations
connesso (*adj.*)   linked to
cono (*m.*)   cone
conoscere (*irr.*)   to know
consegna (*f.*)   delivery
conservare   to keep
conservatorio (*m.*)   conservatory
considerazione (*f.*)
  consideration
consigliare   to advise, to suggest
consistere   to consist
consumare   to burn
contadina (*f.*)   farmer woman
contare (di)   to plan to
contemporaneo (*adj.*)
  contemporary
contenere (*irr.*)   to contain, to
  hold (*conj. like* **tenere**)

contento (*adj.*)   happy
contenuto (*m.*)   content
contestazione (*f.*)   protest
continuare   to continue;
  continuare all'infinito   to go
  on endlessly
continuo (*adj.*)   continuous
conto (*m.*)   bill, account; **conto
  corrente** (*m.*)   checking
  account
contrapporre (*irr.*)   to oppose
contorno (*m.*)   side dish
contrario (*adj.*)   contrary
contrastante (*adj.*)   contrasting
contrasto (*m.*)   contrast
contravvenzione (*f.*)   fine
contribuire   to contribute
contributo (*m.*)   contribution
controllare   to control, to check
controversia (*f.*)   controversy,
  debate
controverso (*adj.*)   controversial
contusione (*f.*)   bruise
conveniente (*adj.*)   convenient
convenire (*irr.*)   to suit (*conj.
  like* **venire**)
convincere (*irr.*)   to convince
Convivio (*m.*)   Convivium
coperto (*adj.*)   covered; **al
  coperto**   indoors
copiare   to copy
coppa (*f.*)   cup, goblet
coppia (*f.*)   couple
coprire (*irr.*)   to cover
coraggio (*m.*)   courage
coraggioso (*adj.*)   courageous
corda (*f.*)   rope
coricarsi   to lie down, to go to
  bed
cornice (*f.*)   frame
corpo (*m.*)   body
corrente elettrica (*f.*)   electric
  current
correre (*irr.*)   to run
corridoio (*m.*)   corridor
corriera (*f.*)   coach, bus
corrispondenza (*f.*)   mail
corsia (*f.*)   aisle, lane; **corsia
  d'emergenza** (*f.*)   emergency
  lane, breakdown lane
corso (*m.*)   course; **in corso di
  svolgimento**   in progress
corte (*f.*)   court

cortesemente   kindly, politely
cortile (*m.*)   courtyard
cosa?   what?; *also:* **che cosa?**
coscienza (*f.*)   conscience
così   so
costa (*f.*)   coast, coastline; **Costa Smeralda**   Emerald Coast
costantemente   constantly
costare   to cost
costituire (-isc)   to make up, to constitute
costringere (*irr.*)   to oblige, to force
costruire (-isc)   to build
costruzione (*f.*)   construction, building
costume (*m.*)   habit, costume, custom
cotto (*adj.*)   cooked
cravatta (*f.*)   necktie
creare   to create
credere   to believe
crema   cream colored
crescere (*irr.*)   to grow
cristallo (*m.*)   crystal
cristiano (*adj.*)   christian
criterio (*m.*)   opinion, criterion
critica (*f.*)   criticism
criticare   to criticize
cronaca (*f.*)   news
cucina (*f.*)   kitchen, cooking
cucire   to sew
cucitrice (*f.*)   seamstress
cucitura (*f.*)   seam
cucchiaio (*m.*)   spoon
cugina (*f.*)   cousin; **cugino** (*m.*)
cultura (*f.*)   culture
culturale (*adj.*)   cultural
cura (*f.*)   cure
curare   to cure, to care for
curiosità (*f.*)   curiosity
custode (*m.*)   custodian, guardian

da   from, by, since
dare (*irr.*)   to give; **dare ascolto** to pay attention; **dare fastidio** to bother; **dare un esame**   to take an exam; **dare un colpo all'accelleratore**   to step (to press down) on the gas pedal; **dare la buonanotte**   to say

(wish) goodnight; **darsi da fare** to busy oneself
data (*f.*)   date
davanti   in front; **davanti a**   in front of
davvero   really
decidere (*irr.*)   to decide
decina (*f.*)   ten; **una decina** about ten
decisamente   definitely
dedicare   to dedicate
definitivo (*adj.*)   final, definitive
delicato (*adj.*)   delicate
delizia (*f.*)   delight
delizioso (*adj.*)   delicious
democratico (*adj.*)   democratic
demolire (-isc)   to demolish
dentifricio (*m.*)   toothpaste
denuncia (*f.*)   statement, declaration
denunciare   to denounce, to report
derivare   to derive
descrivere (*irr.*)   to describe
desiderare   to desire, to wish
desinenza (*f.*)   ending (*of a word*)
destare   to awaken
destinazione (*f.*)   destination
destra (*f.*)   right; **a destra**   to the right
destro (*adj.*)   right
detentore (*m.*)   holder
devozione (*f.*)   devotion
di   of, from
dialettale (*adj.*)   dialectal
diavolo (*m.*)   devil
dibattito (*m.*)   debate
dicembre (*m.*)   December
dichiarazione (*f.*)   declaration
dieta (*f.*)   diet
dietetico (*adj.*)   dietetic
dietro   behind
difendere (*irr.*)   to defend
difetto (*m.*)   defect, flaw
differente (*adj.*)   different; **a differenza di . . .**   in contrast with
difficile (*adj.*)   difficult
difficoltà (*f.*)   difficulty
diffondere (*irr.*)   to spread
diffusione (*f.*)   spreading, circulation

digestione (*f.*)   digestion
dileguare   to dissolve
dimensione (*f.*)   dimension
diminuire (-isc)   to diminish
dimostrare   to show
dipendere (*irr.*)   to depend
dipingere (*irr.*)   to paint
dire (*irr.*)   to say, to tell
diretto (*adj.*)   direct
direttore (*m.*)   director
dirigente (*m.*)   manager
dirigere (*irr.*)   to direct
disco (*m.*)   record, disc; **disco-orario**   time clock
discorso (*m.*)   speech, address
discoteca (*f.*)   discothèque
discutere (*irr.*)   to discuss
disdire (*irr.*)   to take back, to cancel (*conj. like* **dire**)
disegno (*m.*)   design
disperare   to despair
dispiacersi (*irr.*)   to be sorry (*conj. like* **piacere**)
disponibilità (*f.*)   availability
disporsi (*irr.*)   to prepare
disputa (*f.*)   dispute
dissetante (*adj.*)   thirst quenching
distante (*adj.*)   distant, far away
distanza (*f.*)   distance
distinguersi   to distinguish oneself
distinto (*adj.*)   distinct, well-mannered; **distinti saluti**   best regards
distinzione (*f.*)   distinction
distrazione (*f.*)   distraction
disturbare   to disturb
disturbo (*m.*)   ailment
dittatoriale (*adj.*)   dictatorial
divano (*m.*)   sofa, couch
divenire (*irr.*)   to become (*conj. like* **venire**)
diventare   to become
diverso (*adj.*)   different
divertente (*adj.*)   amusing
divertirsi   to divert, to amuse oneself
dividere (*irr.*)   to divide
divino (*adj.*)   divine
divo (*m.*)   (movie) star
divisa (*f.*)   uniform
divorare   to devour

doccia (*f.*) shower
documentario (*m.*) documentary
documentaristico (*adj.*)
    documentary
documento (*m.*) document
dolce (*adj.*) sweet
dolce (*m.*) sweet, dessert
dolore (*m.*) pain
domanda (*f.*) question
domani (*m.*) tomorrow
domenica (*f.*) Sunday
dominare to dominate
dominatore (*m.*) ruler
dominazione (*f.*) domination
donare to give
donna (*f.*) woman
dopo after; **dopo barba**
    (*m.*) after-shave
dopoché after
dopoguerra (*m.*) postwar period
doppiaggio (*m.*) dubbing
doppiato (*adj.*) dubbed
dottore (*m.*) doctor
dottoressa (*f.*) woman doctor
dove where
dov'è? where is?; **di dov'è**
    Lei? where do you come
    from?
dovere (*irr.*) to have to; must
dovuto (*adj.*) due
dubbio (*m.*) doubt
dubitare to doubt
duetto (*m.*) duet
duomo (*m.*) cathedral
durante during
durare to last
durata (*f.*) duration

e, ed and
eccellente (*adj.*) excellent
eccentrico (*adj.*) eccentric
eccessivo (*adj.*) excessive
eccezionale (*adj.*) exceptional
eccitante (*adj.*) exciting
ecco here is, here are
economico (*adj.*) inexpensive,
    economic
edicola (*f.*) newspaper stand
edificare to build
edificio (*m.*) building
educazione (*m.*) education
effettivamente really
effetto (*m.*) effect, result
effettuare to carry out

egregio (*adj.*) distinguished
elegante (*adj.*) elegant
eleganza (*f.*) elegance
eleggere (*irr.*) to elect (*conj.*
    like **leggere**)
elementare (*adj.*) elementary
elemento (*m.*) element
elettrauto (*m.*) specialist of the
    electrical system of a car
elettrodomestici (*m. pl.*)
    household appliances
elevato (*adj.*) high
elezione (*f.*) election
emergenza (*f.*) emergency
emigrare to emigrate
emozionante (*adj.*) moving
enorme (*adj.*) enormous
ente (*m.*) corporation,
    organization
entrare to enter
entrata (*f.*) entrance
entro within (time)
entusiasmare to raise to
    enthusiasm
episodio (*m.*) episode
epoca (*f.*) age
eppure and yet
equilibrio (*m.*) balance
erba (*f.*) grass
esaltare to praise
esame (*m.*) exam
esattezza (*f.*) accuracy; **con**
    esattezza exactly
esaurito (*adj.*) sold out
esclusivo (*adj.*) exclusive
escursione (*f.*) trip, tour
esecutivo (*adj.*) executive
esempio (*m.*) example; **per**
    esempio for instance
esercitare to exercise
esercitazione (*f.*) practice
esibirsi to show oneself off, to
    perform
esigenza (*f.*) need
esilio (*m.*) exile
esistenza (*f.*) existence
esistere to exist
espansione (*f.*) expansion; **in**
    espansione expanding
esperimento (*m.*) experiment
esperto (*m.*) expert
esporre (*irr.*) to display
espressione (*f.*) expression
espressivo (*adj.*) meaningful

espresso (*m.*) express
esprimere (*irr.*) to express
essere (*irr.*) to be; **essere a**
    disposizione to be available;
    essere al centro di . . . to be
    in the middle of . . .; **essere**
    d'accordo to agree; **essere**
    di . . . to be from; **essere in**
    anticipo to be early; **essere in**
    contravvenzione to be fined;
    essere in orario to be on time;
    essere in ritardo to be late;
    essere in vacanza to be (away)
    on vacation
est (*m.*) East
estate (*f.*) summer
estero (*m.*) foreign countries
esteso (*adj.*) wide
estetico (*adj.*) aesthetic
estremità (*f.*) end, tip
età (*f.*) age (of a person); **di**
    mezza età middle-aged
eterno (*adj.*) eternal
evitare to avoid

facile (*adj.*) easy
facilmente easily
facoltà (*f.*) faculty, school;
    facoltà di economia e
    commercio school of business
    and economics; **facoltà di**
    medicina school of medicine
fagiolini (*m.*) string beans
fama (*f.*) fame
fame (*f.*) hunger
famiglia (*f.*) family
famoso (*adj.*) famous
fanatico (*adj.*) fan, fanatic
fanciulla (*f.*) young girl
fantasioso (*adj.*) fanciful
fantino (*m.*) jockey
farcito (*adj.*) stuffed
fare (*irr.*) to do, to make; **fare**
    accomodare to welcome; **fare**
    attenzione to pay attention;
    fare gli onori di casa to be a
    host; **fare la coda** to stand in
    line; **fare la multa** to write a
    ticket; **fare parte (di)** to be
    part of; **fare un salto** to take a
    short run; **fare un piacere** to
    do someone a favor; **fare un**
    tratto to go part of the way;

farne le spese to pay the consequences
fatto in serie (*adj.*) ready-to-wear
farinacei (*m.*) starchy food
farmacia (*f.*) pharmacy
farmacista (*m. and f.*) pharmacist
fascino (*m.*) charm
fastidio (*m.*) trouble
fastidioso (*adj.*) annoying
faticoso (*adj.*) tiring
fatto (*m.*) fact
favoloso (*adj.*) fabulous
favore (*m.*) favor; **per favore** please
favorevole (*adj.*) favorable
favorire (-isc) to favor
fazzolettino (*m.*) small handkerchief, napkin
febbraio (*m.*) February
febbre (*f.*) fever
fedele (*adj.*) faithful
fegato (*m.*) liver
felicità (*f.*) happiness
Fenici (*m.*) Phoenicians
fenomeno (*m.*) phenomenon
feriale (*adj.*) working
ferita (*f.*) wound
ferito (*m.*) wounded person
ferito (*adj.*) wounded
fermare to stop
fermarsi to stop
fermata (*f.*) stop
fermo (*adj.*) stopped; **fermo posta** (*m.*) postal holding service
ferramenta (*f. pl.*) hardware
ferro (*m.*) iron; **ferro da stiro** (*m.*) iron
ferroviario (*adj.*) railroad
festa (*f.*) feast, holiday; **festa da ballo** (*f.*) dance
fetta (*f.*) slice
fettuccine (*f. pl.*) ribbon-shaped vermicelli
fidanzato (*m.*) fiancé
fiducia (*f.*) trust
figlia (*f.*) daughter
figlio (*m.*) son
fila (*f.*) row, line
film del terrore (*m.*) horror movie
film giallo (*m.*) thriller
filo (*m.*) thread, wire

filologia (*f.*) philology
filosofia (*f.*) philosophy
filosofico (*adj.*) philosophical
fin until
finalmente finally
fine (*f.*) end
finestra (*f.*) window
fingere (*irr.*) to make believe
finire (-isc) to finish
fino a . . . until
fino a metà half way
fino a questo momento until now
fioraio (*m.*) florist
fiore (*m.*) flower; **in fiore** flowering
fiorentino (*adj.*) Florentine
fiorire (-isc) to flower
firma (*f.*) signature
fisica (*f.*) physics
fisico (*m.*) physicist
fisiologico (*adj.*) physiological
fischio (*m.*) whistle
fisso (*adj.*) steady
fiume (*m.*) river
flacone (*m.*) bottle
foglia (*f.*) leaf
foglio (*m.*) sheet of paper
folla (*f.*) crowd
fondamentale (*adj.*) basic
fondare to found
fondazione (*f.*) foundation
fondersi (*irr.*) to melt
fondo (*m.*) bottom
fondi (*m.*) funds
fonti d'energia (*f.*) energy sources
forma (*f.*) shape; **a forma di** shaped like
formarsi to develop
formazione (*f.*) formation
fornire (-isc) to supply
forno (*m.*) oven
forse maybe
forte (*adj.*) strong
fortuna (*f.*) fortune, luck; **per fortuna** fortunately
fortunatamente fortunately
fragile (*adj.*) fragile, breakable
fragola (*f.*) strawberry
frammentarietà (*f.*) fragmentary character
francese (*adj.*) French
Francia (*f.*) France

francobollo (*m.*) postage stamp
frase (*f.*) sentence
fratellanza (*f.*) brotherhood
fratello (*m.*) brother
frattempo (*m.*) meantime; **nel frattempo** in the meantime
frattura (*f.*) fracture
freddo (*adj.*) cold
freno (*m.*) brake
frequentare to frequent, to attend
fresco (*adj.*) fresh
fretta (*f.*) hurry; **in fretta** in a hurry
friggere (*irr.*) to fry
frittata (*f.*) omelet
frizione (*f.*) clutch
frullato (*m.*) frappe
frutta (*f.*) fruit
frutto (*m.*) fruit, result; **frutto di mare** (*m.*) seafood
fucilazione (*f.*) execution
fucina (*f.*) forge
fuggire to flee
fumatore (*m.*) smoker
fungo (*m.*) mushroom
funzionamento (*m.*) operation, working
funzionare to run, to operate
funzione (*f.*) function
fuori out, outdoors
futile (*adj.*) vain

gabinetto (*m.*) bathroom
galleria (*f.*) balcony (*in a theater*)
gamba (*f.*) leg
gambero (*m.*) shrimp
gamberoni (*m. pl.*) jumbo shrimps
garantire (-isc) to guarantee
garanzia (*f.*) warranty
gas di scarico (*m.*) exhaust gas
gassato (*adj.*) carbonated
gastonomico (*adj.*) gastronomical
gatto (*m.*) cat
gelato (*m.*) ice cream
generalmente generally
genere (*m.*) kind; **in genere** generally; **del genere** of this type; **generi alimentari** (*m.*) foodstuffs
genero (*m.*) son-in-law
generoso (*adj.*) generous

genitore (*m.*)   parent
gennaio (*m.*)   January
gente (*f.*)   people
gentile (*adj.*)   kind
genuino (*adj.*)   genuine
geometra (*m.*)   geometer,
   surveyor
gesticolare   to gesticulate
gestire (-isc)   to manage, to run
   (*a firm*)
gettone (telefonico) (*m.*)
   telephone token
già   already
giacenza (*f.*)   minimum balance
giallo (*adj.*)   yellow
gilè (*m.*)   vest
giocare   to play
gioielliere (*m.*)   jeweler
giornalaio (*m.*)   news vendor
giornale (*m.*)   newspaper;
   giornale radio (*m.*)   news
   bulletin
giornata (*f.*)   day; **in giornata**
   before the day is over
giorno (*m.*)   day; **sono qui da
   dieci giorni**   I have been here
   for ten days; **fra due giorni**   in
   two days; **tutti i giorni**   every
   day
giovane (*m. and f.*)   young man
   (woman)
giovedì (*m.*)   Thursday
gioventù (*f.*)   youth (*people*)
giovinezza (*f.*)   youth (*period*)
giradischi (*m.*)   record player
girare   to turn, to travel, to tour
giro (*m.*)   tour, stroll; **nel giro
   di**   in the course of
gita (*f.*)   trip, excursion
giugno (*m.*)   June
giudicare   to judge
giudice (*m.*)   judge
giudiziario (*adj.*)   judicial
giungere (*irr.*)   to arrive
giustamente   rightly
giusto (*adj.*)   right, exact
gloria (*f.*)   glory
goccia (*f.*)   drop
godere   to enjoy
godersi   to enjoy
golfo (*m.*)   gulf
gonna (*f.*)   skirt
governare   to rule
governo (*m.*)   government

gradinata (*f.*)   flight of steps,
   gradine (*of a theater*)
gradito (*adj.*)   pleasant
gradualmente   gradually
grande (*adj.*)   great, large
grandezza (*f.*)   greatness
grandiosità (*f.*)   grandeur
grandioso (*adj.*)   imposing
granita (*f.*)   grated-ice drink
grattacielo (*m.*)   skyscraper
gratuito (*adj.*)   free
grave (*adj.*)   serious
grazie   thanks, thank you
Grecia (*f.*)   Greece
greco (*adj.*)   Greek
gridare   to scream, to shout
grido (*m.*)   shout
griglia (*f.*)   grille
grosso (*adj.*)   big
gruppo (*m.*)   group
guanto (*m.*)   glove
guardare   to look at
guardaroba (*m.*)   wardrobe
guardarsi   to look at oneself
guasto (*m.*)   damage, trouble (*car*)
guerra (*f.*)   war
guida (*f.*)   guide
guidare   to drive
gustare   to taste, to enjoy, to
   relish
gusto (*m.*)   taste

ideale (*m.*)   ideal
ieri (*m.*)   yesterday
ignorare   to ignore
illustrare   to show, to illustrate
illustre (*adj.*)   famous
imboccare   to enter (*a street*)
imbucare   to mail
immaginare   to imagine
immediatamente   immediately
imparare   to learn
impaziente (*adj.*)   impatient,
   restless
impedire (-isc)   to prevent
impegnare   to pledge, to bind
impegnativo (*adj.*)   binding
impegno (*m.*)   engagement
imperatore (*m.*)   emperor
imperioso (*adj.*)   authoritative
impero (*m.*)   empire
impersonare   to impersonate
impiantare   to establish
impiegato (*m.*)   employee

importante (*adj.*)   important
importanza (*f.*)   importance
impossibile (*adj.*)   impossible
impostare   to mail
improvvisamente   suddenly
in   in
inadeguato (*adj.*)   inadequate
inaspettato (*adj.*)   unexpected
inatteso (*adj.*)   unexpected
inaugurare   to inaugurate
inchiesta (*f.*)   inquiry
incidente (*m.*)   accident
incognita (*f.*)   uncertainty
incominiciare   to begin
incontrare   to meet
incontrarsi   to meet
incontro (*m.*)   meeting, match
   (*sport*)
incredibile (*adj.*)   incredible
incorporato (*adj.*)   incorporated
increscioso (*adj.*)   unpleasant
incrocio (*m.*)   crossing
incurante (*adj.*)   indifferent
indaffarato (*adj.*)   busy
indeciso (*adj.*)   undecided
indicare   to point, to show
indimenticabile (*adj.*)
   unforgettable
indiretto (*adj.*)   indirect
indirizzo (*m.*)   address, course of
   studies
indisciplinato (*adj.*)   unruly
indispensabile (*adj.*)   essential
individuo (*m.*)   individual
indossare   to wear
indossatore (*m.*)   model;
   indossatrice (*f.*)
indubbiamente   certainly
industria (*f.*)   industry
industriale (*adj.*)   industrial
infatti   in fact
infermiere (*m.*)   male nurse
inferno (*m.*)   hell
infine   finally, in the end
infinito (*m.*)   infinity
inflessibile (*adj.*)   inflexible
inflessione (*f.*)   inflection
informarsi   to inquire
informazione (*f.*)   information
infortunio (*m.*)   accident
infrazione (*f.*)   violation
ingannare   to deceive
ingegneria (*f.*)   engineering
inglese (*adj.*)   English

ingorgo (*m.*) traffic jam
ingrediente (*m.*) ingredient
ingresso (*m.*) entrance
inizio (*m.*) beginning
innumerevole (*adj.*) innumerable
inoltrare to forward
inossidabile (*adj.*) stainless
inquieto (*adj.*) restless
inquilino (*m.*) tenant
inquinamento (*m.*) pollution
inquinare to pollute
insalata (*f.*) salad
insegnante (*m. and f.*) teacher
insegnare to teach
inserirsi to become a part of
insieme together
insomma in short
insù: all'insù up, upward
insulare (*adj.*) insular
intanto meanwhile
intelligente (*adj.*) intelligent
intendere to mean, to intend
intenso (*adj.*) intense
interzione (*f.*) intention
intercontinentale (*adj.*) oversea (intercontinental)
interessante (*adj.*) interesting
interesse (*m.*) interest
internazionale (*adj.*) international
interno (*m.*) interior
intero (*adj.*) entire, whole
interpretare to interpret, to play (*a part*)
interpretazione (*f.*) interpretation
interrogare to examine, to question
interrompere (*irr.*) to interrupt (*conj. like* **rompere**)
interurbano (*adj.*) long distance (*telephone*)
intervallo (*m.*) intermission
intervenire (*irr.*) to intervene (*conj. like* **venire**)
intervento (*m.*) intervention
intervista (*f.*) interview
intestare to make out in one's name
intorno around
intralciare to hinder
intransigente (*adj.*) strict, uncompromising

intrattenere (*irr.*) to entertain (*conj. like* **tenere**)
intrattenersi to stay
introduzione (*f.*) introduction
intuizione (*f.*) intuition
inutile (*adj.*) useless
invadere (*irr.*) to invade
invece instead
invenzione (*f.*) invention
invernale (*adj.*) winter
inviare to send
invitare to invite
invitato (*m.*) guest
invito (*m.*) invitation
ipotesi (*f.*) hypothesis; **nella migliore della ipotesi** at the best
ippica (*f.*) horse racing
ippodromo (*m.*) race track
irascibile (*adj.*) irritable
irrisorio (*adj.*) paltry
iscrizione (*f.*) registration
isola (*f.*) island
isolato (*adj.*) isolated
ispirato (*adj.*) inspired
ispiratrice (*f.*) inspirer
istituto (*m.*) institute; **istituto magistrale** teachers' training college; **istituto tecnico** technical school
istituzionale (*adj.*) institutional
istituzione (*f.*) institution
italiano (*adj.*) Italian; **italiano-bene** (*m.*) well-to-do Italian
itinerario (*m.*) itinerary
Iugoslavia (*f.*) Yugoslavia

labbro (*m.*) lip; (*pl.*) **labbra**
laborioso (*adj.*) hard working
ladro (*m.*) thief
laggiù down there
lago (*m.*) lake
lampada (*f.*) lamp
lanciare to launch
languire (-isc) to languish
lasciare to leave
laterale (*adj.*) side
latino (*m.*) latin
lato (*m.*) side
latte (*m.*) milk
latticino (*m.*) dairy product
lattuga (*f.*) lettuce
laurea (*f.*) degree
laureando (*m.*) senior

lavagna (*f.*) blackboard
lavanderia (*f.*) laundry
lavare to wash
lavarsi to wash oneself
lavorare to work
lavoro (*m.*) work
legale (*adj.*) legal
legare to tie, to bind
legge (*f.*) law
leggere (*irr.*) to read
leggero (*adj.*) light
legislativo (*adj.*) legislative
legno (*m.*) wood; **di legno** wooden
lentamente slowly
lentezza (*f.*) slowness
lento (*adj.*) slow
lettera (*f.*) letter
letterario (*adj.*) literary
letterato (*m.*) man of letters
letteratura (*f.*) literature
lettere (*f. pl.*) literature, the literary arts
lettino (*m.*) small bed
letto (*m.*) bed; **a letto** in bed
lezione (*f.*) lesson, class
lì there, down there
libero (*adj.*) free, unoccupied
libertà (*f.*) freedom
libreria (*f.*) bookstore
libretto di circolazione (*m.*) (car) registration
libro (*m.*) book
licenza (*f.*) school certificate, diploma
liceo (*m.*) lyceum; **liceo classico** (*m.*) classical lyceum; **liceo scientifico** (*m.*) scientific lyceum
lido (*m.*) shore
limitato (*adj.*) limited
limite (*m.*) limit; **limite di rottura** (*m.*) breaking point
limonata (*f.*) lemonade
limone (*m.*) lemon
linea (*f.*) line; **linea aerea** (*f.*) airline
lingua (*f.*) language
lino (*m.*) linen
liquidare to liquidate, to sell out
liquido (*m.*) liquid
lira (*f.*) lira
lirico (*adj.*) lyrical

lirica (*f.*)   lyric
lista (*f.*)   list
litigante (*m.*)   quarreler
litoranea (*f.*)   coastal road
livello (*m.*)   level
livornese (*adj.*)   from Leghorn
locale (*m.*)   local, spot; **locale
   notturno** (*m.*)   nightclub
località (*f.*)   locality, spot
Lombardia (*f.*)   Lombardy
lontano (*adj.*)   far
lotta (*f.*)   struggle, wrestling
luce (*f.*)   light
luglio (*m.*)   July
lunedì (*m.*)   Monday
lungo   along; (*adj.*) long
luogo (*m.*)   place
lusso (*m.*)   luxury; **di lusso**
   luxurious
lussuoso (*adj.*)   luxurious

ma   but
macchina (*f.*)   car; **macchina da
   presa** (*f.*)   motion picture
   camera; **macchina da scrivere**
   (*f.*)   typewriter; **macchina da
   cucire** (*f.*)   sewing machine
macedonia (*f.*)   fruit salad
madre (*f.*)   mother
magari   even; I wish it were so!
   (*in exclamations*)
magazzino (*m.*)   store; **grande
   magazzino** (*m.*)   department
   store
maggio (*m.*)   May
maggioranza (*f.*)   majority
magistrale (*adj.*)   magistral,
   teaching
Magistratura (*f.*)   magistrature
mai   never
malato (*adj.*)   ill
male (*m.*)   illness; **non c'è male**
   not bad
malinteso (*m.*)
   misunderstanding
mamma (*f.*)   mother, mom
mancare   to lack, to be lacking
mandare   to send
mandorlo (*m.*)   almond tree
mangiare   to eat
manica (*f.*)   sleeve
manifestazione
   (*f.*)   demonstration
manovra (*f.*)   maneuver

mantenere   to keep
manzo (*m.*)   beef
marca (*f.*)   brand
marchigiano (*adj.*)   from the
   Marche region
marcia (*f.*)   gear
marciapiede (*m.*)   sidewalk
mare (*m.*)   sea
margine (*m.*)   margin
marina militare (*f.*)   Navy
marino (*adj.*)   marine, sea
marito (*m.*)   husband
marsala (*f.*)   Marsala wine
martedì (*m.*)   Tuesday
marzo (*m.*)   March
maschera (*f.*)   usherette
massaia (*f.*)   housewife
massimo (*m.*)   maximum
matematico (*m.*)   mathematician
materia (*f.*)   (academic) subject
materiale (*m.*)   material
matita (*f.*)   pencil
matricola (*f.*)   freshman
matrimonio (*m.*)   wedding
mattina (*f.*)   morning
mattinata (*f.*)   morning (*period*)
maturare   to ripen
meccanico (*m.*)   mechanic
mediante   by means of
medicina (*f.*)   medicine
medico (*m.*)   doctor
medievale (*adj.*)   medieval
medio (*adj.*)   average, middle-
   sized
Medioevo (*m.*)   Middle Ages
meglio di . . .   better than
mela (*f.*)   apple
melo (*m.*)   apple tree
melanzana (*f.*)   eggplant
mellone (*m.*)   melon
meno   less; **a meno che**   unless
mensa (*f.*)   table, refectory
   (*university*); cafeteria
mentre   while
meraviglioso (*adj.*)   marvelous
mercato (*m.*)   market
merce (*f.*)   goods
mercoledì (*m.*)   Wednesday
meridionale (*adj.*)   southern
mese (*m.*)   month
mestiere (*m.*)   trade
metà (*f.*)   half
metallico (*adj.*)   metallic
meteorologico (*adj.*)   weather

metro (*m.*)   meter
metropolitana (*f.*)   subway
mettere (*irr.*)   to put, to place;
   mettere a posto   to put back in
   place; **mettere a posto (un
   vestito)**   to alter (a dress);
   mettere da parte   to put aside;
   mettere ordine   to put in order
mettersi (a)   to start
mezzanotte (*f.*)   midnight
mezzo (*m.*)   means, way; **mezzo
   pubblico**   public means of
   transportation
in mezzo a . . .   in the middle of
mezzogiorno (*m.*)   noon;
   Mezzogiorno (*m.*)   the South
migliaio (*m.*)   thousand
migliorare   to improve
migliore (*adj.*)   better
militare (*adj.*)   military
millenario (*adj.*)   millenary
minaccia (*f.*)   threat
minerale (*adj.*)   mineral
minestra (*f.*)   soup
minestrone (*m.*)   vegetable soup
minimo (*m.*)   minimum
ministro (*m.*)   Minister,
   Secretary; **primo ministro**
   Prime Minister
miracolo (*m.*)   miracle
miseria (*f.*)   misery
misero (*adj.*)   poor
misto (*adj.*)   mixed
misura (*f.*)   measure; **in che
   misura**   to what limit
mite (*adj.*)   mild
mitico (*adj.*)   mythical
mobile (*m.*)   piece of furniture;
   i mobili (*m. pl.*)   furniture
moda (*f.*)   fashion
modalità (*f.*)   formality
modellista (*m. and f.*)   fashion
   designer
modello (*m.*)   model
moderno (*adj.*)   modern
modificare   to alter
modo (*m.*)   way; **in tal modo**   in
   such a way; **in qualche
   modo**   somehow
moglie (*f.*)   wife
molestare   to bother
mollusco (*m.*)   mollusk
molto (*adj.*)   much, a lot of,
   many

momento (*m.*) moment
mondanità (*f.*) worldliness
mondo (*m.*) world
monolocale (*m.*) studio
  apartment
monopolio (*m.*) monopoly
montagna (*f.*) mountain
montuoso (*adj.*) mountainous
monumento (*m.*) monument
moquette (*f.*) wall-to-wall
  carpeting
morale (*f.*) moral
mordere (*irr.*) to bite
morire (*irr.*) to die
morte (*f.*) death
morto (*m.*) dead person, victim
moschettiere (*m.*) musketeer
mostra (*f.*) show; **mettere in
  mostra** to display
mostrare to show
motivo (*m.*) motive, reason
motore (*m.*) engine
motoscafo (*m.*) motor boat
movimento (*m.*) movement
multa (*f.*) fine
muro (*m.*) wall
muscolo (*m.*) muscle
museo (*m.*) museum
musica (*f.*) music
musicale (*adj.*) musical
mutamento (*m.*) change

nascere (*irr.*) to be born, to rise,
  to have its source (*river*)
nascita (*f.*) birth
nastro (*m.*) tape; **nastro
  adesivo** Scotch tape
Natale (*m.*) Christmas
naturale (*adj.*) natural
naturalmente naturally
nautico (*adj.*) naval
nave (*f.*) ship; **nave-traghetto**
  (*f.*) ferryboat
nazionale (*adj.*) national
nebbia (*f.*) fog
necessariamente necessarily
necessario (*adj.*) necessary
negare to deny
negativo (*adj.*) negative
negozio (*m.*) store; **negozio
  alimentare** food store
nemmeno not even
neorealismo (*m.*) neorealism
nero (*adj.*) black

neve (*f.*) snow
nipote (*m. and f.*) nephew,
  niece, grandson, grand-
  daughter
nobile (*adj.*) noble
noleggio (*m.*) rental
nome (*m.*) name
non not
nonna (*f.*) grandmother
nonno (*m.*) grandfather
nonostante in spite of
nord (*m.*) North
norma (*f.*) rule
notare to notice
notevole (*adj.*) remarkable
notizia (*f.*) news
noto (*adj.*) notorious,
  well-known
notte (*f.*) night
notturno (*adj.*) night
novembre (*m.*) November
novità (*f.*) novelty
nozze (*f. pl.*) wedding
nulla nothing
numerato (*adj.*) numbered
numero (*m.*) number
numeroso (*adj.*) numerous
nuora (*f.*) daughter-in-law
nuotare to swim
nuoto (*m.*) swimming
nuovo (*adj.*) new; **di
  nuovo** again

o or
obbligo (*m.*) obligation, duty
occasione (*f.*) occasion,
  opportunity, chance
occhio (*m.*) eye
occidentale (*adj.*) Western
occorrere (*irr.*) to be necessary
  (*conj. like* correre)
occupare to occupy
offrire (*irr.*) to offer
oggetto (*m.*) object
oggi today
ogni each, every; **ogni tanto**
  every once in a while
ognuno each one
olio (*m.*) oil
oliva (*f.*) olive
olivo (*m.*) olive tree
oltre further; **oltre a** besides;
  oltre che besides, in addition
  to

ometto (*m.*) little man
omonimo (*adj.*) bearing the
  same name
onda (*f.*) wave
opera (*f.*) opera; **opera
  d'arte** work of art
operaio (*m.*) worker
opinione (*f.*) opinion
oppure or
ora (*f.*) hour
ora now
orario (*m.*) schedule
ordinare to order
ordinario (*adj.*) ordinary
ordinazione (*f.*) order
organizzare to organize
organizzatore (*m.*) organizer;
  organizzatrice (*f.*)
orientale (*adj.*) oriental
origano (*m.*) oregano
originale (*adj.*) original
origine (*f.*) origin
ormai now, by now
oro (*m.*) gold
orologio (*m.*) watch, clock
ortaggio (*m.*) vegetable
ospedale (*m.*) hospital
ospitale (*adj.*) hospitable
ospitalità (*f.*) hospitality
ospitare to host
ospite (*m. and f.*) guest, host
osservare to observe
ostello (*m.*) hostel; **ostello per la
  gioventù** youth hostel
ottenere (*irr.*) to obtain
ottimo (*adj.*) excellent
ottobre (*m.*) October
Ottocento (*m.*) nineteenth
  century
ovest (*m.*) West
ovunque everywhere
ovviamente obviously

pacchetto (*m.*) small pack, pack
  (*of cigarettes*)
pacco (*m.*) parcel, package
padano (*adj.*) Po (valley)
padre (*m.*) father
paesaggio (*m.*) landscape
paese (*m.*) country, village
pagamento (*m.*) payment
pagare to pay
paio (*m.*) pair; (*pl.* paia)
palazzo (*m.*) palace

pallacanestro (*f.*) basketball
pallone (*m.*) ball
pancetta (*f.*) bacon
panino (*m.*) sandwich
panna (*f.*) cream
panorama (*m.*) view
pantaloni (*m. pl.*) (pair of)
 trousers
papà (*m.*) dad
paradiso (*m.*) heaven
parcheggiare to park
parcheggio (*m.*) parking (*lot*)
parecchi (*adj.*) many
parente (*m. and f.*) relative
parere (*irr.*) to seem, to appear
parere (*m.*) opinion
parete (*f.*) wall
parlamentare (*adj.*)
 parliamentary
parlare to talk, to speak
parmigiana (*f.*) eggplant
 parmesan
parmigiano (*m.*) Parmesan
 cheese
parodia (*f.*) parody
parola (*f.*) word
parte (*f.*) part, role; **da parte
 sua** for (on) his part; **d'altra
 parte** on the other hand; **da
 una parte . . . dall'altra** from
 one side . . . from the other; **da
 una parte . . . all'altra** from
 end . . . to end; **per gran
 parte** for the most part
partecipare to participate
partenza (*f.*) departure
particolare (*m.*) detail
particolarmente particularly
partigiano (*m.*) partisan
partire to leave, to depart; **a
 partire da** beginning with,
 starting from
partita (*f.*) game
partito (*m.*) party
parzialmente partly
passaggio (*m.*) passage
passante (*m.*) passer-by
passaporto (*m.*) passport
passare to pass, to flow by
passeggiare to stroll
passeggiata (*f.*) walk
pasta (*f.*) dough, pastry,
 macaroni products; **pasta alla
 crema** cream pastry

pastiglia per la tosse (*f.*) cough
 drop
pasto (*m.*) meal
pastorale (*adj.*) pastoral
patata (*f.*) potato
patente (*f.*) license
patito (*m.*) fan
patria (*adj.*) native land
patrimonio (*m.*) patrimony
paura (*f.*) fear; **avere paura** to
 be afraid
pavimento (*m.*) floor
peccato (*m.*) sin; **che peccato**
 what a shame
pecorino (*m.*) sheep's milk
 cheese
pedaggio (*m.*) toll
pedagogia (*f.*) pedagogy
peggio worse
pelle (*f.*) leather, skin; **di
 pelle** made of leather
pena (*f.*) suffering; **vale la
 pena** it's worth (it)
penisola (*f.*) peninsula
penna (*f.*) pen
pensare to think; **pensare a** to
 think of, to have in mind;
 pensare di to think about, to
 have an opinion
pensionato (*adj.*) retired
pensione (*f.*) pension,
 boardinghouse
pepe (*m.*) (black) pepper
per for, by, through
pera (*f.*) pear
perché why, because
perciò for this reason, that's
 why
percorrere (*irr.*) to go, to cover
 (a distance) (*conj. like* **correre**)
percorso (*m.*) way, route
perdere (*irr.*) to lose
perfetto (*adj.*) perfect
perfezione (*f.*) perfection
perfino even
pergolato (*m.*) pergola, arbor
pericolo (*m.*) danger
periferia (*f.*) outskirts
periodo (*m.*) period
perito (*m.*) expert, someone
 specialized in a given field
permettere (*irr.*) to allow (*conj.
 like* **mettere**)
però but, however

persiana (*f.*) shutter, louver
persona (*f.*) person
personaggio (*m.*) character (*in a
 play or story*)
personale (*adj.*) personal
persuadere (*irr.*) to persuade
pesante (*adj.*) heavy
pesare to weigh
pesca (*f.*) peach, fishing
pescatore (*m.*) fisherman
pesce (*m.*) fish
pescivendolo (*m.*) fish vendor
peso (*m.*) weight
pesto (*m.*) sauce characteristic
 of Genoese cooking
petrolio (*m.*) oil
pezzo (*m.*) piece
pettinarsi to comb one's hair
piacere (*irr.*) to be pleasing to,
 to like; **per piacere** please
piacevole (*adj.*) pleasant
piangere (*irr.*) to cry
pianterreno (*m.*) first floor
piano (*m.*) plan, floor
pianoforte (*m.*) piano
pianura (*f.*) plain, flat country
pianta (*f.*) plant, project
piatto (*m.*) dish, course; **primo
 piatto** first course
piazza (*f.*) square
piazzale (*m.*) large square
piccante (*adj.*) sharp, hot
 (*tasting*)
piccolo (*adj.*) small
piede (*m.*) foot; **ai piedi di** at
 the foot of
Piemonte (*m.*) Piedmont
pieno (*adj.*) full; **fare il pieno**
 to fill up
pietra (*f.*) stone
pigro (*adj.*) lazy
pila (*f.*) battery
pillola (*f.*) pill
pilota (*m.*) pilot
pineta (*f.*) pine wood
piovoso (*adj.*) rainy
piovere (*irr.*) to rain
piscina (*f.*) swimming pool
piselli (*m. pl.*) peas
pista (*f.*) track
pittoresco (*adj.*) picturesque
pittore (*m.*) painter; **pittrice** (*f.*)
più more
piuttosto rather

pizzo (*m.*) lace
platea (*f.*) orchestra
un po' a little
poco (*adj.*) little; **da poco** a short time ago, a little while ago; **poco dopo** shortly after
poesia (*f.*) poem, poetry
polemica (*f.*) polemics
politica (*f.*) politics
politico (*adj.*) political
polizia (*f.*) police force
pollivendolo (*m.*) poulterer
pollo (*m.*) chicken
poltrona (*f.*) armchair
pomeriggio (*m.*) afternoon
pomodoro (*m.*) tomato
ponte (*m.*) bridge
popolare (*adj.*) popular
popolazione (*f.*) population
popolo (*m.*) people
porgere (*irr.*) to extend, to hand over
porre (*irr.*) to place, to put
porta (*f.*) door; (in soccer) goal
portafoglio (*m.*) wallet
portare to bring, to carry, to wear
portatile (*adj.*) portable
portico (*m.*) porch
portiere (*m.*) goalkeeper, goalie
porzione (*f.*) portion
posata (*f.*) knife, fork, or spoon; (*pl.*) silverware
possedere (*irr.*) to own
possibile (*adj.*) possible; **il più possibile** as much as possible
possibilità (*f.*) possibility
possibilmente possibly
posta (*f.*) mail, post office
postale (*adj.*) postal
postelegrafonico (*adj.*) postal, telegraph and telephone
posto (*m.*) place, seat; **posto di lavoro** job; **a posto** in place; **tutto a posto** everything all set
potenza (*f.*) power
potere (*irr.*) to be able to; can
pranzare to dine
pranzo (*m.*) dinner
praticare to practice
pratico (*adj.*) practical, familiar
prato (*m.*) lawn
precedere to precede

precisare to specify
preciso (*adj.*) precise, exact
preconcetto (*m.*) prejudice
predilezione (*f.*) fondness
preferenza (*f.*) preference; **di preferenza** preferably
preferibile (*adj.*) preferable
preferibilmente preferably
preferire (-isc) to prefer
pregiato (*adj.*) valuable
premio (*m.*) prize
prendere (*irr.*) to take; **prendere in affitto** to rent; **prendere in considerazione** to consider
prenotare to reserve
prenotazione reservation
preparare to prepare
prepararsi to get oneself ready
preparazione (*f.*) preparation
presentare to present, to introduce
presentarsi to present (to introduce) oneself
presente (*m. and adj.*) present
Presidente (*m.*) President
presidenziale (*adj.*) presidential
pressione (*f.*) pressure
prestigio (*m.*) prestige
prestigioso (*adj.*) prestigious, famous
presto soon, early
prevedere (*irr.*) to foresee (*conj. like* **vedere**)
previdenza sociale (*f.*) social security
prezioso (*adj.*) precious
prezzemolo (*m.*) parsley
prezzo (*m.*) price
prima before
primavera (*f.*) spring
primo (*adj.*) first; **prima visione** first run (film); **prima volta** first time; **primo piano** second floor; **primi posti** first row of seats
principale (*adj.*) principal
principio (*m.*) beginning; **al principio** in the beginning
priorità (*f.*) priority
privato (*adj.*) private
privilegio (*m.*) privilege
problema (*m.*) problem
problematico (*adj.*) uncertain
procedere to proceed

procedura (*f.*) procedure
processo (*m.*) trial
procurarsi to get
prodotto (*m.*) product; **prodotti per barba** (*m.*) shaving products
produrre (*irr.*) to produce
produzione (*f.*) production
professionale (*adj.*) professional
professionista (*m. and f.*) professional
professore (*m.*) professor
profondo (*adj.*) deep
profumato (*adj.*) perfumed
profumo (*m.*) perfume
progetto (*m.*) plan, project
prognosi (*f.*) prognosis
programma (*m.*) program
proiettare to project
proletariato (*m.*) proletariat
promettere (*irr.*) to promise (*conj. like* **mettere**)
promozione (*f.*) promotion
promuovere (*irr.*) to promote, to pass (*conj. like* **muovere**)
pronto (*adj.*) ready; **pronto!** hello!
proporre (*irr.*) to propose
proporzione (*f.*) proportion, ratio
proposito: a proposito by the way
proposta (*f.*) proposal
proprietario (*m.*) owner
proprio really!
proprio (*adj.*) one's own
prosa (*f.*) prose
prosciutto crudo (*m.*) ham
prosciutto cotto (*m.*) cooked ham
proseguire to continue
prosperità (*f.*) prosperity
prossimamente very soon, coming shortly (*movies*)
prossimo (*adj.*) next
proteggere (*irr.*) to protect
protesta (*f.*) to protest
protestare to protest
provare to try
provenire (*irr.*) to come (from), to derive (*conj. like* **venire**)
provincia (*f.*) province
provinciale (*adj.*) provincial
provocare to provoke, to cause

provvedere (*irr.*) to provide
(*conj. like* **vedere**)
provvisorio (*adj.*) temporary
pubblicità (*f.*) advertising
pubblico (*adj.*) public
pugilato (*m.*) boxing
pugilistico (*adj.*) boxing
pulire (-isc) to clean
pungere (*irr.*) to prick, to sting
punizione (*f.*) punishment
punta (*f.*) point; **ora di punta**
traffic hour
a puntate installment
punto (*m.*) point; **a questo**
punto now
puntuale (*adj.*) punctual, on
time
puntualmente punctually
pure also, too
purgatorio (*m.*) purgatory
puro (*adj.*) pure
purosangue (*m.*) thoroughbred
purtroppo unfortunately

quaderno (*m.*) notebook
a quadretti divided into small
squares
quadro (*m.*) picture, painting;
a quadri checkered
qualche (*adj.*) some, a few;
qualche volta sometime;
qualcosa something;
qualcuno someone
qual'è? what is?
quale (*adj.*) which
qualità (*f.*) quality
qualora in case, if
quando when
quanto (*adj.*) how much; (*pl.*)
how many; **in quanto** insofar
quasi almost
quello (*adj.*) that
questo (*adj.*) this
qui here
quindi therefore

recapitare to deliver
raccogliere (*irr.*) to pick up
(*conj. like* **cogliere**)
raccomandare to recommend
raccomandata (*f.*) registered
letter
raccontare to tell, to relate
radere (*irr.*) to shave

radersi to shave oneself
radice (*f.*) root, stem
radioattivo (*adj.*) radioactive
radiodramma (*m.*) drama
presented on the radio
raffigurare to represent
raffinatezza (*f.*) refinement
raffinato (*adj.*) refined
raffineria (*f.*) refinery
raffreddore (*m.*) cold
ragazza (*f.*) girl
ragazzo (*m.*) boy
raggiungere (*irr.*) to reach
ragione (*f.*) reason; **per ragioni**
di tempo because of time
ragioniere (*m.*) accountant,
bookkeeper
ragù (*m.*) ragout, stew
rapido (*adj.*) fast; **rapido**
(*m.*) express train
rapina (*f.*) robbery
rapporto (*m.*) rapport, report
rappresentate (*m.*)
representative
rappresentare to represent, to
perform
rappresentativo (*adj.*)
representative
rappresentazione (*f.*)
representation, performance
raro (*adj.*) rare
razza (*f.*) race
reale (*adj.*) real, royal
realizzare to carry out
realtà (*f.*) reality; **in**
realtà actually
reazione a catena (*f.*) chain
reaction
recente (*adj.*) recent
recarsi to go
recitare to recite
recuperare to recover
recupero (*m.*) salvage
regalare to give, to make a
present of something
regalo (*m.*) gift
regata (*f.*) regatta
reggere (*irr.*) to hold
regime (*m.*) regime
regione (*f.*) region
regista (*m.*) producer, director
registrare to record
registratore (*m.*) tape recorder
regno (*m.*) reign, kingdom
regola (*f.*) rule

regolarmente regularly
relativo (*adj.*) relative, related
to
relazione (*f.*) report, relation
religione (*f.*) religion
religioso (*adj.*) religious
rendere (*irr.*) to return, to
render, to give back; **rendere**
noto to make known; **rendersi**
conto to become aware
reparto (*m.*) department
repertorio (*m.*) repertory
repubblica (*f.*) republic
repubblicano (*adj.*) republican
resistente (*adj.*) resistant
restare to stay, to remain
restaurato (*adj.*) restored
restauro (*m.*) restoration
resti (*m. pl.*) remains
restituzione (*f.*) return
restituire (-isc) to return
(*something*), to give back
resto (*m.*) rest, remainder; **del**
resto after all
rete (*f.*) net
rettore (*m.*) university president
revisionare to overhaul
riabituarsi to become
accustomed again
riassumere (*irr.*) to sum up
ribalta (*f.*) front of the stage
ricco (*adj.*) rich
ricerca (*f.*) research
ricetta (*f.*) recipe, prescription
ricevere to receive
ricevuta (*f.*) receipt
richiamare to call back, to recall
richiedere (*irr.*) to ask, to make
a request (of something) (*conj.*
like **chiedere**)
richiesta (*f.*) request
ricominciare to begin again
riconoscere to recognize
riconsegnare to hand back
ricordare to remember
ricordarsi to remember
ricordo (*m.*) memory,
remembrance
ricoverare to shelter, to
hospitalize
ridere (*irr.*) to laugh
ridiscendere (*irr.*) to come
down again, to come back
down (*conj. like* **scendere**)
ridurre (*irr.*) to reduce

riempire to fill (up)

rientrare to return, to come in again

rifiuto (*m.*) refusal

rigido (*adj.*) rigid, stiff

riga (*f.*) line; **a righe** striped

riguardare to look at again, to concern

rimandare to send back, to postpone

rimanere (*irr.*) to stay, to remain

rimedio (*m.*) remedy

rimorchiare to tow

rimproverare to reproach

rincasare to go (come) back home

rinfreschi (*m. pl.*) refreshments

rinnovare to renew

rinunciare to give up, to renounce

rinviare to send back, to postpone

riparare to repair

riparlare to speak again

ripartire to leave again

ripasso (*m.*) review

ripetere to repeat

ripieno (*m.*) stuffing

riportare to bring back, to receive (a grade)

riposante (*adj.*) restful

riposarsi to rest

riprendere (*irr.*) to take (up) again (*conj. like* **prendere**); **riprendere in diretta** to broadcast live (*television*)

riprendersi to recover

ripresa (*f.*) round

rischiare to risk

riscoprire to rediscover

risi e bisi rice with peas

risanamento (*m.*) slum clearance

riservare to reserve

riso (*m.*) rice

risolvere (*irr.*) to resolve

rispettare to respect

rispondere (*irr.*) to answer

risposta (*f.*) answer, reply

ristorante (*m.*) restaurant

ristrutturare to restructure

risultato (*m.*) result

ritardo (*m.*) delay

ritirare to withdraw, to pick up

rito (*m.*) rite

ritornare to return

ritorno (*m.*) return

ritrovarsi to meet again

riunire to reunite

riuscire to succeed

rivedere (*irr.*) to see again (*conj. like* **vedere**)

rivedersi to meet again

rivelare to reveal

rivestimento (*m.*) covering

rivivere (*irr.*) to relive, to live again (*conj. like* **vivere**)

rivolgersi (*irr.*) to turn (*to someone*)

roba (*f.*) stuff, things

romano (*adj.*) Roman

romanza (*f.*) aria

romanzo (*m.*) novel

rosmarino (*m.*) rosemary

rosso (*adj.*) red

rosticceria (*f.*) rotisserie, cooked food shop

rovina (*f.*) ruin

rubare to steal

rumore (*m.*) noise

ruolo (*m.*) role

ruota (*f.*) wheel

rustico (*adj.*) country

sabato (*m.*) Saturday

sabbia (*f.*) sand

sacco-lenzuolo (*m.*) sleeping bag

sacco (*m.*) sack, bag; **un sacco di soldi** a lot of money

sacrificio (*m.*) sacrifice

sacro (*adj.*) sacred

sagra (*f.*) festival

sala (*f.*) hall; **sala da ballo** ballroom; **sala da pranzo** dining room

saldare (un conto) to settle an account (*bill*)

sale (*m.*) salt

salire (*irr.*) to go up, to climb

salita (*f.*) slope

salotto (*m.*) living room

salsiccia (*f.*) sausage

salumiere (*m.*) delicatessen seller

salutare to greet

salvare to save

salvia (*f.*) sage

sangue (*m.*) blood

sano (*adj.*) healthy

sapere (*irr.*) to know

sapere (*m.*) knowledge; **saper vivere** to know how to enjoy life

sapone (*m.*) soap

saporito (*adj.*) tasty

sardo (*adj.*) Sardinian

Sardegna (*f.*) Sardinia

sarta (*f.*) seamstress, dressmaker

sarto (*m.*) tailor

sartoria (*f.*) tailor's, dressmaker's shop

sbadigliare to yawn

sbagliarsi to make a mistake

sboccare to flow into, to come out, to lead

scala (*f.*) stairway

scaloppine al marsala (*f.*) veal scallops with Marsala wine

scarpa (*f.*) shoe

scatola (*f.*) box

scattare to take off, to snap

scegliere (*irr.*) to choose

scelto (*adj.*) chosen

scena (*f.*) scene

scendere (*irr.*) to descend, to go (come), down

schermo (*m.*) (theater) screen

sci (*m.*) ski; **sci nautico** water skiing

sciagura (*f.*) tragedy

sciare to ski

scientifico (*adj.*) scientific

scienza (*f.*) science

scienziato (*m.*) scientist

sciocchezza (*f.*) foolishness

sciopero (*m.*) strike

scippo (*m.*) purse snatching

sciroppo (*m.*) syrup

scissione (*f.*) division, split

scivolare to slide

scolaro (*m.*) pupil

scolastico (*adj.*) school

sconto (*m.*) discount

scontro (*m.*) confrontation, collision

scoperta (*f.*) discovery

scopo (*m.*) aim, purpose

scoprire (*irr.*) to discover

scorcio (*m.*) glimpse; **scorcio di tempo** a short period of time

scorrere (*irr.*) to flow (*conj. like* **correre**)

scorso (*adj.*) last, preceding

scozzese (*adj.*)　Scotch
scrittore (*m.*)　writer;
　scrittrice (*f.*)
scrivere (*irr.*)　to write
scuola (*f.*)　school
scuro (*adj.*)　dark
scusarsi　to excuse oneself;
　scusi　excuse me
sebbene　although
secolo (*m.*)　century
secondo (*adj.*)　second
secondo　according to; a seconda
　di　according to; seconda
　visione　second-run film
sedano (*m.*)　celery
sede (*f.*)　seat, center
sedere (*irr.*)　to seat
sedersi　to seat down, to take a
　seat
sedia (*f.*)　seat, chair
segretaria (*f.*)　secretary
seguente (*adj.*)　following
seguire　to follow, to take (*a
　course*)
sella (*f.*)　saddle
sellino (*m.*)　saddle seat
semaforo (*m.*)　traffic lights
semola (*f.*)　bran
semplice (*adj.*)　simple
semplicemente　simply
sempre　always
sensazione (*f.*)　sensation
sensibile (*adj.*)　sensitive,
　sensible
senso (*m.*)　sense
sentimento (*m.*)　sentiment,
　feeling
sentire　to hear, to feel
sentirsi　to feel (*health*); sentirsi
　bene　to feel well
senza　without; senz'altro　of
　course, naturally, without
　doubt
separare　to separate
sera (*f.*)　evening
serata (*f.*)　evening; che serata!
　what an evening!
serbatoio (*m.*)　tank
serie (*f.*)　series; fatto in
　serie　mass produced
serio (*adj.*)　serious
serpente (*m.*)　snake
servizio (*m.*)　service
servirsi di　to use, to make use of

settembre (*m.*)　September
settentrionale (*adj.*)　northern
settimana (*f.*)　week
settore (*m.*)　field
sezione (*f.*)　section
sfidante (*m.*)　challenger
sfilare　to parade
sfogarsi　to get a load off one's
　chest
sfondo (*m.*)　background
sformato (*m.*)　baked egg mold
sfortunato (*adj.*)　unfortunate
sforzarsi　to strive
sforzo (*m.*)　effort
sia . . . che　both . . . and
Sicilia (*f.*)　Sicily
siciliano (*adj.*)　Sicilian
siderurgico (*adj.*)　iron
　(*industry*)
sigaretta (*f.*)　cigarette
significare　to mean
signora (*f.*)　lady, woman, Mrs.
signore (*m.*)　gentleman, man,
　Mr.
signorina (*f.*)　young lady, Miss
silenzioso (*adj.*)　silent
simile (*adj.*)　similar
simpatia (*f.*)　liking
simpatico (*adj.*)　charming
sin　from (*time*)
sindacale (*adj.*)　trade union
sindacalista (*m. and f.*)　trade
　unionist
sindacato (*m.*)　trade union
sinistra (*f.*)　left
sinistro (*adj.*)　left
sistema (*m.*)　system
sistemare　to settle, to arrange
sistemazione (*f.*)　arrangement,
　job
situazione (*f.*)　situation
smaltimento (*m.*)　getting rid of
smaltire (-isc)　to get rid of
sociale (*adj.*)　social
società (*f.*)　society
soddisfacente (*adj.*)　satisfactory
soddisfare (*irr.*)　to satisfy (*conj.
　like* fare)
soffitta (*f.*)　attic
soffitto (*m.*)　ceiling
soffrire (*irr.*)　to suffer
soggiorno (*m.*)　stay, living room
sogliola (*f.*)　sole (*fish*)
solaio (*m.*)　attic

sole (*m.*)　sun
solido (*adj.*)　solid
solito (*adj.*)　usual; di solito
　usually; come al solito　as
　usual
soldo (*m.*)　penny
solitudine (*f.*)　loneliness
sollecitazione (*f.*)　entreaty
solo (*adj.*)　only, alone
soluzione (*f.*)　solution
somma (*f.*)　sum
soprannome (*m.*)　nickname
soprattutto　especially, above all
sopravvivere (*irr.*)　to survive
　(*conj. like* vivere)
sorella (*f.*)　sister
sorgere (*irr.*)　to rise
sorpassare　to overtake
sospendere (*irr.*)　to suspend
sostanzioso (*adj.*)　nourishing,
　substantial
sostare　to stop, to pause; in
　sosta　stopped, parked
sostenere (*irr.*)　to defend (*a
　thesis*) (*conj. like* tenere)
sottile (*adj.*)　thin, subtle
sottolineare　to underline, to
　emphasize
sottotitolo (*m.*)　subtitle
sovranità (*f.*)　sovereignty
sovvenzione (*f.*)　subsidy
spagnolo (*adj.*)　Spanish
spago (*m.*)　string
sparso (*adj.*)　scattered
spazio (*m.*)　space
specchio (*m.*)　mirror
speciale (*adj.*)　special
specialità (*f.*)　specialty
specializzazione (*f.*)
　specialization
spedire (-isc)　to send
spendere　to spend
spericolato (*adj.*)　reckless,
　daring
spesa (*f.*)　expense, shopping
spesso　often
spettacolare (*adj.*)　spectacular
spettacolo (*m.*)　spectacle, sight
spettatore (*m.*)　spectator
spezzato (*m.*)　coordinated outfit
spiacevole (*adj.*)　unpleasant
spiaggia (*f.*)　beach
spinaci (*m.*)　spinach
spingere (*irr.*)　to push

spirituale (*adj.*)   spiritual
splendido (*adj.*)   splendid, wonderful, fantastic
sponda (*f.*)   edge, bank
sportello (*m.*)   window, counter
sportivo (*adj.*)   sporting
sposarsi   to marry
spostare   to move
spuma da barba (*f.*)   shaving cream
spuntino (*m.*)   snack
spunto (*m.*)   starting point
squadra (*f.*)   team
squillare   to ring
stabilimento (*m.*)   plant, works
stabilire   to establish
stadio (*m.*)   stadium
stagione (*f.*)   season
stamattina   this morning
stampa (*f.*)   print, press
stanco (*adj.*)   tired
stanza (*f.*)   room
stanziamento (*m.*)   appropriation
stare (*irr.*)   to stay, to be; **stare attento**   to pay attention
stasera   this evening
statale (*adj.*)   state
Stati Uniti (*m. pl.*)   United States
stato (*m.*)   state; **stato d'animo** mood
stazione (*f.*)   station
stellato (*adj.*)   starry
stile (*m.*)   style; **in stile**   stylish
stilista (*m. and f.*)   stylist
stimolante (*adj.*)   stimulating
stimolare   to spur, to stimulate
stoffa (*f.*)   cloth, fabric
storia (*f.*)   history
storico (*adj.*)   historical
strada (*f.*)   road
stradale (*adj.*)   of the road; **strada provinciale**   state road
straniero (*m.*)   foreigner
straordinario (*adj.*) extraordinary
strappare   to tear (up)
stretto (*m.*)   strait
stringere (*irr.*)   to tighten
struttura (*f.*)   structure
studente (*m.*)   student; **studentessa** (*f.*)
studentesco (*adj.*)   student
studiare   to study
studio (*m.*)   study

su   on, up; **in su**   upward; **su ordinazione**   by (on) order
subito   immediately
succedere (*irr.*)   to succeed
successivo (*adj.*)   successive following
succo di frutta (*m.*)   fruit juice
sud (*m.*)   South
sufficienza (*f.*)   passing grade
suggerimento (*m.*)   suggestion
suggerire (-isc)   to suggest
suggestivo (*adj.*)   evocative, suggestive
sugo (*m.*)   gravy
suocera (*f.*)   mother-in-law
suocero (*m.*)   father-in-law
suonare   to ring, to play (an instrument)
suono (*m.*)   sound
superare   to surpass, to overcome
superiore (*adj.*)   superior
supermercato (*m.*)   supermarket
surgelato (*adj.*)   frozen
svegliarsi   to awaken
svendita (*f.*)   sale
Svevi (*m.*)   Swabians
sviluppare   to develop
sviluppo (*m.*)   development
Svizzera (*f.*)   Switzerland

tabaccheria (*f.*)   tobacco shop
taglia (*f.*)   size
tagliare   to cut
tagliarsi   to cut oneself
tagliatelle (*f. pl.*)   noodles
taglio (*m.*)   cut
talvolta   sometime
tanto (*adj.*)   much, very; **tanti saluti a casa**   best regards to the family; **di tanto in tanto** every once in a while
tappeto (*m.*)   rug, carpet; **mettere al tappeto**   to knock out
tardi   late
targato (*adj.*)   with a license plate; **un'automobile targata Roma**   a car with a Rome plate
tariffa (*f.*)   rate, price list
tartina (*f.*)   canapé
tasca (*f.*)   pocket; **alla portata di tutte le tasche**   within everyone's means

tassa (*f.*)   tax, tuition
tassì (*m.*)   taxi
tasto (*m.*)   key, switch
tavola (*f.*)   table; **tavola calda** snack bar
tazza (*f.*)   cup
tè (the) (*m.*)   tea
teatralità (*f.*)   theatricality
teatro (*m.*)   theater
tecnica (*f.*)   technique
tecnico (*m.*)   technician
tecnico (*adj.*)   technical
tedesco (*adj.*)   German
telefonare   to call, to telephone
telefonata (*f.*)   telephone call
telefono (*m.*)   telephone
telegiornale (*m.*)   television news
telegrafo (*m.*)   telegraph
telegramma (*m.*)   telegram
televisione (*f.*)   television
televisore (*m.*)   television set
tema (*m.*)   theme, composition
tematica (*f.*)   theme
temere   to fear
tempio (*m.*)   temple
tempo (*m.*)   weather; **da tempo**   a long time
temporale (*m.*)   thunderstorm
temporaneamente   temporarily
tenda (*f.*)   tent, curtain
tendenza (*f.*)   tendency
tenere (*irr.*)   to hold, to keep; **tenersi**   to keep oneself; **tenere presente**   to keep in mind
tenore (*m.*)   tenor
tensione (*f.*)   tension
tentare   to try
teoria (*f.*)   theory
teoricamente   theoretically
teorico (*adj.*)   theoretical
terra (*f.*)   earth, ground
terrazzo (*m.*)   terrace
terreno (*m.*)   land, lot
terribile (*adj.*)   terrible
terribilmente   terribly
terrore (*m.*)   terror
territorio (*m.*)   territory
terzo (*adj.*)   third
tesi (*f.*)   thesis
tesoro (*m.*)   treasure
tessera (*f.*)   card, pass
tessuto (*m.*)   fabric, material; **tessuto stampato**   printed cloth

testa (*f.*)   head
tetto (*m.*)   roof
tifoso (*m.*)   fan
timbro (*m.*)   stamp
timore (*m.*)   fear
tipo (*m.*)   type
tirare   to pull; **tirar vento**   the wind is blowing
tisana (*f.*)   tisane, herbal tea
titolare (*m.*)   card holder
titolo (*m.*)   title
tivvù (*f.*)   TV
tocco (*m.*)   touch
togliere (*irr.*)   to remove, to take away
tomba (*f.*)   tomb, grave
tondo (*adj.*)   round
tono (*m.*)   tone
torace (*m.*)   thorax
torinese (*adj.*)   from Turin
tormentare   to torment
tornare   to return
torta (*f.*)   cake
tosare (il prato)   to mow (*the lawn*)
toscano (*adj.*)   Tuscan
tosse (*f.*)   cough
tossico (*adj.*)   toxic
traccia (*f.*)   trace
tradizionale (*adj.*)   traditional
tradizione (*f.*)   tradition
tradurre (*irr.*)   to translate
traffico (*m.*)   traffic
tragedia (*f.*)   tragedy
traghetto (*m.*)   ferryboat
tragitto (*m.*)   way
traguardo (*m.*)   finish line
tramonto (*m.*)   sunset
tranquillo (*adj.*)   quiet, calm
trascinare   to drag
trascorrere (*irr.*)   to spend (*time*) (*conj. like* **correre**)
trasferirsi   to move
trasformare   to transform
trasformazione (*f.*)   transformation
trasmettere (*irr.*)   to transmit (*conj. like* **mettere**)
trasmissione (*f.*)   transmission
trattare   to treat, to deal with
tratto (*m.*)   distance, stretch
trattoria (*f.*)   inn, restaurant
tremare   to tremble
treno (*m.*)   train

triangolare (*adj.*)   triangular
triste (*adj.*)   sad
tropicale (*adj.*)   tropical
troppo (*adj.*)   too much
trovare   to find
trovarsi   to find oneself, to be
truccarsi   to make (oneself) up
turismo (*m.*)   tourism
turista (*m. and f.*)   tourist
turistico (*adj.*)   tourist
turno (*m.*)   turn; **a turno**   in turn
tuttavia   yet, nevertheless
tutto (*adj.*)   all

ufficiale (*m.*)   officer
ufficialmente   officially
ufficio (*m.*)   office; **ufficio postale**   post office
uguale (*adj.*)   equal
ulteriore (*adj.*)   ulterior
ultimo (*adj.*)   last (*in a series*); **ultimi arrivi**   latest arrivals
umanistico (*adj.*)   humanistic
umano (*adj.*)   human
umido (*adj.*)   humid, damp
unico (*adj.*)   only, sole
unione (*f.*)   union
unità (*f.*)   unity
universalità (*f.*)   universality
università (*f.*)   university
universitario (*adj.*)   university
uomo (*m.*)   man
uovo (*m.*)   egg; (*pl.*) **le uova**
urgente (*adj.*)   urgent
urlare   to scream, to shout
usato (*adj.*)   used
uscire (*irr.*)   to go out
uscita (*f.*)   exit
uso (*m.*)   usage, use
utile (*adj.*)   useful
utilitaria (*f.*)   subcompact car
utilizzare   to utilize, to make use of
utilizzazione (*f.*)   use
uva (*f.*)   grapes

vacanza (*f.*)   vacation
vaccinare   to vaccinate
vaglia (*m.*)   money order
vago (*adj.*)   vague
vagone-letto (*m.*)   sleeping car
valido (*adj.*)   valid
valigia (*f.*)   suitcase
valore (*m.*)   value

valorizzare   to exploit
valuta (*f.*)   currency
vantaggio (*m.*)   advantage
vantaggioso (*adj.*)   advantageous
varietà (*f.*)   variety
vario (*adj.*)   various
vassoio (*m.*)   tray
vasto (*adj.*)   large, vast
vecchietta (*f.*)   little old lady
vecchio (*adj.*)   old, former
vedere (*irr.*)   to see
veduta (*f.*)   view, panorama
vegetariano (*adj.*)   vegetarian
vela (*f.*)   sail; **fare vela**   to go sailing
veloce (*adj.*)   fast
velocemente   swiftly
velocità (*f.*)   speed
vendere   to sell
venditore (*m.*)   seller, vendor
venerdì (*m.*)   Friday
Veneto (*m.*)   Venetia
veneto (*adj.*)   Venetian
veneziano (*adj.*)   Venetian
venire (*irr.*)   to come
ventilatore (*m.*)   fan
vento (*m.*)   wind
verbale (*m.*)   minutes (*of a meeting*)
verde (*adj.*)   green; **essere al verde**   to be broke
verde (*m.*)   green light
vendura (*f.*)   vegetables, greens
verificare   to verify
vero (*adj.*)   true
vero (*adj.*)   true; **vero e proprio**   truly
verso   toward
verso (*m.*)   verse
vertenza (*f.*)   dispute
vestiario (*m.*)   clothing
vestirsi   to get dressed, to dress
vestito (*m.*)   suit, dress
vetrata (*f.*)   large glass window (door)
vetrina (*f.*)   shop window
vetro (*m.*)   glass; **vetro soffiato**   blown glass
vettura (*f.*)   car
via (*f.*)   street; **via aerea**   air mail; **via mare**   by sea
viaggiare   to travel
viaggio (*m.*)   trip
vicenda (*f.*)   event

vicinanze (*f. pl.*) neighborhood
vicino (a) (*adj.*) near
vicino (*m.*) neighbor
vigile (*m.*) policeman; vigile del
  fuoco foreman
vigneto (*m.*) vineyard
villaggio (*m.*) village
villeggiante (*m. and f.*)
  vacationer
vino (*m.*) wine
violento (*adj.*) violent
violenza (*f.*) violence
violinista (*m. and f.*) violinist
visitatore (*m.*) visitor
viso (*m.*) face
vista (*f.*) sight, view
visto che . . . considering that . . .

vita (*f.*) life
vitalità (*f.*) vitality
vitamina (*f.*) vitamine
vittima (*f.*) victim
vittoria (*f.*) victory
vivace (*adj.*) lively
vivere (*irr.*) to live
vivo (*adj.*) alive
voce (*f.*) voice; ad alta voce
  aloud; a voce alta in a loud
  voice, loudly
volante (*m.*) steering wheel
volentieri willingly
volere (*irr.*) to want
volgare (*m.*) vernacular
volontario (*adj.*) voluntary
volo (*m.*) flight

volta (*f.*) time, turn; la prima
  volta the first time
vongola (*f.*) clam
voto (*m.*) vote
vulcano (*m.*) volcano

zagara (*f.*) orange blossom
zebra (*f.*) zebra
zia (*f.*) aunt
zio (*m.*) uncle
zingaro (*m.*) gypsy
zodiaco (*m.*) zodiac
zona (*f.*) area, zone; zona-disco
  free parking area where the
  plastic time clock must be
  used
zuppa (*f.*) soup

English-Italian

abandon abbandonare
able: to be able potere
about circa
above sopra; **above all** soprattutto
absent-mindedness distrazione
  (f.)
absolute assoluto
absolutely assolutamente, in
  assoluto
abundant abbondante
accelerate accelerare
acceleration accelerazione (f.)
accept accettare
access accesso
accessible accessibile
accident incidente (m.)
accommodate alloggiare
accompany accompagnare
according to secondo
account conto; **checking
  account** conto corrente
accountant ragioniere (m.)
acoustics acustica
actually in realtà
accurately accuratamente
action azione (f.)
active attivo
actor attore (m.)
actress attrice (f.)
actual attuale
ad annuncio economico
adapt adattare, adeguare
add aggiungere (irr.)
address indirizzo, discorso
administration amministrazione
  (f.)

administrative amministrativo
admit ammettere (irr.)
adolescent adolescente
  (m. and f.)
adopt adottare
advantage vantaggio
advantageous vantaggioso
advertising pubblicità
advise consigliare
aesthetic estetico
afflicted by afflitto da
after dopo, dopo che; **after
  all** del resto
afternoon pomeriggio
after-shave dopobarba (m.)
afterwards poi
again di nuovo
age età, epoca; **middle-aged** di
  mezza età
agency agenzia; **travel
  agency** agenzia di viaggi
agent agente (m.)
aggression aggressione
agrarian agrario
agree essere d'accordo
agreement accordo
agriculture agricoltura
ahead avanti
ailment disturbo
aim scopo
air aria; **air force** aeronautica;
  air conditioning aria
  condizionata; **air mail** via
  aerea; **in the open air**
  all'aperto
airline aviolinea

airplane aeroplano, aereo
airport aeroporto
aisle corsia
alive vivo
all tutto (adj.); tutto (adv.); **(not)
  at all** niente affatto; **all
  included** tutto compreso
allow permettere (irr.)
almond tree mandorlo
almost quasi
alone solo
along lungo
aloud ad alta voce
Alps Alpi (f. pl.)
already già
also anche, pure
alter modificare
alternate alternare, alternarsi
although benché, sebbene
always sempre
amateur amatore (m.)
ambulance ambulanza
among fra, tra
amount ammontare (m.)
amphitheater anfiteatro
amuse oneself divertirsi*
amusing divertente, comico
anatomy anatomia
anchovy acciuga
ancient antico
and e, ed
Anglo-Saxon anglosassone
angry arrabbiato
annoying fastidioso
announce annunciare
announcement annuncio

announcer annunciatore (*m.*) annunciatrice (*f.*)

answer risposta

answer rispondere (*irr.*)

antibiotic antibiotico

anti-fascist antifascista

any qualunque; **any longer** più

anybody (nobody) nessuno

anything (something) qualcosa

apartment appartamento; **studio apartment** monolocale

Apennines Appennini (*m. pl.*)

apéritif aperitivo

apparel (women's) confezione (per donna)

appear apparire (*irr.*)

appearance apparenza, aspetto

appetite appetito; **enjoy your meal!** buon appetito!

applaud applaudire

apple mela

appliances elettrodomestici (*m. pl.*)

apply applicare

appointment appuntamento

appreciate apprezzare

apprentice apprendista

approach avvicinarsi*

appropriation stanziamento

approve approvare

April aprile (*m.*)

Arab arabo

archaic arcaico

archaeology archeologia

architect architetto

architectural architettonico

architecture architettura

area zona

argument bisticcio

aristocratic aristocratico

arm braccio (*pl.* le braccia)

armchair poltrona

around intorno, attorno; **to go around** andare in giro

arrange sistemare

arrangement sistemazione

arrival arrivo

arrive arrivare*, giungere* (*irr.*)

art arte (*f*)

artichoke carciofo

article articolo

articulation articolazione

artificially artificialmente

artist artista (*m. and f.*) (*pl.* gli artisti, le artiste)

artistic artistico

as come; **as . . . as** così . . . come; **as soon as** appena

ask (for) domandare, chiedere (*irr.*)

assert oneself affermarsi*

assist assistere

associate associare

association l'associazione

assume assumere (*irr.*)

astrology astrologia

astronomer astronomo

at a

atmosphere atmosfera

atmospheric atmosferico

atomic atomico

atrium atrio

attack aggressione (*f.*)

attack aggredire

attend frequentare

attention attenzione (*f.*)

attic solaio

attic la soffitta

attire abbigliamento; **men's attire** abbigliamento maschile

attract attirare

August agosto

aunt zia

authentic autentico

authenticity autenticità

authoritative imperioso

authorities le autorità (*f. pl.*)

autumn autunno

availability disponibilità

average medio

avoid evitare

awaken svegliarsi,* destare

away via; **to go away** andare via

back indietro

background sfondo

backward arretrato

bacon pancetta

bad cattivo (*adj.*); male (*adv.*); **very bad** pessimo; **too bad!** peccato! **not bad** non c'è male

balance equilibrio; **balance of trade** bilancia commerciale (*f.*)

balcony balcone; galleria (*in a theater*)

ball pallone (*f.*)

ballet balletto

ballroom sala da ballo

bank banca, sponda

banquet banchetto

barber barbiere

basic fondamentale

basil basilico

basketball pallacanestro

bath bagno

bather bagnante (*m. and f.*)

bathroom gabinetto, bagno; **to take a bath** fare (farsi) il bagno

battery batteria, pila elettrica

be essere, stare (*irr.*), trovarsi; **to be afraid** avere paura; **to be available** essere a disposizione; **to be broke** essere al verde; **to be cold** (*person*) avere freddo; **to be cold** (*weather*) fare freddo; **to be early** essere in anticipo; **to be fined** essere in contravvenzione; **to be from** essere di . . .; **to be home** essere a casa; **to be a host** fare gli onori di casa; **to be hungry** avere fame; **to be in the middle of** essere al centro; **to be in shape** essere in gran forma; **to be late** essere in ritardo; **to be necessary** occorrere; **to be on time** essere in orario; **to be on vacation** essere in vacanza; **to be part of** fare parte di; **to be pleasing to** piacere;* **to be sorry** dispiacersi

beach spiaggia

bean fagiolo; **string beans** fagiolini

beard barba

beaten battuto

beautiful bello

beauty la bellezza

because perché; **because of** a causa di

become diventare, divenire; **to become a part of** inserirsi; **to become accustomed again** riabituarsi; **become aware** rendersi conto

begin again ricominciare
buttermilk curd ricotta
bed letto; **in bed** a letto; **to go to bed** andare a letto, coricarsi;* **bedroom** camera da letto; **small bed** lettino
beef manzo, carne di manzo
beer birra
before prima
begin incominciare, cominciare
beginning l'inizio; **in the beginning** al principio; **beginning (starting) with** a partire da
behind dietro
believe credere
bell campanello
belong appartenere
belt cintura
beside accanto
besides oltre a, oltre che
best il migliore (*adj.*), meglio (*adv.*); **at the best** nella migliore delle ipotesi; **best regards** distinti saluti
better migliore (*adj.*), meglio (*adv.*)
bicycle bicicletta; **racing bicycle** bicicletta da corsa
big grosso
bill conto
bind legare, impegnare
binding impegnato
biology biologia
birth nascita
biscuit biscotto
bite mordere (*irr.*)
black nero
blackboard lavagna
block bloccare
blonde biondo
blood sangue
blouse camicetta
blow colpo
blue blu; **light blue** celeste; **blue-green** verde-azzurro; **sky-blue** azzurro
boarding house pensione
boat nave, barca; **motor boat** motoscafo
body corpo; **bodymaker** carrozziere (*m.*)
bomb bomba
bombing bombardamento
book libro

bookstore libreria
booth bancarella; **tollbooth** casello
both tutt'e due; **both . . . and** sia . . . che
bore annoiare; **to be bored, to get bored** annoiarsi
born nato; **to be born** nascere*
bother dare fastidio, molestare
bottle bottiglia, flacone (*m.*)
bottom fondo
box scatola; **post office box** la casella postale **box office** biglietteria, botteghino
boxing boxe (*f.*), pugilato; **boxing match** incontro di pugilato (pugilistico)
bourgeois borghese
boy ragazzo
brake freno
bran semola
brand marca
breakable fragile
breakfast colazione
breaking point limite di rottura
bridge ponte (*m.*)
bridle briglia
brief breve
brilliant brillante
bring portare
broadcast trasmettere (*irr.*)
broth brodo
brother fratello; **brother-in-law** cognato
brotherhood fratellanza
brown bruno
bruise contusione (*f.*)
budget bilancio
build costruire
building costruzione (*f.*), edificio
burn ardere, consumare
bus autobus (*m.*) corriera
bus stop fermata
business commercio, affare (*m.*), aziendale (*adj.*)
busy occupato, indaffarato; **to busy oneself** darsi da fare
but ma, però
buy acquistare, comprare
buyer compratore
by da, per; **by the way** a proposito
bye, bye-bye ciao, arrivederci

cablegram cablogramma (*m.*)
café caffè (*m.*), bar (*m.*)
cafeteria mensa, self-service
cake torta
calculator calcolatore (*m.*)
call chiamata, telefonata; **to call** chiamare, telefonare
calm calmo, tranquillo
camping campeggio
can (to be able) potere (*irr.*); **can seat** capace di accogliere
Canadian canadese
canapé tartina
cancel disdire (*irr.*)
candle candela
car macchina, automobile (*f.*), vettura, auto (*f.*)
capital capitale
capitalism capitalismo
carbonated gassato
card tessera; **postcard** cartolina
careful attento
carpet tappeto; (*wall-to-wall*) **carpeting** moquette (*f.*)
carry portare, **to carry out** effettuare, realizzare, attuare
cart carretto
Carthaginian cartaginese (*m. and f.*)
cartoon cartone animato (*m.*)
case caso; **in case** qualora
cash riscuotere (*irr.*)
cashier cassiera, cassiere (*m.*)
castle castello
cat gatto
cathedral duomo, cattedrale (*f.*)
cause causa; **to cause** causare, provocare
ceiling soffitto
celebrate celebrare
celery sedano
center centro, sede (*f.*); **center-left** (*coalition*) il centro-sinistra
central centrale
century secolo
ceremony cerimonia
certainly certamente, certo, indubbiamente
chain catena
chair sedia
challenger sfidante (*m. and f.*)
championship campionato
chance occasione (*f.*)

change mutamento, cambio; **to change** cambiare; **change** (*of money*) resto, spiccioli (*m. pl.*) **to change one's mind** cambiare idea

channel (TV) canale televisivo (*m.*)

chaos caos (*m.*)

chapel cappella

character carattere (*f.*), personaggio (*in a play or story*)

characteristic caratteristico

charge carica

charm fascino

charming simpatico

chatter chiacchierare

check assegno; **to check** controllare

checkered a quadri

cheerful allegro

cheese formaggio

chicken pollo

child bambino, bambina

chimney comignolo

city città

civilization civiltà

chocolate cioccolato

choose scegliere (*irr.*)

chop braciola

chosen scelto

Christian cristiano

Christmas Natale (*m.*)

church chiesa

cigarette sigaretta

cinema cinema (*m.*)

circulation diffusione (*f.*)

circumstance circostanza

citizen cittadino, cittadina

clarify chiarire

class lezione (*f.*); **to have a class** avere una lezione; **students in a class** classe (*f.*)

classroom classe (*f.*), aula

classical classico

classmate compagno (compagna) di classe

clean pulire

clear chiaro

clerk impiegato, impiegata

climate clima (*m.*)

climb ascesa

clock orologio

closed chiuso

cloth stoffa

clothing vestiario

clutch frizione (*f.*)

coach corriera

coast costa; **Emerald Coast** Costa smeralda

coffee caffè (*m.*)

cold freddo (*adj.*); **to be cold** avere freddo, sentire freddo (*a person*); **to be cold** fare freddo (*the weather*); **to have a cold** avere il raffreddore

colleague collega (*m. and f.*)

collection collezione (*f.*)

collision scontro

collector collezionista (*m. and f.*)

colonization colonizzazione (*f.*)

colony colonia

color colore

comb pettinare; **to comb one's hair** pettinarsi*

come venire (*irr.*); **to come in again** rientrare; **to come out** sboccare

comfortable comodo, confortevole

comic comico

commemorative commemorativo

comment commento

commerce commercio

commit commettere (*irr.*)

communicate cumunicare

compared to in confronto

complete completo; **to complete** completare

completely completamente

composed composto

composition tema (*m.*)

concentrated concentrato

concept concetto

conception concezione

concern riguardare; **for what concerns** per quanto riguarda

concretely concretamente

condition condizionare

confederation confederazione (*f.*)

conform adeguare

confront affrontare

congratulations congratulazioni

congenital congenito

cone cono

confuse confondere; **to confuse oneself** confondersi

congested congestionato

conscience coscienza

conservatory conservatorio

consider considerare, prendere in considerazione; **considering that** visto che . . .

consideration considerazione

consist consistere (*irr.*)

constant assiduo

constantly costantemente

constitute costituire

construction costruzione

contain contenere (*irr.*)

contemporary contemporaneo

content contenuto

continue continuare, proseguire

continuous continuo

contrary contrario; **on the contrary** anzi

contrast contrasto

contrasting contrastante

contribute contribuire

contribution contributo

controversial controverso

controversy controversia

convenient conveniente

convince convincere

cooked cotto

cookie biscotto

copy copiare

corner angolo

corporation ente (*m.*)

corridor corridoio

cost costare

couch divano

cough tosse (*f.*); **coughdrop** pastiglia per la tosse

country campagna, paese (*nation*) (*m.*); **foreign countries** estero

country rustico (*adj.*)

couple coppia

courage coraggio

courageous coraggioso

course corso, piatto; **in the course of** nel giro di; **first course** primo piatto

court corte (*f.*); **courtyard** cortile (*m.*)

courtly aulico

cousin cugino, cugina

cover coprire (*irr.*), percorrere; **covered with** coperto di

covering rivestimento

cream panna; **shaving cream** crema da barba

create creare
credit card carta di credito
criticism critica
criticize criticare
cross attraversare
crowd folla; **to crowd** affollare; **crowded** affollato
cry piangere
crystal cristallo
cucumber cetriolo
cultural culturale
culture cultura
cup tazza, coppa
cure cura; **to cure** curare
curiosity curiosità
currency valuta
curtain tenda
custodian custode (*m. and f.*)
custom costume (*m.*), usanza
customer cliente (*m. and f.*)
cut taglio; **to cut** tagliare; **to cut oneself** tagliarsi
cycle ciclo
cycling ciclismo
cyclist ciclista (*m. and f.*)
Cyclops Ciclope (*m.*)

dad papà (*m.*), babbo
damage guasto
damp umido
dance ballo; **to dance** ballare
dancer ballerino, ballerina
danger pericolo
daring spericolato
dark scuro
date appuntamento; data (*in the calendar*)
daughter figlia
daughter-in-law nuora
day giorno, giornata; **good day** buon giorno; **every day** tutti i giorni; **in two days** fra due giorni; **the next day** il giorno dopo
deal trattare
dear caro
death morte (*f.*)
debate dibattito, controversia
December dicembre (*m.*)
decide decidere (*irr.*)
declaration denuncia
declare dichiarare
decorator decoratore (*m.*)
dedicate dedicare

deep profondo
defect difetto
defend difendere (*irr.*); **to defend a thesis** discutere
definitely decisamente
definitive definitivo
degree laurea
delay ritardo
delicate delicato
delicious delizioso
delights delizie (*f. pl.*)
delivery consegna
democratic democratico
demolish demolire
demonstration manifestazione
denounce denunciare
deny negare
depart partire*
department reparto
departure partenza
depend dipendere (*irr.*)
derive derivare, provenire (*irr.*)
descend scendere (*irr.*)
describe descrivere (*irr.*)
design disegno
designer disegnatore (di moda) (*m.*), modellista (*m. and f.*) (*fashion*)
desirable ambito
desire desiderio; **to desire** desiderare
desk banco, scrivania
despair disperare
dessert dolce (*m.*)
destination destinazione (*f.*)
detail particolare (*m.*)
develop sviluppare, formare
development sviluppo
devil diavolo
devotion devozione (*f.*)
devour divorare
dialectal dialettale
dictatorial dittatoriale
die morire (*irr.*)
diesel gasolio
diet dieta
dietetic dietetico
different diverso, differente
difficult difficile
difficulty difficoltà
digest digestione (*f.*)
dimension dimensione (*f.*)
diminish diminuire
dine pranzare

dinner pranzo
dining room sala da pranzo
diploma diploma (*m.*), licenza
direct diretto; **to direct** dirigere
director direttore (*m.*), regista (*m.*) (*movie*)
disaster disastro, calamità
discothèque discoteca
discount sconto
discover scoprire (*irr.*)
discovery scoperta
discuss discutere (*irr.*)
dish piatto; **side dish** contorno
display esporre (*irr.*)
disposition carattere (*m.*)
dispute disputa, vertenza
dissolve dileguare
distance distanza, tratto
distant distante
distinction distinzione (*f.*)
distinguished egregio, distinto
disturb disturbare
divide dividere (*irr.*)
divine divino
division scissione (*f.*)
do fare (*irr.*), compiere; **to do someone a favor** fare un piacere
document documento
documentary documentaristico (*adj.*)
documentary documentario
doctor dottore (*m.*), medico, dottoressa (*woman*)
dog cane (*m.*)
dollar dollaro
dominate dominare
domination dominazione (*f.*)
door porta
doubt dubbio; **to doubt** dubitare di; **without doubt** senz'altro
dough pasta
down giù, sotto; **down there** laggiù; **downstairs** di sotto, al piano di sotto
downtown centro; **(to go) downtown** (andare) in centro
drag trascinare
dress vestito; **to get dressed** vestirsi
dressmaker sarta; **dressmaker's shop** sartoria

drink aperitivo; **soft drink**
bibita; **to drink** bere (*irr.*)
drive guidare
driver autista (*m. and f.*)
drop goccia
dry asciutto
dubbed doppiato
dubbing doppiaggio
due to dovuto
duet duetto
duration durata
during durante
duty obbligo
dwelling abitazione (*f.*)

each ogni; **each one** ognuno,
ciascuno
early presto
earth terra
East est (*m.*)
easily facilmente
easy facile
eat mangiare
eccentric eccentrico
economic economico
edge sponda
education educazione (*f.*),
istruzione (*f.*)
effect effetto
effort sforzo
egg uovo (*pl.* le uova [*f.*])
eggplant melanzana; **eggplant
parmesan** parmigiana
elderly attempato, anziano
elect eleggere (*irr.*)
elections elezioni (*f. pl.*)
elegance eleganza
elegant elegante
element elemento
elementary elementare
elevator ascensore (*m.*)
embassy ambasciata
emergency emergenza
emigrate emigrare
emperor imperatore (*m.*)
emphasize sottolineare
empire impero
employee impiegato, impiegata
end fine (*f.*), estremità; **to
end** finire
ending desinenza
engagement impegno
engine motore (*m.*)
engineer ingegnere (*m.*)

engineering ingegneria
England Inghilterra
English inglese
enjoy godere, gustare; **to enjoy
oneself** divertirsi*
enough abbastanza; **enough!**
basta!
enormous enorme
enrich arricchire
enter entrare*
entertain intrattenere (*irr.*)
entire intero
entirely completamente
entrance entrata, ingresso,
accesso
environment ambiente (*m.*)
environmental ambientale
episode episodio
equal uguale
equipment attrezzatura
erase cancellare
especially soprattutto
essential indispensabile
establish stabilire, allacciare,
impiantare
eternal eterno
Europe Europa
even anche, perfino; **not even**
nemmeno, neanche; **and even**
anzi; **perhaps even** magari
evening sera, serata; **good
evening!** buona sera!; **in the
evening** di sera; **this evening**
questa sera, stasera; **what an
evening!** che serata!
event evento, avvenimento,
vicenda
ever sempre, mai (*in
questions*); **if ever** se mai, se
qualche volta; **ever since** da
allora in poi
every ogni; **every two years**
ogni due anni; **everywhere**
dovunque
evocative suggestivo
exact esatto, preciso
examination esame (*m.*); **to take
an examination** dare un
esame
examine interrogare, esaminare
example esempio
excellent eccelente, ottimo
exceptional eccezionale
excessive eccessivo

exciting eccitante
exclusive esclusivo
excursion escursione (*f.*), gita
excuse scusare; **excuse oneself**
scusarsi;* **excuse me!** scusi!
execution fucilazione (*f.*)
executive esecutivo
exercise esercitare
exist esistere
exile esilio
existence esistenza
exit uscita
expansion espansione (*f.*);
expanding in espansione
expense spesa
expensive caro
experiment esperimento
expert esperto, perito
exploit valorizzare
express espresso; **to express**
esprimere
expression espressione (*f.*)
extend estendere, porgere (*irr.*)
extraordinary straordinario
eye occhio

fabric tessuto, stoffa
fabulous favoloso
face viso; **to face** affrontare
fact fatto; **in fact** infatti
faculty facoltà
fail bocciare
faithful fedele
fall autunno, caduta; **to
fall** cadere
fame fama
familiar familiare, pratico
family famiglia
famous famoso, illustre
fan ventilatore (*m.*); **fan**
(*admirer*) tifoso, 'patito'
fanatic fanatico
fanciful fantasioso
fantastic fantastico, splendido
far lontano; **as far as** fino a
farm fattoria; **dairy farm**
cascina
farmer contadino, contadina
farewell addio
fascinate affascinare
fascinating affascinante
fashion moda; **high fashion**
alta moda; **fashionable**
di moda

fast veloce
father padre (*m.*)
father-in-law suocero
favor favorire
favorable favorevole
fear timore (*m.*), paura; **to fear** temere
feast festa
February febbraio
fee canone
feel sentire, sentirsi; **to feel well** (*or* **bad**) sentirsi bene (o male)
feeling sentimento
ferryboat traghetto
festival sagra, festa
fever febbre (*f.*)
few: a few qualche
fiancé fidanzato, fidanzata
field campo, settore (*m.*)
fill riempire; **to fill up** fare il pieno; **to fill with** riempire di
film (*or* **movie**) film (*m.*); **first-run film** di prima visione (*f.*); **second-run film** di seconda visione (*f.*)
finally infine, finalmente
find trovare; **to find oneself** trovarsi
fine bravo, buono; **to be fine** stare bene; **it's fine** va bene; (*penalty*) multa, contravvenzione (*f.*)
finger dito (*pl.* le dita [*f.*])
finish finire (-isc)
finish line traguardo (*m.*)
fireman vigile del fuoco
fireplace caminetto
firm azienda, ditta
first primo; prima (*adv.*)
fish pesce (*m.*)
fisherman pescatore (*m.*)
fishing pesca
flee fuggire
flight volo
floor pavimento, piano; **first floor** terreno; **second floor** primo piano
Florence Firenze (*f.*)
Florentine fiorentino
florist fioraio, fioraia
flow scorrere (*irr.*); **to flow into** sboccare; **to flow by** passare

flower fiore (*m.*); **to flower** fiorire; **flowering** in fiore
flyer aviatore (*m.*)
fog nebbia
folklore folklore (*m.*)
follow seguire
following seguente, successivo
food cibo
foot piede (*m.*); **at the foot of . . .** ai piedi di . . .; **on foot** a piedi
foolishness sciocchezza
for per
force costringere (*irr.*)
foreign straniero, estero
foreigner straniero, straniera
foresee prevedere (*irr.*)
forget dimenticare
formality formalità, modalità
formation formazione
former vecchio, antico
fortunately fortunatamente, per fortuna
fortune fortuna
forward avanti (*adv.*); **to forward** inoltrare
found fondare
foundation fondazione (*f.*)
fracture frattura
frame cornice (*f.*)
France Francia
free libero; gratuito, gratis (*at no cost*)
freedom libertà
French francese
frequent frequentare
fresh fresco
freshman matricola
Friday venerdì
friend amico, amica
from da, di
front: in front davanti; **in front of** davanti a
frozen surgelato
fruit frutta; frutto (*result*); **fruit cup** macedonia
fry friggere (*irr.*)
fuel carburante (*m.*)
full pieno
function funzione (*f.*)
funds fondi (*m. pl.*)
furnish arredare
furnished arredato, ammobiliato
furnishings arredamento

furniture mobili (*m. pl.*); **piece of furniture** mobile (*m.*)
further oltre

game partita
garage autorimessa
garden giardino
garlic aglio
gas station attendant benzinaio
gasoline benzina
gastronomical gastronomico
gender genere (*m.*)
generally generalmente, in genere
generous generoso
gentleman signore (*m.*)
genuine genuino, autentico
geography geografia
German tedesco
gesticulate gesticolare
get prendere (*irr.*), diventare, divenire; **to get oneself ready** prepararsi; **to get rid of** liberarsi di; **to get up** alzarsi*
gift regalo
girl ragazza; **little girl** ragazzina, bambina
give dare (*irr.*), donare, regalare; **to give up** rinunciare
glad contento
gladly volentieri
glass bicchiere (*drinking*); vetro (*material*); **glass door** vetrata
glory gloria
glove guanto
go andare (*irr.*), percorrere, recarsi; **to go around** andare in giro; **to go back home** rincasare; **to go down** scendere; **to go on** continuare; **to go out** uscire; **to go up** salire
goal porta (*in soccer*); **goalkeeper** portiere (*m.*)
goblet coppa
gold oro
good buono, bravo; **very good** ottimo; **good morning!** buon giorno!
goodbye addio, arrivederci (*familiar*), arrivederLa (*polite*); **to say good night to someone** dare la buona notte a qualcuno

government governo

grade voto; **passing grade**
sufficienza

gradually gradualmente

graduate laurearsi

granddaughter nipote (*f.*)

grandeur grandiosità

grandfather nonno

grandmother nonna

grandson nipote (*m.*)

grapes uva

grass erba

grave tomba

gravy sugo

great grande; **greater**
maggiore; **the greatest**
il maggiore

greatness grandezza

Greece Grecia

Greek greco

green verde; **greens** verdura

greet salutare

greeting saluto

grill arrostire

grille griglia

ground terra

group gruppo

grow crescere (*irr.*)

guarantee garantire (-isc)

guest ospite (*m. and f.*)

guide guida

guitar chitarra

gulf golfo

gypsy zingaro, zingara

habit abitudine (*m.*), costume (*f.*)

hair capelli (*m. pl.*)

half metà; mezzo (*adj.*);
halfway fino a metà; **in half
an hour** tra mezz'ora

hall sala; **Town Hall** Comune

ham prosciutto crudo; **cooked
ham** prosciutto cotto

hand mano (*f.*) (*pl.* le mani [*f.*]);
to shake hands with dare la
mano a; **on the other hand**
d'altra parte; **to hand back**
riconsegnare; **to hand over**
porgere

handbag borsetta

handicraft artigianato

handkerchief fazzoletto; **small
handkerchief** fazzolettino

handsome bello

happen accadere,* avvenire*
(*irr.*)

happiness felicità

happy felice, contento, beato

hardware ferramenta (*f. pl.*)

harmony armonia

harsh brusco

hat cappello

have avere; **to have to** dovere;
to have supper cenare

he lui

head testa; **the head of State** il
Capo dello Stato

healthy sano

hear sentire

heaven paradiso

heavy pesante

hell inferno

hello buon giorno (*daytime*);
buona sera (*late afternoon and
evening*); ciao (*informal*);
pronto (*over telephone*)

helmet casco

help aiuto; **to help** aiutare

her lei; suo, sua (*poss. adj.*); la
(*dir. obj.*); le (*indir. obj.*)

here qui; **here is, here are**
ecco

hi ciao (*informal*)

high alto; **up high** in alto

highway autostrada; auto-
stradale (*adj.*)

hill collina

him lui; lo (*dir. obj.*); gli (*indir.
obj.*)

hinder intralciare

his suo, sua (*poss. adj.*)

historical storico

history storia

hit colpire (-isc)

hitchhiker autostoppista (*m.
and f.*)

hitchhiking autostop (*m.*)

hold tenere (*irr.*), contenere
(*irr.*), reggere (*irr.*)

holder detentore

holiday festa

home casa; **at home** a casa

hope speranza; **to hope**
sperare

horn clacson (*m.*)

hors d'oeuvre antipasto

horse cavallo; **horse racing**
ippica; **race track** ippodromo

hospitable ospitale

hospital ospedale (*m.*)

hospitality ospitalità

hospitalize ricoverare

host ospite (*m. and f.*); **to host**
ospitare

hostel ostello; **youth hostel**
ostello per la gioventù

hot caldo; **to be hot** avere
caldo; **it is hot** (*weather*) fa
caldo

hotel albergo

hour ora; **rush hour** ora di
punta

house casa; **boarding house**
pensione (*f.*); **House of
Representatives** Camera dei
Deputati; **housewife** massaia

how come; **how are you?**
come sta? (*formal*), come stai?
(*informal*); **how goes it?**
come va?; **how much?**
quanto?; **how many?**
quanti (-e)?

however però

human umano

humanistic umanistico

humid umido

hundred cento

hungry: **to be hungry** avere
fame

hurry fretta; **to be in a
hurry** avere fretta; **in a
hurry** in fretta

husband marito

hydrofoil aliscafo

hypothesis ipotesi (*f.*)

I io; **It is I** Sono io

ice cream gelato

idea idea

ideal ideale (*m.*)

if se, qualora

ignore ignorare

ill malato

illness malattia, male (*m.*)

illustrate illustrare

imagine immaginare

immediate immediato

immediately subito,
immediatamente

impatient impaziente

impersonate impersonare

importance importanza

important importante
imposing grandioso
impossible impossibile
improve migliorare
in in, a; fra, tra (*time*)
inadequate inadeguato
inaugurate inaugurare
incorporated incorporato
increase aumentare
incredible incredibile
indeed infatti
independent indipendente
indifferent incurante
indirect indiretto
individual individuo
indoors al coperto
industrial industriale
industry industria
inexpensive economico
inflexible inflessibile
inflection inflessione (*f.*)
inform informare, avvertire
informal informale
information informazione (*f.*);
   to ask for information
   chiedere informazioni
ingredient ingrediente (*m.*)
inn trattoria
innumerable innumerevole
inquire informarsi, chiedere
   informazioni
inquiry inchiesta
insensible insensibile
inside dentro
insofar in quanto
inspector collaudatore (*m.*)
inspired inspirato
instead invece; **instead of**
   invece di
institute istituto
institution istituzione (*f.*)
institutional istituzionale
insure assicurare
insurance assicurazione (*f.*)
intelligent intelligente
intend intendere (*irr.*)
intense intenso
intention intenzione (*f.*)
interest interesse (*m.*)
interesting interessante
interior interno
intermission intervallo
international internazionale
interpret interpretare

interpretation interpretazione
   (*f.*)
interrupt interrompere (*irr.*)
intervene intervenire* (*irr.*)
intervention intervento
interview intervista, colloquio
introduce presentare
introduction introduzione (*f.*)
intuition intuizione (*f.*)
invade invadere (*irr.*)
invention invenzione (*f.*)
invitation invito
invite invitare
iron ferro; ferro da stiro
   (*appliance*)
irritable irascibile
is è; **there is** c'è
island isola
isolated isolato
isolation isolamento
it lo (*m.*), la (*f.*) (*dir. obj. pron.*);
   ciò (*indef. pron.*)
Italian italiano
Italy Italia
itinerary itinerario
ivory avorio

jacket giacca
January gennaio
jeweler gioielliere (*m.*)
job lavoro, sistemazione (*f.*)
jocket fantino
joke barzelletta, scherzo
judicial giudiziario
judge giudice (*m.*); **to judge**
   giudicare
judicious giudizioso, assennato
juice succo; **fruit juice** succo
   di frutta
July luglio
June giugno
just appena, proprio

keep tenere (*irr.*); **to keep**
   oneself tenersi;* **to keep in**
   mind tenere presente
kilogram chilo, chilogrammo
kilometer chilometro
kind gentile (*adj.*); **kind** (*type*)
   specie (*f.*), tipo
kindly cortesemente
kingdom regno
kitchen cucina

knee ginocchio, (*pl.* le
   ginocchia [*f.*])
knife coltello
knock bussare; **to knock out**
   mettere al tappeto, mettere
   fuori combattimento
know conoscere (*a person*),
   sapere (*a fact*); **to know how to**
   enjoy life saper vivere
knowledge sapere (*m.*)
known noto

lace pizzo, merletto
lack, to be lacking mancare
lady signora; **little old lady**
   vecchietta; **young lady**
   signorina
lake lago
land terra, terreno; **native land**
   patria; **to land** atterrare
landing atterraggio
landscape paesaggio
lane corsia
language lingua
large grande, largo
last ultimo (*in a series*); scorso
   (*preceding*); **last year** l'anno
   scorso; **last night** ieri sera; **to**
   last durare
late tardi; **to be late** essere in
   ritardo; **latest arrivals** gli
   ultimi arrivi
Latin latino
laugh ridere (*irr.*)
laundry lavanderia
law legge (*f.*); **traffic laws**
   codice stradale (*m.*)
lawn prato
lawyer avvocato
lazy pigro
lead accedere* (*irr.*), condurre
   (*irr.*)
leaf foglia
learn imparare, apprendere
   (*irr.*)
lease affittare
least meno; **at least** almeno
leather pelle (*f.*); **made of**
   leather di pelle
leave lasciare; partire, andare
   via (*depart*); **to leave**
   again ripartire
left sinistra; **to the left** a
   sinistra

leg gamba
legal legale
lemon limone (*m.*)
lemonade limonata
less meno
lesson lezione (*f.*)
letter lettera; **registered letter** assicurata, raccomandata
lettuce lattuga
level livello
license patente; **license plate** targa
life vita
lift up alzare
light luce (*f.*); leggero (*not heavy*), chiaro (*clear*); **to light** accendere (*irr.*)
like come; **to like** piacere (*irr.*)
liking simpatia
limit limite (*m.*)
limited limitato
line linea
linen lino
lip labbro; (*pl.* le labbra [*f.*])
liquid liquido
lira lira
list lista
listen to ascoltare
literary letterario
literature letteratura
little piccolo; **a little** un poco, un po'; **little by little** a poco a poco; **in a little while** a poco a poco
live vivere (*irr.*); **to live together** coabitare
lively vivace
liver fegato
living room soggiorno
lobster aragosta
local locale (*m.*); **nightclub** locale notturno
locality località
located: to be located stare, trovarsi
London Londra
Lombardy Lombardia
loneliness solitudine (*f.*)
long lungo; **long distance** interurbana (*f.*); **how long?** quanto tempo?; **as long as** purché
look, look at guardare; **to look at again** riguardare; **to look at**

oneself guardarsi; **to look like** assomigliare; **to look for** cercare
lose perdere (*irr.*)
lot: a lot molto; **parking lot** parcheggio
loudly a voce alta
love amore (*m.*); **to love** amare, volere bene; **to be in love with** essere innamorato di
low basso
lunch colazione (*f.*); **to have lunch** fare colazione
luxurious lussuoso, di lusso

maid cameriera
mail posta, corrispondenza; **to mail** imbucare, impostare, spedire; **mailbox** cassetta (*or* buca) delle lettere; **post office** ufficio postale
majority maggioranza
make fare (*irr.*); **to make oneself at home** accomodarsi; **to make out a check** intestare; **to make (oneself) up** truccarsi
man uomo (*pl.* gli uomini); **little man** ometto; **young man** giovanotto, giovane (*m. and f.*)
manage gestire; arrangiarsi (*to get by*)
manager dirigente (*m.*), direttore (*m.*)
many molti, molte; parecchi, parecchie; **how many?** quanti, quante?
March Marzo
Mardi Gras Carnevale (*m.*)
marine marino
margin margine (*m.*)
market mercato; **black market** borsa nera
marry sposare; **to get married** sposarsi
marvelous meraviglioso
mass massa; **popular masses** masse popolari (*f. pl.*); **mass produce** fatti (fatte) in serie
masterpiece capolavoro
material tessuto, materiale
mathematician matematico
mathematics matematica

maximum massimo
May maggio
may potere (*irr.*)
maybe forse
me me (*disj.*); **give it to me** datelo a me; mi (*dir. and ind. obj.*); **he sees me every day** mi vede ogni giorno; **she does not speak to me** non mi parla
meal pasto
mean volere dire, significare
meaningful espressivo
means mezzo; **by means of** mediante
meantime: in the meantime nel frattempo
meanwhile intanto
measure misura
meat carne (*f.*)
mechanic meccanico
medicine medicina
medieval medievale
Mediterranean Mediterraneo
meet incontrare, incontrarsi;* **to meet again** rivedersi,* ritrovarsi*
melon mellone (melone) (*f.*)
melt fondere (*irr.*), fondersi*
memory ricordo
menu menù (*m.*)
merry allegro
metallic metallico
meter metro
middle metà; **in the middle of** in mezzo a
Middle Ages Medioevo
middle class borghesia, borghese (*adj.*)
Middle Eastern centro-orientale
midnight mezzanotte (*f.*)
Milan Milano
Milanese milanese
mile miglio (*pl.* le miglia [*f.*])
military militare
milk latte (*m.*)
millenary millenario
million milione (*m.*)
mind mente (*f.*)
mine mio, mia, miei, mie
mineral minerale; **mineral water** acqua minerale
mingle confondere (*irr.*)
minimum minimo
Minister ministro

minute minuto
minutes verbale (*m.*)
miracle miracolo
mirror specchio
misery miseria
misfortune calamità, disastro
Miss signorina
miss: to miss mancare
mistake errore, sbaglio; **to make a mistake** sbagliare, sbagliarsi***
misunderstanding malinteso
mixed misto
model modello
modern moderno
mollusk mollusco
moment momento
Monday lunedì
money soldi (*m. pl.*), denaro; **money order** vaglia (*m.*); **a lot of money** un sacco di soldi
monopoly monopolio
month mese (*m.*)
monument monumento
moral morale (*f.*)
mood stato d'animo
more più; **some more** ancora un po'; **more and more** sempre di più; **once more** ancora una volta; **more or less** più o meno; **not . . . any more** non . . . più
moreover inoltre
morning mattina, mattinata; **in the morning** di mattina, **this morning** stamattina, stamani
most più, di più; **most people drive well** la maggior parte della gente guida bene; **at most** al massimo
mother madre (*f.*), mamma
mother-in-law suocera
motive motivo, ragione (*f.*)
motorist automobilista (*m.*)
mountain montagna
mountainous montuoso
mouth bocca
move spostare, trasferirsi;* **to move out** lasciare una casa, traslocare; **to move to another city** cambiare città
movement movimento
movies cinema (*m.*)

moving commovente, emozionante
mow (the lawn) tosare (il prato)
Mr. signore (*m.*) (Sig.)
Mrs. signora (Sig.ra)
much molto; **how much** quanto; **so much** tanto; **too much** troppo
muscle muscolo
museum museo
mushroom fungo
music musica
musical musicale
musketeer moschettiere (*m.*)
mussel cozza (*f.*)
must dovere
mustache baffi (*m. pl.*)
my mio, mia, miei, mie
mythical mitico

name nome (*m.*); **what's your name?** come ti chiami? **nickname** soprannome (*m.*)
napkin tovagliolo
Naples Napoli
national nazionale
natural naturale
naturally naturalmente, senz'altro
nature natura
naval navale, nautico
navy marina
Neapolitan napoletano
near vicino, vicino a; **near here, nearby** qui vicino
necessarily necessariamente
necessary necessario; **to be necessary** bisognare; **it is necessary . . .** bisogna . . .
need bisogno, esigenza; **to need** avere bisogno di
negative negativo
neighbor vicino (di casa)
neighborhood vicinato, vicinanze (*pl. f.*); **in this neighborhood** da queste parti
neither ne; **neither . . . nor** né . . . né
neorealism neorealismo
nephew nipote (*m.*)
net rete (*f.*)
never mai
nevertheless tuttavia

new nuovo; **what's new?** che c'è di nuovo?
news notizia, cronaca; **newscast** il giornale radio, il telegiornale (*TV*)
newsdealer giornalaio
newspaper giornale (*m.*)
newsstand edicola
next prossimo, seguente; **next week** la settimana prossima; **the next day** il giorno dopo; accanto (*adv.*)
nice simpatico, buono, bello; **how nice!** che bello!
niece nipote (*f.*)
night notte (*f.*); **good night!** buona notte; **tonight** stasera; **last night** ieri sera notturno (*adj.*)
nineteenth century Ottocento
no no; **no one** nessuno; **no smoking** vietato fumare; **no more** non più
noble nobile
nobody nessuno
noise rumore (*m.*)
nonsense! macché!
noodles tagliatelle (*pl. f.*); fettuccine (*pl. f.*)
noon mezzogiorno
Norman normanno
north nord (*m.*)
northern settentrionale
not non; **not at all** niente affatto; **not even** neppure, neanche
note appunto
notebook quaderno
nothing niente, nulla
notice notare
notorious noto
novel romanzo
novelty novità
November novembre (*m.*)
now adesso, ora; **by now** ormai; **now and then** di tanto in tanto
number numero
numbered numerato
numerous numeroso
nuraghe nuraghe (*m.*)
nurse infermiera; **(male) nurse** infermiere (*m.*)

object oggetto
obligation obbligo
oblige costringere (*irr.*)
observe osservare
obtain ottenere (*irr.*)
obviously ovviamente
occasion occasione (*f.*)
occupy occupare
October ottobre
of di
offer offrire (*irr.*)
office ufficio; **box office**
  botteghino
officer funzionario, poliziotto,
  ufficiale (*m.*)
officially ufficialmente
often spesso
oil olio, petrolio
old vecchio, antico; **How old
  are you? I am twenty years old.**
  Quanti anni hai? Ho venti anni.
olive oliva; **olive tree** olivo
omelet frittata
on su, sopra
once una volta; **once in a
  while** ogni tanto
only solo, unico (*adj.*); solo,
  solamente, soltanto (*adv.*)
open aperto; **to open** aprire
opera opera
operate funzionare
operator centralino; **telephone
  operator** centralinista (*m. and
  f.*)
opinion opinione (*f.*), parere
  (*m.*)
opportunity occasione (*f.*)
oppose contrapporre (*irr.*)
or o, oppure
orange arancia (*fruit*); **orange**
  (*color*) arancione
orchestra platea (*f.*)
order ordinazione (*f.*); **to order**
  ordinare; **on order** su
  ordinazione
ordinary ordinario
organize organizzare
organizer organizzatore (*m.*);
  organizzatrice (*f.*)
oriental orientale
oregano origano
origin origine (*f.*)
original originale

otherwise altrimenti
out, outside fuori; **outdoors**
  all'aperto; **to go out** uscire
outskirts periferia
oven forno
overcome superare
overhaul revisionare
overcoat cappotto
overseas intercontinentale
overtake sorpassare
owe dovere (*irr.*)
owner proprietario
own possedere (*irr.*)

package pacco; **pack of
  cigarettes** pacchetto di
  sigarette
page pagina
pain dolore (*m.*)
paint dipingere
painter pittore (*m.*), pittrice (*f.*)
painting quadro
pair paio (*pl.* le paia [*f.*])
palace palazzo
paltry irrisorio
pants pantaloni (*m. pl.*)
paper carta
parade sfilata; **to parade** sfilare
parent parente (*m.*)
park parcheggiare
parking lot parcheggio
parliamentary parlamentare
Parmesan cheese parmigiano
parody parodia
parsley prezzemolo
part parte (*f.*); **for the most
  part** per gran parte; **(to be)
  part of** (essere) parte di; **for
  his part** da parte sua
participate partecipare
partisan partigiano
particularly particolarmente
partly parzialmente
party partito
pass tessera; **to pass** passare
passport passaporto
pastry pasta
patent brevetto
patrimony patrimonio
pause sostare
pay pagare; **to pay attention**
  stare attento, dare ascolto,
  fare attenzione

payment pagamento; **advance
  payment** anticipo
peach pesca
peak cima
pear pera
peas piselli (*pl. m.*)
pedagogy pedagogia
pen penna
pencil matita
peninsula penisola
penny soldo
people gente (*f.*) (*generally
  used in the singular*); **a lot of
  people live in the city** molta
  gente vive in città; **the Italian
  people** gli Italiani; **people**
  (*nation*) popolo
pepper: black pepper pepe (*m.*)
perfect perfetto
perfection perfezione (*f.*)
perform rappresentare, esibirsi
performance rappresentazione
perfume profumo
perfumed profumato
perhaps forse
period periodo
permit permettere
person persona
personal personale
persuade persuadere (*irr.*)
pharmacist farmicista (*m. and
  f.*)
pharmacy farmacia
phenomenon fenomeno
philology filologia
philosophical filosofico
philosophy filosofia
Phoenicians Fenici (*m. pl.*)
physicist fisico
physics fisica
physiological fisiologico
piano pianoforte
pick raccogliere (*irr.*); **to pick
  up** ritirare
picture quadro
picturesque pittoresco
piece pezzo
Piedmont Piemonte (*m.*)
pill compressa, pillola
pilot pilota (*m.*)
pine wood pineta
place posto, luogo; **in the first
  place** in primo luogo; **to take**

place avere luogo; **to place** mettere (*irr.*)

plain pianura

plan programma (*m.*); **to plan** contare di

plane aereo

plant pianta

play commedia; **to play** (*a game*) giocare; **to play** (*an instrument*) suonare; **to play basketball** giocare a pallacanestro; **to play the piano** suonare il pianoforte; **to play cards** giocare a carte

pledge impegnare, impegnarsi*

pleasant gradito, piacevole

please per favore, per piacere

Po Po; **Po Valley** pianura padana

pocket tasca

poem, poetry poesia

point punto; **to point** indicare; **at this point** a questo punto

police polizia

policeman poliziotto, vigile (*m.*)

politely cortesemente

political politico

politics politica

pollute inquinare

pollution inquinamento

pool piscina

poor povero, misero

popular popolare

population popolazione (*f.*)

port porto

portable portatile

portico portico

portion porzione (*f.*)

possibility possibilità

possible possibile; **as much as possible** il più possibile

possibly possibilmente

postcard cartolina

post office posta, ufficio postale (*m.*)

postal postale, postelegrafonico

poster manifesto; **advertising poster** cartellone pubblicitario (*m.*)

postpone rinviare

potato patata

power potenza

practical pratico

practice esercitazione, esercizio, pratica; **to practice** praticare, esercitare, esercitarsi*

praise esaltare

precede precedere

precious prezioso

precise preciso, esatto

prefer preferire (*-isc*)

preferable preferibile

preferably preferibilmente, di preferenza

preference preferenza

prepare preparare, allestire (*-isc*)

preparation preparazione (*f.*)

prescription ricetta

present presente (*m.*); regalo (*gift*); **to present** presentare; **to present oneself** presentarsi*

president presidente (*m.*); **university president** rettore (*m.*)

presidential presidenziale

pressure pressione (*f.*)

prestige prestigio

prestigious prestigioso

pretend fare finta di

pretty carino

prevent impedire

prejudice preconcetto

price prezzo; **price list** tariffa

prick pungere (*irr.*)

primitive primitivo

principal principale (*adj.*)

print stampa

priority priorità

private privato

privilege privilegio

prize premio

problem problema (*m.*)

procedure procedura

proceed procedere

produce produrre (*irr.*)

producer produttore (*m.*)

product prodotto

production produzione (*f.*)

professional professionista (*m.*), professionale (*adj.*)

professor professore (*m.*), professoressa (*f.*)

program programma (*m.*)

progress progresso; **in progress** in corso (di svolgimento)

project progetto

proletariat proletariato

promise promettere (*irr.*)

promote promuovere (*irr.*)

promotion promozione (*f.*)

proportion proporzione (*f.*)

propose proporre (*irr.*)

proposal proposta

prose prosa

prospering prosperità

protect proteggere (*irr.*)

protest contestazione (*f.*), protesta; **to protest** protestare

provide provvedere (*irr.*)

provincial provinciale

province provincia

provoke provocare

public pubblico

punctual puntuale

punctually puntualmente

punishment punizione (*f.*)

purchase acquisto

pupil scolaro

pure puro

purgatory purgatorio

purpose scopo

purse borsa

push spingere (*irr.*)

put mettere (*irr.*); **to put aside** mettere da parte; **to put in order** mettere ordine

quality qualità

question domanda

quickly presto, rapidamente

quiet tranquillo, calmo

race razza

radio radio (*f.*)

radioactive radioattivo

rain pioggia; **to rain** piovere

raincoat impermeabile (*f.*)

rainy piovoso

raise alzare; **to raise enthusiasm** entusiasmare

rapidly in fretta, velocemente

rare raro

rate tariffa

rather piuttosto

reach raggiungere (*irr.*)

read leggere (*irr.*)

reading lettura

ready pronto
real reale, vero
reality realtà
really effettivamente, proprio;
  really! davvero!
reason ragione (*f.*), motivo; **for
  this reason** perciò
recall ricordare, richiamare
receipt ricevuta
receive ricevere, riportare
recent recente
recite recitare
reckless spericolato
recognize riconoscere (*irr.*)
recommend raccomandare
record disco; **to record**
  registrare; **record player**
  giradischi
recorder registratore (*tape*)
recover recuperare, riprendersi
red rosso
reduce ridurre (*irr.*)
referee arbitro
refined raffinato
refinement raffinatezza
refinery raffineria
refusal rifiuto
refreshments rinfreschi (*m. pl.*)
regards auguri (*m. pl.*); **best
  regards** tanti saluti
regatta regata
regime regime (*m.*)
region regione (*f.*)
registration iscrizione (*f.*); **car
  registration** libretto (*m.*) di
  circolazione
regret rimpiangere (*irr.*)
regularly regolarmente
reign regno
relate raccontare
relative parente (*m. and f.*);
  relativo (*adj.*)
religion religione (*f.*)
religious religioso
relish gustare
relive rivivere (*irr.*)
remain rimanere* (*irr.*), restare*
remarkable notevole
remedy rimedio
remember ricordare, ricordarsi*
remove togliere (*irr.*)
Renaissance Rinascimento
renew rinnovare
renounce rinunciare

rent affitto; **to rent** affittare,
  prendere in affitto
rental noleggio; **car
  rental** autonoleggio
repair riparare
repeat ripetere
repertory repertorio
reply risposta
report denunciare
report relazione (*f.*)
represent rappresentare
representation rappresentazione
  (*f.*)
representative rappresentante
  (*m.*); rappresentativo (*adj.*)
reproach rimproverare
represent raffigurare
republic repubblica
republican repubblicano
request richiesta
research ricerca
reservation prenotazione (*f.*)
reserve prenotare, riservare
resistant resistente
resolve risolvere (*irr.*)
respect rispettare
rest riposo; resto (*change*); **to
  rest** riposarsi
restaurant ristorante (*m.*),
  trattoria
restful riposante
restless inquieto
restoration restauro
restore restaurare
restructure ristrutturare
result risultato, effetto, frutto
  (*figurative*)
retired pensionato
return ritorno; **to return**
  ritornare,* tornare,* rientrare;*
  return restituzione (*f.*)
  (*restitution*); **to return**
  restituire (*give back*)
reunite riunire
reveal rivelare
review ripasso
rice riso
rich ricco
ride passeggiata; **to give a
  ride** dare un passaggio
right destro; **to (on) the right** a
  destra; **to be right** avere
  ragione; **all right!** va bene!; **is
  that all right?** va bene?; **right**

away subito; giusto (*correct*):
  is this the right price? è
  giusto questo prezzo?
rightly giustamente
rigid rigido
ring suonare: **to ring the
  bell** suonare il campanello;
  squillare: **the telephone is
  ringing** il telefono sta
  squillando
ripen maturare
rise nascere (*irr.*, sorgere (*irr.*)
risk rischiare
rite rito
river fiume (*m.*)
Riviera riviera
road strada
roast arrosto; **to roast** arrostire
robbery rapina
role ruolo, parte (*f.*)
roll panino; **sweet roll** brioscia
Roman romano
Rome Roma
roof tetto
room stanza, camera; **living
  room** soggiorno; **dining
  room** stanza (*or* sala) da
  pranzo (*f.*); **room with double
  bed** camera matrimoniale (*f.*)
root radice (*f.*)
rope corda
rose rosa
rosemary rosmarino
round ripresa; tondo (*adj.*)
route percorso
row fila
ruin rovina
rule norma, regola; **to rule**
  governare
ruler dominatore (*m.*)
run correre; funzionare (*to
  work*); **first-run** prima visione

sack sacco
sacred sacro
sacrifice sacrificio
sad triste
saddle sella
sage salvia
sail vela; **to sail** fare vela
salad insalata
sale vendita, svendita
salesman commesso
salon salone (*m.*)

salt sale (*m.*)

same stesso (*adj.*), lo stesso
(*adv.*), ugualmente (*adv.*)

sand sabbia

sandwich panino

Sardinia Sardegna

Sardinian sarda

satisfactory soddisfacente; **to
satisfy** soddisfare

Saturday sabato

sausage salsiccia

save salvare

say dire (*irr.*); **to say hello** (*or
goodbye*) salutare; **how
do you say . . .?** come si
dice . . .?; **to say (wish)
goodnight** dare la buonanotte

scare spaventare

scene scena

schedule orario

school scuola, facoltà; scolastico
(*adj.*)

schoolmate compagno / compagna
di scuola

science scienza

scientific scientifico

scientist scienziato

Scottish scozzese

scream gridare, urlare

screen schermo

sea mare (*m.*); **by sea** via
mare; **seafood** pesce, frutti
(*m. pl.*) di mare; marino (*adj.*)

seam cucitura

seamstress sarta, cucitrice (*f.*)

season stagione (*f.*); **to season**
condire

seat posto; **seat** (*center*) sede
(*f.*); **to take a seat** sedersi*

seated seduto

second secondo

secretary segretario, segretaria

section sezione (*f.*)

see vedere (*irr.*); **to see again**
rivedere (*irr.*)

seem sembrare*

sell vendere; **to sell out**
liquidare; **sold out**
esaurito

semifinal semifinale (*f.*)

send spedire, mandare, inviare;
to send back rinviare,
rimandare

senior laureando, laureanda

sensation sensazione (*f.*)

sense senso

sensible assennato

sensitive sensibile

sentence frase (*f.*)

separate separare

September settembre (*m.*)

series serie (*f.*)

serious serio, grave; **nothing
serious** niente di grave

service servizio; **service
included** il servizio è
compreso

settle sistemare; **to settle an
account** saldare un conto

several diversi, diverse

sew confezionare, cucire (a
macchina)

shadow ombra

shame: what a shame! che
peccato!

shape forma; **shaped like** a
forma di

share condividere (*irr.*)

sharp in punto (*time*); brusco,
acuto; piccante (*of food*)

shave radere; **to shave oneself**
radersi, farsi la barba

shelter ricoverare

shining brillante

ship nave (*f.*)

shirt camicia

shoe scarpa

shop negozio; **shopping** spesa;
to shop fare (delle) spese

shore lido, costa

short corto, breve; **short time
ago** da poco; **in short**
insomma

shorten accorciare

shortly fra poco; **shortly after**
poco dopo

shout grido; **to shout** gridare

show spettacolo, mostra
(*exhibition*); **to show** indicare,
illustrare, dimostrare, fare
vedere; **to show oneself off**
esibirsi

shower doccia

shrimp gambero; **jumbo
shrimp** gamberone (*m.*)

shut chiudere (*irr.*)

shutter persiana

Sicilian siciliano

Sicily Sicilia

side lato; laterale (*adj.*)

sidewalk marciapiede (*m.*)

signature firma

silent silenzioso

silver argento

silverware posate (*f. pl.*),
argenteria

similar simile

simple semplice

simply semplicemente

sin peccato

since da, siccome, poiché

sing cantare

singer cantante (*m. and f.*)

sir signore (*m.*)

sister sorella

sister-in-law cognata

sit down sedersi* (*irr.*),
accomodarsi*

situation situazione (*f.*)

size taglia

ski sciare

skill bravura

skin pelle (*f.*)

skirt gonna

sky cielo

skyscraper grattacielo

sleep dormire

speeping bag sacco a pelo;
sleeping car vagone-letto

sleeve manica

slice fetta

slide scivolare

slope salita

slow lento

slowly lentamente

slowness lentezza

small piccolo

smoker fumatore (*m.*); **to
smoke** fumare

snack spuntino; **snack bar**
tavola calda

snake serpente (*m.*)

snow neve (*f.*); **to snow**
nevicare

so così; **so-so** benino; **so
much** tanto

soap sapone (*m.*)

soccer calcio

social sociale

social security previdenza
sociale (*f.*)

society società

sofa divano
sold out esaurito
sole sogliola (*fish*)
solid solido
solution soluzione (*f.*)
some qualche (*sing. only*),
  alcuno (*sing. and pl.*); un pò di
somebody qualcuno
somehow in qualche modo
something qualcosa
sometime talvolta, qualche
  volta
son figlio
son-in-law genero
song canzone (*f.*)
soon presto; **as soon as** appena
soprano soprano
sorry: to be sorry dispiacersi;
  I'm sorry mi dispiace
sound suono
soup zuppa, brodo, minestra;
  vegetable soup minestrone
  (*m.*)
South Sud (*m.*)
southern meridionale
sovereignty sovranità
space spazio
spacious ampio
Spanish spagnolo
speak parlare; **speak again**
  riparlare
special speciale
specialization specializzazione
  (*f.*)
specialty specialità
specify precisare
spectacle spettacolo
spectacular spettacolare
spectator spettatore (*m.*)
speech discorso
speed velocità; **to speed**
  correre (*irr.*)
spend spendere (*money*);
  trascorrere (*irr.*), passare (*time*)
spicy piccante
spinach spinaci (*m. pl.*)
spirit spirito, anima
spiritual spirituale
spite: in spite of nonostante
splendid splendido
split scissione (*f.*)
spoon cucchiaio
sport sport (*m.*)
sporting sportivo

spot località, posto
spread diffondere (*irr.*)
spreading diffusione (*f.*)
spring primavera
square piazza
squid calamari (*m. pl.*)
stadium stadio, campo sportivo
stainless inossidabile
stairway scala
stall bancarella
stamp timbro; **postage stamp**
  francobollo
stand: newspaper stand edicola
  (dei giornali); **to stand** stare in
  piedi; **to stand in line** fare la
  coda
star stella; **movie star** divo, diva
starry stellato
start cominciare; avviare (*a
  motor*)
state stato; statale (*adj.*)
statement denuncia
station stazione (*f.*)
stay stare (*irr.*)
steady fisso
steak bistecca
steal rubare
steel acciaio
stem radice (*f.*)
step: to step on the gas
  premere (*or* dare un colpo)
  all'acceleratore (*m.*)
stew spezzatino; **sea food
  stew** caciucco
stiff rigido
still ancora
stimulating stimolante
sting pungere (*irr.*)
stocking calza
stone pietra
stop fermata; **to stop** fermare,
  fermarsi,* sostare (*to park*),
  smettere (*irr.*) (*to cease*)
stopped fermo
store negozio, **department store**
  magazzino; **food store**
  negozio alimentare
storm temporale (*m.*)
story storia
straight stretto
strait stretto
strange strano
strawberry fragola
street via, strada

stretch tratto
strict intransigente
strike sciopero
string spago
striped rigato, a strisce
strive sforzarsi
stroll passeggiata; **to stroll**
  passeggiare
strong forte
structure struttura
struggle lotta
student studente (*m.*),
  studentessa (*f.*)
study studio; **to study** studiare
stuff roba
stuffed farcito
stuffing ripieno
style stile (*m.*)
stylist stilista
subject argomento, materia
subsidy sovvenzione (*f.*)
substantial sostanzioso
subtitle sottotitolo
subtle sottile
subway metropolitana
succeed riuscire*
successive successivo
such così, simile; **such a good
  man** un uomo tanto buono
suddenly improvvisamente
suffer soffrire (*irr.*)
suffering pena
sufficient sufficiente
sufficiently abbastanza,
  sufficientemente
suggest consigliare, suggerire
suggestion consiglio,
  suggerimento
suggestive suggestivo
suit vestito, abito, completo;
  bathing suit costume da
  bagno (*m.*); **to suit** convenire
suitable adatto
suitcase valigia
sum somma, cifra; **to sum up**
  riassumere (*irr.*)
summer estate (*f.*)
sun sole (*m.*)
Sunday domenica
sunset tramonto
superior superiore
supermarket supermercato
supper cena; **to have supper**
  cenare

supply fornire

surgery chirurgia, intervento chirurgico (*m.*)

surname cognome (*m.*)

surprise sorpresa

surround circondare

survive sopravvivere (*irr.*)

suspend sospendere (*irr.*)

sweater maglia, pullover (*m.*)

sweet dolce (*m.*); dolce (*adj.*)

swiftly velocemente

swim nuotare

swimming nuoto; **swimming pool** piscina

switch tasto

Switzerland Svizzera

syrup sciroppo

system sistema (*m.*)

table tavola, tavolo

tablet compressa, pillola

take prendere (*irr.*), portare (*carry*); **to take a course** seguire un corso; **to take advantage** approfittare; **to take an exam** dare un esame; **to take away** (*to remove*) togliere (*irr.*); **to take off** partire

tailor sarto

tailor's sartoria

talk parlare, chiacchierare

tall alto

tank serbatoio

tape nastro; **scotch tape** nastro adesivo

taste gusto; **to taste** gustare

tasty saporito

taxi tassì (*m.*)

tea tè

teach insegnare

teacher insegnante (*m. and f.*)

team squadra

tear (up) strappare

technical tecnico

technique tecnica

telegram telegramma (*m.*)

telegraph telegrafo

telephone telefono; **to telephone** telefonare; **telephone booth** cabina telefonica

television televisione (*f.*), tivvù (*f.*); **television set** televisore (*m.*)

tell raccontare, dire

temple tempio, templi (*m. pl.*)

temporarily temporaneamente

temporary provvisorio

tenant inquilino

tendency tendenza

tenor tenore (*m.*)

tension tensione (*f.*)

tent tenda

terrace terrazzo

terrible terribile

terribly terribilmente

territory territorio

terror terrore (*m.*)

tester collaudatore (*m.*)

thanks, thank you grazie; **to thank** ringraziare

that quello, quella, quelli, quelle (*dem. adj. or pron.*); che (*conj.*); **that's right** è giusto; **that is** cioè; **so that** in modo da, affinché

theater teatro

theatricality teatralità

their loro (*invar.*)

them loro; li (*m.*) le (*f.*) (*dir. obj.*)

themselves se; **by themselves** da soli; si (*refl. pron.*); **they wash themselves** loro si lavano

theme tema (*m.*), tematica

then allora, poi

theoretical teorico

theory teoria

there la, lí, ci (*before verb*); **there (here) is!, there (here) are!** ecco; **there is** c'è; **there are** ci sono; **down there, over there** laggiù; **therefore** quindi

thesis tesi (*f.*), tesi di laurea

they loro (*m. and f.*)

thief ladro

thin sottile, magro

thing cosa

think pensare, credere (*to have an opinion*); **I think of my friends often** penso spesso ai miei amici

third terzo

thirsty: to be thirsty avere sete

this questo, questa, questi, queste

thorax torace (*m.*)

thousand mille; **about a thousand** un migliaio (*pl.* le migliaia [*f.*])

thread filo

threat minaccia

through attraverso

Thursday giovedì

ticket biglietto

tie cravatta; **to tie** allacciare, legare

tighten stringere (*irr.*)

time tempo; volta (*occasion*); **to have a good time** divertirsi;* **have good time!** buon divertimento!; **from time to time** di tanto in tanto; **on time** puntuale, in orario; **what time is it?** che ora è?; **the first time** la prima volta

tip mancia

tired stanco

tiring faticoso

title titolo

to a, in

tobacco shop tabaccheria

today oggi

together insieme

toll pedaggio

tomato pomodoro

tomb tomba

tomorrow domani

tone tono

tonight stasera

too anche, pure; **too much** troppo; **too many** troppi, troppe; **that's too bad!** che peccato!

toothpaste dentifricio

top cima

topic argomento

torment tormentare

totally totalmente, completamente

touch tocco; **to touch** toccare

tour giro, escursione (*f.*); **to tour** girare

tourism turismo

tourist turista (*m. and f.*); turistico (*adj.*)

tow rimorchiare; **tow truck** carro-attrezzi (*m.*)
toward verso
towel asciugamano
tower torre (*f.*); **belltower** campanile (*m.*)
town città; **small town** cittadina; **out of town** fuori città
toxic tossico
trail traccia, pista
trade mestiere (*m.*); **trade union** sindacato; sindacale (*adj.*); **trade unionist** sindacalista (*m. and f.*)
tradition tradizione (*f.*)
traditional tradizionale
traffic traffico, circolazione (*f.*)
traffic jam ingorgo
traffic lights semaforo
tragedy tragedia, sciagura
train treno; **local train** accelerato; **express train** rapido
transform trasformare
transformation trasformazione (*f.*)
translate tradurre (*irr.*)
transmission trasmissione (*f.*)
transportation trasporto
travel viaggiare
tray vassoio
treasure tesoro
treat trattare
tree albero
tremble tremare
trial processo
triangular triangolare
trip gita, viaggio, escursione (*f.*); **to take a trip** fare un viaggio
tropical tropicale
trouble fastidio, guaio; **to be in trouble** essere nei guai
truckdriver camionista (*m.*)
true vero; **is it true?** è vero?; **is it not true?** non è vero?
truly veramente
trust fiducia; **to trust** fidarsi di
try cercare (di), provare
Tuesday martedì
tuition tassa
Turin Torino; torinese (*adj.*)

turn girare; **to turn on** accendere (*irr.*)
Tuscan toscano
type tipo
typewriter macchina da scrivere
typical tipico, caratteristico

ugly brutto
ulterior ulteriore
uncertain problematico
uncertainty incognita
uncle zio
uncomfortable scomodo
uncompromising intransigente
undecided indeciso
underline sottolineare
understand capire (-isc), comprendere (*irr.*)
understanding comprensione (*f.*); comprensivo (*adj.*)
unexpected inaspettato, inatteso
unforgettable indimenticabile
unfortunate sfortunato
unfortunately purtroppo
uniform divisa militare (*f.*)
union unione (*f.*)
United States Stati Uniti (*m. pl.*)
unity unità
universality universalità
university università; universitario (*adj.*)
unless a meno che
unpleasant spiacevole, increscioso
unruly indisciplinato
until fino a; **until now** fino a questo momento
up su, sopra; **upward** all'insù; **to be up to** stare a (dipende da); **it is up to him** sta a lui (dipende da lui); **up to date** alla moda
upstairs piano di sopra; sopra (*adv.*), al piano superiore
us noi (*disj.*): **are you coming with us?** vieni con noi?; ci (*dir. and indir. obj.*): **she invites us every Sunday** ci invita ogni domenica; **he never writes to us** non ci scrive mai
usage, use uso; **to use** usare
used usato; **to be used to** essere solito

useful utile
useless inutile
usual solito; **as usual** come al solito, come sempre
usually di solito
utensil utensile (*m.*)
utilize utilizzare

vacation vacanza
vaccinate vaccinare
vague vago
vain futile, vano
valid valido
valuable pregiato
value valore (*m.*)
vanguard avanguardia
variety varietà
various vario
vast vasto
veal vitello
vegetables verdura; contorno (*as a side dish*)
vegetarian vegetariano
Venetian veneto, veneziano
Venice Venezia
verify verificare
vernacular volgare (*m.*)
verse verso
very molto; **very much** moltissimo; **very well** molto bene, benissimo
vest gilè (*m.*)
victim vittima
victory vittoria
view panorama (*m.*), vista
village villaggio, paese (*m.*), borgo
vineyard vigneto
violation infrazione (*f.*)
violence violenza
violent violento
violinist violinista (*m. and f.*)
visit visita; **to visit** fare visita a (*or* andare a trovare . . .); visitare (*a museum or a city*)
visitor visitatore (*m.*)
vitality vitalità
vitamins vitamine (*f. pl.*)
voice voce (*f.*)
volcano vulcano
voluntary volontario
vote voto; **to vote** votare

wait, wait for aspettare; **waiting for** in attesa di

waiter cameriere (*m.*)

waitress cameriera

wake up svegliare, svegliarsi

walk passeggiata; **to walk** camminare, andare a piedi; **to take a walk** fare una passeggiata

wall parete (*f.*); **wallpaper** carta da parati (*f.*)

wallet portafoglio

want volere, desiderare

war guerra

wardrobe guardaroba (*m.*)

warm caldo; **it is warm** (*weather*) fa caldo

warn avvisare, avvertire

warranty garanzia

to wash lavare; **to wash (oneself)** lavarsi*

watch orologio; **to watch** guardare

water acqua

wave onda

way strada, percorso (*road*); mezzo, modo (*manner*); **by the way** a proposito; **in such a way** in tal modo; **one way** senso unico

we noi

wear (*clothes*) portare, indossare

weather tempo; **weather forecast** bollettino meteorologico

wedding matrimonio, nozze (*f. pl.*)

Wednesday mercoledì

week settimana

weigh pesare

weight peso

welcome benvenuto, ben tornato; **to welcome** dare il benvenuto, fare accomodare; **you are welcome** prego

well bene; **very well** molto bene, benissimo

West ovest (*m.*)

western occidentale

wet bagnare

what che, cosa, che cosa; **that which** quello che, ciò che; **what a car!** che macchina!

wheel ruota; **steering wheel** volante (*m.*)

when quando

where dove; **where is?** dov'è?; **where do you come from?** di dov'è Lei?

which che, il quale, la quale, i quali, le quali (*rel. pron.*); **quale?** (*interr. pron. or adj.*); **which way?** da quale parte? cui (*poss. relative pron.*)

while mentre; **every once in a while** di tanto in tanto; **once in a while** ogni tanto

whistle fischio

white bianco

who, whom che, il quale, la quale, i quali, le quali (*rel. pron.*); cui (*indir. obj. pron.*); chi (*interr. pron.*)

whose cui, di cui (*rel. pron.*); di chi? (*interr. pron.*)

whole intero

why perché

wide esteso, largo, ampio

widen allargare

wife moglie (*f.*)

willingly volentieri

wind vento; **the wind is blowing** tira vento

window finestra; sportello (*counter*); **shop window** vetrina

wine vino

winter inverno, invernale (*adj.*)

wire filo

wish augurare, desiderare

with con

withdraw ritirare

within fra, tra, entro (*time*)

without senza

woman donna

wonderful splendido, meraviglioso

wood legno; **wooden** di legno

woods bosco

word parola

work lavoro; **to work** lavorare

worker operaio, operaia

working feriale; **hard-working** laborioso

world mondo

worldliness mondanità

worse peggio (*adv.*); peggiore (*adj.*)

worth: to be worth valere (la pena); **it is (not) worth it** (non) vale la pena

wound ferita

wounded ferito

wrestling lotta

write scrivere (*irr.*)

writer scrittore (*m.*); scrittrice (*f.*)

wrought battuto

yawn sbadigliare

year anno

yearly annuale

yellow giallo

yes sì

yesterday ieri; **the day after tomorrow** dopodomani; **the day before yesterday** avantieri, ieri l'altro (*or* l'altro ieri)

yet ancora, tuttavia

you tu (*fam. sing.*), voi (*fam. pl.*), Lei (*form. sing.*), Loro (*form. pl.*)

young giovane; **young man** giovane, giovanotto; **young lady** signorina; **young people** i giovani (*m. pl.*)

youth giovinezza, gioventù (*f.*)

Yugoslavia Jugoslavia

zebra zebra

zodiac zodiaco

zone zona

3 4 5 6 7 8 9 0